高等院校精品课程系列教材

行为金融学

第2版

Behavioral Finance

饶育蕾 彭叠峰 盛虎 编著

机械工业出版社

China Machine Press

图书在版编目（CIP）数据

行为金融学 / 饶育蕾，彭叠峰，盛虎编著 .—2 版 . —北京：机械工业出版社，2018.9
（2025.1 重印）
（高等院校精品课程系列教材）
ISBN 978-7-111-60851-6

I. 行… II. ①饶… ②彭… ③盛… III. 金融行为 – 高等学校 – 教材 IV. F830.2

中国版本图书馆 CIP 数据核字（2018）第 205587 号

本书从有效市场假说的缺陷着手，提出行为金融学理论对于金融理论发展的意义，并结合国内外证券市场异象，指出该理论存在的现实意义；通过心理学实验的设计，以及心理学相关知识的介绍，了解人类在不确定性决策下的心理和行为偏差，并在此基础上，提出前景理论对于期望效用理论的替代；结合金融市场特征和心理学的知识，从个体和群体的角度，分析投资者在金融市场交易过程中出现的心理和行为偏差；作为行为金融学理论与运用的结晶，本书针对证券交易中人类的行为特点，分析行为资产定价模型和行为资产组合理论，提出了行为投资策略；针对公司金融领域，在分析管理者心理和行为偏差的基础上，提出了行为公司金融理论。

本书适用于金融专业的本科生、研究生，以及国内对行为金融学与投资关系的研究有兴趣的个人投资者和机构投资者。

出版发行：机械工业出版社（北京市西城区百万庄大街 22 号　邮政编码：100037）
责任编辑：朱　妍　　　　　　　　　　　责任校对：殷　虹
印　　刷：三河市宏达印刷有限公司　　　版　　次：2025 年 1 月第 2 版第 17 次印刷
开　　本：185mm×260mm　1/16　　　　印　　张：21.25
书　　号：ISBN 978-7-111-60851-6　　　定　　价：49.00 元

客服电话：（010）88361066　68326294

版权所有·侵权必究
封底无防伪标均为盗版

作者简介
ABOUT THE AUTHORS

饶育蕾,中南大学教授,博士生导师。现任中南大学金融创新研究中心主任,兼任中国金融学年会理事,中国运筹学会金融工程与金融风险管理分会理事。

饶育蕾教授主要从事行为金融学、公司理财、公司治理等领域的教学与研究。主持并参加了30余项科研课题,其中主持教育部人文社科研究重大项目"行为金融学理论与实证研究",教育部人文社科研究后期资助重点项目"行为公司金融",教育部"国际金融危机应对研究"应急项目"金融危机形成的微观行为基础及对策研究"等项目;主持国家自然科学基金项目"基于有限注意的资本市场有效性研究""上市公司策略性信息披露的实验与实证研究"等项目5项。著作《行为公司金融》获得第六届高等学校科学研究优秀成果三等奖,成果"行为金融学理论、实证与应用研究"获得湖南省社会科学优秀成果二等奖,在《美国科学院院报》《管理工程学报》《系统工程理论与实践》及《经济学快报》(*Economics Letters*)等国内外知名期刊上发表论文100余篇。

盛虎,管理科学与工程专业博士,中南大学商学院副教授。主要从事公司金融和行为金融研究,在国内外学术期刊发表论文20余篇,出版学术专著3部,主持教育部人文社科基金和湖南省软科学基金等省部级基金项目5项,作为主要参与人参加国家自然科学和社会科学基金项目6项,获得教育部社科成果和湖南省社科成果科研奖励2项。

彭叠峰,中南大学金融系副教授,硕士生导师;担任"行为金融学""高级投资学""互联网金融"等专业课程的教学工作,主要从事行为金融与资产定价、实验经济学等领域的研究。主持国家自然科学基金项目1项,在《国际金融评论》(*International Review of Finance*)、《管理科学学报》《中国管理科学》等国内外知名学术刊物上发表论文多篇,担任《金融研究快报》(*Financial research letters*)、《管理科学学报》等多个期刊的审稿人。

第2版前言

从2010年出版到今天的再版,《行为金融学》已经连续印刷了19次。这个数字对我们来说既是很大的鼓励,也是极大的鞭策,它赋予了我们更重的责任,告诫我们不能辜负读者,特别是莘莘学子对知识的渴求。与此同时,对学科最先进、最权威学术思想的把握,又敦促我们随着学科本身的发展,不断修订完善本书使之逐渐趋于成熟。

近年来,行为金融学得到了前所未有的重视与发展,有两位行为金融学者先后获得了诺贝尔经济学奖的殊荣。2013年,金融学中两位观点对立的学者——传统金融学理论奠基人尤金·法玛和行为金融学代表人物罗伯特·希勒同时获得了诺贝尔经济学奖,这让很多人在感到意外的同时,也对诺贝尔奖评价体系对金融理论迭代发展的科学性和多样性的包容和尊重有了一定的了解。希勒在其著作《非理性繁荣》(2000)中成功预测了美国网络泡沫的破灭,并在该书再版的2005年又预测了美国房地产泡沫的破灭,这其中体现出的学术预见性使希勒获得诺贝尔奖成为必然;而法玛则是有效市场假说(EMH)的提出者,EMH是一系列经典传统金融理论的重要基石,因而,法玛获奖也可谓实至名归。

2017年,诺贝尔经济学奖授予了被称为行为经济学和行为金融学先驱者的理查德·泰勒。理论上,泰勒在禀赋效应、跨期选择、心理账户、股票市场非有效性等方面的研究均为金融领域做出了重大贡献;实践上,泰勒提出了针对消费者行为、社会福利、储蓄投资等行为的一系列经济政策,强调政府对经济行为的干预不能使用强制手段,应通过选择框架的设计和某些心理干预手段来帮助人们优化决策。

在以上学者的共同努力下,行为金融学研究也产生了新的动向,正从关注个人层面的偏好走向更关注决策的社会性。斯达特曼提出行为金融正在走进2.0时代(Statman, 2018),他认为人们对财富的需求正在与更多的"其他需求"结合起来，如环境保护、宗教信仰等；人们资产组合中所构建的心理账户则正在与退休收入、子女教育等需求关联起来，因而行为金融学研究将更具有广泛的社会性。

赫什利弗则直接指出"行为金融"将跨越到"社会金融"时代（Hirshleifer，2014），研究范围将包括：社会互动结构、金融观念如何传播和发展；情感对财务决策及价格的影响；社会规范、道德态度、意识形态对借贷或储蓄行为、承担风险等决策的影响（Kumar 等（2011），Mcguire 等（2012），Hutton 等（2013））；影响财务决策的意识形态如何形成和传播（Han 和 Hirshleifer（2014））。

为了体现行为金融学的最新进展，更好地满足教学要求，本书在结构和内容安排上做了较大的调整，主要的修订内容如下。

（1）根据行为金融学研究动态，对部分章节做了补充和调整。行为金融学早期主要通过各种异象对新古典金融学发起挑战，近年来越来越重视构建自己的理论体系，并且逐渐纳入现代金融学体系中。因此，本书将前一版的第 3 章 "证券市场异象" 中的部分内容纳入新版的第 2 章 "有效市场假说及其面临的质疑" 之中，而将一些理论性更强，被学术广泛研究的异象纳入新增的第 8 章 "金融市场的股票收益率异象"。近年来，行为金融学研究在公司金融领域取得了越来越多的进展，因此我们在新版中将 "行为公司金融" 独立出来，作为第 10 章。

（2）增删部分内容，调整部分章节的顺序，优化了全书的篇章结构。鉴于前景理论在行为金融学中举足轻重的地位及其与期望效用理论之间的承续关系，我们将前景理论移到新版第 3 章 "期望效用理论及其受到的挑战" 之后作第 4 章。对于较少被学术界关注、内容晦涩难懂、不太适合教学的内容进行了删减，删除了第 11 章 "行为资产组合理论"、第 10 章 "行为资产定价理论" 的主要内容，将其中模型可读性较高的部分重新表述并归入第 8 章，用来解释股票收益率异象。

（3）加强了理论与应用的统一，对部分概念进行更加准确的界定，力求简明易懂。在第 2 章关于市场有效与非有效的讨论中，我们尽可能做到理论与证据相结合。由于行为金融学作为新兴学科已获得广泛认可，因此我们将前一版的 "标准金融学" 一致改为 "新古典金融学"，使其表述更加准确。将个人认知偏差与心理偏好集中在第 5 章和第 6 章，而后面的第 7 章和第 11 章则体现了这些原理在金融领域的应用。为了增强从原理到应用的对应性，删除了一些相关性不强的心理实验或原理。

（4）补充了案例和素材，更新了图表数据。在第 1 章中，我们将行为金融学科发展历史进行了更新，补充了全球金融危机之后行为金融的发展动态。在第 12 章中，我们也增补了"社交媒体与大数据金融""家庭金融与文化金融""微型金融与普惠金融"等被广泛关注的热点领域，以及该学科在研究方法论上的最新动态。此外，我们从最新的学术文献和财经新闻中搜集了丰富的素材，对案例进行更新和补充，以提高内容的契合度和可读性；在数据可得的前提下，对部分图表的数据进行了更新。

本书的修订得到了来自各方面的帮助与支持。首先要感谢金融学界的同仁和学子，本书被许多高校作为本科生和研究生的教材，许多老师和同学常常通过邮件与我们讨论书中的内容，也对教材提出了建设性的意见和修改建议。目前，行为金融学还是很多高校金融学专业的选修课程，属于一门"小众课程"。诺贝尔奖获得者泰勒曾经预测"行为金融学"一词将成为一个多余的词汇（Thaler, 1999），因为未来的"金融学"就应该包含现实心理与行为因素，即"行为"因素应纳入金融模型中，否则就不是真正的金融学。由此我们可以预见，行为金融学将越来越多地被纳入金融学专业的课程体系里，甚至逐渐被纳入必修课的范畴，因而也将迎来更为广泛的关注。

感谢中南大学及其商学院对团队创新学科的支持。2013年，学校投资建设了"行为科学实验室"，装备了标准的实验经济学实验室、神经认知实验室和视觉认知实验室，配备了Neuroscan ERP脑电仪、眼动仪等先进的硬件设备及国际通用的配套软件，为开展行为金融基础研究和前沿研究搭建了坚实的平台。

感谢美国乔治梅森大学"跨学科经济科学中心"主任兼经济学系主任、实验经济学领域知名学者Daniel Houser教授。2012年以来，我们就"自我控制能力""社会网络与人们的信任关系"等课题开展实验研究，并将相关成果联合发表在《美国科学院院报》《经济学快报》等国际知名期刊上，这对团队研究视野的拓展和研究水平的提升产生了巨大的推动力。

感谢澳大利亚莫纳什大学的Erte Xiao副教授，当她还在美国卡内基梅隆大学任助理教授的时候，就与她的团队开展过"社会互动的微观行为机理"等方面的课题研究，并将其相关成果发表在《神经科学、心理学与经济学》（*Journal of Neuroscience, Psychology and Economics*）等期刊上。

感谢德国WHU-奥托拜斯海姆管理学院的王媚教授，跟她的合作可以追溯到2009年，对跨文化金融的共同兴趣使我们聚到了一起，随后我们就"有限注意力""移动互联网的信息效率"等主题开展了实证研究，并在《国际金融评论》等期刊上联合发表了文章。

感谢教材的合著者彭叠峰副教授和盛虎副教授，感谢团队的王建新老师，作为骨干力量，他们支撑和推动着行为金融研究团队，他们得到了自我的成长，也将生生不息的"financer"（金融人）学子凝聚到一起，围绕共同的目标开展自由探索。感谢团队的博士研究生鲍玮、许琳、何鲁、张灿、蓝婷婷、陈地强等同学，他们在本书编写中对文献查阅、资料整理等活动付出了大量劳动。感谢整个financer团队，这里犹如一个小小的舞台，让每一个financer充分展现自我，勤勤恳恳地付出，点点滴滴地积累。"耐得住寂寞，经得起诱惑"，是前人给我们的告诫，多年来，它洗涤着我们的灵魂，激励着我们的斗志，成为金融人团队共同的信条。

最后要感谢机械工业出版社，它不仅给了我们一个优质的平台，也给了我们信任和鼓励。感谢出版社的编辑，她们耐心细致又谦让宽厚，给了我们充分的信任与自由的空间，让我们得以剔除浮躁之心，静静地兑现自己的承诺。

当前，全球经济环境异常复杂，经济发展走势跌宕起伏，不断在不同的国家以不同的方式，诠释着人类的贪婪与恐惧，演绎着经济的非理性繁荣与低迷。委内瑞拉的恶性通胀和货币危机、土耳其的债务泡沫和经济危机，无不揭示了国际经济金融环境的瞬息万变。因此，如何应对金融风险，从防范"黑天鹅"事件的意外冲击转变为防控"灰犀牛"式的金融风险底线的冲击；如何维护经济增长的稳定和健康，成为我们重点关注的问题。而由这些问题激发出的深深的社会责任感和历史使命感，促使我们不断面对新的挑战，解释新的问题，解决新的矛盾。我们无法从行为金融学的相关书籍中直接找到答案，却能从其逻辑机理中找到症结，并找出解决问题的思路。

在这个领域，有那么多新问题、新理论、新模式等待我们去探索，它值得我们付出持之以恒的耕耘。让我们一同用激情与理想，用辛勤与汗水去浇灌这片充满希望的土壤！

饶育蕾

2018年9月8日

弹指一挥间,《行为金融学》(第2版)[○]出版已有5个年头了。5年来,金融领域发生着深刻的变化,世界经济形势可谓瞬息万变,经历了极度的非理性繁荣与恐慌:中国股票市场经历了股票综合指数在一年内上涨6倍,又在随后的一年里下滑70%的跌宕起伏。与此相伴随的是美国爆发的房地产次级贷款证券化及衍生金融产品的高度泡沫化以及泡沫破裂所引发的波及全球的金融海啸。金融市场微观个体的行为偏差在信息不完全、制度缺陷、监管缺失和社会文化诱因的驱动下,演化成系统性群体偏差和市场动荡。在巨幅震荡的洗礼下,人们对金融市场非理性的认识越来越深刻,却不能改变对金融投资一如既往的热情和疯狂。

金融危机为行为金融学研究者和实践者提出了深刻的思考,正如行为金融学家赫什·舍夫林所说:"次贷危机从本源上说是根本性的心理问题,因为所有这一切都是泡沫";经济学家保罗·克鲁格曼也认为次贷危机的部分原因在于人们的"非理性亢奋";阿克洛夫一针见血地指出凯恩斯通过选美竞赛所隐喻的心理偏差是资本市场不稳定的根源,金融市场的心理和行为影响着宏观经济,他倡导宏观经济学回归到凯恩斯理论的心理学基础上来。奥巴马政府以桑斯坦和泰勒为代表的"行为科学梦幻智囊团"更是意味着行为经济与金融理论在政府监管决策中有着重要的用武之地,代表了政策如何"帮助人们认清复杂事物和拒绝诱惑,以免他们受社会影响做出错误判断"的引导。

这一切,无不激励着行为金融学研究者不断思考、不断探索……

我们需要更多地理解自身的行为特征及其后果,需要更多的决策者来理性诱导人们的行为。为此我们把《行为金融学》编写为大学本科或研究生教材,旨在从学生开始进行理性教育和理性诱导,使未来的金融从业人员多一份对投资行为和市场非理性的清醒认识。

○ 此书第2版由复旦大学出版社出版。

本书的特色也可以归纳为以下几个方面。

（1）生动的实验描述

考虑到行为金融学是金融学与心理学、社会学、决策科学等交叉融合的学科，人们行为规律的分析需要运用到大量相关学科的研究成果，全书在"期望效用理论与心理实验""认知过程的偏差""心理偏差与偏好""前景理论"等章节里补充和描述了反映决策心理特征规律的心理学实验，以便读者更好地理解行为金融学赖以依托的交叉学科的知识点。

（2）丰富的案例素材

教材针对金融市场背景和金融决策行为特征进行了广泛的案例搜集与编制，全书案例总数达50余个，案例涵盖国内外投资者决策行为偏差和金融市场异象等方面的典型表现。案例类型包括"引导案例""案例"与"案例讨论"3种："引导案例"是在各章的开篇，试图通过讲述一个引人入胜的故事，用来引发读者对本章重要知识点和核心内容的思考；"案例"用来诠释书中出现的一些相关的知识点；"案例讨论"则是作业的一部分，帮助学生在课后进行分析和思考。

（3）强调中外对比与借鉴

行为金融学的产生和发展源自西方发达国家对资本市场的考察，我们在引入经典国外文献的观点和案例的同时，深入挖掘中国金融市场存在的异象和行为规律，力图展示中国金融市场中存在的行为特征，以便读者对中国市场和投资者行为进行分析、讨论和思考。

（4）力图深入浅出

强调理论系统性的同时，也兼顾读者群的认识基础，尽可能以朴实的文风和尽可能翔实的图表，来刻画作者对行为金融学的理解和诠释。在语言本身所带来的预读乐趣之外，作者的兴奋终将来自于读者的共鸣和对行为金融问题的共同探讨。

本书的完成，要感谢许多国内外的同行学者所给予的认同、鼓励与支持。首先感谢加州圣塔克拉大学（Santa Clara University）列维商学院（Leavey School of Business）的赫什·舍夫林教授，作为国际上最早开始关注和研究行为金融学的学者之一，舍夫林的《超越贪婪与恐惧》《资产定价的行为方法》等一系列著作奠定了其作为行为金融学研究先行者的学术地位。他在2007年10月应邀前来中南大学期间，非常热诚地参与了作者所在的学术团队举行的研讨会，他对作者及其同事和学生们积极、活跃、创新的学术氛围给予了支持与鼓励，并对研究提出了建设性的意见和建议。

感谢苏黎世大学的瑞士银行研究所所长Thorthten Hens教授的邀请，使作者有幸于2009年3月前往苏黎世大学访问，他所带领的"行为团队"（behavioral group）与作者在行为金融学领域有着强烈的共鸣，我们就金融决策行为、实验金融、跨文化金融等前瞻领域进行了深层次的探讨，确立了共同研究的选题和合作思路。其中的Oliver Mack博士从苏黎世大学调往德国特里尔大学任终身教授时，第一时间邀请我们团队中的博士研究生任他的研究助理；而王媚博士则于2010年4月对中南大学进行了专程访问，就有限注意力、跨文化金融等问题的合作研究做出了细致的安排。

感谢中国社会科学院数量经济与技术经济研究所王国成教授,对实验经济学和金融研究的实验方法的共同兴趣,使他在来长沙出差之际专门到中南大学访问,进行学术演讲和学术交流,双方展示了最新研究进展,并就金融经济问题实验过程中的细节问题进行了深入的研讨。

感谢美国加州大学河边(Riverside)分校的李灿林博士,对交叉持股问题的共同兴趣使他在回国期间专程从上海来中南大学访问,与作者所在团队就有限注意力与公司治理、有限注意力与资产定价等内容进行了深入的探讨,并就共同的研究主题探讨了合作研究的具体安排。

感谢金融学界的同仁对我开设"行为金融学"课程所给予的肯定与支持,对作者的精品课程建设提出的推荐意见。他们包括:复旦大学金融研究院的姜波克教授、上海交通大学安泰管理学院的吴冲锋教授、中国人民大学财政与金融学院的张杰教授、厦门大学经济学院的郑振龙教授、湖南大学金融学院的杨胜刚教授、南京大学工程管理学院的李心丹教授、东北财经大学史永东教授等,他们的意见对教材的完善和课程体系的建设起到了积极的推动作用,也给了我巨大的信心,使我有动力将教材和课程建设得更加完善。还有中南大学的领导和同事,他们一如既往的支持是本书得以完成不可或缺的源动力之一。

感谢中南大学一批富有朝气和激情的每一位团队成员,每周一次的 Seminar 让大家备感压力,但团队内部互相感染的活跃思维、踏实作风和合作精神使大家都能心无旁骛地专注于自己的研究。对本书具有贡献的,除了合作者盛虎老师以外,还有博士生彭叠峰、王建新、王颖、张媛和硕士生王攀、田婷霞、彭娟、刘敏、刘晨、戴鹏君、贾文静等。感谢同济大学张轮博士持续的支持和奉献,跨学科的关注使他总能带给我们无拘无束的思考,提供全新的逻辑思维和方向判断,让我们有机会不断尝试新的跨越。

最后,我要感谢机械工业出版社一批年轻活跃的编辑,她们有着编辑特有的敏锐、执著和勤奋,同时还有一份女性特有的细腻和真诚,本书在此出版,有一种宾至如归的感觉。

回味与研究和写作有关的点点滴滴,感觉就像经历了一段长途跋涉终于又到了一个驿站,可以稍事休息,反思一下自己,整理一下思绪。行为金融,这门科学自身的无限魅力以及学无止境的哲学诫勉,始终激励着我,使我将目光再一次投向前行的征途……

饶育蕾
2010 年 5 月 2 日
于岳麓山下

教学目的

本课程教学的目的是让学生了解基于心理视角的金融学理论前沿,更现实地理解金融市场的运行规律,掌握理性的、科学的金融投资决策程序和方法。

(1) **明确行为金融学的学科定位与发展逻辑**:从假设前提着手,分析传统金融理论的理论架构及其存在的缺陷,通过对行为金融学发展历程的追踪,表明行为金融学是对传统金融理论发展的有效补充。

(2) **构建行为金融学的理论架构和应用基础**:采用实验经济学的方法,通过大量心理学实验成果的展示和理论分析,对人类不确定性决策过程中的认知特征和局限性进行剖析;通过心理学的相关理论,解析人类投资决策过程中的心理和行为偏差产生的机理;通过金融市场的数据收集与整理,分析这些偏差对金融产品的定价估值及买卖、金融市场的均衡性与稳定性、公司投融资决策等方面产生的系统性影响;通过对行为金融学理论架构的学习与运用,在明晰金融学与其他学科之间交叉发展、相辅相成的关系,拓展金融学的研究方法,了解金融市场的运行规律等方面,发挥良好的启发作用。

(3) **形成基于行为金融学理论的投资决策方法**:通过对理论和案例的学习,系统性地把握人类投资决策过程中的心理与行为偏差,深刻认识金融市场的信息效率与运行规律,构建基于投资者行为特征的投资决策理论和资产管理理论,为以后的投资决策和公司投融资行为的实验和实践提供实用的方法支持。

前期需要掌握的知识

宏观经济学、微观经济学、货币银行学、金融经济学、证券投资学、金融工程学、公司金融学、期货与期权投资学等课程的相关知识。

课时分布建议

教学内容	学习要点	课时安排（学时）	案例使用建议	心理学实验实施建议
第1章 概论	（1）行为金融学的发展历史； （2）行为金融学与其他学科的相关性； （3）行为金融学的理论基础。	1	本章引导案例和案例讨论	
第2章 有效市场假说及其面临的质疑	（1）有效市场假说理论及相关学者对该理论模型的论证与分析； （2）有效市场假说存在缺陷的理论分析和相关金融市场数据证明分析。	2	本章引导案例、案例分析和案例讨论	
第3章 期望效用理论及其受到的挑战	（1）期望效用理论的假设及效用函数分析； （2）心理学实验的实施与分析，了解人类不确定性决策中对期望效用理论的公理化假设的违背机理； （3）期望效用理论修正模型的介绍。	3	本章引导案例和案例讨论	本章的实验设计与结果分析
第4章 前景理论	（1）不确定性条件下的风险决策过程介绍； （2）价值函数模型的构建推导； （3）决策权重函数模型的构建推导； （4）前景理论模型的构建及在金融市场的应用。	3	本章引导案例、案例分析和案例讨论	本章的实验设计与结果分析
第5章 判断和决策中的认知偏差	（1）人类判断与决策中的信息加工系统的分类和认知心理学基础知识； （2）启发式偏差产生的心理学机理及实验分析； （3）框定偏差产生的心理学机理及实验分析。	4	本章引导案例和案例讨论	本章的实验设计与结果分析
第6章 决策中的心理偏差与偏好	（1）金融决策中的心理偏差的类别、概念及产生的机理与心理学实验的分析与理解； （2）金融决策中的心理偏好的类别、概念及产生的机理与心理学实验的分析与理解。	4	本章引导案例	本章的实验设计与结果分析
第7章 金融市场中的个人投资者行为	（1）投资者在金融市场的交易行为分析； （2）金融市场中个体投资者非理性交易行为的心理学机理分析和金融市场数据的实证分析。	3	本章引导案例、案例分析和案例讨论	本章的实验设计与结果分析
第8章 金融市场的股票收益率异象	（1）金融市场存在的交易异象及其产生的心理学机理； （2）投资者的注意力指标及情绪指标对预测股票收益率的有效性，及产生的心理学理论基础。	2	本章引导案例	
第9章 金融市场中的群体行为与金融泡沫	（1）世界重大金融泡沫事件的产生、发展及其危害； （2）金融泡沫形成中的有限理性个体心理和行为偏差产生的原理及影响； （3）系统性群体偏差产生的心理学原理及影响； （4）不合理的金融机构及其他社会性因素对金融泡沫放大与加速破裂的形成机理及影响。	3	本章引导案例、案例分析和案例讨论	
第10章 行为公司金融	（1）金融市场非有效背景下的管理者企业经营行为分析； （2）管理者在企业投融资决策中的心理和行为偏差及对经营行为产生影响的机理。	3	本章引导案例、案例分析和案例讨论	

(续)

教学内容	学习要点	课时安排（学时）	案例使用建议	心理学实验实施建议
第11章 行为投资策略与管理	（1）投资者的心理和行为偏差对证券投资的技术分析方法和基本分析方法的影响； （2）投资者心理和行为偏差对证券交易过程的影响； （3）基于投资者行为的构建与验证。	3	本章引导案例、案例分析和案例讨论	
第12章 行为金融学新进展与研究展望	（1）行为金融学在金融大数据分析、家庭金融文化金融等领域的应用拓展； （2）实验室实验、实地实验、眼动科学、神经科学、行为博弈和计算金融在行为金融学科研究中的运用。	1		
课时总计		32		

说明：案例分析和心理学实验实施等时间已经包括在前面各个章节的教学时间中。

目录 CONTENTS

作者简介
第 2 版前言
第 1 版前言
教学建议

第 1 章　概论 ········· 1
本章提要 ········· 1
重点与难点 ········· 1
引导案例　价格总是对的吗 ········· 1
1.1　行为金融学的历史与发展 ········· 3
1.2　行为金融学的相关学科基础 ········· 7
1.3　行为金融学对新古典金融学的理论挑战 ········· 12
1.4　行为金融学的理论支柱 ········· 16
1.5　本书的内容结构安排 ········· 17
关键概念 ········· 19
本章小结 ········· 19
思考习题 ········· 19
案例讨论：从"疯牛"到股灾 ········· 19
推荐阅读 ········· 22

第 2 章　有效市场假说及其面临的质疑 ········· 23
本章提要 ········· 23
重点与难点 ········· 23
引导案例　股价应该反映陈旧信息吗 ········· 23
2.1　有效市场假说的形成 ········· 25
2.2　有效市场假说 ········· 26
2.3　市场有效性面临的理论质疑 ········· 31
2.4　并非有效市场的实证证据 ········· 34
关键概念 ········· 42
本章小结 ········· 42
思考习题 ········· 42
案例讨论：我国 A 股和 H 股的差价 ········· 43
推荐阅读 ········· 43

第 3 章　期望效用理论及其受到的挑战 ········· 45
本章提要 ········· 45
重点与难点 ········· 45
引导案例　圣·彼得堡悖论 ········· 45
3.1　"经济人"假设 ········· 46
3.2　期望效用理论及其假设 ········· 47
3.3　心理实验对期望效用理论的挑战 ········· 50
3.4　期望效用理论的修正模型 ········· 64
关键概念 ········· 65
本章小结 ········· 65
思考习题 ········· 66

案例讨论 66
　　推荐阅读 66

第 4 章　前景理论 68
　　本章提要 68
　　重点与难点 68
　　引导案例　房地产市场的卖者行为 68
　　4.1　个人风险决策过程 70
　　4.2　价值函数 73
　　4.3　决策权重函数 82
　　关键概念 84
　　本章小结 85
　　思考习题 85
　　案例讨论：克拉尔需要一个心理医生 85
　　推荐阅读 86

第 5 章　判断和决策中的认知偏差 87
　　本章提要 87
　　重点与难点 87
　　引导案例　孩子去谁家玩耍更不安全 87
　　5.1　认知心理学视角的心理偏差 88
　　5.2　启发式偏差 91
　　5.3　框定依赖偏差 103
　　关键概念 108
　　本章小结 108
　　思考习题 109
　　案例讨论：网上投票系统 109
　　推荐阅读 110

第 6 章　决策中的心理偏差与偏好 111
　　本章提要 111
　　重点与难点 111
　　引导案例　专用的账户 111
　　6.1　心理账户 112
　　6.2　从众行为 115

　　6.3　过度自信 116
　　6.4　证实偏差 119
　　6.5　禀赋效应 121
　　6.6　后悔厌恶 123
　　6.7　模糊厌恶与熟悉偏好 124
　　6.8　时间偏好与拖延习惯 126
　　关键概念 128
　　本章小结 128
　　思考练习 129
　　推荐阅读 130

第 7 章　金融市场中的个人投资者行为 131
　　本章提要 131
　　重点与难点 131
　　引导案例　高智商者能跑赢市场吗 131
　　7.1　个人投资者的投资表现 133
　　7.2　处置效应 136
　　7.3　过度交易 140
　　7.4　注意力驱动交易 143
　　7.5　情绪驱动交易 147
　　7.6　投资组合的不充分分散 149
　　关键概念 153
　　本章小结 153
　　思考习题 153
　　案例讨论 1：分析师的推荐是否过度观 153
　　案例讨论 2：开放式基金的"赎回惑" 154
　　推荐阅读 155

第 8 章　金融市场的股票收益率异象 157
　　本章提要 157
　　重点与难点 157
　　引导案例　天气影响股票市场的收益吗 157
　　8.1　股权溢价之谜 158
　　8.2　市场非有效的几个早期异象 161

- 8.3 动量效应与反转效应 ·················· 167
- 8.4 投资者注意力与股票收益率异象 ····· 171
- 8.5 投资者情绪与股票收益率异象 ········ 175
- 关键概念 ·· 178
- 本章小结 ·· 179
- 思考习题 ·· 179
- 案例分析：中国股市的"春节效应" ····· 179
- 推荐阅读 ·· 180

第 9 章 金融市场中的群体行为与金融泡沫 ········· 181

- 本章提要 ·· 181
- 重点与难点 ·· 181
- 引导案例 "非理性繁荣" ····················· 181
- 9.1 历史上的资产泡沫 ························ 183
- 9.2 个体行为偏差的作用 ···················· 186
- 9.3 群体行为偏差的推动 ···················· 190
- 9.4 市场机制与制度缺陷的推动 ·········· 195
- 9.5 社会环境因素的推动 ···················· 201
- 关键概念 ·· 207
- 本章小结 ·· 207
- 思考习题 ·· 207
- 案例讨论 1：疯狂的普洱茶 ················· 208
- 案例讨论 2："全民狂欢"——2007 年中国股市的盛宴 ················· 209
- 推荐阅读 ·· 210

第 10 章 行为公司金融 ················ 211

- 本章提要 ·· 211
- 重点与难点 ·· 211
- 引导案例 美国在线并购时代华纳 ······· 211
- 10.1 行为公司金融概述 ······················ 212
- 10.2 市场非有效对公司投融资行为的影响 ·· 214
- 10.3 非理性经理层的投融资行为 ········ 218
- 10.4 公司股利分配的行为特征 ············ 234
- 关键概念 ·· 238
- 本章小结 ·· 238
- 思考习题 ·· 238
- 案例讨论：康柏公司的系统开发 ········· 239
- 推荐阅读 ·· 240

第 11 章 行为投资策略与管理 ······ 241

- 本章提要 ·· 241
- 重点与难点 ·· 241
- 引导案例 涨停的诱惑 ························· 241
- 11.1 基本面分析 VS 技术分析 ············ 243
- 11.2 如何管理好自己的投资行为 ········ 250
- 11.3 利用市场非有效的投资策略 ········ 259
- 关键概念 ·· 267
- 本章小结 ·· 267
- 思考习题 ·· 267
- 案例讨论："好教授"与"忙碌先生" ··· 268
- 推荐阅读 ·· 269

第 12 章 行为金融学新进展与研究展望 ················ 270

- 本章提要 ·· 270
- 重点与难点 ·· 270
- 12.1 行为金融学应用领域的拓展 ········ 270
- 12.2 行为金融学研究方法新进展 ········ 277
- 关键概念 ·· 286
- 本章小结 ·· 286
- 思考习题 ·· 286
- 推荐阅读 ·· 287

术语表 ·· 288

参考文献 ·· 304

概 论

本章提要

本章回顾了行为金融学的发展历史,并从心理学、行为学、实验经济学和行为经济学等角度分析其与行为金融学之间的相关性;界定行为金融学的研究范畴,重点从有效市场、经济人和理性人假设出发,讨论行为金融学的本质及其对金融学学科完善与发展的意义。

重点与难点

- 了解理性人、经济人假设的理论前提及其存在的缺陷;
- 了解行为金融学的起源、发展和前沿动态;
- 把握心理学、实验经济学和行为经济学等关联学科与行为金融学的相关性;
- 掌握和理解行为金融学的核心内容。

引导案例

价格总是对的吗[一]

1987年10月19日,星期一,股市开盘3小时后,道琼斯工业平均指数恐慌性地下跌了508.32点,跌幅达22.62%。这意味着持股者手中的股票在一天之内贬值了两成多,总计有5 000亿美元消逝于无形,相当于美国全年国民生产总值的1/8的财产瞬间蒸发了。随即,恐慌波及了美国以外的其他地区,全球股市暴跌。这次暴跌完全出乎华尔街的意料。在股灾降临前,市场消息面十分平静,没有任何值得关注的重要新闻,无论是金融类的还是其他方面的都没有:没有爆发战争,没有政治领导被刺杀,没有任何值得留意的事情发生。相比起这次晴天霹雳般的股价暴跌,日本偷袭珍珠港的那天美国股市才下跌了4.4%,不及此次跌

[一] 案例来自理查德·泰勒(Richard Thaler)于2015出版的《"错误"的行为》,经作者整理而得。

幅的 1/5。在接下来的几个交易日内，暴跌的股市急剧反弹，星期二标准普尔大公司指数回弹了 5.3%，星期三继续上涨 9.1%，使得一周之后的星期一（26 日）股市跌幅收窄在 8.3% 以内。事后，《华尔街日报》针对这一暴跌事件发表了一篇评论，标题为"罗伯特·希勒[⊖]被证明是对的，金融市场的震荡太无常了！"在这个星期，市场上唯一的"消息"就是股价在疯狂地暴跌。

图 1-1　道琼斯工业平均指数

数据来源：http://www.cs.princeton.edu/introcs/data/DJIA.csv

在缺乏消息，股票基本面基本保持不变的情况下，股票价格却在短时间内剧烈波动，这很有可能说明价格是错误的。由图 1-1 可以看出，某两个连续交易日之间的股票价格相差超过 20%，显然，这两个交易日的股票价格不会都是对上市公司内在价值的理性预期。正确的价格只有一个，而市场在一夜之间给出了两个差异巨大的答案，那么，其中至少有一个是错的，也有可能两个都是错的。时隔 30 年，学术界仍然不完全清楚这一"黑色星期一"事件发生的根本原因，但至少很强烈地对传统资产定价理论产生了质疑。

案例思考

传统金融学理论认为，股票市场是实体经济的晴雨表，股票价格会及时有效地反映与基本面相关的所有信息。然而，1987 年"黑色星期一"的股价崩盘却在一个信息真空的市场中突然发生。如果引起股价波动的因素不只是信息，那么还会有什么其他因素？这些因素是否与个体或群体的心理状态有关，它们是如何与市场的基本因素交织在一起，推动股票价格的潮涨潮落呢？通过对行为金融学的学习，或许读者会为这些问题找到恰当的答案。

金融市场是各类市场参与者跨期配置资源的主要场所，也是学术界长期关注的核心领

⊖ 罗伯特·希勒是耶鲁大学经济学教授，行为金融学的代表性人物，认为金融资产价格的波动过于剧烈，对基本面的偏离是经常性的，著有《非理性繁荣》等畅销书，获得 2013 年诺贝尔经济学奖。

域,与货币经济、风险管理、公司金融等领域存在紧密的联系。金融资产的价格行为是整个金融市场中最为激动人心的领域,吸引着世界众多顶尖金融经济学家的持续关注。通过半个多世纪的不懈努力,现代金融学已经建立了由投资组合理论、资产定价模型、有效市场假说、期权定价模型等理论组成的完整的学科体系,成为新古典经济学中最重要、最活跃的研究领域之一。

尽管新古典金融学家已经取得了举世瞩目的学术成就,但现实世界却不断涌现出各种令人困惑的谜题和异象,如在引导案例中提到的"黑色星期一"市场崩盘现象。在最近的20～30年里,越来越多的学者研究发现新古典金融理论所依赖的研究假设过于理性化,并不完全符合真实世界中的个体心理与市场环境,所得到的结论也并不能很好地拟合现实金融市场所生成的价格和交易数据。与此同时,越来越多的实验证据表明,投资者在决策和博弈过程中并不像新古典经济学家所刻画的"经济人"(economic man)那样表现出纯粹的自利和完美理性,而是在很大程度上受到认知、心理、社会、情感等因素的影响,从而产生规律性、系统性的偏离。这些不断涌现的实验证据不断被系统化、模型化,从而形成新兴经济学的一个重要分支——行为经济学。那些挑战新古典金融理论的学者开始运用"有限理性"的研究假设,不断吸收来自心理学和行为经济学的研究成果,对金融市场中的各种异象和系统性偏离做出合理的解释,从而为各类市场主体的金融决策与金融监管提供科学依据。这些系统化的实证证据、理论模型以及由此发展起来的实践方法被称之为"行为金融学"。行为金融学兴起于20世纪90年代,并在学术界得到了越来越多金融学者的关注与认可,其在实务界的影响力也不断扩大,如今已经与新古典金融学并驾齐驱,成为现代金融学的重要组成部分。

1.1 行为金融学的历史与发展

行为金融学的早期学术思想主要萌生于对宏观经济与投资、经济心理学实验的相关研究,如凯恩斯的选美博弈、格雷厄姆的投资分析、西蒙的有限理性假设以及心理学家卡尼曼(Kahneman)等人所做的一系列经济心理学实验。直到20世纪80～90年代,一些经济学家,如理查德·泰勒(2017年诺贝尔经济学奖得主)和罗伯特·希勒(2013年诺贝尔经济学奖得主)等,发现金融市场中存在一系列违背有效市场假说的异象,并且研究其背后的行为和心理规律时,行为金融学才正式得到主流经济学家的承认。2000年以后,行为金融学在理论研究与实证研究上都取得了重大进展,研究的重点从资产定价逐步转向公司金融和家庭金融,其学术思想和研究体系开始迈向成熟,成为现代金融学的前沿思想。

1.1.1 早期的行为金融学思想

如果把心理学与金融研究相结合的起点作为行为金融研究的开端的话,那么,19世纪古斯塔夫·勒庞(Gustave Lebon)的《乌合之众》(1895)和麦基(Mackey)的《非同寻常的大众幻想与群众性疯狂》⊖(1841)就是两本最早研究投资市场群体行为的经典之作。而凯恩

⊖ 此书已由机械工业出版社收录于《投机与骗局》一书中出版。

斯是最早强调心理预期在投资决策中作用的经济学家之一，他基于心理预期提出了股票市场的"选美竞赛"理论[一]和"空中楼阁"理论[二]（1936），强调心理预期在人们投资决策中的重要性。他认为虽然在理论上股票价值取决于其未来收益，但由于对投资大众进行长期预期存在相当的困难和不准确性，故应把长期预期划分为一连串的短期预期。而一般大众在预测未来时都遵守一条成规：除非有特殊理由预测未来会有改变，否则即假定现状将无限期地继续下去。于是，投资者就不必为其不知道某个证券10年后的投资价值是多少而失眠，只要相信这条成规不被打破，使其有机会在时间过得不多、现状改变还不太大的情况下修改其判断、变换其投资，因此觉得其投资在短期内是安全的，投资者就有理由相信，其投资在一连串的短期内（不论有多少，相当于长期）也是安全的。在这种情况下，决定投资者行为的主要是心理因素，投资者是非理性的，其投资行为建立在所谓的"空中楼阁"之上，证券的价格取决于投资者心理预期所形成的合力，投资者的交易行为充满了"动物精神"（animal spirit）。

作为宏观经济学的鼻祖，凯恩斯在解释金融投资时对投资者心理给予了重要的地位，也为行为金融学提供了学术思想的源头。实际上，华尔街的投资者早已运用投资心理学（investment psychology）进行了一系列投资实践。格雷厄姆和多德在1934年《证券分析》一书中对1929年美国股票市场价格暴跌做出了深刻反思，认为股票价格的波动应该建立在股票内在价值基础之上，由于各种非理性原因导致的股票价格对内在价值的偏离，会随着时间的推移而得到纠正。因此，股票价格的未来表现可通过股票价格未来的表现与基础价值的比较而加以判断，而基础价值取决于公司未来盈利能力。1951年，布鲁尔（Burell）率先提出了用实验方法来检验理论的必要性和思路，由此开拓了一个将量化投资模型与人的行为特征相结合的金融研究新领域。随后的1967年和1972年，巴曼（Bauman）和斯洛维奇（Slovic）分别发表了《科学投资分析：是科学还是幻想》和《人类判断行为的心理学研究》，呼吁关注投资者非理性的心理，更加明确地批评了金融学科片面依靠模型的研究方法，并指出金融学与行为学的结合应是今后金融学发展的方向。追随他们理论的金融学者也陆续有一些研究问世，但都是分散的，没有系统化，因而没有引起人们足够的重视。

真正从学术的角度认真研究经济主体理性与否的经济学家是罗伯特·西蒙，他所提出的"有限理性"假设为行为金融学的诞生奠定了重要的理论基础。"经济人假设"认为行为主体

[一] 指专业投资者的投资情况可以和报纸上的选美竞赛相比拟。在选美竞赛中，参与者要从100张照片中选出最漂亮的6张。选出的6张照片和最终结果最接近的人就是得奖者。由此可见，每一个参与者要挑选的并不是他自己认为最漂亮的人，而是他认为其他参与者要挑选的人。而全部参与者都以相同的方式看待这个问题。这里的挑选并不是根据个人判断力来选出最漂亮的人，甚至不是根据真正平均的判断力来选出最漂亮的人，而是运用智力来推测一般人的意见是什么。在这里，我们已经达到了第三个推测的层次，我相信，有人还会进行第四、第五和更多层次的推测。摘自：凯恩斯所著《就业、利息和货币通论》。

[二] 智力的争斗，在于预测几个月之后按成规所能确定的股票市价，而不是预测在未来好几年中的投资收益。这种争斗甚至也不需要为行为职业投资者提供什么好处，他们相互之间就可以玩起来。参加者也不需要真正相信，墨守成规从长远来看有什么合理的依据。从事职业投资好像是在玩一种"叫停"的游戏、一种"传物"的游戏、一种"占位"的游戏，总而言之，犹如一种供消遣的游戏。在这种游戏中，胜利属于不过早或过晚"叫停"的人，属于在一次游戏结束前能把东西传给相邻者的人，或者在音乐停止前能得到座位的人。这些游戏可以玩得津津有味、高高兴兴，虽然每个参加游戏的人都知道，东西总是传来传去，而在音乐停止时，总会有人没得及把东西传出去，也总会有人没有得到座位。摘自：凯恩斯所著《就业、利息和货币通论》。

具有完备的、单一的或内在一致的偏好。新古典经济学为了刻画个人选择的理性行为，提出完备性、传递性和决定性等公理。然而，心理学家的大量实验证明，实验参与者并不具有新古典经济人所声称的完美理性。1955 年，诺贝尔经济学奖得主西蒙首次提出"有限理性"假设，指出心智有限的行为人，面对复杂的决策环境，会以满意解而不是以最优解作为决策标准。个体并不拥有超出其认知能力的复杂计算能力，而只拥有进行合理行动步骤的资源；只能追求决策过程在逻辑上的无矛盾，而无法完全实现某种工具价值的最终"极大化"。也就是说，在真实的决策环境里，有限理性的心理机制意味着人类有限的信息加工和处理能力、有限的计算能力和对环境的认知能力。因而，西蒙指出"人们的行为试图做到理性，但这种尝试只能有限地实现"。西蒙所提出的有限理性假设，是基于生理学及心理学的思考对传统经济学理论所做出的修正，激发了学者对"行为人"的关注和研究，为行为经济学与行为金融学的发展奠定了基础。

然而，真正为经济决策的有限理性提供科学证据的学者并非经济学家，而是心理学家。20 世纪 30～40 年代，乔治·卡多纳率先关注宏观经济层面的心理问题，并且在经济学中引入"态度""情感"和"期望"等概念，成为美国经济心理学的开拓者。1979 年，心理学家卡尼曼和特沃斯基（Tversky）发表的文章《前景理论：风险状态下的决策分析》，为行为金融学的兴起奠定了坚实的理论基础，成为行为金融研究史上的一个里程碑。1982 年，卡尼曼、斯洛维奇和特沃斯基在著作《不确定状况下的判断：启发式和偏差》中研究了人类行为与投资决策经典模型假设相冲突的三个方面：风险态度、心理账户和过度自信，并将观察到的现象称为"认知偏差"。2002 年瑞典皇家科学院宣布，由普林斯顿大学的卡尼曼和乔治·梅森大学的教授弗农·史密斯（Vernon Smith）分享诺贝尔经济学奖。卡尼曼的主要贡献是"把心理学研究和经济学研究结合在一起，特别注重研究不确定环境下人如何决策"，弗农·史密斯则"通过实验室实验进行经济方面的经验性分析，特别是对各种市场机制的研究"，他将经济分析引入实验室，发展了一系列经济学实验方法来研究拍卖机制和金融市场，并为通过实验进行可靠的经济学研究确定了标准。这两位获奖者利用心理学和经验科学的方法对传统的经济学研究提出了大胆创新，修改了传统的经济学假设，开创了行为经济学和实验经济学等经济研究的新领域。

1.1.2 行为金融学的形成和发展期

到了 20 世纪 70～80 年代，金融市场中涌现出一系列无法用新古典金融学解释的实证谜题和市场异象（anomalies），如价值效应（Basu, 1977）、1 月效应（Rozeff 和 Kinney, 1976）、规模效应（Banz, 1981）、反转效应（DeBont 和 Thaler, 1985）、动量效应（Jagadeesh 和 Titman, 1993）、处置效应（Shefrin 和 Statman, 1985）等。80 年代晚期，行为金融学的领军人物理查德·泰勒应邀在《经济学展望》杂志上发表了一系列关于生活中的悖论和反常现象的论文，涉及的主题丰富多样，如：公平、互惠、利他、赢者诅咒、禀赋效应、损失规避、偏好反转、心理账户等。尽管这些"异象"分散且缺乏系统性，却激发了学术界对新古典经济学的行为假设的广泛质疑，对行为金融学的发展影响深远。

这些异象的涌现进一步促使金融经济学家反思新古典资产定价理论的合理性。理性预期理论认为，投资者可以对其所购入股票的公司的未来现金流做出无偏预测，因此，当前的股票价格就是股票未来期望价值的无偏估计。1985年，时任美国金融协会主席的布莱克（Black）对此表示异议。他在《噪声》一文中指出，由于金融市场中噪声的存在，金融资产价格会严重偏离其基础价值。De Long（1990）等将噪声交易者风险引入定价模型，用来解释类似于"指数效应""封闭式基金折价之谜""孪生证券现象"等一系列金融市场异象。Shleifer和Vishny（1997）进一步指出，噪声交易风险阻碍了套利者的套利行为，从而增加了股票价格与价值之间的偏离程度。错误定价（mispricing）的建模方法在行为金融领域得到了迅速的推广，金融经济学家发展出一系列描述性模型，如Barberis等（1998）、Daniel等（1998）、Hong和Stein（1999）等一系列模型，用来解释证券市场资产价格反应不足与过度反应并存的现象。

早在20世纪70～80年代，罗伯特·希勒就着手考察长期股价波动与股利变化之间的关系。他与沃纳搜集了1871年以来的股票价格数据，与用未来股利现金流贴现所计算出来的"基本面"相比较，发现真实的股票价格波动太剧烈了，远非未来股利贴现值所能解释，这篇论文直接撼动了新古典金融学最基础的估值理论。越来越多的文献开始讨论总体股票市场是否存在过度波动和非理性泡沫。2000年年初，在全球股市全面上涨的时刻，希勒教授总结其多年来对金融市场的研究成果，出版了关于股市风险分析的专著——《非理性繁荣》，提醒全球投资者注意泡沫经济的风险。这本书在美国出版后立刻引起了学术界和投资者的重视。两个月后，希勒教授对全球股市的预测不幸言中，网络经济的泡沫在美国开始破裂，西方主要股市全面下跌，引发了世界范围的经济衰退。2005年，希勒教授出版了《非理性繁荣》第二版，其中专门增加了一章探讨2000～2005年美国经历的房地产价格泡沫，从市场观念演变的过程、经济发展结果和未来的影响等方面对网络泡沫之后的再一次"非理性繁荣"做出了全面分析，并预测出美国房屋抵押贷款已经出现次贷危机的端倪。两年后的2007年3月，美国次贷危机爆发，股市与房市双双大跌，形成波及全球的金融大海啸，希勒教授再一次成为华尔街的预言家，也由于其在资产定价领域所做出的突出贡献，获得了2013年诺贝尔经济学奖。

20世纪90年代中后期，行为金融学理论更加注重投资者心理对投资组合决策和交易决策的影响。French和Porterba（1991）、Huberman（2001）等学者研究发现投资者所持有的股票组合分散不足，具有明显的本土偏好。Bernartzi和Thaler（2001）以401（k）计划⊖为例所做出的研究发现，人们投资组合的分散方式十分幼稚。Odean（1999）、Baber和Odean（2000，2001）等一系列研究表明，美国的个体投资者倾向于过度交易，从而导致较低的投资回报，并认为驱使投资者过度交易最重要的原因是过度自信，研究还发现男人比女人过度自信的程度更高。Shefrin和Statman（1985）根据前景理论（prospect theory）预测投资者倾向于过早地卖出盈利的股票，而不情愿卖出已经亏损的股票，他们将这种倾向定义为处置效

⊖ 401(k)计划也称401k条款，是指美国1978年《国内税收法》新增的第401条k项条款的规定。401(k)计划始于20世纪80年代初，是一种由雇员、雇主共同缴费建立起来的完全基金式养老保险制度，1979年得到法律认可，1981年又追加了实施规则，20世纪90年代该制度迅速发展，逐渐取代了传统的社会保障体系，成为美国诸多雇主首选的社会保障计划，适用于私人营利性公司。

应（disposition effect）。近年来，越来越多的研究表明投资者的交易行为受到媒体报道、投资者的有限注意以及互联网普及的影响。

1.1.3 行为金融学的新进展

进入 21 世纪以后，行为金融学研究领域得到空前的拓展，行为公司金融和宏观行为金融是主要的拓展领域。

行为公司金融（behavioral corporate finance）作为行为金融学的一个重要分支日益受到学者的重视。在理性人假设和有效市场假说的条件下，1958 年莫迪利亚尼和米勒提出了企业价值与资本结构无关的命题。其后，金融经济学产生了一系列新的理论和模型，如 Jensen 和 Meckling（1976）的代理模型，Ross（1977）、Leland 和 Pyle（1977）的信号模型，Myers 和 Majluf（1984）的信息不对称及优序融资理论等。这些理论和模型都是从资本市场有效性假说角度来讨论公司财务行为的，其传统方法体现在"基于价值的管理"（value-based management），即建立在理性行为、资本资产定价模型和有效市场假说三个理论基础之上。然而，大量的实践观察和实证分析表明，心理因素会干扰这三个传统的理论基础。行为金融学对公司理财的实践有着重要的意义，行为公司金融也应运而生，其核心思想是认为公司管理层的非理性与股票市场的非有效性会对公司投融资行为产生重要影响。

2007 年金融海啸爆发后，行为金融学在"后危机"时代肩负起了解释宏观金融现象及引导政策的重任。Shefrin（2009）、Krugman（2009）、Fratianni（2008）等在因行为金融学理论解释宏观金融危机方面做出了开创性研究。与此同时，基于行为的金融监管理论也引起了学者及政府的重视。由于传统的金融监管理论是在经济主体完全理性的条件下得出的，因而其前提是理性选择和市场竞争，而金融市场的宏观整体波动往往依托于微观主体的系统性行为偏差，个体的行为偏差在信息不完全、制度缺陷和社会文化诱因驱动下，演化成系统性的群体偏差，导致异常的市场表现。这种偏离轨道的市场表现通过正反馈机制强化了个体的信念和行为偏差，并透过市场情绪和社会传染引发非理性的市场狂热或恐慌，最终将金融市场上的局部偏离演化成系统的、全面的金融危机。因此，基于行为分析的监管理论能够帮助投资者避免错误的产生并提高市场效率。

行为经济理论在政府监管决策中已经有了一定的实践运用。奥巴马把美国当今顶尖"行为主义经济学"精英学者聚集起来，组成了一个被时代杂志称为"行为科学梦幻智囊团"的团体，其中代表性的人物桑斯坦（Sunstein）与泰勒称这种政策制定方式为"自由意志家长式"，并在他们的著作《助推》（2009）中写道："监管当局应采取措施，帮助人们认清复杂事物和拒绝诱惑，以免受社会影响做出错误判断。"例如，除了退休储蓄改革，白宫还准备实施"自动注册"加"最优配给"的医保方案，桑斯坦称之为"智能配算"（intelligent assignment）。通过这些诱导理性的政策设计，奥巴马政府能够对人们的决策"轻推一把"，达到事半功倍的目的。

1.2 行为金融学的相关学科基础

传统上，经济学研究依赖于理性人基本假设，即人们受自我利益的驱动，有能力在不确定性条件下做出理性判断和决策，传统的经济学家认为研究人的心理、情绪是不科学的，并认为经济学是一种非实验科学。然而，越来越多的学者用实验方法来研究经济学，修改和验证各种基本的经济学假设，使经济学研究可以更多地受到实验和各种数据的检验从而变得更加可信。这些研究大多数扎根于两个相辅相成的领域，即认知心理学家有关人的判断和决策的研究以及实验经济学家对经济学理论的实验性测试。因而，与行为金融学的产生与发展有密切联系的相关学科基础包括心理学、行为学、实验经济学、行为经济学等。

1.2.1 行为金融学与心理学

阿尔弗雷德·马歇尔认为"经济学是一门研究财富的学问，同时也是一门研究人的学问"⊖。依据他的解释，心理学与经济学之间存在着天然的渊源。站在经济学的角度上考察，仅从心理学对经济学的单向影响来讲，"心理学对经济学就似乎像波爱修神一样，是道路、动机、指导、起源与终点"（Wicksteed，1987）。

1902年，法国心理学家塔尔德出版了《经济心理学》一书，书中强调了经济现象的主观方面，并提出了主观价值论和心理预期的观点，标志着经济心理学⊜的诞生，它是关于经济心理与行为研究的学科，强调经济个体的非理性方面及其重要影响。1942年雷诺在其著作《政治经济学和实验经济学》中提出：人的行为并不是严格合乎逻辑的，而是常常存在非理性因素。然而，直到20世纪80年代，经济心理学的研究都并未引起人们的广泛关注，仅有少量研究成果面世，而且综合来看，这段时期的研究方向主要集中在对消费者心理的研究上，理性心理的观念仍在整个经济界占据着主导地位。

如果对行为金融学、行为经济学与经济心理学进行考察，就会发现它们的历史根源和发展变迁过程各不相同，并且在研究方法和研究视角上也存在很大差异，这种差异来源于西方心理学流派对经济学的影响。其中，经济心理学起源于欧洲，更多地受到了传统欧洲式的构造主义心理学流派的影响；行为经济学起源于美国，更多地受到根植于美国的行为主义心理学流派的影响；行为金融学则受现代认知心理学（cognitive psychology）的影响⊜，更多地将心理学作为其研究金融问题的一种工具，它对投资者心理和证券市场效率的研究源于其对一般经济主体心理和商品市场价格的研究。

西方心理学对经济学的影响具有悠久的传统，这种影响体现在"心理—行为"分析方法在经济研究中的运用。纵观经济学说史可以发现：无论是主流的古典政治经济学和新古典经

⊖ 马歇尔.经济学原理[M].陈良璧，译.北京：商务印书馆，1964：23.
⊜ 经济心理学是应用社会心理学的一个重要分支，它的研究对象为个体及群体在经济活动中的心理现象和心理规律，涉及范围较广。从现有学科分类的角度看，经济心理学可以有广义和狭义两个层次。广义的经济心理学包括管理心理学、劳动心理学、人事心理学、就业心理学、广告心理学、工程心理学、工业心理学等。狭义的经济心理学则以从事直接与拥有货币之后产生的心理与行为为主，它主要包括：消费心理学、投资心理学、税收心理学、保险心理学、储蓄心理学、赌博心理学、慈善心理学等具体领域。
⊜ Statman Meir（1999）认为：行为金融学与现代金融学本质上并没有很大的差异，它们的主要目的都是试图在一个统一的框架下，利用尽可能少的工具构建统一的理论，解决金融市场中的所有问题。唯一的差别就是行为金融学利用了与投资者信念、偏好以及决策相关的情感心理学、认知心理学和社会心理学的研究成果。例如，认知心理学中的启发式（heuristic）推理方法、确认性偏差（confirmation bias）和框定依赖（framing）等，情感心理学成果中的过度乐观、保守主义和情绪性效应等，社会心理学成果中的信息窜流、羊群效应和心理干扰等研究成果。

济学,还是非主流的其他各种经济学流派,都存在"心理—行为"分析的影子。尤其是在凯恩斯经济理论之后出现的现代经济学各流派,更是开始适应性地、较多地应用"心理—行为"分析方法,例如⊖:金融市场中的经济心理与行为分析、产品市场中的经济心理与行为分析、劳动力市场中的经济心理与行为分析、家庭中的经济心理与行为分析等,这些心理学分析发现人的决策行为与经济学的理性假设之间存在系统性偏差。这些非理性心理研究几乎与金融市场效率研究开始于同一时间。

与行为金融学关系最为密切的现代认知心理学是以信息加工为核心的心理学,又可称作信息加工心理学(information processing psychology),或狭义的认知心理学。它是用信息加工理论来研究、解释人类认知过程和复杂行为的科学。其核心思想是:人是一个信息加工系统,该系统以符号形式来表示外部环境中的事物或内部的操作过程,该系统能对外部环境及自己的操作过程进行加工。也就是说,人通常被看作是以有意识的、理性的方式来组织和解释可得信息的系统。但是,其他一些下意识的因素也可以影响人类行为。从这一基本的理论框架出发,认知心理学企图研究人类智能的本质、人类思维过程的基本心理规律和特点。

比如,认知心理学家认为决策是一个交互式的过程,受到许多因素的影响。这些因素包括按自身法则发挥作用的感知(perception),用以解释其发生条件的信念或心理模式;还包括一些内在动因,如感情(emotions,指决策者的心理状态)或态度(attitudes,即在某环境下,对某一相应现象的强烈心理趋向),以及对以前决策及其结果的记忆(memory)等。这些因素会对当前决策产生重要影响,并构成特定的认知方程。这一复杂观点将人类行为看作是对给定环境的适应过程,人类的行为是典型适应性的,是以对因果关系的判断和短暂的知觉条件为基础的。

认知心理学的研究除了认知过程之外,还发展到了人格、情绪、发展心理、生理心理等领域,为行为金融学的深入发展提供了心理学基础。

1.2.2 行为金融学与实验经济学

当理性人假设无法揭示现实人的经济生活和经济行为时,研究人员尝试用实验和心理学方法来研究经济行为,并以此来修改和验证已有的经济学假设。实验经济学家对经济学理论的实验,为行为金融学的发展提供了研究方法和主体思路。

实验经济学(experimental economics)是在可控的条件下,针对某一现象,通过控制某些条件,观察决策者的行为并分析实验结果,从而检验、比较和完善经济理论,其目的是通过设计和模拟实验环境,探求经济行为的因果机制,验证经济理论或帮助政府制定经济政策⊖。因此,经济学的实验方法就是对经济学家给定一种直接的责任,把可控的过程作为生成科学数据的重要来源,而这些过程可以在其他实验室中重现。

实验经济学的发展经历了两个阶段。第一阶段是20世纪30～50年代,在这一阶段,

⊖ 俞文钊,鲁直,唐为名.经济心理学[M].大连:东北财经大学出版社,2001:6-12.
⊖ Sauermann H (editor). Contributions to Experimental Economics (Beitrage zur ExperimentellenWirtschaftsforschung)[M]. Tubingen: J.C.B Mohr, 1967. 其中包括了 Sauermann 和 Selten (1967a, b), Selten (1967a, b, c), Tietz (1967) 以及 Becker (1967) 的文章。

有三大标志性的经济实验类别[①]：第一类是个人选择理论实验，即通过实验手段了解影响个人效用偏好的因素和规律，如：瑟斯顿（Thurstone）设计的用来研究关于偏好的无差异曲线[②]的实验，随后其他学者设计的检验了以消费者行为为研究基础的效用理论的正确性的实验，阿莱（Allais）提出的"阿莱悖论"（Allais paradox）和一般效用理论等。第二类是关于博弈论的实验，这类博弈实验已经格式化为著名的囚徒困境（Flood，1952，1958）[③]。以此为起点，其他博弈实验还包括对信誉效应、公共品抉择、议价过程等方面的博弈研究。第三类是关于产业组织的实验，该实验主要是通过构建虚拟市场和组织形式，在不同的信息和市场条件下研究人的行为和组织结构的变化，以及这种变化对市场价格的影响。

第二个阶段是20世纪60年代至今，在这一阶段，实验经济学飞速发展，研究设计和构思不断创新，研究方法和工具不断完善，研究结论和证据与传统经济学的结论相去甚远，对传统经济学理论提出了挑战。60年代出版了第一部对实验经济学的回顾[④]。60年代末，学者们开始大量思考实验方法中存在的问题：如Hogatt、Esherich和Wheeler（1969）描述了一个计算机化的实验室。80年代后，更有Vernon Smith（1982）、Plott、Grether（1979）等开创了一系列新的研究方向并取得了富有革命性的成果[⑤]。弗农·史密斯通过对拍卖、公共品提供、航班时刻表设计、能源市场设计、政府采购、国有资产拍卖、解规过程等一系列经济实验的设计，大大丰富了人们对机制设计过程中经济关系的认识。他因在实验经济学领域的开创性研究而获得了2002年诺贝尔经济学奖。

实验经济学对现象与问题的解释依赖如下过程：构造模型、设计实验、进行实验、归纳统计、得到结果。经济理论的实验是把社会中的人作为被实验者，所要验证的是人的行为命题，这自然就需要借助行为和心理分析的方法。一是运用行为理论来完善和改进实验，例如，针对行为人对重复行为有厌烦的心理，在实验设计中运用价值诱导方法，把实验时间控制在三个小时内；二是运用行为理论来解释实验结果，例如，许多实验结果与理论预测出现差异，其原因是理论假设行为人是理性的，而被实验者的行为却是理性和非理性的综合，因

[①] Roth A E. On the Early History of Experimental Economics [J]. Journal of the History of Economic Thought, 1993, 15: 184-209.

[②] Thurstone（1931）首创用实验方法来研究关于偏好的无差异曲线，随后，学者设计的用于检验效用理论的实验包括Mosteller和Nogee（1951）对不确定性状态下个人的偏好决定实验，张伯伦对市场行为的实验等。

[③] 随后的实验参见Kalisch、Milnor、Nash、Nering（1954），以及Schelling（1957）的著作。Rapoport和Chammah（1965）编辑了一本与囚徒博弈有关的著作。

[④] Rapoport和Orwant（1962）在写实验经济学回顾时，最早评述说："这种实验性的研究方法有广泛的文献基础，但是尽管如此，其主要思想依然可以在一篇文章中得到体现。"（p1）。Friedman（1969）、Carlson和O'Keefe（1969）、Cummings和Harnett（1969）、Hogatt（1969）、MacCrimmon和Toda（1969）以及Sherman（1969）都曾参加"实验经济学特别研讨会"并发表了各自所做实验的相关文章。

[⑤] 弗农·史密斯在其著作《从实验科学的视角探讨微观经济学系统》，(*American Economic Review*, 72, 1982)中表明，一个微观经济体系中有N个行为者，K种商品与资源，以及每个行为者的某些特征I，规定一种交换制度或财产权规则，在此制度约束下交易者进行交往或转换商品，交换制度由分配规则、成本核算规则和具体交换调整规则构成。行为者根据制度规则和其他人的信息选择自己的行为。但是经济体系中的分配规则及成本估算规则对于人们做出的决策有着强大的刺激作用。所以，市场经济或者说微观经济学是一组交换规则和行为人决策的混合物。可以通过模拟市场交易、改变市场交换制度、观察实验人员的决策行为等手段对现有理论进行评价，并寻求新的经济理论发现途径。

此运用行为理论来分析被实验者的非理性行为,才能很好地解释实验结果。

实验经济学把可论证的知识引入经济学领域,使人们了解真实的市场运行模式。同时,实验中的可控过程作为生成科学数据的重要来源,其数据采集的严格标准也日益受到理论经济学家的重视。正因为实验经济学的研究过程是可控的,因此对这种研究的数据采集过程提出严格的标准也就成为可能,它作为方法论为行为金融学研究提供了研究路径,包括:①根据实验现象推测假设模型;②对模型进行实证检验;③采用合适的模型对异常现象做出解释。

目前,人们越来越多地对金融决策,特别是涉及金融市场的有效性和稳定性的决策内容(如金融市场的定价机制)进行实验设计和模拟。

1.2.3 行为金融学与行为经济学

行为金融学是由行为经济学(behavioral economics)延伸出来的众多分支学科中成果最为丰硕的一支,行为金融学的基本观点和采用的研究方法大都源自行为经济学。行为经济学是一门研究在复杂的、不完全理性的市场中产生的投资、储蓄、价格变化等经济现象的学科,是经济学和心理学的有机组合[一]。

从 20 世纪 50 年代起,行为经济学的研究工作在美国等西方国家就迅速地发展起来。行为经济学具有三个重要的特点:①其出发点是研究一个国家在某个时期里的消费者和公司管理者的行为,以实际调查为根据,将在不同环境中观察到的行为进行比较,然后加以概括并得出结论;②其研究集中在人们的消费、储蓄、投资等行为的决策过程,而不是这些行为所完成的实绩中;③其更重视人的因素,研究分析经济活动的心理过程,例如人们在做经济决策时的动机、态度和期望等[二],因此也可以认为它是管理方面的经济学。

20 世纪 70 年代,以 Kahneman 和 Tversky(1974、1979、1984)、Thaler(1980、1981、1985)、Shiller(2000)、Shleifer(1990a、1990b)等为代表的行为经济学家,基于现代心理学的启示,分别对传统经济学中"经济人"的无限理性、无限控制力和无限自私自利等三个假定进行了修正[三],提出了既非完全理性,又不是凡事皆自私的"现实人"假定。以此为立论基础,研究人类非理性行为的行为经济学应运而生。例如,莱布森(Laibson)在运用经济学分析工具讨论宏观经济问题时,加入了一些心理变量;恩斯特·费尔(Ernst Fehr)在分析劳动力市场经济学核心问题时,将非完全理性融入经济模型[四];Rabin(1993)把人的非理性引入博弈论与经济学中,提出混合公平的概念,即共同最大化或者共同最小化的"公平均衡"

[一] Mullainathan S, Thaler R H. Behavioral Economics [J]. International Encyclopedia of the Social & Behavioral Sciences, 2001, 76 (7948): 1094-1100.

[二] Rabin M. Risk Aversion and Expected Utility Theory: A Calibration Theorem [J]. Econometrica, 1999, 68: 1281-1292.

[三] 传统经济理论认为,经济人具有完全理性,并依据效用最大化原则进行决策。然而近几十年来,心理学家却一直在收集"现实人"的证据。他们认为,人的情绪、性格和感觉等主观心理因素会对行为人的决策构成重要的影响,而期望效用理论、贝叶斯规则和理性预期无法对个体行为人的决策过程进行有效描述。这点正如卡尼曼和特沃斯基所言:"由于大量的心理实验分析结论和理性公理中的一致性、次序性和传递性原则相违背,而且这种违背带有系统性、显著性和根本性,因此,客观上需要新的经济理论对行为人的决策做出更合理的解释和更稳固的支持。"

[四] Uchitelle L, Some Economists Call Behavior A Key [N]. New York Times, Business, 2001-02-11.

（fairness equilibria），而不仅仅是折中双赢的"纳什均衡"（Nash equilibria）[1]。Rabin（1998）还系统地分析了心理和经济的关系，以务实的态度讨论了偏好、信任偏差、认知选择等，向传统经济学的理性概率分析方法提出挑战[2]。拉宾的研究领域还包括为什么有的人会出现入不敷出、吸毒成瘾、三心二意等这些传统经济学无法解释的非理性行为。这些研究为行为经济学的发展提供了实践基础。Rabin 等（2001）指出，当存在自我约束（self-control）的局限时，人们会出现"拖延"（procrastination）和"偏好反转"（preference reversal）等行为。拉宾将这些因素纳入传统经济学分析模型，得出了一系列有趣的研究结果，这些结果对储蓄、就业等经济领域具有有益的启示。

行为经济学认为，每一个现实的决策行为人都不是完整意义上的理性人，他们的决策行为不仅受到自身固有的认知偏差的影响，还会受到外部环境的干扰。由于理性的有限性，在决策判断过程中，决策者的启发式思维、心理框定（mental frames）和锚定效应（anchoring effect）往往会发挥决定性的作用；而在决策选择过程中，对问题的编辑性选择（choice of problem editing）、参考点（reference points）、风险厌恶（loss aversion）和小概率效应（small probability effects）也会产生关键性影响。

行为经济学通过将心理学引入经济学，增加了经济学对现实生活中各种经济现象的解释能力。特别是自从互联网将"网络效应"和价值"外部性"突出化以来，随着"认同"的内生化、"信任"的主流化以及用"交往"来定义人的本质等新思潮的产生，直接导致了"社会人"假设的建立，相关的"社会资本"等新范式被引入财务报表体系，"经济人"假设在涉及盈利问题上的局限性暴露得越来越充分。与此同时，体验经济在各行各业的比重呈主流化趋势，股票市场脱离基本面，非理性繁荣与非理性恐慌的交替等，都是传统理论解释不了的。

2001 年美国经济学学会将两年一度的有小诺贝尔经济学奖之称的"克拉克奖"（Clark Medal）颁给拉宾，这是第一次有研究行为经济学的学者获得这一奖项。2002 年度诺贝尔经济学奖授予心理学家卡尼曼和实验经济学家史密斯，标志着经济学研究的转向，经济学体系从以理性为核心的现代性，转向理性之外的后现代性，海市蜃楼般的"经济人"角色慢慢地被普通的"社会人"所替代。然而，行为经济学对非理性的态度，并不是指口语意义上的非理性，而是指理性不及，意思是，仍然承认经济人理性在传统解释范围内的有效性，所不同的是把它视为一种特例，理性要与理性之外的其余部分结合起来，才能构成人类行为的整体。所以 Kahneman（2000）提出自己的工作并非否认人的理性，而是更科学、更客观地对人的认知过程加以研究，以期达到对人类行为的科学认识，是一种更高理性的表现。这也意味着，行为金融学的研究有了更加现实的人性认知基础和经济学理论基础。

1.3　行为金融学对新古典金融学的理论挑战

金融学作为经济学在金融领域的应用，研究的问题越来越复杂和多样化，在现代社会中

---

[1] Rabin M. Incorporating Fairness into Game Theory and Economics[J]. American Economic Review, 1993, 83(5): 1281-1302.

[2] Rabin M. Psychology and Economics[J]. International Encyclopedia of the Social & Behavioral Sciences, 1998, 36(1): 11-46.

也越来越重要。金融学所解决的基本问题仍然是资源有效配置的问题。从静态的角度来看，金融学要解决的是经济社会的各参与主体（包括居民、厂商、市场中介以及政府等）之间的资金融通问题，最终满足参与者的金融要求；从动态的角度看，金融学解决的是在不确定条件下，资源在时间上的最优配置问题，这一配置过程是通过对在金融市场上的金融要求权以及对未来资源要求权进行定价和交易完成的。

正如 Merton（1990）所言，在 20 世纪上半叶，金融学还只是"轶闻趣事、经验规则和核算数据"所组合的"概念性的集锦"，直到 50 年代以后，金融学才开始发展成为"以科学的实证研究为条件的严格的经济理论"。金融理论的先驱工作包括阿罗—德布鲁的证券市场一般均衡分析框架、马科维茨的均值方差模型以及莫迪利亚尼与米勒所提出来的 MM 理论，这些研究成果奠定了新古典金融学的研究基础。到了 20 世纪 60～70 年代，夏普与林特纳等人在资产组合理论基础上发展起来的资本资产定价模型、罗斯等人提出的套利定价模型、布莱克、斯科尔斯与默顿的期权定价模型，以及法玛等人提出来的有效市场假说共同构建了完整的新古典金融学理论体系。

由此可见，现代金融理论就是用标准的主流经济学原理和方法来刻画金融活动。而主流经济学最核心的理论设定就是"经济人"假设，它是整个经济学思想体系的前提和基础，并被作为全部理论构架的逻辑支撑点和方法论原则，它主张：①人是自利的。利己是人的本性，人们在从事经济活动时，追求的是个人利益最大化，通常没有促进社会利益的动机。每个人都是自己利益的最好判断者，在各项利益的比较过程中选择自我的最大利益。②人是理性的。"理性人"的定义包括两层含义：一是人在决策时都以效用最大化为目标；二是人都能对已知信息做出正确的加工处理，从而对市场做出无偏估计。

经济学中的理性人追求的是自身效用的最大化，效用的判定是个体的主观决策行为。在确定且完全竞争的经济中，主体的偏好和禀赋就是完整地刻画了主体的基本特征，理性人在确定状态下的选择行为就是在给定价格和预算约束下求解效用函数最大化，以确定对商品的需求函数。然而，金融学讨论的是不确定条件下的决策问题，引入不确定性后，理性人的决策行为就涉及如何评价不确定性以及以什么样的标准进行选择等问题。

确定条件下的选择是消费者直接按照各种商品组合的效用进行排序，从中选择最优的组合，而在不确定性条件下的个体选择行为则是根据期望效用进行最优化。期望效用并非个体能够得到的真正效用，它包含个体对不确定环境的考虑，比通常的效用有更多主观因素。在这个理性人的选择中，起关键作用的是三个因素：偏好、信念和信息。[⊖]

在传统的金融范式下，例如基于理性假定的资产定价模型中，"理性"可以理解为以下两个方面：第一，当接收到信息之后，人是按照贝叶斯规则来更新信念。在这里，信念可以具体地表达为人们对事件发生的主观概率。在接收到信息以前，人对不确定事件具有先验信念；接收到信息之后，会按照一定规则对不确定事件进行概率修正，由此得到后验概率。经典的金融理论的信念更新规则一般是"贝叶斯规则"，这种理性被称为贝叶斯理性。第二，在后验信念给定的情况下，理性人依照冯·诺依曼—摩根斯坦的期望效用函数，在特定的风险厌恶水平下，形成自己的期望效用，然后在财富预算约束下追求期望效用最大化，得到最

⊖ 张圣平.偏好、信念、信息与证券价格［M］.上海：上海人民出版社，2002.

优的资产配置。

"经济人"或"理性人"假设作为一种高度抽象的理性模型,使经济学理论研究的公理化、体系化、逻辑化成为可能。然而,基于心理学的经济学研究结论不承认这种经济人理性:首先,它不承认"经济人"的自利前提。传统的主流经济理论把自利置于理论考察的中心,但实践表明,利他主义、社会公正等社会偏好是广泛存在的,否则就无法解释人类生活中大量的非物质动机或非经济动机。事实表明,人类行为不只是自利的,它还会因为受到社会价值观的制约而做出并不导致利益最大化的行为。其次,人的理性程度是有限的。英国经济学家霍奇逊(Hodgson)从哲学、心理学角度论证了人的行为决策不可能达到全智全能的理性程度。实际上,对市场信息的获取和加工,一是需要感觉材料,它由大量杂乱的听觉、视觉材料所组成;二是需要理性分析的框架,对信息进行有价值的筛选和提炼;三是需要有"约定俗成的知识加以补充和整合"。在市场行为者的决策机制中,由于认识和思维过程是一种复杂的多层系统,而行为本身又是根据不同思维层次发生的,有时是经过深思熟虑后的行为,有时则是在无意识、潜意识的状态下所激发的非理性行为,因此经济行为人的决策并非像古典经济学家所主张的那样完全理性。

出于对经济人所做的严格限定的质疑,西蒙[①]提出了决策研究应该以现实生活中的人为研究对象,用心理学中的"适应性行为模型"取代经济学中的"理性行为模型",由于决策的环境具有复杂性与不确定性,人的决策与完全理性意义上的决策相差甚远。人的理性属于"有限理性"(bounded rationality)。人类的行为是由决策的环境与主体本身的认知能力决定的,即人类行为的一边是人的计算、认知能力,另一边是决策环境的结构。所以,由于信息成本和信息不对称的存在,人追求的往往是满意解,而满意解往往不是最优的。当然,从这个角度上考虑的有限理性依然是从理性的角度出发,因为是在考虑信息成本和信息不对称下人的行为,也就是说此时的人还是理性的,因为满意解对他来说便是最优解,所以,理性人应改为有限理性人或称"管理人",管理人关心的只是在他看来最要紧、最关键的因素,因而比经济人更贴近社会、更贴近行为人的内在本质。

在现实的金融市场中,将各种市场参与者特别是个人投资者假定为完全理性,是很难令人信服的。明显的例子是许多投资者经常做出"错误"的投资决策,或者根据市场上的"噪声"而非信息进行交易,或者根据自己的情绪或冲动进行交易,即便他们得到了真实的信息,在做决策时也是冷静的,他们也无法完全避免因为固有的心理偏好与行为偏差所带来的影响。Fuller(2000)认为证券市场中典型的行为偏差可以分为两大类:第一类是"非财富最大化行为"(non wealth-maximizing behavior):理性人行为观点假设投资者的行为目标是追求他们投资组合的预期价值最大化,而现实中,投资者可能把其他某些因素的最大化看得比财富更重要。第二类是"系统性的心理错误"(systematic mental mistakes):启发式偏差以及其他认知偏差导致投资者犯了系统性的心理错误,从而对所获信息做出错误的处理,在做出某个投资决策之前,投资者认为他们已经正确地理解和加工了信息,并以其预期财富最大化进行投资,之后他们可能才发现自己存在认知上的错误,但通常他们甚至根本意识不到这种错误。

[①] Simon H A. Prospects for Cognitive Science [C]. Generation Computer Systems. 1988: 111-119.

因此，大多数投资者在绝大多数情况下并非如新古典金融学所言，按照经济理性最大化的原则进行投资决策，而是受制于某些心理规律和行为偏差。根据 Kahneman 和 Riepe（1998）的归纳，人们的行为与标准的决策模型是不一致的。首先，个人对风险的评价并不一定遵循冯·诺依曼 – 摩根斯坦效用函数的理性假定。在判断风险时，人们并不看重他们所获得财富的绝对水平，而更关注相对于某一参考标准的得失数量，也是就是说，他们具有"参考点依赖偏好"。Kahneman 和 Tversky（1979）在著名的"前景理论"中指出这一参考点会因时因地而不同，相对盈利来说，亏损函数的斜率比获利函数的斜率大。其次，在对不确定性后果进行预期时，个人的行事原则常常会违背贝叶斯规则和其他概率最大化理论。例如，人们经常会用短期的历史数据来预测不确定的未来，并试图找出这些过去发生的事情的表征（representative）意义有多大。当过分相信这些事情的表征意义时，他们会忽视这些事情的发生可能仅仅是偶然的，而不是符合某种规律。这种启发式的思维方式在很多时候可能误导投资者。最后，个人的决策对问题的框定和表达方式具有敏感性，即，对一个既定问题每个人的选择不同是因为该问题给他们的表现方式不同，由此每个人也就用不同的方法去解决问题。投资者当然也不例外。例如，在选择投资方向时，如果投资者不只是观察到短期股票收益的波动，而是发现长期股票收益相对要高于债券收益的话，他们就可能会将财产投向股票。

心理学研究表明，人们不只是偶然偏离理性，而是经常以同样的方式偏离。入市不深的投资者在多数情况下不是按照自己的投资理念买卖股票的，他们的买卖行为互相之间有很大的相关性，他们之间的交易也并非随机进行，而是经常性地受到媒体、社会潮流乃至传言的影响，或者模仿他人的投资行为，也就是说，投资者的偏差是具有社会性的。投资者情绪（investor sentiment）理论讨论的就是大量投资者犯同样的判断错误且他们的错误又具有相关性的现象。当大家彼此模仿并且产生行为的趋同后，市场上就产生了羊群行为（herding behavior），当羊群行为愈演愈烈，势必导致整个市场的震荡或恐慌，促成泡沫膨胀或崩溃。

个人投资者并非唯一不符合理性要求的市场参与者，影响个人投资者的种种偏差和错误同样也影响到了金融机构的职业管理人。这些管理人也是普通人，同样受制于这些心理规律和行为偏差的影响，不但如此，代理人的角色还使得他们在竞争环境中出于对自己职业生涯的考虑（career concern）而采取随大流的投资策略，或者在近期报表公布前进行窗饰（windows dressing），以求在投资者心目中留下良好的印象。在现实市场中，机构投资者并非如新古典金融学者所设想的那样，是"理性"的投资者，是市场有效性的坚定"捍卫者"，事实上他们在决策时更容易出错（Lakonishok 等，1992）。此外，越来越多的证据表明，公司管理层的决策与行为也常常表现出某种程度的非理性，典型的表现有过度自信与过度乐观，这些心理偏差很大程度上影响了上市公司的融资、投资、股利分配、并购等公司财务活动行为。

综上所述，新古典金融学对于市场参与者的"经济人"理性假定无疑是不切实际的，如果我们把标准金融学定义为理性假定前提下的金融学理论体系[○]，那么行为金融学则是放松理

[○] 传统的标准金融学在假设理性投资者的同时还假设金融市场完美；现代的标准金融学指的是放松金融市场完美的假设，允许资本市场存在交易成本或市场不完全。

性市场参与者假设的金融理论，包括参与者的有限理性与非理性。

1.4 行为金融学的理论支柱

早期的行为金融研究主要集中在通过实证探讨金融市场的"异象"上，近年来，行为金融学者逐渐不满足于简单的"异象"探讨，转而尝试放松理性人假设，借鉴心理学、社会学等理论成果，从投资者的实际心理现象与行为出发建立模型来解释这些"异象"。

可以说，行为金融学的诞生和发展很大程度上根源于对标准金融理论尤其是有效市场假说的质疑和挑战。与有效市场假说相悖，行为金融学借助一系列心理学证据对有效市场假说得以立足的"理性人"假设提出挑战。不但如此，就连有效市场假说的最后一道防线：套利理论，在行为金融学的研究范式下也是难以成立的。行为金融理论研究的核心问题是，在竞争性的市场中，人为什么会做出错误决策，这些错误决策的背后又有什么样的心理规律在支配，当人们把这些错误和偏差带入金融市场，在各种交互作用下价格及其他市场信号又会发生怎样的变化。

经过与传统有效市场假说的多年交锋，行为金融学理论渐渐确立其赖以立论的两块重要理论基石：第一，投资者心理，即现实世界中投资者在买卖证券时是如何形成投资理念并对证券进行判断的。第二，有限套利，即在现实的金融市场中，套利作用是不完美的，也是不可能充分实现的。这两个方面在构建行为金融学理论的过程中相辅相成，缺一不可。如果投资者完全理性，即每个投资者对未来都有正确同质期望，那么价格必定反映价值，价格偏差与市场偏离也就无从谈起；如果套利是充分的，那么套利者会主动寻找价格与价值偏离的套利机会，通过调整资产头寸买卖获利，导致价格做出相应的调整，直到套利机会消失，价格充分反映信息为止，如此即使许多套利者是非理性的，市场也仍然有效。但是，金融产品的不完全替代、套利者的风险厌恶以及噪声交易者对价格信号的各种干扰，使套利者无法充分发挥其捍卫市场有效性的作用。所以，用史莱佛的话说，行为金融学理论的产生需要非理性者制造麻烦，而套利者又无法解决这些麻烦。

1.4.1 心理偏差与非标准偏好

经典金融学家的理性投资者假设有两个构成要素：第一是投资者对未来的预期是理性的，即他能对未来状态做出无偏的估计，并且按照贝叶斯规则去处理新信息；第二是投资者对风险的偏好符合期望效用理论的假设。

但是行为金融学家指出，人类的发展经历了一个漫长的自然选择与淘汰的过程，而这个过程使人们在预期和风险偏好两个方面都不能达到理性要求。人们形成预期的过程实际上就是在判断某件事情发生的概率。很多心理偏差已经被心理学或经济学实验证明对金融决策有重要的影响，例如：可得性偏差、代表性偏差、锚定、保守偏差、过度自信等。行为金融学研究者用这些心理偏差来解释金融市场上的异象，其中，成功地将偏差理念模型化的成果主要有 BHS 模型（Barberis、Huang 和 Santos，1999）、BSV 模型（Barberis、Shleifer 和 Vishny，1998）、HS 模型（Hong 和 Stein，1999）等。

除了各种心理偏差，行为金融学还深入考察了有悖于期望效用理论的各种偏好，如确定性效应、模糊厌恶、分离效应、损失厌恶、私房钱效应、后悔厌恶等。在将偏好非理性模型化并用于解释市场上的异象方面，前景理论无疑是成功的。Benartzi 和 Thaler（1995）扩展了前景理论以解释股权溢价之谜。Coval 和 Shumway（2005）⊖扩展了 Benartzi 和 Thaler（1995）的模型，发现前景理论还有助于理解横截面数据的收益可预测性现象。

1.4.2 有限套利

经典金融学家也意识到，要求市场上所有投资者都理性，能够正确理解所有市场信息的内涵，并根据新信息充分地更新自己的信念是不现实的。如果非理性投资者的行为偏差使价格偏离价值，则理性投资者可以通过建立套利组合来消除这种偏离（Friedman，1953；Fama，1965）。非理性投资者在市场上会不断地遭受损失并最终被赶出市场。

第一，理性投资者构建套利组合会遇到执行成本（implementation costs）的问题。经纪费、买卖差价等都是执行成本的构成类型。此外，还有两类重要的执行成本：卖空成本与发掘套利机会的成本。

第二，理性投资者在构建套利组合时不仅需要支付各种执行成本，还不得不承担基本面风险与噪声交易者风险。由于执行成本与风险的存在，理性投资者的套利行为可能不会及时充分消除非理性投资者行为的影响。De Long 等（1990a）指出，如果投资者都是风险厌恶型的，那么，过于自信的投资者会更倾向于将财富投资于高风险的资产从而获得高收益。也就是说，虽然理性投资者能通过套利获得一定的无风险收益，但非理性投资者总体上却能获得更高的预期收益率（因为他们承担了更大的风险），因而并不必然从市场上逐渐消失。

1.5 本书的内容结构安排

本书共分为 12 章，第 1 章为概论；第 2 章～第 3 章主要探讨新古典金融学所面临的种种挑战与困惑；第 4 章～第 6 章在质疑理性人假设前提下从认知和心理角度阐述行为金融学的基本原理；第 7 章～第 9 章运用行为金融学思想分析金融市场的行为偏差以及由此产生的市场偏离；第 10 章～第 11 章介绍行为金融在公司金融、投资管理等领域的应用；第 12 章展示了行为金融学的动态前沿。具体内容安排如下：

第 1 章，概论。本章回顾了行为金融学的发展历史，并从心理学、实验经济学、行为经济学等角度分析其与行为金融学之间的相关性；明确行为金融学的定义，并重点从有效市场假说、经济人和理性人假设出发，讨论行为金融学的本质及其对金融学学科完善与发展的意义。

第 2 章，有效市场假说及其面临的质疑。本章简要回顾了有效市场假说的起源与发展，论述了有效市场假说的信息层次及实证证据。引入大量案例事实与实证结果阐述对有效市场假说的质疑，并从假设前提、检验过程、套利的有限性等方面论述了有效市场假说存在的缺陷。

第 3 章，期望效用理论及其受到的挑战。本章介绍了期望效用理论以及心理实验对它的

⊖ Coval J D, Shumway T. Do Behavioral Biases Affect Prices? [J]. Journal of Finance, 2005, 60 (1): 1-34.

挑战。大量的心理学实验研究表明，人们在不确定性条件下的决策存在系统性违背期望效用理论公理化假设的现象。违背期望效用理论的心理实验有阿莱悖论、埃尔斯伯格悖论、反射效应、概率性保险、孤立效应、偏好反转等。这些实验结果和行为规律对期望效用理论提出了质疑，意味着需要新的理论解释不确定性条件下的行为规律。

第4章，前景理论。由于人类行为存在对期望效用理论的违背，心理学家 Kahneman 和 Tversky（1979）提出了最具影响力的理论成果：前景理论。他们将个人风险决策过程分为两个阶段：编辑阶段和评价阶段，引入了价值函数和决策权重函数，将人类的心理特征引入到了价值预期和估算中。前景理论对金融市场中的一些异象或行为特征做出了有力解释。

第5章，判断和决策中的认知偏差。本章运用认知心理学原理，分析在不确定性条件下人们判断与决策中的信息加工特点、认知双系统理论以及由此导致的主要认知偏差。运用大量心理学实验与分析，介绍人类依靠直觉和经验法则导致的启发式偏差以及由于背景依赖产生的框定偏差。

第6章，决策中的心理偏差与偏好。本章从心理学的角度，分析了决策者在不确定性条件下决策过程中的心理偏差和偏好。主要分析心理账户、从众行为、过度自信、证实偏差等心理偏差以及损失厌恶、后悔厌恶、模糊厌恶、熟悉偏好、时间偏好等心理偏好。这些偏差和偏好的存在，影响着人类的理性决策。

第7章，金融市场中的个人投资者行为。本章阐述了在金融市场中个人投资者出现的心理和行为偏差，主要包括处置效应、过度交易、羊群效应、本土偏差等。认知与心理学原理能够对金融市场的这些偏差做出相应的解释。

第8章，金融市场的股票收益率异象。本章归纳和总结了证券市场中存在的违背有效市场假说的股票收益可预测性，主要有：规模效应、账面市值比效应、日历效应、动量效应与反转效应、过度反应与反应不足等。虽然传统的理论试图解释股票收益的可预测性，但这些解释都不能令人满意，行为金融学从人的认知与心理、注意力、情绪等角度对其做出了解释。

第9章，金融市场中的群体行为与金融泡沫。本章认为金融泡沫是资产价格对其基础价值的偏离以及伴随这一偏离过程所产生的市场现象。通过对历史上典型金融资产泡沫规律与特质的剖析，本文认为，传统的理性泡沫理论对现实世界存在解释上的困难，在有限理性的前提下，从投资者个体、群体、机构、社会等角度探讨了金融泡沫的形成机制，构建了行为金融视角下的金融泡沫理论。

第10章，行为公司金融。在公司金融中，行为金融产生影响有两种可能的原因：第一，与金融市场参与者和投资者一样，管理者也受到有限认知、过度自信以及情绪等影响而并非是完全理性的。第二，有限理性的管理者会利用市场非有效性创造的估值错误而进行财务决策的时机选择。本章具体介绍了投资者非理性导致的市场非有效和管理者非理性对企业融资、投资、并购、股利分配等财务决策产生的影响。

第11章，行为投资策略与管理。本章基于投资者决策过程的心理特征分析，探讨了基本分析方法和技术分析方法的意义及其存在的缺陷；系统介绍了基于投资者心理和行为偏差的证券投资策略；分析了投资者投资决策过程中每个环节可能存在的心理偏差，并提出了相关的管理措施。

第12章，行为金融学新进展与研究展望。本章介绍了行为金融学最新发展趋势，从社交媒体与大数据金融、家庭金融、微型金融与普惠金融、跨文化金融等领域介绍了行为金融学应用的新进展，从实验室实验、实地实验、行为博弈、神经科学、眼动科学、计算金融等方面展示了行为金融学研究的新视角与新方法。

关键概念

行为金融学（behavioral finance）
行为经济学（behavioral economics）
认知心理学（cognitive psychology）
投资心理学（investment psychology）
实验经济学（experimental economics）
经济人（economic man）
有限理性（bounded rationality）

本章小结

（1）行为金融学是一门交叉性学科，它在金融学基础理论知识的基础上，与心理学、行为经济学、实验经济学等学科有着理论基础和研究方法的依存性和关联性。

（2）行为金融学在有限理性的假设下，从投资者心理和行为的角度分析金融市场中人的经济决策行为，挑战了新古典金融学框架下的理性人和经济人假设，并对新古典金融学理论进行了补充和修正。

（3）行为金融学从早期的异象发现到近年来的理论构建，实现了学科的发展和完善。投资者心理和有限套利构成了行为金融学最重要的理论支柱，构成了行为金融学研究的基础。

思考习题

1. 行为金融学是如何诞生的？请简述其理论渊源。
2. 什么是实验经济学，它为金融学研究提供了怎样的方法论和研究思路？行为金融学研究可以在哪些方面借鉴实验经济学的方法？
3. 什么是行为经济学的内涵和外延？它与行为金融学有什么联系和区别？
4. 经济人假设和理性人假设对经济学研究的意义是什么？人的有限理性对经济学与金融学研究的什么原理提出了挑战？
5. 行为金融学的理论基础是什么？

案例讨论：从"疯牛"到股灾

2015年注定是中国股市不平凡的一年，上半年沪指从3 049点上冲到最高的5 178点，下半年下跌到最低的2 850点，全年上涨9.41%；题材股活跃，中小市值个股表现突出，创业板指上涨84.41%。市场的震荡之疯狂，投资者的情绪波动之剧烈，令这段历史永远记入史册。图1-2显示了中国上证指数及其每日总成交金额在2015年度的走势。

㊀ 资料来源：同花顺综合（2016-1-12）http://stock.10jqka.com.cn/20160112/c587212170.shtml。

图 1-2　2015 年上证指数日收盘价及其每日总成交金额走势图

1 月："疯牛"蓄势待发。2015 年首个交易日，沪指以百点长阳放量①突破 3 200 点关口，为这一年的精彩行情开了个好头；在此后的近 1 个月时间里，指数逐步切入 2009 年反弹高位区以致抛压增加，并长时间维持在 3 200～3 400 点平台整理；中小板、创业板却高歌猛进分别上涨了 10.27% 及 14.79%。

2 月："小票"也疯狂。沪指在经过 2 月初 5 个交易日的探底后，2 月 9 日起指数企稳回升，并于月末 2 月 27 日再度拉回到 3 300 点箱体顶部。在此期间的中小板、创业板依然高歌猛进分别创下 9.66% 及 14.72% 的月涨幅。

3 月："改革牛"正式启动。随着局部牛市的改革创新主线进一步深化，新兴产业的政策预期，叠加"一带一路"倡议、国企改革等消息刺激，促使沪指于 3 月 13 日真正突破 2009 年 3 478 的高点一路飞奔，并以月涨幅 13.22% 结束了 3 月的走势。

4 月："杠杆牛"锦上添花。4 月 1 日，沪指以 1.66% 的涨幅，正式开启了上证指数 18.51% 上涨的年度最强音。此时的 A 股市场上，对于本轮牛市的成因，改革红利释放似乎被定义为核心要素。而与"改革牛"一同出现频率最高的还有另外一个词："杠杆牛"，巨额杠杆资金成为指数上涨的直接推手。中小板虽然仍上涨 9.63%，但创业板以 22.38% 的涨幅连续刷新该指数自创立以来的暴涨纪录。

5 月：最后的"疯狂之旅"。经过了 4 月的疯狂，5 月初的沪指在结束了"劳动节"的长假后"寒气逼人"。指数在 5 月 4 日节后首日拉升后，自 5 月 5 日暴跌 4.06% 起，一路三日连续杀跌超过 8%，此后的沪指探底回升，并于 5 月 22 日再度创出新高，虽然 5 月 28 日也曾创出一日暴跌 6.50% 的瞬间杀跌，但其后均迅速收回，本月的上证指数仍以上涨近 4% 报收。与主板不同的是，"小票"仍是两市最亮点。中小板、创业板以暴涨 25.01% 及 23.97% 创下有史以来的最强音。农民弃地炒股、学生逃课炒股、配资借钱炒股等消息也频现报端，中国股市第一次感受到了杠杆带来的快乐。但过度疯狂产生的麻痹为后市埋下了严重隐患。

6 月：从"滑千股"到"晕中割"。在各种利空均可以解读为利好、各种利好更可

---

① 资料来源：http://money.163.com/special/stock0810/。

以锦上添花,全部都是热点、人人都是股神,除了涨、还是涨的"全民大联欢"里,沪指于6月1日儿童节以暴涨4.97%的势头开启了"童话般的"6月首日之旅,并于6月12日创出了当年最高的5 178.18点。当时证券营业部门口的景象是:门外停满车辆,行走立足艰难;门里人头攒动,交易开户排队。但从6月15日,沪指收出了5 178点后的首根百点长阴,次日探底长阳让绝大多数人以为这是牛市中的正常调整,但在"千金难买牛回头"的呼声中,沪指送走"滑千股"后又在"晕中割"中持续暴跌11日,并首度收出月跌幅7.25%的长阴;中小板、创业板更是以15.86%及19.31%的跌幅创下历史纪录。期间,快速去杠杆成为本轮市场暴跌的元凶。虽然自沪指跌破4 000点后,管理层屡屡出手救市,但盘中千股跌停的场面仍比比皆是。

7月:暴跌"噩梦"收尾。7月的首个交易日,沪指再度以重挫5.23%开启了A股的暴跌之旅。一直持续到7月9日,沪指创下3 373.54点的本轮调整新低后才宣告阶段性暴跌的结束。此后,7月28日8.48%的日暴跌,再度将沪指拉回到恐怖的暴跌阴云中,7月的沪指再度以暴跌14.34%点坐收;中小板、创业板亦创下9.71%及11.15%的月跌幅。

8月:"王的女人"登场。8月3日~18日沪深两市仍维持阶段性反弹走势,期间虽然也曾于8月10日创下4.92%的日涨幅,但自8月18日开始,管理层再度声明清理场外配资,沪指亦出现重挫,8个交易日下跌超20%。至8月末,1亿元以上的机构账户自5 178点的3个月内减少2 450个,8月新开户数较7月减少33.20%,较6月锐减近60%。截至8月底,沪指下跌12.79%,中小板、创业板分别下跌14.43%及21.38%。

9月:"婴儿底"形成。在经历了暴涨暴跌的快速转换后,市场情绪由山顶到了谷底。自9月1日、9月2日,沪指再度暴跌5.38%及1.82%后,直至9月30日,沪指水平总体维持在2 800~3 100点的300点小范围拉锯中,"婴儿底"初步显现。

10月:"妖股"泛滥。在经过了9月一整月的区间整理后,沪指于国庆长假后的首个交易日上涨1.27%,此后的10月12日更是以暴涨3.28%的长阳线突破了2 800~3 100点箱体"婴儿底"宣告建立成功。其后指数连续出现拉升,并于10月26日出现至当月反弹新高3 457.52点。至10月底,沪指上涨10.80%,中小板、创业板亦出现14.99%及19.00%的升幅。该月内,"妖股"炒作面积急剧扩大。

11月:"上有顶、下有底"。自11月起,沪指出现了3 302~3 600点的300点区间整理格局,全月总体属于"上有顶、下有底"的存量博弈行情。

12月:"震荡整理格局"显现。如同A股11月的走势一般,存量博弈下的沪深两市,已宣告正式进入到信心修复并逐步回归常态化的"慢牛格局",相对低迷的成交量夹杂着对2016年行情的期许,在多重因素交织下,市场在风格上依然飘忽不定。

问题:

(1)你认为推动2015年中国股市暴涨和暴跌的主要原因是什么?人的乐观预期、悲观情绪等心理因素以及在这些心理因素驱动下的投资行为对市场效率起到了怎样的作用?

(2)根据图1-1描述的美国股票市场的走势(道琼斯工业平均指数),比较我国与美国股票市场变化趋势中存在的异同点,并说明资本市场的发展具有什么共同的规律和不同的特征。

推荐阅读

[1] 希勒.非理性繁荣[M].2版.李心丹,等译.北京:中国人民大学出版社,2008:5.

[2] 鲁宾斯坦.投资思想史[M].张俊生,曾亚敏,等译.北京:机械工业出版社,2012:7.

[3] 泰勒.行为金融学新进展(第二卷)[M].贺京同,译.北京:中国人民大学出版社,2014:1.

[4] 阿克洛夫,希勒.动物精神[M].黄志强,徐卫宇,金岚,译.北京:中信出版社,2012.

[5] 塔勒布.黑天鹅,如何应对不可预知的未来[M].万丹,译.北京:中信出版社,2008.

[6] Thaler R H. Misbehaving: The Making of Behavioral Economics [M]. New York: WW Norton & Company, 2015.

[7] Thaler R H. The End of Behavioral Finance [J]. Financial Analysts Journal, 1999, 55(6): 12-17.

[8] Barberis N, Thaler RH. A Survey of Behavioral Finance [J]. Handbook of the Economics of Finance, 2003, 1: 1053-1128.

[9] Ramiah V, Xu X, Moosa I A. Neoclassical Finance, Behavioral Finance and Noise Traders: A Review and Assessment of the Literature [J]. International Review of Financial Analysis, 2015, 41: 89-100.

第 2 章

有效市场假说及其面临的质疑

本章提要

本章简要回顾了有效市场假说的起源与发展，详细论述了有效市场假说的信息层次及实证证据。借助大量案例和由实证证据引发的广泛质疑，从假设前提、检验过程以及套利的有限性等方面论述了有效市场假说存在的缺陷。

重点与难点

- 了解有效市场假说的概要和发展历程；
- 掌握有效市场假说的信息层次和市场有效性的内涵；
- 掌握有效市场假说的假设前提和理论缺陷；
- 掌握和理解市场非有效性的表现及内在逻辑；
- 理解影响市场定价非有效性的因素，理解投资者的认知局限性、心理偏差与偏好、决策行为偏差对金融市场产生的系统性影响。

引导案例

股价应该反映陈旧信息吗[一]

1998年5月3日，星期天，《纽约时报》对 EntreMed 公司研制出一种具有巨大市场潜力的新型抗癌药物进行了报道。5月4日，该公司的股票价格从上一个周五的12美元飙升至85美元，股价翻了若干倍。第二天股价回调至52美元，在以后的几周里股价一直稳定在30美元左右。根据市场有效性假说，可以理解股票价格对这一利好消息做出的反应。然

[一] Huberman G, Regev T. Contagious Speculation and a Cure for Cancer [J]. Journal of Finance, 2001, 56(1): 387-396.

而，问题在于这则抗癌药新闻根本不是"新闻"。这一医学研究成果早在五个月之前的 1997 年 11 月已经在《自然》杂志上公开发表了。图 2-1 列出了 EntreMed 公司 1997 年 10 月 1 日～1998 年年底的股价和成交量走势图。

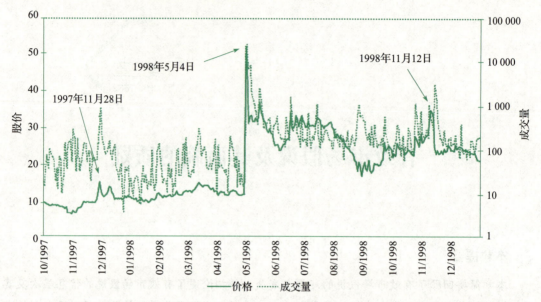

图 2-1　EntreMed 公司从 1997 年的 10 月 1 日～1998 年年底的股价和成交量走势图
资料来源：Huberman & Regev（2001）

图 2-1 直观地展示了 1997 年 11 月底股票价格的较小变化和 1998 年 5 月 4 日的大幅波动。如果有效市场假说是正确的，那么市场应该在 5 个月以前就做出反应，而不是等到《纽约时报》对陈旧信息再次报道时才做出反应。很显然，市场对《自然》杂志的信息反应不足，而对《纽约时报》的新闻则反应过度了。

《纽约时报》的信息发布后，EntreMed 公司的股价一直稳定在 30 美元左右。1998 年 11 月 12 日，公司在《纽约时报》的头版又公布了一则新闻：其他实验室无法复制该报 5 月所报道的那种新型抗癌药的研制过程，也就是说 EntreMed 公司的抗癌药研发技术未取得实质性的进展。消息出来后，EntreMed 公司的股价从信息发布前的 32.625 美元下降到次日的 24.875 美元，但是这个价格依然是 5 月 1 日的两倍多。

EntreMed 公司研发新型抗癌药物的新闻被《纽约时报》报道后，生物板块其他股票的价格走势也呈现出引人注目的变化。包括 EntreMed 公司在内的纳斯达克生物板块指数在《纽约时报》发布新型抗癌药物后立刻上涨了 7.5%。该板块其他 7 只成分股当日的收益率超过 25%，交易额相当于平均日交易量的 50 倍。而在 1997 年 12 月 28 日，《自然》首次公布这则消息的时候，这 7 只成分股的收益率为 4.98%，交易量与以往相当。

案例思考：
传统金融学中的一个经典理论就是"有效市场假说"（efficient market hypothesis, EMH），其核心思想是证券价格可以及时准确地体现投资者可获得的信息的变化。然而，从 EntreMed 公司股票的案例来看，股票价格对公开信息的反应并不如"有效市场假说"所言的那样"及时准确"。相反，股价对及时的信息表现冷淡，而对换一种形式报告出来的旧信息却反应激烈。这是否意味着股票市场并非如新古典金融学所描述的那样具有信息有效性呢？那么，到底又是什么原因导致了股价的非有效呢？

一个学生和他的金融学教授一起散步，两人同时发现地上有100元钱。当学生弯腰去捡时，教授轻轻地摇摇头说："别费心了，如果那真是100元钱，别人早就捡走了。"这个故事生动地描述了新古典金融学关于市场有效性的核心思想，即在一个有效市场上没有人能够获得异常收益。在行为金融学兴起之前，"有效市场假说"一直在现代金融理论中居主流地位。"有效市场"的思想起源于对股价随机游走（random walk）的观察和检验，但对后世影响最为深远的还是其背后所包含的"无套利机会"的定价理念："天下没有白吃的午餐。"EMH生动地传达了这么一种思想：既然资本市场上某一资产的价格是由该资产的所有买卖决策在交易系统中撮合形成的，那么该价格就应该依赖于这些决策背后的信息。

2.1 有效市场假说的形成

"有效市场假说"的主要学术思想可以追溯到1900年，法国数学家巴舍利耶（Bachelier）在其博士论文《投机理论》中用随机游走（连续价格变化之间是时间序列独立的）来描述证券价格的波动。尽管该研究结果具有很高的学术价值，但却没有引起学术界的重视。1905年，美国《自然》杂志刊登了一封信，向人们提出了一个这样问题：如果将一个醉汉置于荒郊野外，之后又必须将他找回来，那么，从什么地方开始寻找最好呢？答案是从醉汉最初所在的地点找起。如果我们假设醉汉是以一种不可预期的或随机的方式游走，醉汉最初所在的地点则是他未来位置的最佳估计值，这篇文章将这一规律定义为"随机游走"。

1953年英国统计学家肯德尔（Kendall）在其《经济时间序列分析，第一篇：价格》一文中研究了19种英国工业股票价格指数和纽约、芝加哥商品交易所的棉花、小麦的即期价格每周的变化规律。在做了大量序列相关分析后，肯德尔发现这些序列就像在做随机漫步一样，下一周的价格是由前一周的价格加上一个随机数构成的。Working（1934）第一次正式提出了对股价的随机游走的解释，他发现现有的股票价格是对未来股票价格的最佳猜测。1965年，法玛（Fama）在其博士论文《股票价格行为》中对股票价格收益特征进行了一系列统计检验[一]，发现个股的股价行为基本上支持随机游走假说。如果证券价格不遵循随机游走，那么投资者就可以利用价格依存来赚取超额收益从而消除价格依存。因此，法玛认为随机游走是市场均衡的自然结果。尽管Mandelbrot（1963）发现股价也存在在大幅波动后紧随着大幅波动的情况，这种现象与随机游走假说是不相符合的，但法玛仍然坚持这种股价序列的依次性并不足以提高投资者的预期利润，因为后续波动的方向是不确定的。根据这些研究结果，Fama（1965）总结道，随机游走假说在观察上的确认与"有效"证券市场的存在相一致。"有效市场"是指在给定的信息下，任何时点的真实价格都很好地估计了内在价值。在此，法玛第一次提出了"有效市场"这一概念。而Samuelson（1965）进一步

[一] 包括序列相关检验、游程检验以及过滤检验等，技术细节可以参考Campbell等（1997）。

从统计学的角度区分"随机游走"与"有效市场"这两个概念,并且深化了对"有效市场"本质的理解[一]。

"有效市场"这个概念在金融领域的流行是从 Fama（1970）那篇著名的综述开始的,它可能是迄今为止在金融经济学领域引用最多的回顾性的文献。法玛认为市场价格应该准确及时地对一切可得信息做出反应。如果市场上还有某些信息没有被反映到股价中去,那么聪明的投资者就会利用这些信息来发现定价的偏差,通过套利而获得超额收益,最终使价格回归到信息所对应的基本面上来。理性投资者的套利交易行为使价格成为市场信息的即时准确的反映,价格的信息有效性反过来"消灭"了所有的套利机会。因此,资产未来的回报很大程度上并不依赖于市场上现有的信息,而是取决于将要进入市场的新信息。对于投资者而言,如果他拥有的信息量等同于甚至逊于已经包含在价格中的信息量,那么他就没有能力战胜市场了。

2.2 有效市场假说

2.2.1 有效市场假说的行为假设

有效市场假说的成立主要依赖于一系列逐步放松的行为假设。

第一,资本市场上所有的投资者都是理性人,他们能够对证券进行理性评价,投资者的理性预期与理性决策保证了资本市场的有效性。

第二,当有些投资者不完全理性时,这些投资者的交易策略是互不相干的,他们的交易将在彼此之间相互抵消。尽管非理性投资者之间交换证券会引起大量的市场交易,却不会对资产价格产生影响,价格仍将趋近于其基本价值。

第三,即使这些非理性投资者的交易以相同的方式偏离理性标准,竞争市场中理性套利者的存在也会消除其对价格的影响,使资产价格回归基本价值,从而保证了资本市场的有效性。假设一种证券由于非理性投资者的存在而被高估了,聪明的套利者将会发现证券价格的高估,出售这种相对"昂贵"的证券,同时购买其他相同或本质上类似的相对"廉价"的证券,以此对冲套利风险。只要这种替代证券可得并且套利者能够对其进行交易,套利者就能获取无风险利润。套利者卖空的效应将使被高估证券的价格回复到其基本价值。相反,对于被低估证券,套利者将购买价格低估的证券并同时卖空本质上相似的证券来对冲风险,由此可阻止证券被大量低估或防止低估持续较长时间。只要市场存在理性的套利者,其套利过程将使证券价格与其基本价值保持一致。

第四,即使非理性交易者以非基本价值的价格进行交易,其财富也将逐渐减少,以致不能在市场上生存。因为非理性投资者所购买的证券是被高估的,而卖出的证券又是被低估的,所以与理性套利者相比其所获取的收益较低,并且终将处于损失状态。非理性投资者是

[一] 随机游走要求价格的变化服从独立同分布（IID）,而萨缪尔森则通过迭代期望法则证明市场的信息有效性只能保证资产价格的变化服从"鞅过程"（martingale）,也就是说在给定所有相关信息的情况下,价格变化才具有序列相关性为 0 的特性,而不能保证无条件独立分布的假设也能够成立。这种区分对于计量经济学在金融市场中的应用产生了深远的影响。

经不起永远损失的，于是最终将被市场淘汰出局。即使套利者不能即刻消除他们对资产价格的影响，市场的力量也将吞噬他们的财产。所以从长远来看，由于竞争选择和套利的存在，市场仍将有效。

由此可以看出，投资者的理性是有效市场假说成立的必要条件。

2.2.2 市场有效性的信息层次

在一个有效的证券市场中，所有信息都被价格充分反映了。然而，对于不同的市场有效性，对信息反映的完全程度也是截然不同的。Fama（1970）开创性地提出了广为人知的三种有效性假说：弱式有效性、半强式有效性、强式有效性。市场三种有效性的区别在于所能充分反映的信息集存在差异，具体定义如下：

（1）弱式有效性（weak form）：它是最低层次的市场有效性。在弱式有效市场中，资产价格充分及时地反映了与资产价格变动有关的历史信息，例如历史价格水平、价格波动性、交易量、短期利率等。因此，对任何投资者而言，无论他们借助何种分析工具，都无法就历史信息赚取超常收益。

（2）半强式有效性（semi-strong form）：如果资本市场中所有与资产定价有关的公开信息，包括历史信息以及投资者从其他渠道获得的公司财务报告、竞争性公司报告、宏观经济状况通告等，对资产价格变动不会产生任何影响，那么这类市场就属于半强式有效市场。对处于半强式有效市场的投资者来讲，任何已公开的信息都不具备获利价值。

（3）强式有效性（strong form）：强式有效性是市场有效性的最高层次。它表明所有与资产定价有关的信息，不管是已公开的还是未公开的信息，都已经充分及时地包含在资产价格中。即价格反映了历史的、当前的、内幕的所有信息。在上述三种市场水平中投资者都无法利用相应信息集获得超常利润。

我们用图 2-2 来反映信息与市场有效性分类之间的关系。

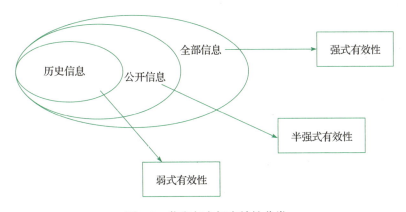

图 2-2 信息与市场有效性分类

根据上述有效市场假说的含义可知，如果市场有效，那么任何可用于预测股票表现的信息一定已经在股价中被反映出来了，股价只会对新的信息做出上涨或下跌的反应，而新信息必定是不可预测的，如果它们可预测，则可预测的信息就会成为当天信息的一部分。这样，随着新的不可预测信息的发生而变动的股价必定是不可测的，这就是股价遵循随机游走论点的本质，即股价变动是随机且不可预测的。

具体而言，当投资者是理性人时，他们依据基本价值来评价每种证券，这个基本价值就是根据资产的风险特性对未来现金流量进行折现后的净现值。当投资者获取关于证券基本价值的某些信息时，他们将迅速对新信息做出反应。如果是好消息，理性投资者的行为将提高证券价格，反之则会压低价格，其结果则是证券价格迅速反映所有可获取的信息，价格根据现金流新的净现值调整到应有的水平。由此，投资者的理性意味着投资者不可能获得经风险调整后的超额收益，而只能获得平均收益，市场的有效性是理性投资者所构成的竞争市场的动态均衡结果。

2.2.3 市场有效性的实证证据

早在20世纪60～70年代，学术界就围绕"价格充分及时反映新信息"这一核心命题设计了不同的思路来检验市场的信息有效性。第一条思路是判断证券的价格能否快速准确地对新信息做出反应。价格对应该反映的信息反应不足或者反应过度，都是市场非有效的表现。如果价格果真如EMH所声称的那样每时每刻都准确地反映所有可获得的新信息，那么所有历史信息就不应该对未来的价格产生任何预测性的影响，因为这些陈旧的信息早已包含在历史的价格中。第二条思路是检验价格是否对与基本面无关的信息做出反应。因为价格必须等于证券的基本价值，如果没有影响证券基本面的消息，就不应该有价格的变化。如果价格在无信息的情况下剧烈波动了，那就说明价格的波动并不真正包含信息。这两条思路都是从"证伪"的角度提供了可供检验的实证命题，仿佛在向EMH的挑战者们宣告：只要你们能够提供可靠的证据告诉我们证券价格"错过"了某些有价值的市场信息，或对某些没有信息含量的"消息"做出错误的反应，我们就承认市场并非有效。如果拿不出这样的证据，你们就得接受EMH这一假说。

令新古典经济学家兴奋不已的是，来自金融市场的早期证据基本都符合EMH的预测。这些检验围绕的一个核心观点是：无时效性的信息不会创造利润。为了验证这一命题，研究者对"无时效信息"与"创造利润"这两个概念进行了充分的界定。根据"弱式有效市场"假说，无时效信息可以理解成证券过去价格变化的信息。按照这种理论，投资者不可能从证券过去的价格中提取出有用的信息作为买卖证券的依据，从而获得经风险调整的超额利润。在风险中性的假定下，这一"弱式有效"假说就可以简化为随机游走假说了，这就意味着基于证券价格的信息无法用来预测股票未来的收益（Fama，1970）。

根据这一原理，早期文献试图通过检验金融时间序列数据的随机游走特性来支持EMH。1953年，肯德尔考察了英国的19只工业股票、纽约的棉花与芝加哥小麦的周频价格变化趋势，经过一系列序列相关性分析后认为："这些价格序列就像随机漫步一般，也犹如命运之神在每个星期从离散的样本中抽取一个随机数，然后将它加到当前的价格中，以此来确定下星期的价格。换句话说，如果仅仅依赖过去的股价而没有内部信息或者公司基本面的信息，那么这种预测股价的努力就是徒劳的。Fama（1965）调查了1957年年底～1962年9月道琼斯工业平均指数的样本股票价格数据，发现其对数收益率的序列相关性在绝对值上几乎接近于零。

股票价格变化的序列相关性几乎为零的典型事实与"随机漫步"理论预测非常吻合，这意味着股票投资这类游戏简直就是一个类似于赌博的"公平博弈"（fair game）。这个赌博的规则既不偏向于你，也不偏向于你的对手，双方对明天总财富的最佳预测就简单地等于今天拥有财富的总额，在数学上可以用"鞅"这个概念来刻画。如果股价是一个鞅，那么就能从数学的角度上证明，如果从历史价格出发，就不存在能够预测未来价格变化的线性预测方法，这一论断无疑是对业内技术分析师的诅咒。

为了证明市场的有效性与股价游走的随机性，学术界开始用历史数据来检验技术分析的可获利性。Fama 和 Blume（1966）调查了个人是否可以通过模式化的交易方法，用持续的价格变化中存在的相关性来获取利润。如果上涨的股价变动趋势能够增加未来出现股价上涨（下跌）的可能性，就可以称之为正（负）相关。如果股价变化存在这种相关性，那么投资者就可以通过一种被称为"亚历山大（Alexander）过滤器"[一]的交易规则来获得盈利。所谓"亚历山大过滤器"交易规则是指，假如特定股票的日收盘价上涨超过 $x\%$，投资者就买入并持有该证券，直到价格从后续的高点下跌至少 $x\%$，并在此时卖出和做空该证券，保持空头状态，直到价格从之后的低点上涨 $x\%$ 时，再空头平仓并买入该证券。法玛和布鲁姆（Blume）采用"亚历山大滤器"方法，用各种大小的 $x\%$ 对 1956～1962 年道琼斯工业平均指数中的每日收盘价进行测试。结果发现，即使在忽略交易费用的情况下，过滤器交易规则的收益仍然低于买入并持有策略所获得的收益。据此，他们强调随机漫步模型也许是描述证券价格变化的恰当模型，并且断言技术分析是无效的。正如马尔基尔在他的名著《漫步华尔街》[二]一书中所写的，"在严格科学的检验下，技术分析与占星术没有区别"。

尽管实证证据表明历史价格信息无法用来预测未来收益，但学者们仍然认为历史价格信息并不是无时效信息的唯一来源。根据"半强式"有效市场假说，投资者不但无法利用历史价格信息获取超额利润，甚至也无法利用任何公开信息获得经风险调整后的超额利润。换言之，只要信息已经公开，证券价格就会马上体现出这些信息的影响，所以投资者无法利用这些信息来预测未来的收益。早期的实证工作作为"半强式"有效市场假说提供了有力的证据。Fama 等（1969）通过观察分拆股票的上市公司在消息事件发生后的股价行为来检验这一假说。既然股票分拆的结果仅仅是倍增股东所持有的股份数目，而没有使公司基本面发生任何变化，分拆事件本身并不必然包含新信息。然而，Fama 等（1969）预设股票分拆事件往往与某些重要的基本面消息的出现联系在一起，其背后暗含的逻辑是：股票分拆之后是否出现会"异常"股价行为，如果出现的话，则在多大程度上能够被分拆与其他基本面之间的关联所解释。Fama 等（1969）以纽约交易所 1927～1959 年 940 个股票分拆事件为样本，统计发现与市场平均相比，约 75.5% 的发生分拆事件的公司发放股利的幅度增加得更高。这意味着市场可以将股票分拆事件理解为公司未来将发放高额股利的信号。如果投资者因此而调整

[一] 西德尼·亚历山大博士在 1961 年对道琼斯工业平均指数在 1897～1929 年的研究以及标准普尔 500 指数从 1929～1959 年的样本研究中发现，在不同的时间段使用不同的过滤器，会获得超额收益，因此他拒绝了市场有效的假设。而法玛和布鲁姆则认为，亚历山大对超额收益的计算是错误的，其曲解之处在于其对调整股利的计算有误。

[二] 本书中文版已由机械工业出版社出版。

对未来股利的预期,那么分拆事件发生之后就会出现股价大幅上涨。如果以上假设成立,那么伴随着股利增长的分拆事件的事后股价行为则会显著地区别于那些未伴随股利增长的分拆事件。实证证据表明,对于股利增加的事件,股票的累积超额收益在分拆事件发生后出现轻微的向上漂移,说明了股利增长的预期逐渐体现在价格调整的过程中(见图2-3b)。而对于股利减少的事件,股票的超额累积收益在分拆之后的几个月内急剧下跌(见图2-3c)。以上结果表明,分拆后股票收益的表现差异很大程度上取决于未来公司所发放的股利是否增加。尽管大多数分拆股票的上市公司都会提高未来股利支付,但是将所有的分拆事件放在一起来看,分拆之后的股票价格并没有明显地上涨或下跌(见图2-3a)。法玛等声称,这一事实很直观地表明,市场对分拆事件后的股利预期是无偏的,这种无偏的预期已经被分拆月末的股价充分地反映,这无疑是支持"半强式"有效市场的有力证据。

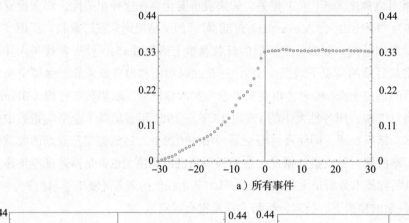

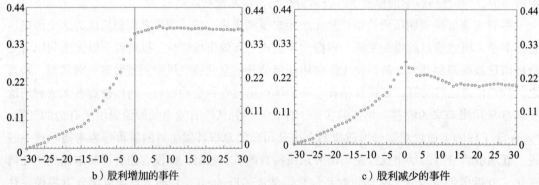

图 2-3　股票分拆后的市场反应[一]

资料来源:Fama、Fisher、Jensen 和 Roll(1969)

对强式有效市场的检验涉及信息垄断者是否利用信息优势获得超额收益的问题,遗憾的是,实证证据并不支持这种强式的市场有效性。Niederhoffer 和 Osborne(1966)发现纽交所的专业投资者很明显能够运用他们所垄断的信息渠道来获得垄断利润。Scholes(1969)也提供了类似的证据,表明公司高管人员也可以利用职务便利来垄断某些公司信息。尽管法玛未能提供有力的证据支持"强式有效市场"假说,然而无论在理论界还是实务界,有效市场假说的观念已经深入人心。Shleifer(2000)总结道,有效市场假说已经成为新古典金融学理论

[一] 本组图中横轴表示事件发生的时间,纵轴表示累积超额收益率。

的核心命题，无论在理论方面还是实证检验方面，都取得了巨大的成功。正如 Jensen（1978）所言："迄今为止，没有任何一个经济命题能像 EMH 那样获得如此坚实的实证检验的支持。"

2.3 市场有效性面临的理论质疑

有效市场假说将投资者假定为完美理性的，但显然，投资者经常依据一些并不相关的信息来做投资决策。正如 Black（1986）所言，许多投资者投资证券所依据的是噪声而非信息。他们容易受到分析师意见的左右；他们不会分散投资，经常自以为是地进行交易并且频繁地变换手中的证券组合；他们过快地卖出盈利的股票而牢牢地捂住亏损的股票；他们容易受到媒体和广告的影响冲动地买入一些管理不善的共同基金等。总之，他们并非像有效市场理论认定的那样进行理性的思考和交易。

2.3.1 投资者行为的系统性偏差

尽管新古典金融学理论承认并非所有投资者都是严格的理性人，但 EMH 的支持者认为，当有些投资者不是完全理性时，只要这些非理性投资者的交易是随机的，市场就仍然是有效的。当市场存在大量这样的投资者时，他们的交易将在彼此之间相互抵消，因而不会对资产价格产生影响，价格仍将趋近于其基本价值。

在真实的金融市场上，非理性投资者真如 EMH 所假设的那样随机交易，其偏差足以彼此抵消吗？心理学证据表明，投资者的行为在绝大多数情况下并非符合经济理性最大化的假定，而是表现出系统性的心理偏差。Kahneman 和 Riepe（1988）将真实世界中的决策行为与标准决策模型的不一致概括为三个方面：风险态度、非贝叶斯规则预期和框架效应（framing effects）。

首先，个人对风险的态度并不一定遵循新古典金融学所采纳的冯·诺依曼－摩根斯坦效用函数的理性假定。也就是说，在判断风险时，人们并不看重他们最终所获得财富的绝对水平，而更加关注相对于某一参考点的相对损益。通常人们在获得收益时表现出风险厌恶，而在遭受损失时则表现出风险寻求。这种风险态度的非对称性最先由 Kahneman 和 Tversky（1979）进行模型化描述，这就是所谓的前景理论，它被广泛地应用于解释金融市场上各种偏离有效市场假说的谜题和异象。

其次，在对不确定性后果进行预期时，个人行事原则常常违反贝叶斯理性（Kahneman 和 Tversky，1973）。例如，人们经常会用短期的历史数据来预测不确定的未来，试图找出这些过去发生事情的表征意义有多大。当过分相信这些事件的表征意义时，他们往往忽视这些近期事件的发生仅仅出于偶然，而并非他们所臆想的"模型"。这种"启发式思维"有可能严重误导投资者。例如，投资者可能会把一些公司近期的盈利快速增长的短暂记录扩展到将来，从而过度炒高那些热门股的股价，忘了统计上说的"树再高也高不过天"的道理。

最后，人们对同一问题的判断很大程度上受到问题呈现方式的影响，Kaheman 和

Tversky（1981）将这种心理偏差称之为"框架效应"。即对于同一个消息，上市公司发布消息时所采取的方式会在很大程度上影响其股票的走势。上市公司可能通过策略性的信息披露使好消息产生更大的积极效果，而将坏消息的影响削减到最低程度。此外，由于投资者对损失和收益的感觉截然不同，采取不同的参考点来回顾历史股价也会导致对未来股价预测的巨大差异。

由于这些心理偏差具有内在性和普遍性，投资者在实践中经常以相同的方式犯错，从而驱动股价对基本面产生系统性的偏离。此外，那些入市不深、缺乏经验的投资者在多数情况下按照流行的投资理念来买卖股票，互相之间的交易也并非随机，而是具有很大的相关性。他们共同受媒体、传言和公众舆论的影响，而去模仿周围人的行为，因而，噪声交易者的行为具有一定的社会性。Shiller（2000）在《非理性繁荣》一书中生动地描述了投资者的过度自信、投机心理、正反馈机制、传染效应以及因卷入大量的从众行为所导致的系统性偏差如何推动金融市场泡沫的产生和破裂，并引起巨大的价格震荡。

2.3.2 套利的限制

面对不断涌现的支持投资者非理性的证据，新古典金融学家坚持专业投资者的套利行为是消除价格偏差、保证市场有效性的最后一道防线。所谓套利指的是对同一种证券或本质上相似的证券在两个不同的市场上以不同的价格同时买卖的行为。假设市场上的一种证券由于非理性投资者的存在而被高估了，聪明的理性套利者会出售或卖空这种被高估的证券，同时买入类似的被低估的证券，以此对冲套利风险。只要替代证券随时可得、套利交易迅速有效并且套利者为获取利润而相互竞争，那么证券的价格将永远不会远离基本价值，而套利者本身不会获取大量的异常收益。相反，对于被低估的证券，套利者通过购买低价证券卖空相似证券来对冲风险实现套利。只要市场上存在理性的套利者，其套利过程就将使证券价格与其基本价值保持一致。

套利还有另一层含义。因为非理性投资者所购买的证券是被高估的，而卖出的证券又是被低估的，所以与理性套利者相比，他们所获取的收益要低，因而处于损失状态。由于他们经不起长期的损失，最终将被市场所淘汰出局。这样，如果套利者不能即刻消除他们对资产价格的影响，那么市场的力量将吞噬他们的财产。所以从长远来看，由于竞争选择和套利的存在，市场仍将有效。

然而，一些经验证据表明，在现实的金融市场中，套利交易会由于制度约束、信息约束、交易成本等诸多因素而受到极大的限制。现实中的套利交易不仅是有风险和有成本的，而且在一定情况下套利交易还会由于市场交易规则的约束而无法实现。因此，在现实中尽管存在证券价格与内在价值之间的偏离，即理论上存在套利的可能性，但事实上并不能无成本、无风险地获得套利收益，因而证券价格的偏离在较长时期内维持原状，从而存在套利的有限性。有限套利的理论分析主要围绕与套利相关的风险和成本进行，与套利相关的风险主要有：

第一，基础风险（fundamental risk），即不能找到完美的对冲证券所带来的风险。能否为某种既定的证券找到完全相同或近似的替代品，是套利行为能否发挥作用的关键所在，如果有这样的替代品，就能通过多种方法得到不同情况下既定的现金流。只有在能找到近似的替代品的情况下，套利者才能买进低估者卖出高估者，纠正价格偏差，将市场带回有效状态。事实上，大量证券并不存在替代组合，所以一旦由于某种原因出现错误定价，套利者就无法进行无风险的对冲交易。即使某个套利者发现总体股价已经高估，也无法卖空并买入替代的证券组合，而只能简单地卖出或减持风险已高的股票，以期获得较高的收益，但此时的套利已不是无风险套利了。

由于不可能找到完全相同的替代组合，与股票的基本价值相关的风险将会对套利产生很大的阻碍。套利者依照相对价格的变化买入或卖出股票后，还要承担与该股票相关的市场风险——卖出股票后可能出现的利好消息或买入后可能的利空消息。由此可见，由于找不到完全替代的证券组合，套利活动事实上充满了风险。

第二，噪声交易者风险（noise trade risk），即噪声交易者使价格在短时期内进一步偏离内在价值的风险。市场有效假说认为，噪声交易者在资产价格形成过程中的作用是无足轻重的，尽管市场上有众多的噪声交易者，但仍可以将其忽略不计。在证券市场上，技术熟练的理性套利者会对抗非理性投机者（噪声交易者）。他们利用非理性投机者的错误认识，通过"低买高卖"的策略使证券的价格与基础价值保持一致。该理论有一个很重要的假设，即理性套利者在市场上一定占上风，一定能使价格很快地回落到基础价值上。但在众多的投资者处于信息量、知识储备不充足和有限理性的情况下，该假设显然就无法成立了。

在噪声交易模型中，投资者被划分为理性套利者和非理性投机者两类。前者掌握较完全的基础信息；后者则根据与基础价值无关的噪声信息进行交易，此类交易者的行为特征可概括为：误以为自己掌握了有关风险资产未来价值的信息，并对此有过分主观的看法。尽管在信息不完全下对未来价格的判断是错误的，但他们从自身创造的风险中获利，从而"创造了自己的生存空间"。噪声交易者的积极影响在于，由于他们获得的是噪声信息，使其他交易者可以实现交易，从而增加了市场的流动性。

噪声交易者的存在，使理性套利者面临的不仅是基础性风险，而且还有噪声交易者创造的风险，这就使理性套利者的行为发生变异。比如，当某证券价格下跌时，理性套利者认为这只是暂时现象，不久将出现反弹，因而大量买入该证券，但当噪声交易者持非常悲观的态度时，理性套利者就可能蒙受损失。因此，理性套利者可能会"理性地"忽视对基础信息的分析，而是转向预测噪声交易者的行为，从而利用噪声交易者的反应来赚取所谓的"机智钱"（smart money），这就使价格的偏离进一步加大。索罗斯在1987年曾对自己的投资策略进行描述，在过去的20年中，他并不是根据基础面的分析而是基于对未来大众行为的成功预期进行交易。在20世纪60年代，当投资者们为基金的年收益增加而惊喜时，索罗斯预期到他们会进一步购买而预先买入，从而进一步推动价格的上涨。从这个意义上讲，理性套利者在一定程度上会转化为噪声交易者，从而加大了风险资产的价格波动和偏离并进一步削弱市场的有效性。

第三，履约成本。与套利相关的履约成本包括佣金、买卖价差以及借入卖空证券所需支付的费用。学者研究发现[⊖]，尽管卖空证券的借入费用通常在10~15个基点之间，但也可能

⊖ D'Avolio G. The market for borrowing stock [J] . Journal of Financial Economics, 2002, 66(2-3): 271-306.

要比这高得多，在极端情况下套利者可能会发现，即使他们愿意付出高昂的代价也无法借到所需的证券。此外，发现证券价格偏差的成本也可以归入这一类。市场有效假说认为一旦噪声交易者对证券价格的影响达到某一程度，就能带来显而易见的获利机会。但这一观点是完全错误的，希勒甚至称之为经济思想史上最引人注目的错误之一。学者们研究表明，即使噪声交易者造成了证券价格对其内在价值的严重的、持续的偏离，其所产生的获利机会通常也很难通过已有的信息来预测。

第四，模型风险。即使价格偏差已经出现，套利者也未必能确定其是否真正存在。假设套利者在寻找具有吸引力的投资机会时，要依靠一个计算模型来确定基本价值，例如，某公司股票的基本价值接近每股 20 美元。如果噪音投资者将其拉低至每股 15 美元，模型就会显示可能出现了价格偏差。但套利者却不能确保该公司的股票是否一定存在价格偏差：或许用于计算基本价值的模型是错误的，而事实上该股票的合理价格就是每股 15 美元呢。这种模型风险也会限制套利者的行为。

第五，套利的时间跨度。套利的时间跨度是套利者需要考虑的重要因素。短期内，价格偏差有进一步扭曲的风险。对于短期套利行为来说，当套利者面对的交易对手是噪声交易者时，他们就面临这样的风险，因为在噪声交易者的心态恢复到正常水平前，还可能进一步走极端。大多数套利者管理的并非是自有资金，他们只是投资者的代理人。通常情况下，投资者对套利者的评价是看他们在一个相当短期的表现，然后根据他们的工作业绩支付报酬。如果价格偏差持续的时间超过对套利者进行评价的时间，套利者的收入并不会增加，如果价格偏差进一步扭曲的话，他们的收入反而会减少。而且，许多套利者在进行套利时会向金融机构或者个人投资者融资，他们需要支付利息，如果价格进一步不利于套利者，随着他们抵押物价值的减少，清算风险也将接踵而至。这种风险会降低套利者对噪声交易者风险的承受能力。

2.4 并非有效市场的实证证据

从时间顺序上看，实证检验对 EMH 的挑战比理论怀疑要领先一步。Shiller（1981）对股市波动的研究是对 EMH 具有历史意义的重要挑战。他发现股票价格倾向于过度波动，股价波动的幅度远远不是简单模型"价格由未来红利的预期净现值决定"可以解释的。由此在实证金融领域挑战 EMH 的帷幕被揭开，学者们纷纷从一价律的违背、股票收益可预测性、股价对无信息事件的反应等角度对市场的有效性提出了质疑。

2.4.1 对一价律的违背

按照 EMH，如果市场是有效的，价格必然反映价值，那么在剔除交易成本和信息成本以后，一个资产不可能按不同的价格出售，这就是所谓的一价律㊀。证券市场中最为典型违背

㊀ 所谓一价律，是指经济学中新古典范式的核心概念，即只要市场是无摩擦的，充分竞争的，理性经济人的套利行为就总能实现同一资产价格的一致性。反之，即使市场是有摩擦的或是有交易成本的，两种资产的价差也仅仅反映正常的摩擦成本。因此，就资本市场而言，只要给定某个市场的价格基准，就能够预测其他类似产品的市场价格趋势。

一价律的案例是所谓的孪生证券。这种证券在多个交易所挂牌交易，可是对理论评价却存在着明显的偏离，从而导致明显的套利机会，其中最为著名的是皇家荷兰和壳牌的孪生股票事件。

| 案例 2-1 | 皇家荷兰和壳牌公司股票价格的长期偏离 |

皇家荷兰和壳牌公司分别位于荷兰和英格兰，1907年两家公司组成战略联盟，两家公司同意在保留各自独立的有区别的实体的基础上按60∶40的股权比例进行合并。所有的现金收入流量分成、税收调整以及对公司的控制权也按这个比例执行。两公司之间的关系是众所周知的信息。皇家荷兰和壳牌公司的股票分别在欧洲和美国的9个交易所交易。皇家荷兰主要是在美国和荷兰交易（它是标准普尔500指数和荷兰股指数的指标股）。而壳牌公司的股票主要在英国交易（它是《金融时报》指数的指标股）。总而言之，如果证券的市场价值与未来现金流的净现值相等的话，那么按照60∶40的比例，皇家荷兰的价格应是壳牌公司价格的1.5倍。然而事实远非如此，如图2-4所示。

图2-4显示的是从1980年9月～1995年9月，皇家荷兰与壳牌公司股票价格之比与60∶40价值比的偏离率。这种偏离具有明显的不确定性，从相对低估皇家荷兰价值35%到相对高估其价值10%。在一个套利者有无数次平仓机会并且没有交易费用的市场里，这样的情况是不会出现的，因为套利者只要简单地买入较便宜的股票，卖出相同数量较贵的股票，就可以得到净收益，而且这种对冲操作可以一直进行下去。

但是根据图2-4可以发现，如果在皇家荷兰与壳牌公司之间进行套利的话，那么将付出十分惨重的代价：错估价格的风险将变得十分巨大。如果一个套利者在1983年中期，当时的折价是10%，买入相对便宜的皇家荷兰的股票，并卖出相应数量的较贵的壳牌公司股票，那么6个月后，他将遭受严重的损失，因为折价扩大到近25%。如果该套

图2-4 皇家荷兰与壳牌公司股票价格比

资料来源：Froot 和 Daboad(1998)，转引自：Shleifer(2000)

利者是利用债务杠杆来投资，或者他必须要面对投资者的到期赎回，那么他可能被迫在这个位置平仓，对他来说，噪声交易风险是十分巨大的。

从1980年9月开始，皇家荷兰与壳牌公司的价格偏离曾达到30%，并且持续了4年的时间。如果套利者能承受这种噪声交易风险，他的年收益率为7%，而这7%的收益是事后知道这种价格偏离已经被修正后得到的，当然这一偏离也可能会进一步扩大并导致损失。原则上，套利者可以利用杠杆来获取更高的平均收益，但他同时也要考虑到使用杠杆操作的代价以及由于价格偏离扩大被迫平仓带来的风险。也就是说，在价格偏离需要一段时间来修正的情况下，如果没有激进套利者来修正这种错误，非有效性将会持续下去。这一现象对有效市场假说提出的难题是：即使对存在完美替代品的证券的价格与其基本价值的巨大偏离可以用风险套利来解释，也要花一定的时间去修正。

皇家荷兰与壳牌公司的例子并不是唯一的，其他的公司股票也出现了相类似的偏离，并且这种价格的偏离现象在债券市场中也很常见。

除此以外，上市公司分立（carve-out）所导致的市场定价错位也是很普遍的。Lamont 和 Thaler（2003）对美国高科技行业的股权分立现象进行了考察，发现普遍存在违背一价律的现象。即，假如 A 公司是以从 B 公司分立出 X 比例的股票份额成立的，那么 A 公司的理论价值应该是 B 公司的市场价值乘以 X，但实际上股价却存在对理论价值的偏离。例如，3Com 公司和 Palm 公司的股价关系最为典型。

| 案例 2-2 | 3Com 与 Palm 股权分立之谜 |

3Com 公司持有 Palm 公司的股票，2000 年，3Com 公司决定将其所持有的 Palm 公司的股权分立出去。这个分立主要是通过两步来实现的，第一步是"股权分拆"，3Com 公司将其持有的 Palm 公司 5% 的股份通过 Palm 公司首次公开发行股票（IPO）后在市场上卖出；第二步是在 6 个月之后进行"剥离"，3Com 公司将把剩下 95% 的 Palm 股票，分配给 3Com 公司的股东。根据股权结构，3Com 公司的投资者持有的每一股 3Com 公司的股票将会获得 1.5 股 Palm 股票。根据一价律，3Com 公司的股票价格至少是 Palm 公司的 1.5 倍。

在 Palm 公司公开发行第一天交易结束之后，Palm 股票的收盘价为每股 95 美元，而 3Com 公司的股价下降到每股 82 美元。这意味着市场对于 3Com 公司非 Palm 部分资产的定价为每股 −60.5 美元，为此经济学家戏称母公司主体资产为负。分析人员指出，除去 Palm 资产的其他 3Com 公司资产大约为每股 35 美元左右，资产中现金、有价证券大约是每股 10 美元。而市场的定价机制却得出母公司主体资产价值为负，这显然是对于一价律的公然违背。

○ Lamont O A, Thaler R H. Anomalies: The Law of One Price in Financial Markets [J]. Journal of Economic Perspectives, 2003, 17(4): 191-202.

3Com 与 Palm 公司并不是唯一的事例。Lamont 和 Thaler（2003）提供了在 1998～2000 年股票市场泡沫期间的其他案例。这些误定价经常发生在技术股和网络股之间，一般是高科技网络股被高估而传统的技术股被低估。这些证据表明，投资者对某类股票的需求异常强烈，也就是说投资者的心理因素与基本面因素一样会对股票市场的价格产生影响。

"封闭式基金折价之谜"同样也违背了一价律，基金的价格与其所持有的资产净值之间的不一致持续了很长的时间。然而这并非是纯粹对一价律的违背，事实上代理成本的存在也是价格偏离的重要原因之一。

与前述的孪生证券以及股权分立的情况类似，"母公司之谜"也是一个违背一价律的例子。它是指公司的总市场价值小于其各个组成部分公开交易价值之和。

| 案例 2-3 | 母公司之谜 |

怀戈德同时担任 Medical Manager 和它控股的上市公司 Careinsite 的主席，关于公司价值，他存在一些困惑。

截至 2000 年，Medical Manager 控制的资产主要包括以下四类。

（1）持有 Careinsite 72% 的股权。

（2）持有医药管理健康系统（MMHS）100% 的股权，该公司是医生的信息系统和软件的提供商。

（3）持有 Porex 塑料公司 100% 的股权。

（4）大约持有 3.25 亿美元的现金。

在 2000 年 1 月 3 日，Careinsite 的股价为每股 83.375 美元，其市值为 58.7 亿美元。那么 Medical Manager 公司持有的 Careinsite 公司 72% 股权的市值应该是 42.3 亿美元。然而，Medical Manager 公司的股价为 83.25 美元，其市值为 29.2 亿美元，如图 2-5 所示。

这似乎意味着 Medical Manager 公司控制的其他资产的价值为 -13.1 亿美元。问题是 MMHS 公司和 Porex 公司都是良好的公司，它们有着悠久的优质管理历史，有正的现金流和利润。

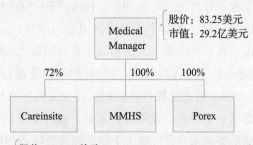

图 2-5 母子公司股权关系与公司市值关系图

这个谜题受到过市场分析师的关注。1999 年 10 月威廉·布莱尔（William Blair）提供了详细的报告，建议买入 Medical Manager 公司的股票。在该报告中，威廉·布莱尔保守地估计了 MMHS 的价值为 5 亿美元，Porex 的价值为 3 亿美元。假设这些估值都是合理的，那么 Medical Manager 公司在 2000 年 1 月的市值就应该是 53.5 亿美元，而不是 29.2 亿美元。

㊀ Cornell B, Liu Q. The Parent Company Puzzle: When is the Whole Worth Less than one of the Parts? [J]. Journal of Corporate Finance, 2001, 7(4): 341-366.

Medical Manager 和 Careinsite 的母子公司之谜并不是唯一的例子。母公司市值低于它所持有的子公司市值是常见的。Cornell 和 Liu（2001）分析了 7 个类似的案例。他们能够找到的解释是，股票需求曲线是向下倾斜的，而且这种特性在子公司被放大了。因为母公司持有大部分的股份，所以子公司能用来进行公开发行股票的份额占比很少，由于需求曲线向下倾斜，即使公众对子公司的股票需求变化不大，股价也会大幅波动。

2.4.2 股票收益的可预测性

根据弱式有效性市场的观点，一个投资者无法利用过去的价格信息来获得超额收益，也就是说股票价格服从随机游走。然而近几十年来，许多学者依据股票过去收益的情况成功地提出了多种不同的方法来预测股票的收益。

De Bondt 和 Thaler（1985）发现了"输者赢者效应"，股票中长期收益存在着"反转现象"，支持"过度反应"假说；Jegadeesh 和 Titman（1993）发现了"动量效应"的存在，也就是说，单只股票在过去 6～12 个月的股价走势有助于预测同方向未来的股价走势⊖。这些证据都有力地反驳了 EMH 关于"无法用过去的价格信息获得超额收益"的推断。

不但相同股票价格的时候序列中存在股价的可预测性，就是行业内部以及行业之间的股票也存在着交叉可预测性。Hong 等（2007）⊜发现，在美国股票市场，某些特定行业的股票价格可以预测整个市场未来的股票收益，这种现象在国际市场上同样存在。Hou（2006）⊜指出在行业内部的大公司和小公司股票之间收益存在着显著的"领先-滞后效应"（lead-lag effect），并认为这种收益的可预测性是由行业信息的缓慢扩散所导致的。Cohen 和 Frazzini（2008）则把这种行业间的收益交叉可预测性应用到了个股层面，发现供应商的股价变化明显滞后于客户企业的股价走势，这种上市公司之间的经济联系可用于预测股票收益。一个经典的案例来自供应链上下游公司股票收益的可预测性。

案例 2-4 Coastcast 公司股价对市场信息的滞后效应⊜

Coastcast 公司是生产高尔夫球杆头的行业领先制造商，Callaway 公司是专门从事高尔夫器械的零售公司，这两家公司之间存在密切的经济业务往来，两者都在纽约证券交易所上市，而且都有分析师对其进行追踪报道。1993 年以来，Callaway 公司一直是 Coastcast 的主要客户。截至 2001 年，向 Callaway 公司提供的商品占 Coastcast 公司总销售额的 50%。2001 年 6 月 7 日，Callaway 公司被一家分析师机构在评级上

⊖ 具体论述见第 8 章 8.3 节。
⊜ Hong H G, Torous W N, Valkanov R I. Do Industries Lead the Stock Market? Gradual Diffusion of Information and Cross-Asset Return Predictability [J]. SSRN Reviea 2002(2774).
⊜ Hou K. Industry Information Diffusion and the Lead-lag Effect in Stock Returns [J]. Review of Financial Studies, 2007, 20(4): 1113-1138.
⊜ Cohen L, Frazzini A. Economic Links and Predictable Returns [J]. Journal of Finance, 2008, 63(4): 1977-2011.

做出降级处理。6月8日,Callaway公司对媒体公开披露其第二季度的收入预计从原来的3亿美元下调到2.5亿美元。这则公告使Callaway二季度的预期每股收益(EPS)从原来预测的每股70美分下降到每股35~38美分。6月8日,Callaway公司的股价从每股21.26美元下跌至每股15.03美元,缩水近30%。在接下来的一周,建议"买进"这只股票的分析师比例从77%下降到50%。7月25日,Callaway公布其盈利状况正好落在分析师估计的平均区间,为每股36美分。

占Coastcast公司50%的销售额的Callaway公司在两天之内的市值下降了30%,有趣的是,Callaway公司的负面信息似乎并没有影响到Coastcast公司的股价。6月8日那天,市场对Coastcast公司的每股收益预测和股票推荐都没有改变。直到7月19日,Coastcast公司公布其每股收益为–4美分,其股价才在随后的两个月出现持续下跌。图2-6显示的是2001年5月~7月Callaway公司和Coastcast公司的股价走势图。

可以看出,6月7日Callaway公司被下调评级之后其股价急剧下降,并在短短的两天之内股价下降30%。按理说,Coastcast公司的主要客户在短时间内遭受如此巨大的挫败,势必会影响到其销售收入和公司业绩。根据有效市场假说,Coastcast公司的股价应该在Callaway公司公布其负面消息之后迅速下降。但是Coastcast公司股价并未立即做出反应,其价格的调整滞后了近两个月。

尽管两个公司之间的经济联系是公开信息,在有效市场下,Callaway公司的基本面变化必然对Coastcast的公司价值产生冲击,因而Coastcast的股价应该立即对这种价值冲击的信息进行调整,但事实并非如此。这种股价对信息的反应不足说明投资者的注意力是有限的,市场也是并非有效的。

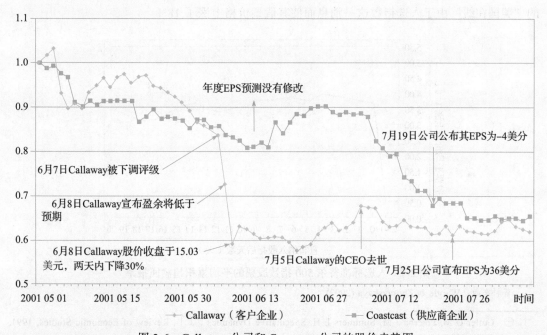

图2-6 Callaway公司和Coastcast公司的股价走势图

注:2001年5月1日两个公司的股价被标准化为1。
资料来源:Cohen和Frazzini(2008)

2.4.3 股价对无信息事件的反应

所谓无信息事件也叫"消息真空",指与上市公司的基础价值无关的公司事件。价格对无信息事件是否做出反应,是 EMH 的第二条检验思路。这方面的实证检验已经有大量的研究成果,其中有三项最为突出。

第一项例证是 1987 年股市的崩溃。在该年 10 月 19 日,星期一,道琼斯工业平均指数下跌 22.6%,是历史上截至当时单日下跌幅度最大的一天,但消息面却风平浪静。尽管许多人急于寻找消息面上的原因,但没有多少有说服力的证据可以被找到。有人把这一类事件比作"晴天霹雳"。事实上,不仅仅是市场大盘股价存在着这种无消息暴跌,个股价格也常常如此。Culter 等(1991)[一]分析了战后美国股市单日波动最大的 50 家公司的股价变化,发现其中许多公司的股价并没有明显的消息变化。

第二项实证证据可称之为"指数效应"(index effect)[二],即股票入选指数成分股后带来股票收益率异常提高的现象。对于一个证券市场而言,每年都有一些股票因各种原因从指数中撤出,交易所一般会用其他的股票取而代之,目的是维持指数的代表性。入选指数这一事件并没有传递公司的相关信息,因而基于市场有效性理论不应该引起股票价格的波动。然而,实证研究却并不支持这一论断。实证研究表明股票纳入标准普尔 500 指数之内的信息会引起股票需求和价格的反应。

Wurgler 和 Zhuravskaya(2002)研究表明,在 1976～1996 年入选标准普尔 500 指数使股票的平均价格上涨了 3.5%,如图 2-7 所示。这种上涨是相对稳定持久的,并且随着指数基金中相关股票的上涨而进一步上涨。1998 年 12 月,20 世纪 90 年代末最繁荣的网络股之一的"美国在线"由于入选指数这一消息而使其股票价格上涨了 18%。

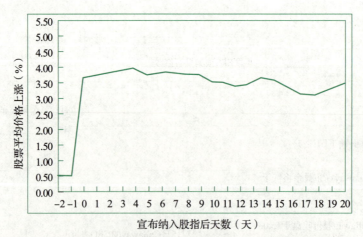

图 2-7 入选标准普尔 500 指数股票的平均累积超额回报率[三]

资料来源:Wurgle 和 Zhuravskaya (2002)。

[一] Cutler D M, Poterba J M, Summers L H. Speculative Dynamics [J]. Review of Economic Studies, 1991, 58(3): 529-546.

[二] Wurgler J, Zhuravskaya E. Does Arbitrage Flatten Demand Curves for Stocks? [J]. Social Science Electronic Publishing, 2011, 75(4): 583-608.

[三] 同上。

被纳入指数这一事件并不包含任何公司基本面的新信息,入选这一指数却影响了投资者对股票的购买。当一家公司入选这一指数时,指数基金(index fund)以及其他资产组合紧跟指数变化的基金就大量购买这种股票,以使其证券组合尽可能地接近指数。因此,入选指标股产生了一系列对该股票的买卖需求,导致股价对无信息事件的反应。

第三项对无信息事件反应的例子是"公司更名效应"。公司更名公告不包含未预期的公司信息,依照有效市场假说,市场对这类事件应该不做反应。然而,从一些证据来看,公司的更名却引起了股价的显著波动,这种异常现象在美国网络泡沫期间尤其明显。公司更名为与网络相关的名称对股票价格有显著的正向影响,使更名公司股票产生很大的超额收益,而且这个效应是持续的。有媒体认为公司更名能够给公司创造持续的价值,分析师们认为投资者偏好哪种类型的公司名称,那么这类型的公司股价就会反映名称的价值。

案例 2-5 网络股浪潮中的公司更名效应

成语"人如其名"指一个人的本质往往与其名字相关联。从心理学的角度讲,人的名字会从某种程度上对这个人产生一定的心理暗示,使其朝暗示的方向演变。那么,公司的名称是不是对公司的未来预期收益产生影响呢?公司改了名称是否意味着其内在价值发生了变化?20世纪90年代,网络股繁荣的时候,美国股票市场上出现了一个现象:许多公司将公司的名称改为与互联网有关的名称。他们是为了达到"'司'如其名"吗?一些公司将名称更新为".com"(例如Wareforce.com)或者为".net"(例如Docplus.net),或者在新的名称中加入Internet这一词汇(例如Internet Solutions for Business Inc.)。

Cooper、Dimitrov和Rau(2001)对1998年6月~1999年8月更改名称的95个公司更名后市值的变化进行了研究,将这些公司按业务与互联网的相关度分成四类:第一类为更名前后都为纯粹的互联网公司;第二类为更名之前公司与互联网有一定的关系,更名能更准确地反映这种关系;第三类为公司将业务从与互联网没有关系的业务改为与互联网相关的业务;第四类为更名前后公司核心业务都与互联网没有关系。以更名的时间为第0天,更名前后不同时间区间内样本股票的累积超额收益率统计如表2-1所示。

表 2-1 公司更名前后不同时间区间内样本股票的累积超额收益率(CAR,%)

类别	更名前后的业务	−2~+2 天	+1~+30 天	+1~+60 天	+1~+120 天
1	纯粹互联网公司	36	46	59	44
2	更名后与互联网的关系更明显	105	−7	−31	−74
3	非互联网业务转向互联网业务	14	−18	−2	40
4	核心业务与互联网无关	30	38	140	243
	全样本	53	11	23	28

⊖ Cooper M. J., Dimitrov O, Rau P R. A Rose.com by Any Other Name[J]. Journal of Finance, 2001, 56(6): 2371-2388.

数据表明，从总体样本看，无论公司更名前后是否与互联网有关系，更名后公司都有显著为正的累积超额收益。其中第一类和第四类公司，即更名前后都与互联网有关或都与互联网无关的情况，更名以后存在稳定的价值增长。值得注意的是第二类和第三类公司，更名后的短期内获得正的超额回报，但在较长时期以后却出现负的超额收益，特别是第二类公司更为明显。

很显然，导致第二、三类和第一、四类公司的系统性差异的，既有理性预期的因素，也有非理性心理因素。

上述分析从不同的角度提供了大量实证证据，如对一价律的违背、无法用风险来解释的股票收益可预测性以及股票价格对信息的不当反应等，证明现实世界中的金融市场并不如新古典金融学家所描述的那样有效。在大量经验证据的支持下，行为金融学凭借着投资者心理和有限套利者这两个支柱，动摇了EMH在现代金融学体系中的统治地位。在接下来的章节中，我们将围绕这一主线深入探讨行为金融学的主体假设和理论框架。

 关键概念

有效市场假说（efficient market hypothesis，EMH）
随机游走（random walk）
弱式有效市场（weak-form EMH）
半强式有效市场（semi-strong form EMH）
强式有效市场（strong form EMH）
噪声交易（noise trading）
套利限制（limits of arbitrage）
一价律（one-price law）
股票收益可预测性（stock return predictability）
公开信息（public information）
内幕交易（insider trading）

 本章小结

（1）回顾了有效市场假说的理论渊源与发展脉络，强调有效市场假说在新古典金融学中的地位。

（2）阐述了有效市场理论所依赖的行为假定，根据市场对信息反应的强弱，分为强式有效、半强式有效和弱式有效三类市场的有效性，并且提供了相应的实证证据。

（3）从投资者行为偏差与有限套利两个方面质疑有效市场假说的合理性，构建出行为金融关于市场非有效的基本分析框架。

（4）大量案例和实证证据表明，市场并不能正确及时反应相关的信息，市场对一价律的违背、股票收益的可预测性和股价对无信息事件的反应等证据对市场有效性提出了挑战。

思考习题

1. 有效市场假说是如何发展起来的，其在新古典金融学中有何地位？

2. 有效市场有哪些类型，分别有什么特点，有何实证证据支持？

3. 什么是套利，套利存在的假设前提是什么，为什么说套利是有限的？

4. 请举例说明我国证券市场中的套利风险。

5. 你认为我国证券市场有效吗？为什么？

案例讨论：我国A股和H股的差价

A股（在中国内地沪深股市上市的股票）与H股（在中国香港地区上市的股票）的价差，是指中国同一家上市公司的A股和H股存在不同价格的现象。自1993年8月27日第一家AH股上市公司——青岛啤酒出现以来，到目前为止已有99家AH股上市公司。由于两地市场环境、投资者主体以及投资理念的不同，同一上市公司的A股和H股存在价格差异，加上国内资本流动的限制，导致通过套利机制消除AH股价差存在较大障碍。

恒生AH股溢价指数由香港恒生指数服务公司于2007年7月9日正式对外发布，该指数追踪在内地和香港两个地区同时上市的股票的价格差异，它是根据纳入指数计算成分股的A股及H股的流通市值，计算出A股相对H股的加权平均溢价（或折让）。指数越高，代表A股相对H股越贵（溢价越高），反之，指数越低，代表A股相对H股越便宜。

图2-8截取了2015年1月～2017年12月AH股溢价指数的走势。

问题：

（1）A股与H股的价差说明内地和香港股票市场的有效性存在怎样的差异，为什么？

（2）你认为这段时期A股与H股价差受到哪些因素的影响？

（3）你认为是什么因素影响了A股与H股价差之间的套利行为？

图2-8　恒生AH股溢价指数（2015年1月～2017年12月）

数据来源：http://stockpage.10jqka.com.cn/HSAHP/

推荐阅读

[1] Malkiel B G, Fama E F. Efficient Capital Markets: A Review of Theory and Empirical Work [J]. Journal of Finance, 1970, 25(2): 383-417.

[2] Fama E F. Efficient Capital Markets: II [J]. Journal of Finance, 1991, 46(5): 1575-1617.

[3] Malkiel B G. The Efficient Market Hypothesis and Its Critics [J]. Journal of Economic Perspectives, 2003, 17(1): 59-82.

[4] Cioppa P. The Efficient Capital Market Hypothesis Revisited: Implications of the Economic Model for the United States Regulator: Global Jurist Advances [J]. Global Jurist Advances, 2005, 5(1).

[5] Shiller R J. From Efficient Markets Theory to Behavioral Finance [J]. Journal of Economic Perspectives, 2003, 17(17): 83-104.

[6] Gili Yen, Cheng-few Lee. Efficient Market Hypothesis (EMH): Past, Present and Future [J]. Review of Pacific Basin Financial Markets & Policies, 2008, 11(02): 305-329.

[7] 史莱佛.并非有效的市场：行为金融学导论 [M].赵英军，译校.北京：中国人民大学出版社，2003.

[8] 丹·莱因戈尔德，珍妮弗·莱茵戈尔德.华尔街顶级证券分析师的忏悔 [M].华林煦，张德让，等译.南京：译林出版社，2007.

[9] 王治平.有效市场假说：每个人都面临权衡取舍 [M].北京：经济科学出版社，2009.

第3章

期望效用理论及其受到的挑战

本章提要

本章首先介绍了期望效用理论及其假设前提,推导出不同风险偏好下的效用函数;大量的心理学实验,如阿莱悖论、埃尔斯伯格悖论、反射效应、概率性保险、孤立效应、偏好反转等研究表明,人们在不确定性条件下的决策存在系统性违背期望效用理论公理化假设的现象,这些实验结果和行为规律对期望效用理论提出了质疑,意味着需要新的理论来解释不确定性条件下的行为规律。

重点与难点

　了解期望效用理论的公理化假设以及不同风险偏好者的效用曲线;
　了解心理学实验所发现的特征事实如何违背期望效用理论;
　理解违背期望效用理论行为背后的心理偏好与偏差,思考怎样去修正期望效用理论的函数形式。

引导案例

圣·彼得堡悖论㊀

1713年,大学教授丹尼尔·伯努利做了一个有趣的硬币游戏。设定掷出硬币的正面或者反面为成功,游戏者如果第1次投掷成功,得奖金2元,游戏结束。如果第一次不成功,继续投掷,第2次成功得奖金4元,游戏结束。如果不成功就继续投掷……在第n次投掷成功,可得到2^n元奖金,游戏结束。按照概率期望值的计算方法,将每一个可能结果的得奖值

㊀ 圣·彼得堡悖论是数学家丹尼尔·伯努利(Daniel Bernoulli)在1713年提出的一个问题,它来自于一种掷币游戏,因为这一问题最早发表于一本以圣·彼得堡命名的杂志,所以人们便将这一悖论称为圣·彼得堡悖论。

乘以该结果发生的概率即可得到该结果奖值的期望值。游戏的期望值即为所有可能结果的期望值之和。随着 n 的增大，概率会降低，但是其奖值越来越大，每一个结果的期望值均为 1（$P = 1/2^n$，$V = 2^n$，故，$P \times V = 1$）。所有可能结果的得奖期望值之和，即游戏的期望值将为"无穷大"，因此人们理应愿意付出很大的赌金参与这一游戏。然而，他发现在现实生活中，绝大多数人愿意付出的赌金是很少的，几乎都不超过 10 元。这就是著名的"圣·彼得堡悖论"。

案例思考：

圣·彼得堡悖论通过硬币游戏发现人类在某种概率博弈中表现出与理论预测大相径庭的选择模式。面对不确定性很大的预期收益，人们只愿意付出较小的成本，这很难用经典的期望效用理论进行解释。那么是什么因素影响着人们的风险决策，这些因素为期望效用理论带来了哪些挑战？心理学实验为回答这类难题提供了新的视角。

期望效用函数是 20 世纪 50 年代，冯·诺伊曼和摩根斯坦在公理化假设的基础上，运用逻辑和数学工具建立起来的分析框架，旨在对不确定条件下"理性人"的选择进行模型化研究。后来，阿罗和德布鲁将其纳入瓦尔拉斯均衡的框架中，成为处理不确定性决策问题的分析范式，进而构筑起现代微观经济学的理论大厦，并且拓展到宏观、金融、计量等诸多领域。然而，大量心理学实验表明，该理论所涉及的理论假设前提以及人们的决策偏好并不成立，导致该理论面对着空前的挑战。

3.1 "经济人"假设

新古典金融学对投资者心理所持的基本观点是"经济人"假设。"经济人"是经济生活中的一般人抽象，古典经济学家认为人的本性是追求私利的，即以利己为原则。早在 200 多年以前，古典经济学的鼻祖亚当·斯密就已经提出了"经济人"的原始含义，他的经典论述是："每个人都在力图用他的资本使其生产产品得到最大的价值。一般地说，他并不企图增进公共福利，也不知道他所增进的公共福利是多少。他所追求的仅仅是个人的安乐，仅仅是个人的利益。"显然，古典经济学家认为个人利益是唯一不变的、普遍的人类动机。所以，"经济人"的理性体现在是否出于利己动机，力图以最小的代价获取最大的经济利益。

"经济人"理性不仅反映在以自身利益为中心的利己主义，也集中体现为在竞争环境中以个人效用最大化为目标的行为模式。米尔顿·弗里德曼（Milton Friedman）认为，市场竞争代表着一种达尔文式的适者生存过程，最大化行为是一种类似于自然界中得以生存和繁衍的"适者"的有效行为，市场竞争过程褒奖那些似乎理性地追求利润最大化的企业家，同时用破产来惩罚那些按另一种方式行事的人。这样，普遍存在的将是遵循最大化行为的企业家。因此，"经济人"假设能恰当地概况适者生存的条件，成为"人们接受该假说的主要依据"。最大化行为是从经济学角度，对人类天性的抽象和概括。天性即是公理，公理就无须证明。随着经济学的发展，古典经济学中的"经济人"假设逐渐演变成一套以最大化为原则的经济理论体系，完全理性的"经济人"几乎成为标准的经济学分析基础。最大化原则构成了西方经济学中最基础、最重要的前提假设，是微观经济学中各种经济主体的目标函数。

在新古典金融学的理论框架中，"理性"一词又有其特定的内涵。套利理论中的套利者根据资产的预期收益来估价每种资产，而预期收益率是未来可能收益率的加权平均。在此过程中，套利者是以客观和无偏的方式设定其主观概率的，即按"贝叶斯规则"不断修正自己的预测概率使之接近实际。除此之外，套利者还是最大效用追逐者，会充分利用每一个套利机会获取利益；现代资产组合理论中的投资者是风险回避型的理性人，他们在理性预期的基础上，以预期收益率和方差度量资产未来的收益与风险，并根据收益一定情况下的风险最小原则或风险一定情况下的收益最大原则寻求均值方差的有效性；而资本资产定价模型中的投资者除了具有"现代投资组合理论"（modern portfolio theory，MPT）中的理性人特点外，还强调了投资者具有"同质期望"，即所有投资者对资产和未来的经济趋势具有相同的评价。有效市场假说则假定投资者除了能对各种可获取的信息做出无偏估计外，还能迅速做出反应。综合来看，新古典金融学中投资者的心理具有理性预期、风险回避和效用最大化这三个特点，即投资者是理性人。

3.2 期望效用理论及其假设

期望效用理论是人们在不确定性条件下进行决策时，理性预期、风险回避和效用最大化理性行为的模型化描述。该模型是由冯·诺伊曼和摩根斯坦（Von Neumann and Morgenstern，1947）、萨维奇（Savage，1954）等人，在继承18世纪数学家伯努利对"圣·彼得堡悖论"的解答基础上进行严格的公理化阐述而形成的。期望效用理论的成立，有其公理化的假设前提和逻辑化的决策偏好顺序。经济学对决策问题的探究主要针对的是不确定条件下的决策。决策（decision-making）是人们从多种备择方案或事件中做出选择，从经济学意义上讲，这种选择应当是最优的。效用（utility）是一个抽象的概念，在经济学中用来表示从消费物品中得到的主观享受或满足。它因为具有主观性而无法准确度量，价值越高不一定效用越高，消费越多也不一定效用越高。而偏好（preference）则是人们对不同方案或事件状态进行价值与效用上的辨优，偏好是建立在消费者可以观察到的选择之上的，我们对每一种选择的偏好程度有一定顺序，这种顺序在口语中可被表达为"我喜欢""我更喜欢""我觉得""无所谓"等，从而形成人类的主观偏好。因此，决策、效用与偏好是紧密相连的，它们共同构成了人类一切经济行为的起点。

3.2.1 期望效用理论的公理化假设

期望效用理论认为，在不确定性决策中，期望效用值为：

$$U(p_1x_1, p_2x_2, \cdots, p_nx_n) = p_1u(x_1) + \cdots p_nu(x_n)$$

期望效用模型（expected utility model）建立在决策者偏好理性的一系列严格的公理化假定基础之上。在经济分析中，为了保障决策者偏好表达的逻辑一致性，通常认为决策者的这种偏好顺序满足以下几个基本的公理条件。这意味着理性的决策者有能力建立起一套一贯的价值衡量标准，去评价事物的好坏。公理化的价值衡量标准包括：优势性、恒定性、传递性。

1. 优势性

如果期望 A 至少在一个方面优于期望 B 并且在其他方面都不亚于 B，那么 A 优于 B，这就是优势性（dominance）。这个原则可能在理性决策中更加明显：如果一个方案在某一状态优于其他方案并且在其他状态不亚于其他方案，那么这一优势方案将被采用。对于不可量化的风险性方案，如果方案 A 的累计回报值高于方案 B 的累计回报值，那么 A 优于 B。优势性简单而有说服力，它是标准决策理论的基石。

2. 恒定性（独立性）

各个期望的优先顺序不依赖于它们的描述方式，或者说同一个决策问题即使在不同的表述方式下也将产生同样的选择，也就是说，对方案的偏好不受方案描述的影响，这就是恒定性（invariance）原则。恒定性也被称为独立性（independence）。决策者通过反思同一问题的不同描述而最终选择同一决策方案。恒定性原则被人们普遍认同，以至于人们将它默认为公理而不需验证。一般认为恒定性公理对于期望效用模型来说，是其赖以成立的最重要的假定。因为该假定不仅表明决策者对各种结果的选择是独立进行的，不同的结果是可加的，而且决策者对备择方案的偏好不受其变换方面的影响。

3. 传递性

对于效用函数 U，只要 $U(A) > U(B)$ 那么 A 就优于 B；反过来，只要 A 优于 B，那么就有 $U(A) > U(B)$，一般地，只要 A 优于 B，B 优于 C，那么 A 就优于 C，这就是偏好的传递性(transitivity)。如果能给每个方案赋一个不依赖于其他方案的值，那么就满足传递性，它是风险和非风险决策的基础假设。传递性在评价各个方案时容易满足，而当方案结果必须考虑诸如后悔等因素时就不容易满足了。

建立在决策者偏好理性等一系列严格公理化假定之上的期望效用模型是现代决策理论的基石，并成为价值理论的核心及市场均衡的前提，在此基础上构筑起了现代微观经济学宏伟而优美的大厦。而且，期望效用模型本身的应用领域亦相当广泛，可扩展到经济理论的几乎每个分支。

3.2.2 风险态度及效用函数

人们在处理风险决策时遵循的"期望效用模型"的基本内涵是，在风险情境下最终结果的效用水平是通过决策者对各种可能结果的加权估价后获得的，决策者谋求的是加权估价后所形成的期望效用最大化。

不确定性状态下的决策可以看作是在期望和赌博两者之间的一项选择，期望效用函数通常表示为财富的函数，它的核心是期望效用值。假设一个人面对一个有两种可能结果的财富：p $(0 < p < 1)$ 概率获得财富 x，$1-p$ 概率获得财富 y，那么：

期望效用值记作：

$$U(px, (1-p)y) = pU(x) + (1-p)U(y)$$

1. 风险厌恶与效用函数

如果决策者偏好确定性所得而厌恶财富的不确定性,这种风险态度称之为风险厌恶,其效用函数为:

$$U(px, (1-p)y) > pU(x) + (1-p)U(y)$$

可用图 3-1 表示:

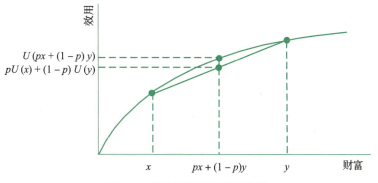

图 3-1　风险厌恶下的效用曲线

在纵坐标上,确定收入的效用 $U(px+(1-p)y)$ 和不确定的效用 $pU(x)+(1-p)U(y)$ 之间的差额就是风险溢价。风险溢价等于:相同的横坐标(相同的财富水平),对应的 $U(px+(1-p)y)$ 的纵坐标值和下凹函数的纵坐标值的差额。风险厌恶条件下的风险溢价为正值。对于财富值 W,风险厌恶的程度为:

$$\frac{\partial^2 U(W)}{\partial W^2} = U''(W)$$

2. 风险寻求与效用函数

如果人们偏好不确定性财富而不喜欢确定性所得,这种风险态度称之为风险寻求,其效用函数为:

$$U(px, (1-p)y) < pU(x) + (1-p)U(y)$$

可用图 3-2 表示:

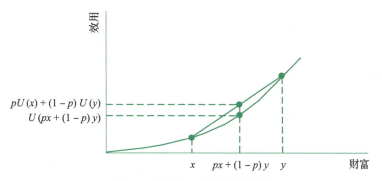

图 3-2　风险寻求下的效用曲线

在纵坐标上，确定收入的效用 $U(px+(1-p)y)$ 和不确定性选择的效用 $pU(x)+(1-p)U(y)$ 之间的差额就是风险溢价，即：相同横坐标对应的 $pU(x)+(1-p)U(y)$ 的线性函数的纵坐标值和下凸函数的纵坐标值的差额。风险寻求条件下的风险溢价为负值。

3. 风险中立与效用函数

如果人们只关注选择方案的期望效用而不关心是确定性所得还是不确定性所得，这种风险态度即为风险中立，其效用函数为：

$$U(px,(1-p)y) = pU(x) + (1-p)U(y)$$

可用图 3-3 表示：

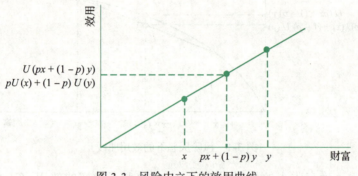

图 3-3　风险中立下的效用曲线

在纵坐标上，确定收入的效用 $U(px+(1-p)y)$ 和不确定性选择的效用 $pU(x)+(1-p)U(y)$ 之间的差额为零，即风险溢价为零。如图 3-3 所示，风险中立的期望效用函数为线性。

3.3　心理实验对期望效用理论的挑战

实验经济学关于风险决策与个体偏好方面的实验研究，对期望效用模型提出了质疑，撼动了新古典经济学大厦的理论基石。这方面的实验及相关认识对现代经济学在行为层面的发展产生了巨大的推动。

3.3.1　阿莱悖论

期望效用理论受到了选择实验中的一系列"悖论"的挑战。最早的选择实验由法国经济学家阿莱（Allais，1953）做出，因而产生了著名的"阿莱悖论"（Allais paradox）。阿莱悖论是不确定条件下选择行为违背冯·诺伊曼－摩根斯坦效用函数的典型例子。正是这个关于期望效用理论是否有能力充分解释决策的反例，帮助阿莱获得了 1988 年的诺贝尔经济学奖。

1. 确定性效应

在期望效用理论中，总的效用是用概率作为权重，对各个可能性收益的效用进行加权。然而现实中，与某种概率性的收益相比，人们赋予确定性的收益更多的权重，这种现象被称之为"确定性效应"（certainty effect）。换句话说，与两个都是风险收益的情况相比，当其中一个是确定性的收益时，预期价值和风险之间的权衡关系会不同。"阿莱悖论"的确定性效应实验如下。

实验 3-1
确定性效应实验[一]

实验设计：

彩票选择实验（lottery-choice experiments）是实验经济学在风险决策实验研究中最广泛采用的实验方法。根据一定的实验目标，要求被试在一些配对的组合中进行选择，这些配对的选择通常在收益值及赢得收益值的概率方面存在关联。

在阿莱的选择实验中，被试被要求在下面两组彩票中做出选择，以下表达方式中（\$1 000 000，1）表示以 1 的概率获得 100 万美元，其他表达方式依此类推：

$$\begin{cases} A = (\$1\,000\,000,\ 1); \\ B = (\$5\,000\,000,\ 0.1;\ \$1\,000\,000,\ 0.89;\ 0,\ 0.01)。 \end{cases}$$

$$\begin{cases} C = (\$1\,000\,000,\ 0.11;\ 0,\ 0.89); \\ D = (\$5\,000\,000,\ 0.1;\ 0,\ 0.9)。 \end{cases}$$

实验结果：

绝大部分人的选择是 (A, D)，即在 A、B 中选择了 A，在 C、D 中选择了 D。

实验结果分析：

与期望效用理论一致的行为选择是 (A, C) 或 (B, D)，这是由期望效用理论的独立性假设推导出来的。为了更清楚地解释这一点，假设存在彩票：

$$E = (\$5\,000\,000,\ 10/11;\ \$1\,000\,000,\ 0;\ 0,\ 1/11)$$
$$F = (\$5\,000\,000,\ 0;\ \$1\,000\,000,\ 0;\ 0,\ 1)$$

我们可以将彩票 A、B、C、D 分别表示为 A 与 E、F 的不同权重组合：

$A = 11/100A + 89/100A$，$B = 11/100E + 89/100A$，$C = 11/100A + 89/100F$，$D = 11/100E + 89/100F$

可以看到在 A 和 B 的表达式中，后一项是相同的，均为 $89/100A$，而在 C 和 D 的表达式中，后一项也是相同的，均为 $89/100F$，所以根据独立性假设，当决策者在 A、B 之间偏好 A 时，即在 A、E 之间更偏好 A，则可以推出在 C、D 选项中更偏好 C，这就解释了为什么与期望效用理论一致的选择是 (A, C) 或 (B, D)，但大部分人却选择了 (A, D)，是因为存在"确定性效应"，直观上在第一组选择中，100 万收益是确定的，所以更吸引人，但在第二组选择中，这种吸引力便消失了，因为 100 万不再是确定的了。选择 (A, D) 的实验结果，就是与标准理论偏离的"阿莱悖论"，而"确定性效应"就是对这种偏离行为的一种解释。

下面的一对选择问题给出了对非货币收益的确定性效应的验证。

[一] ALLAIS M. Traite d'economie pure [M]. Paris: Imprimerie Nationale, 1953. Chapitre sur les satisfactions absolues, pp. 156-177. (Une premiere edition de cet ouvrage a et6 faite en 1943 dans le cadre d'un ouvrage d'ensemble intitule A la Recherche d'une discipline economique.)

实验 3-2

非货币收益的确定性效应[1]

实验设计：

被试被要求分别在下面两组方案中做出选择。

备选组 1：

A：50% 的机会赢得去英、法、意旅行三周；

B：肯定获得去英国旅行一周的机会。

备选组 2：

C：5% 的机会赢得去英、法、意旅行三周；

D：10% 的机会赢得去英国旅行一周。

实验结果：

问题 1：$N = 72$，$A[22]$，$B[78]$；

问题 2：$N = 72$，$C[67]$，$D[33]$。

其中 N 表示参加实验人数，括号内表示选择该答案的人数比例。

实验结果分析：

以上实验表明，虽然概率变化的比例相同，但概率由 0.5 增至 1 比从 0.05 增至 0.1 产生了更大的作用，以至导致了矛盾的选择偏好。这就是说，人们对非货币性收益的选择也同样存在确定性效应。

2. 同结果效应

相同结果的不一致偏好情形，称为"同结果效应"(common-consequence effect)。

实验 3-3

同结果效应实验[2]

实验设计：

被试被要求分别在下面两组方案中做出选择。

备选组 1：

A：(2 500, 0.33; 2 400, 0.66; 0, 0.01)；

B：(2 400)。

---

[1] Kahneman D, Tversky A. Prospect Theory: An Analysis of Decision Under Risk [J]. Econometrica: Journal of the Econometric Society, 1979, 47(2): 263-291.

[2] Kahneman D, Tversky A. Prospect Theory: An Analysis of Decision Under Risk [J]. Econometrica: Journal of the Econometric Society, 1979, 47(2): 263-291.

备选组 2：
C：(2 500, 0.33; 0, 0.67)；
D：(2 400, 0.34; 0, 0.66)。

实验结果：
问题 1：$N=72$，$A[18]$，$B[82]$；
问题 2：$N=72$，$C[83]$，$D[17]$。
其中 N 表示参加人数，括号内表示选择该答案的人数比例。

实验结果分析：
实验结果显示，82% 的被试在问题 1 中选 B，83% 的人在问题 2 中选择 C。结果表明，大部分人在两个问题中做了情绪化选择，这种选择违背了期望效用理论。由于 $U(0)=0$，问题 1 的选择意味着：$U(2\,400) > 0.33U(2\,500) + 0.66U(2\,400)$，移项以后也就是：$0.34U(2\,400) > 0.33U(2\,500)$；而问题 2 的选择则意味着：$0.34U(2\,400) < 0.33U(2\,500)$，这与问题 1 的结论刚好相反。值得注意的是，问题 2 是由问题 1 中的 A 和 B 同时取消（2 400, 0.66）得来的。所反映的是相同结果的不一致偏好，故也称"同结果效应"。

实验结果是一个悖论，它至少违背了期望效用理论关于偏好的优势性、传递性、恒定性等公理化假定。有趣的是，在这一实验中，实验参与者大都通晓概率知识，甚至期望效用模型的创立者之一萨维奇本人也做出了形成悖论的选择。在阿莱的实验之后，又有许多学者进行了大量重复实验，结果也都发现了该效应的存在。

2. 同比率效应

与同结果效应类似，实验还发现存在"同比率效应"（common-ratio effect），即如果对一组收益概率进行相同比率的变换，也会产生不一致的选择。MacCrimmon 和 Larsson（1979）根据阿莱悖论"同结果效应"，开展了同比率效应的实验。

实验 3-4
同比率效应实验[一]

实验设计：
被试被要求分别在下面两组方案中做出选择：
备选组 1：
A：(4 000, 0.80)；
B：(3 000)。
备选组 2：
C：(4 000, 0.20)；
D：(3 000, 0.25)。

[一] MacCrimmon K R, Larsson S. Utility theory: Axioms Versus 'Paradoxes' [M]. Expected Utility Hypotheses and the Allais Paradox. Berlin: Springer Netherlands, 1979: 333-409.

实验结果：

问题 1：$N = 95$，$A[20]$，$B[80]$；

问题 2：$N = 95$，$C[65]$，$D[35]$。

其中 N 表示参加人数，括号内表示选择该答案的人数比例。

实验结果分析：

期望效用理论的公理化假设认为：如果选 B 的意愿大于 A，那么选择任何概率为 P 的组合 (B, P) 的意愿一定大于组合 (A, P)。但被试显然并没有遵守这一公理：由于 $U(0) = 0$，问题 1 的选择（即选择 B）意味着：$U(3\ 000) / U(4\ 000) > 4/5$，问题 2 的选择（即选择 C）意味着：$U(3\ 000) / U(4\ 000) < 4/5$，这与问题 1 的结论刚好相反。同样值得注意的是，选择 C 和 D 的期望值可以分别通过选择 A 和 B 期望值的等比例变化而获得，C：$(4\ 000, 0.20)$ 的期望值可以表示为 $(A, 0.25)$；D：$(3\ 000, 0.25)$ 期望值可以表示为 $(B, 0.25)$。上述选项中的概率具有以下关系：$0.8/1=0.2/0.25$，即两组方案中对应收益概率比是相同的，然而，在现实的选择中，收益的概率由 1 减至 0.25 会比从 0.8 减至 0.2 产生更大的影响。两种结论不一致的现象是期望效用理论所无法解释的。

同比率效应由一对问题中的特殊选择模式产生：问题 1 称之为高比例问题（the scaled-up problem），是在预期 $(x1, q; x2, 0)$ 和 $(x1, 0; x2, 1)$ 中选择，其中 $x1$，$x2$ 表示可能的收益，且 $x1>x2$，$x1$，$x2$ 后面的项为对应的概率，q 满足 $1>q>0$；问题 2 称之为低比例问题（the scaled-down problem），是在预期 $(x1, rq; x2, 0)$ 和 $(x1, 0; x2, r)$ 中选择，而在该问题中各项概率是由高比例问题中的概率同时乘以一个相同比率 r 得来的，其中 $1>r>0$。当在高比例问题中选择 $(x1, 0; x2, 1)$ 而在低比例问题中选择 $(x1, rq; x2, 0)$ 时，就产生了同比率效应，该效应同样违背了期望效用函数的线性特征以及优势性、恒定性等公理。Camerer（1995）认为同比率效应是在一定参数值范围内个人行为的系统性特征。

如果说实验 3-4 问题 1 的选择中存在一定的确定性效应，那么，下面的同比率效应实验则显示出公理失效更典型的情形。

实验 3-5

同比率效应补充实验[①]

实验设计：

被试被要求分别在下面两组方案中做出选择。

备选组 1：

A：$(6\ 000, 0.45)$；

B：$(3\ 000, 0.90)$。

[①] Kahneman D, Tversky A. Prospect Theory: An Analysis of Decision Under risk [J]. Econometrica: Journal of the Econometric Society, 1979, 47(2): 263-291.

备选组 2：
C：(6 000, 0.001)；
D：(3 000, 0.002)。

实验结果：

备选组 1：$N = 66$，$A[14]$，$B[86]$；
备选组 2：$N = 66$，$C[73]$，$D[27]$。
其中 N 表示参加人数，括号内表示选择该答案的人数比例。

实验结果分析：

问题 1 获得收益的概率是显著的 (0.90 和 0.45)，大部分人选择了具有更大概率的 B，在问题 2 中两种预期获利的概率都是很小的 (0.002 和 0.001)，这种情况下，获利的机会是存在的，但可能性较小，大部分人选择了具有更大预期收益的 C。

以上选择的不一致性实验结果表明，即使排除了确定性效应，同比率效应依然存在。

3.3.2 埃尔斯伯格悖论

1954 年，萨维奇由直觉的偏好关系推导出概率测度，从而得到一个由效用和主观概率来线性规范人们行为选择的主观期望效用理论。他认为该理论是用来规范人们行为的，理性人的行为选择应该和它保持一致。但无论是期望效用理论还是主观期望效用理论，都认为概率的性质必须是可加性的，决策者也就必须采用贝叶斯规则。在他的理论中，有一个饱受争议的确凿性原则，它表明使得两个选择行为有完全等同结果的状态不会影响选择的优先性，只要两个选择在某种情形之外的结果是一致的，那么在这种情形之外发生的变化肯定不会影响此情形下，人们对两个选择行为的偏爱次序。对主观期望效用理论中主观概率及概率可加性等产生怀疑之后，1961 年，埃尔斯伯格通过两个实验提出了埃尔斯伯格悖论，向主观期望效用理论提出了挑战，具体内容分别如实验 3-6 和实验 3-7 所示。

埃尔斯伯格悖论

实验设计：

在你面前有两个都装有 100 个红球和黑球的缸 A 和缸 B，你被告知缸 B 里面的红球的数目是 50 个，缸 A 里面红球的数目是未知的。如果一个红球或黑球分别从缸 A 和缸 B 中取出，那么它们分别被标为红 A、黑 A、红 B、黑 B。现在从这两个缸中随机取出一个球，要求你在被取出前猜测球的颜色，如果猜测正确，就可获得 100 美元，如果猜测错误，就什么都得不到。为了测定你的主观偏好次序，你被要求回答下面的问题：

⊖ Ellsberg D. Risk, Ambiguity, and the Savage Axioms [J]. The Quarterly Journal of Economics, 1961, 75(4): 643-669.

（1）你是偏爱赌红 A 的出现，还是黑 A 的出现，还是对它们的出现频率没有偏见？
（2）你是偏爱赌红 B 的出现，还是黑 B 的出现？
（3）你是偏爱赌红 A 的出现，还是红 B 的出现？
（4）你是偏爱赌黑 A 的出现，还是黑 B 的出现？

实验结果：

埃尔斯伯格发现，大多数人对问题（1）和问题（2）的回答是没有偏见。但对问题（3）的回答是更偏爱赌红 B 出现，对问题（4）的回答是更偏爱赌黑 B 出现。

实验结果分析：

埃尔斯伯格认为，按照萨维奇理论，假定你赌红 B，那么作为一个观察者将实验性地推断你是认为红 B 比红 A 更有可能出现。如果赌黑 B，则可推断你认为黑 B 比黑 A 更有可能出现。但是，概率知识告诉我们这是不可能的，因为，如果黑 B 比黑 A 更有可能出现，那么红 A 一定比红 B 更有可能出现。所以，观察者不可能从你的选择中推断出概率，也就是说你的行为选择根本不是在理性的概率判断下做出的，因此，在不确定情形下，主观概率不能准确赋值，没有概率能被确定下来。它也暗示了在风险和不确定情形下的决策应该有所不同。而且从结果来看，这两种选择模式都违背了确凿性原则，因此，人们实际的行为选择明显与主观期望效用理论的结果不相一致。

实验 3-7[一]

模 糊 厌 恶

埃尔斯伯格给出的另外一个实验直接针对确定性原则，表述如下。

实验设计：

在一个缸里装有 30 个红球和 60 个不知比例的黑球和黄球。现在从缸中随机取出一个球，要求人们在下面两组判断中进行选择：

$\begin{cases} A：取出红球可以得到 100 美元，取出其他颜色的球则什么都得不到； \\ B：取出黑球可以得到 100 美元，取出其他颜色的球则什么都得不到。 \end{cases}$

$\begin{cases} C：取出红球或黄球可以得到 100 美元，取出黑球则什么都得不到； \\ D：取出黑球或黄球可以得到 100 美元，取出红球则什么都得不到。 \end{cases}$

实验结果：

实验结果发现，大多数人从 A、B 中选择了行为 A，同时从 C、D 中选择了行为 D。

实验结果分析：

实验结果表明，人们是模糊厌恶的，即不喜欢他们对某一博弈的概率分布不清楚，也即人在冒险时喜欢用已知的概率作根据，而非未知的概率。人在对一个不确定事件进行决策

[一] Ellsberg D. Risk, Ambiguity, and the Savage Axioms [J]. Quarterly Journal of Economics, 1961, 75(4): 643-669.

时，既会考虑事件的概率，也会考虑它的来源。因此，其选择明显与主观期望效用理论的确凿性原则并不一致，这对主观期望效用理论产生了严重的冲击，特别是，实验的对象不少是统计学家和经济学家，而萨维奇本人也做出了"错误的选择"，而且，不少人在重新思考后仍然不愿意改变自己的选择，这说明主观期望效用理论并不具有萨维奇提出的规范人们行为的作用。

3.3.3 反射效应

前面的选择性实验都是面对收益的，如果决策问题的符号正好相反，即以损失来代替收益，会发生什么情况呢？

实验 3-8

反射效应实验[①]

卡尼曼和特沃斯基的另一个实验针对选择问题为负收益的情况，表述如下。

实验设计：

实验设置了收益性预期和损失性预期两个情景，收益性预期方案给出了正的收益，而损失性预期方案给出了负收益。方案中以"$-x$"代表损失"x"，"y"代表与"y"问题给出的收益绝对值相等，方向相反。要求人们在各种方案中进行选择：

收益性预期：

备选组 1：

A：(4 000，0.80)；

B：(3 000)。

备选组 2：

C：(4 000，0.20)；

D：(3 000，0.25)。

备选组 3：

E：(3 000，0.90)；

F：(6 000，0.45)。

备选组 4：

G：(3 000，0.002)；

H：(6 000，0.001)。

损失性预期：

备选组 1'：

[①] Kahneman D, Tversky A. Prospect Theory: An Analysis of Decision Under Risk [J]. Econometrica: Journal of the Econometric Society, 1979: 263-291.

A'：（-4 000，0.80）；
B'：（-3 000）。
备选组 2'：
C'：（-4 000，0.20）；
D'：（-3 000，0.25）。
备选组 3'：
E'：（-3 000，0.90）；
F'：（-6 000，0.45）。
备选组 4'：
G'：（-3 000，0.002）；
H'：（-6 000，0.001）。

实验结果：

备选组 1 ：N = 95，[20]，[80]；
备选组 1'：N = 95，[92]，[8]。
备选组 2 ：N = 95，[65]，[35]；
备选组 2'：N = 95，[42]，[58]。
备选组 3 ：N = 66，[86]，[14]；
备选组 3'：N = 66，[8]，[92]。
备选组 4 ：N = 66，[27]，[73]；
备选组 4'：N = 66，[70]，[30]。

表中 N 表示参加人数，括号内表示选择相应答案的人数比例。

实验结果分析：

实验 3-8 中对每一备选组的损失性预期的偏好都是对该问题的收益性预期偏好的镜像。因此，以 0 为中心对预期正好反转了偏好的顺序，这一现象被卡尼曼和特沃斯基称为"反射效应"（reflection effect）。

反射效应表明，收益区间内的风险厌恶伴随着损失区间的风险寻求，如备选组 1'中，与确定性损失 3 000 相比，大部分人愿意接受以 0.80 概率的风险损失 4 000 的选项，尽管这一选择的期望效用更低一些。

从实验 3-8 的备选方案和实验结果中可以看出，对收益性预期的偏好与期望效用理论不一致，对相应的损失性预期的偏好也以同样的方式违背了期望效用理论，例如，备选组 1 和 2 显示出与不确定性收益相比可以确定得到的收益被过高地估计了，而备选组 1'和 2'则显示出与确定性损失相比，不确定性损失被低估了。在收益区间内，人们偏好较小的确定性收益而不喜欢更大的概率性收益，这种风险厌恶现象归因于确定性效应。在损失区间内，人们偏好更大的概率性损失，而不喜欢较小的确定性损失，从而表现为风险寻求。对确定性高估的心理原理导致了收益区间内的风险厌恶和损失区间内的风险寻求。

用标准差似乎可以解释人们对确定性的偏好和对风险的厌恶。例如考虑（3 000）相对于（4 000，0.80）和（4 000，0.20）对于（3 000，0.25）的优势偏好，为解决这一明显的不一致，可以援引人们偏好高期望值低标准差的预期的假设。由于（3 000）的标准差为0，而（4 000，0.80）有很大的标准差，因此前一预期很可能被选，尽管它的期望效用小一些。然而，当预期降低，选项变为（3 000，0.28）和（4 000，0.20）时，标准差之间的差异可能不足以解释期望效用之间的差异。另外，（-3 000）与（-4 000，0.80）相比，前者既有高的期望效用又有低的标准差，据此判断人们应该偏爱确定的损失，但实验结果恰好与此相反。因此，实验证据表明人们并不总是偏爱不确定性的，也并不总是厌恶风险的，而是这种确定性增加了人们对收益的偏爱和对损失的厌恶。

3.3.4　概率性保险

人们普遍购买保险以防止损失，这是期望效用函数呈凹形的证据。为什么人们愿意以远高于预期成本的价格来购买保单呢？概率性保险（probability insurance）实验对效用函数在各点都呈凹型的假设提出了质疑。Kahneman和Tversky（1979）对95名斯坦福大学的学生开展了如实验3-9所示的实验。

实验 3-9

概率性保险[⊖]

实验设计：

被试被要求分别在下面两个选项中做出选择：

假设你正考虑是否购买某种财产保险，以防止火灾或盗窃之类的状况带来的损害，在考察了风险和保费之后，你发现自己在购买保险或让财产处于未保险状态之间并无明显的偏好。现在，如果保险公司提供一个新险种，叫作概率性保险，在这个项目中，你付正常保费的一半，损失发生时，你可能：

A：有50%的机会支付另一半保费，然后由保险公司赔偿全部损失；

B：有50%的机会收回付出的保费，但全部损失由自己承担。

问题：你愿意购买这份概率性保险吗？

实验结果：

问题的回答：$N=95$，愿意 [20]，不愿意 [80]

其中N表示参加人数，括号内表示选择该答案的人数比例。

实验结果分析：

概率性保险是为减少意外事件发生的可能性（不是完全消除）而付出确定性成本的保护性措施。防盗铃的安装、旧轮胎的更换或戒烟的决定都可以视为一种概率性保险。

⊖ Kahneman D, Tversky A. Prospect theory: An Analysis of Decision Under Risk [J]. Econometrica: Journal of The Econometric Society, 1979: 263-291.

对问题的回答结果表明，概率性保险是不具有吸引力的。显而易见，将损失的概率从 p 减至 $p/2$ 不如将损失的概率由 $p/2$ 降至 0 有更高的效用。

与这些实验结果相反，期望效用理论（有下凹的效用）显示，概率性保险优于正常的保险，即，如果当资产价值为 w 时，某人仅希望通过付保险费 y 来保证避免以概率 p 损失 x，那么他应该毫无疑问地愿意付一数目较小的保费 ry 以使损失 x 的概率从 p 降至 $(1-r)p$，$0 < r < 1$。正常情况下，如果一个人对 $(w-x, p; w, 1-p)$ 和 $(w-y)$ 的反应差异不大，那么他应该更喜欢概率性保险 $(w-x, (1-r)p; w-y, rp; w-ry, 1-p)$ 而不是正常的保险 $(w-y)$。

这是一个相当令人困惑的与风险厌恶相悖的结论。虽然概率性保险优于正常的保险，但人们直觉认为概率性保险依然比完全消除风险的正常保险具有不可靠性。很明显，人们的选择与财富的效用函数为凹的假设并不吻合。

这一实验结果激起了人们的兴趣，因为在某种程度上，所有的保险都是概率性的。再热心的保险购买者仍会受到保单所不能涵盖的各类风险的伤害。概率性保险防止所有财产遭受多种形式的损失，偶发性保险对特定类型的风险提供确定的保险范围，消除所有的该类损失但是并不涉及其他风险。可以推测出，当损失的概率相等时，偶发性保险通常会比概率性保险更具有吸引力，因此，概率和收益相同的两种预期可能由于表述方式的不同而具有不同的效用。

3.3.5 孤立效应

为简化在不同选项中的选择，人们通常忽略各选项共有的部分而集中于它们之间相互有区别的部分。这一选择问题的方式可能引起偏好的不一致，因为任何一个预期都可以用多种方式被分解成共同的和有区别的部分，不同的分解方式有时会导致不同的偏好，人们通常忽略选择中所共有的部分，这种现象称为"孤立效应"（isolation effect）。实验 3-10 可以说明这一点。

实验 3-10

孤立效应实验⊖

实验设计：

被试被要求分别在下面两个方案中做出选择。

假设存在一个两阶段赌博，在第一阶段中有 75% 概率盈利 0 美元。25% 概率转向下一阶段；在第二阶段中，你可以在两个方案中进行选择，但你必须在游戏开始前，即在第一阶段结果知晓之前进行选择。

⊖ Kahneman D, Tversky A. Prospect theory: An Analysis of Decision Under Risk [J]. Econometrica: Journal of The Econometric Society, 1979: 263-291.

问题 1：你的选择：

A：确定的盈利 3 000 美元；

B：80% 的概率盈利 4 000 美元。

问题 2：你的选择：

C：25% 概率盈利 3 000 美元；

D：20% 概率盈利 4 000 美元。

实验结果：

问题 1：$N = 141$，$A[74]$，$B[26]$；

问题 2：$N = 81$，$C[42]$，$D[58]$。

其中 N 表示参加人数，括号内表示选择该答案的人数比例。

实验结果分析：

在问题 1 的 141 名被试中，有 104 人选择了 A。在这个游戏中，被试可以在以 $0.25 \times 0.80 = 0.20$ 的机会获得 4 000 美元和以 $0.25 \times 1.0 = 0.25$ 的机会获得 3 000 美元两者之中选择，从最后的收益和概率的形式来看，被试实际是在（3 000，0.25）和（4 000，0.20）之间进行选择，这与问题 2 是完全一样的。然而，这两个问题中的主导性偏好却不同。在被试对问题 2 的回答中，有 58% 的被试选择了后一种预期 D，这与问题 1 的结果刚好相反。显然，不论是在问题 1 还是问题 2 中进行选择，人们都忽略了游戏共有的第一阶段，将问题 1 看作是在（3 000）和（4 000，0.80）中的选择，将问题 2 看作是在（3 000，0.25）和（4 000，0.20）中选择。这一实验结果说明了"孤立效应"的存在。而两阶段游戏中的 3 000 美元被臆断为确定的，这种现象也被 Kahneman 和 Tversky（1984）称之为"伪确定效应"（pseudo-certainty effect）。

以上实验结果也说明人们在判断与决策中违背了期望效用理论中的"恒定性"原则。恒定性是指各个期望的优先顺序不依赖于它们的描述方式，改变各个结果的描述形式不会改变优先顺序。

3.3.6 偏好反转

传统经济学认为"经济人"的偏好是连续的、稳定的、不变的。但现实中人们的偏好并不连续和稳定，而且是可变的。决策理论的一个标准假设是选择之间的偏好独立于诱导这些偏好的方法，然而，这个假设却受到偏好反转现象的挑战。偏好反转（preference reversal）是指决策者在不同的诱导模式下，对本质相同的方案的选择偏好出现差异、甚至逆转的现象。

最早发现这一现象的是心理学家保罗·斯洛维克和萨拉·利切坦斯泰因。当被试需要对一个有吸引力的赌局确定一种价格时，好像是从可赢得的数额开始考虑，进而往下调整，考虑输赢的概率和可能输的数额。这种调整过程较含糊，一方面，让赌局的价格在很大程度上受起始点价格的影响，另一方面，让选择好像受不同规则的支配。在他们 1971 年发表的论文中，他们设想，如果在进行选择和确定价格时对信息采用不同的处理方式，那就应该能够建构出一组成对的赌局,使人们可以从一对赌局中选取其中的一种,但对另一种赌局定出较高的价格。于是他们建构了一组成对赌局的实验来说明这种预期的结果。

实验 3-11
机会赌局与金钱赌局[①]

实验设计:

有两种赌局,其一为机会赌局(P赌局):有更高的概率获得一定数量的金钱,但高概率对应的金钱数量较低;其二为金钱赌局($赌局):可能获得的金钱数量很高,但获得金钱的概率较低。

赌局1(机会赌局,设为P*):
A:有 35/36 的概率获得 4 元;
B:有 1/36 的概率损失 1 元。

赌局2(金钱赌局,设为S*):
C:有 11/36 的概率获得 16 元;
D:有 25/36 的概率损失 1.5 元。

这两个赌局的预期货币价值(即价格×概率之和)分别为 3.86 元和 3.85 元。根据推测,如果人们在(P*,S*)这类成对赌局中偏好"P赌局",那么他们就极有可能对"P赌局"支付较高的价格。

为证实这一推断,Lichtenstein 和 Slovic(1971)进行了三次"诱导个人显示偏好"的实验并报告了实验结果。在这三次实验中,首先,要求被试在类似(P*,S*)那样预期值几乎相等的赌局之间进行选择,然后,又要求被试对各种赌局标出价格。接下来,让被试对各种赌局做出"评价":

问题1:要求被试设想他们已经拥有进行博彩的彩票,并说明转让这些彩票时他们愿意接受的最低价格是多少。

问题2:要求被试设想:如果让他们购买这些彩票,他们对每种彩票愿支付的最高价格是多少。

问题3:采用对说出"真情"者给予实质性奖励的启发程序,力图让被试准确地说出彩票的最低出让价格。

实验结果及分析:

按照期望效用模型,被试会在各种赌局选取并确定等值较高的赌局。Lichtenstein 和 Slovic(1971)的实验却发现,存在系统性地背离这一预测的现象,即"偏好反转现象":被试一方面选择"P赌局",另一方面却给予"$赌局"以较高的评价。具体地说,他们发现:在问题1中,近 3/4 的被试选择了"P赌局",却认为"$赌局"更有价值;而且,问题2和

[①] Lichtenstein S, Slovic P. Reversals of Preference Between Bids and Choices in Gambling Decisions [J]. Journal of Experimental Psychology, 1971, 89(1): 46.

3 都显示,"选择'P 赌局'但认为'$ 赌局'更有价值"的偏好反转现象出现的频率要高于"选择'$ 赌局'但认为'P 赌局'更有价值"的情形,并且,观察证明,这种不对称性不能简单地仅用误差来解释。为了验证其实验的确实性,他们还在拉斯维加斯赌场进行了让赌徒们作为被试的真实实验(赌徒用自己的金钱进行实际赌博),仍然观察到这种现象。

偏好反转现象普遍存在于生活中的各个领域。在 Hammack 和 Brown(1974)进行的一项调查中发现,猎人对于猎场被毁所愿接受的补偿额为 1 044 美元,但仅愿支出 247 美元用于对猎场的保护使其免于毁坏。这种买价和卖价之间的差别之大确实让人诧异。又例如 Slovic 等(2012)发现,假设存在以下两种方案,被试需要在两种方案中选择一种:确定损失 50 美元;25% 的概率损失 200 美元和 75% 的概率没有损失。实验结果表明,一方面,80% 的被试偏好后一种方案,这表现出风险寻求行为;另一方面,当用另一种表述方法,即付出 50 美元就可避免 25% 的可能性损失(200 美元)来让被试进行选择时,则仅仅有 35% 的人拒绝付出 50 美元以防范 25% 的可能性损失(200 美元)。由此可见,当同样一笔钱(50 美元)从"不可避免的损失"框定转换为"为避免更多损失而付出的代价"框定时,便出现了偏好反转。

偏好反转的实验发现令经济学界震惊,虽然最初也遭受到了很大的怀疑,但随着相关实验进一步开展,这方面的疑虑逐渐消失。而且进一步的实验验证是相当广泛与严格的。对传统的期望效用理论的最大打击来源于 Grether 和 Plott(1979)的实验,尽管严格控制了实验条件,排除了若干的干扰效应,但仍然出现了偏好反转。对于偏好反转的讨论是相当广泛的,尽管学术界在其产生原因及机制方面有不同的看法,但它几乎违背了经济学中关于偏好的所有原则。Grether 和 Plott(1979)甚至悲观地宣称:偏好反转现象让人觉得,哪怕最简单的人类选择行为,都不存在任何种类的最优化法则。

偏好反转的现象说明,人们并不拥有事先定义好的、连续稳定的偏好,偏好是在判断和选择过程中体现出来的,并受判断和选择的背景、程序的影响。

对偏好反转现象的通常解释是:由于选择配对的差异,人们在处理信息时运用的策略不同从而引起偏好反转。当人们在两个赌注间做出选择时,他们更注重赌注的分布,是因为人们认为概率分布比收益分布更重要,这也就解释了为什么人们会更多地选择机会赌局而不是金钱赌局。人们对这两类赌局赋予货币等价物时,因为更看重收益分布,所以给予金钱赌局更高的价格。同时,人们在评价不同风险性收益时会运用不同的效用函数。风险偏好诱导在偏好反转中具有很大的影响,通过诱导风险厌恶和风险偏好可以显著降低反转率;诱导风险厌恶将使主体偏好机会赌局,诱导风险偏好将使主体偏好金钱赌局,而当主体对两个赌局处于中立时,则容易造成决策上的失误从而产生噪声并形成偏好反转。

大量的心理学实验研究表明,人们在不确定性条件下进行判断与决策时并不遵守期望效用理论,而是系统地违背了该理论的几大公理,如优势性公理、传递性公理、恒定性公理等;与此同时,心理学实验表明,人们面对风险和收益时,会产生不同的风险态度:相对于高概率收益的风险厌恶和相对于高概率损失的风险寻求;相对于低概率收益的风险寻求和相对于低概率损失的风险厌恶。这些实验结果表明,如果加入人类的心理和行为过程,在对人类实际的投资决策过程进行研究时，期望效用理论存在着局限性，所以，学者们纷纷从人类心理和行为角度，提出了改良的效用模型和替代模型。

3.4 期望效用理论的修正模型

任何试图解释资产定价或者交易行为的模型都含有一个基本要素，即关于投资者的风险偏好，即投资者是如何评估风险与收益的。大部分模型都认为投资者根据期望效用来评价投资行为。但是，大量的心理学实验表明人们对风险和收益的关系进行的评价系统地违背了期望效用理论的假设前提。对此，大量所谓非期望效用理论试图使自己的说法与实验结果相符。

同结果效应、同比率效应、偏好反转以及非贝叶斯规则等个体决策与偏好心理学实验结果，无疑对以期望效用模型为核心的现代决策理论和理性偏好思想产生了巨大冲击。进一步说，其对经济学中的诸多理论命题和研究，乃至整个现代新古典经济学的挑战都是极为严峻的。在这样的挑战面前，来自经济学界的本能是放松个体决策与偏好的公理化假设，试图在技术上对期望效用理论模型进行修正或改进。这方面的工作大致分为两个方面：一是对原有理论的修正，二是对原有理论的替代。主要是放松模型的假设前提和偏好的理性逻辑，对期望效用理论的模型进行改良，主要模型有：主观权重效用模型、扩展性效用模型、非传递性效用模型、非可加性效用模型。

3.4.1 主观权重效用模型

Karmarkar（1978）提出的主观权重效用模型（subjectively weighted utility model，SWU模型）是对于期望效用模型的一个扩展，它与期望效用模型的唯一区别在于概率合并的方式。SWU模型用决策权重替代线性概率。"阿莱悖论"是常被用来说明期望效用模型的描述能力有限的例子。SWU模型提出了其对描述性期望效用框架的扩展，这可以解释阿莱悖论和同比率效应。SWU模型显示出了较强的描述性能力，尤其是对于可替代性公理、不同的效用曲线、保险购买和赌博行为、概率方差偏好等内容的描述。

3.4.2 扩展性效用模型（generalized utility model）

实验研究表明，期望效用理论的关键行为假设，即所谓的"独立性原则"在实践中往往会被系统地违反。扩展性效用模型的提出就是为了证明期望效用分析的基本概念不依赖于独立性原则。该模型针对的是同结果效应和同比率效应等，模型放松了期望效用函数的线性特征，对公理化假设进行重新表述。如马基纳（Machina，1982）用一个固定的非线性偏好函数的概率分布来表示期望效用函数线性特征的无差异曲线。这类非线性泛函数（nonlinear function）足以展示各种性质的随机决策偏好，包含风险厌恶、风险寻求等，并被证明在理论上和经验上是有用的。虽然这类模型没有以公理化方式导出基数效用测度，但是对效用函数施加了某些限制，如可微性。

3.4.3 非传递性效用模型（non-transitivity utility model）

该类模型放弃了传递性公理，容入偏好反转问题，Loomes和Sudge（1982）提出"后悔模型"，用一个双变量效用函数表示偏好，用"后悔/欣喜函数"（regret/rejoice function）代替冯·诺依曼效用函数进行分析，将效用奠定在个体对过去"不选择"结果的心理体验上（放弃选择后如果出现不佳结果会感到庆幸，放弃选择后如果出现更佳结果会感到后悔），它是对期望效用函数进行的改写，但仍保留线性形式。这一模型可以解释同结果效应、同比率效应、偏好反转现象。

3.4.4 非可加性效用模型（non-additivity utility model）

这类模型主要针对埃尔斯伯格悖论，认为概率在其度量上是不可加的。假设存在包括可相消性在内（或取代性）的多种确定性形式，并提出一个双线性表述，用非累加概率或概率的非线性变换作为效用的权重。对消除性或替代性施加了多种限定，构造出一种双线性的函数，用不可加的概率测度进行的非线性转换，加权各种结果的效用。

从总体上说，这些修正模型并不十分令人满意：首先，对某些公理化假定的放松或进行技术上的修补，只是让现象适应理论，而不能让理论更好地解释现象；其次，这些理论模型在诸多实验结果面前往往顾此失彼或相互矛盾。因为实验结果几乎违背了期望效用模型的所有公理化假定。这些模型在进一步的实验面前也经不住验证。

实际上，放弃期望效用模型也就意味着放弃经济学的传统思维模式，其学科价值不仅体现在实验方法的运用及对传统理论的验证上，而且体现在对人类经济行为规律的探究上。一些期望效用理论的修正模型在一定程度上对个体决策与偏好的实验结果提供了合理的解释，是对期望效用理论的某种替代。这些修正理论模型说明：一方面，人不是公理化假设中的绝对理性，也不是非理性，而是所谓的"有限理性"（bounded rationality）或"准理性"（quasi rationality）；另一方面，实验技术及心理学原理的运用，可能对经济学在行为研究层面上的发展大有裨益，乃至引发一场革命。

关键概念

期望效用理论（expected utility theory）
优势性（dominance）
恒定性（invariance）
传递性（transitivity）
效用（utility）
风险态度（risk attitude）
阿莱悖论（Allais paradox）

确定性效应（certainty effect）
同比率效应（common-ratio effect）
同结果效应（common-consequence effect）
反射效应（reflection effect）
概率性保险（probability insurance）
孤立效应（isolation effect）
偏好反转（preference reversal）

本章小结

（1）期望效用理论认为人们是厌恶风险的，并呈现出一条下凹的效用函数曲线。期望效用理论建立在决策者偏好理性的一系列严格的公理化假设基础之上，这些公理化的假设包括：优势性、恒定性、传递性。

（2）大量心理学实验表明，人们在不确定性决策中存在着确定性效应、同比率效应、同结果效应、反射效应、概率性保险、孤立效应、偏好反转等。

（3）这些现象系统性地违背了期望效用理论的公理化假设，对期望效用理论提出了质疑，迫使经济学界寻找新的理论来解释不确定性条件下的行为规律。

 思考习题

1. 什么是理性人假设，在新古典金融学中，理性的投资者具有哪些特点？
2. 如何理解不同风险偏好下的效用函数特征？
3. 什么是期望效用理论的优势性假设，哪些心理学实验表明，人类在不确定性决策中，系统性地违背了这一假设？
4. 什么是偏好反转，它系统性地违背了期望效用理论的哪些假设前提，并举例说明。
5. 在工作和生活实际中，还有哪些现象违背了期望效用理论？

 案例讨论

考虑如下提议：你愿意今天得到15美元还是一个月后得到16美元？更一般地，一个月后的多少钱才会使你愿意放弃今天的15美元？那么，1年后呢？10年后呢？Thaler（1981）在实验中对被试提出上述问题，答案的中间值分别是20美元、50美元和100美元。乍一看，这些答案似乎合情合理，实际上这意味着人们要求的折现率很大，而且随时间的推移产生巨大差异：1个月的折现率是345%，1年的是120%，10年的是19%，说明被试更偏好现在而不是未来。

进一步地，人们的耐心程度也会随着时间的长短而变化，这可以由以下选择得以证明。

A：你偏好今天的100美元还是明天的110美元？

B：你偏好30天后的100美元还是31天后的110美元？

许多被试对这两个问题给出了不同的答案。在情景A中，他们倾向于偏好即刻得到回报（今天的100美元），但是在情景B中，他们倾向于偏好延迟的报酬（第31天的110美元）。

问题：

1. 上述选择是否违反了期望效用理论，是什么心理因素改变了人们的选择？
2. 被试的选择能否表明他们在经济学中是理性的，如何解释这种选择？

 推荐阅读

[1] Morgenstern J, Oskar. Theory of Games and Economic Behavior [M]. Theory of games and economic behavior. Princeton University press, 1944: 2-14.

[2] Schechter L. Risk Aversion and Expected-utility Theory: A Calibration Exercise [J]. Econometrica, 2007, 35(1): 67-76.

［3］ Robin P. Cubitt, Chris Starmer, Robert Sugden. Discovered Preferences and the Experimental Evidence of Violations of Expected Utility Theory［J］. Journal of Economic Methodology, 2001, 8(3): 385-414.

［4］ Dubra J, Maccheroni F, Ok E A. Expected Utility Theory Without the Completeness Axiom［J］. Journal of Economic Theory, 2003, 115(1): 118-133.

［5］ Karni E. Subjective Expected Utility Theory Without States of the World［J］. Journal of Mathematical Economics, 2006, 42(3): 325-342.

［6］ 蒙蒂尔.行为金融：洞察非理性心理和市场［M］.赵英军，译.北京：中国人民大学出版社，2007.

［7］ 高德伯格，尼采.行为金融［M］.赵英军，译.北京：中国人民大学出版社，2004.

第4章

前景理论

本章提要

由于人类行为存在对期望效用理论的违背，学术界对期望效用理论模型进行了一系列的修正。建立在实验研究基础上的前景理论有效弥补了期望效用理论的缺陷。本章分析了前景理论关于个人风险决策的过程，分别对价值函数和决策权重函数进行了理论分析和实验检验，将人类的心理特征引入到价值预期和估算中，并对金融市场中的一些异象或行为特征做出了有力解释。

重点与难点

- 了解个人风险决策过程中的两个阶段；
- 理解前景理论中的参考点、损失厌恶、价值函数和决策权重函数；
- 用前景理论对金融市场中的一些行为特征进行分析和解释。

引导案例

房地产市场的卖者行为[一]

房地产市场存在一些令人困惑的特征，如价格与交易量之间呈显著的正相关关系，与待售时间呈显著的负相关关系。在繁荣期，房产能很快以接近甚至高于卖家期望的市场价格完成交易；在萧条期，卖家的期望价格高于市场价格，使房产长时间停留在交易市场，最后可能以卖家放弃出售而告终。

Genesove 和 Mayer（2001）通过观察 1990～1997 年波士顿公寓市场的挂牌房屋每周交

[一] 资料来源：Genesove D, Mayer C. Loss Aversion and Seller Behavior: Evidence from the Housing Market[J]. The Quarterly Journal of Economics, 2001, 116(4): 1233-1260.

易数据，发现了上述现象。从图 4-1 中可以看出，波士顿的公寓市场在 1982～1998 年经历了典型的繁荣—萧条循环模式。1982～1989 年房屋价格增长了 170%，在紧接着的四年里下降又超过 40%，1994 和 1995 年趋于稳定，随后又上升，并在 1998 年年初达到新的高点。波士顿房屋价格的波动伴随着房屋成交量的变动和房屋卖家挂牌行为的变化而变化。1992 年，在波士顿房产最低迷的时期，新挂牌交易的房屋要价平均高于市场价格 35%，180 天内只有 30% 的挂牌交易房屋成功售出。房屋所有者的期望价格远远高于市场价格，使得交易难以实现。随着房地产市场回暖，房价回升，1997 年可供出售的房屋的要价高于市场价格的 12%，180 天内 60% 的挂牌交易房屋得以成功出售。房屋所有者似乎有落袋为安的思想，只要市场价格略高于自己的要价就实现交易，将溢价转换为自己的收益。

图 4-1　波士顿公寓价格指数

案例思考：

按理说，当市场繁荣的时候，人们倾向于等待价格水涨船高从而实现更多的收益，那么为什么房屋所有者却在繁荣时期快速实现了交易，没有等待更高的交易价格出现呢？在市场萧条时为什么房屋所有者宁愿退出交易也不愿降低自己的期望售价呢？

房屋所有者可能会考虑自己购买房屋时所支付的价格，用自身的期望价格与市场价格和购买价格进行比较，最终决定是否选择交易。

通过本章的学习，你会了解参考点、损失厌恶以及价值函数等内容，展示不确定性条件下人们决策的特征与规律。

心理学实验结果表明，人们在不确定性条件下进行决策时，并不简单遵循期望效用理论，而是经常性地打破由优势性公理、传递性公理、恒定性公理等构成的公理体系，系统性地违背理性人假设。人们面对风险和收益时会产生不同的风险态度：相对高概率收益情境下的风险厌恶和相对高概率损失情境下的风险寻求，相对低概率收益情境下的风险寻求和相对低概率损失情境下的风险厌恶。

意识到期望效用理论的局限性，经济学者们试图放松个体决策时与偏好有关的公理化假定，从人类心理和行为的角度出发，提出了改良的效用模型和替代模型。总体而言，这些修正模型并不十分令人满意。Kahneman 和 Tversky（1979）在马科维茨和阿莱等人的基础上，提出了"前景理论"①作为对期望效用理论的替代。前景理论在一定程度上对个体偏好的实验结果提供了合理的解释。在卡尼曼和特沃斯基看来，个体进行决策时，实际上是对"期望"进行选择，而所谓的期望就是各种风险预期结果。

与期望效用理论的公理化形式不同，前景理论是描述式的。卡尼曼和特沃斯基在一系列心理实验结果的基础上提出了他们的主要观点：人们更加看重财富的变化量而不是最终量；当人们面临与条件相当的损失时倾向于冒险，而面临与条件相当的盈利时则倾向于接受确定性收益；盈利带来的快乐与等量损失带来的痛苦不相等，后者大于前者。如此，他们给出了解释人们在不确定条件下的决策行为模型。

卡尼曼和特沃斯基将个人的选择和决策过程用两种函数来描述：一种是价值函数 V，另一种是决策权重函数 $\pi(p)$。其中价值函数取代了传统期望效用理论中的效用函数，决策权重函数则将期望效用函数的概率 p 转变成了决策权重 $\pi(p)$。

4.1 个人风险决策过程②

期望效用理论认为，投资者面对不确定状态下的投资决策是基于期末财富和发生的概率而做出的。传统金融理论假设下投资者的决策框架如图 4-2 所示，人们依据期末财富水平和结果发生的概率做出对期望效用的优化选择，这种决策模式建立在对各种信息资讯的充分占有和对情景的全面分析基础之上。

图 4-2 传统金融理论假设下投资者的决策框架

卡尼曼和特沃斯基认为，如果说期望效用理论定义了人类的理性行为，那么前景理论则描述了人类的真实行为。期望效用理论可以对某些简单的决策问题做出清楚的描述，但现实生活中更多的决策问题却是繁复杂乱的。在金融市场中，投资者由于受到外部环境的变化、投资者知识水平的约束、信息占有的不对称、分析判断的局限性以及自身心理素质等因素的制约，是不可能实现上述期望效用的最优决策的。前景理论对投资者的决策框架进行了修正，认为个人的决策过程经历两个阶段：第一阶段为编辑阶段（editing phase），即事件的发

---

① 卡尼曼和特沃斯基在其经典文章《前景理论：风险状态下的决策分析》中提出了"prospect theory"的概念，之所以称之为"prospect theory"是因为在卡尼曼和特沃斯基看来，个体进行决策实际上是对"期望"的选择。考虑到美国心理学家弗鲁姆在 1964 年有关激励的理论中"expectancy theory"的概念通常被译作期望理论，另外很多人把预期效用理论称作期望效用理论，因此为避免引起歧义，通常把"prospect theory"译作"前景理论"。

② 风险来自于未来结果的不确定性，但风险与不确定性不同，Knight F. H. (1921) 对风险和不确定性进行了明确的区分。根据奈特（Rnight）的观点，风险是不能确定未来结果概率的不确定性，而不确定性则是可以确定未来不同结果的概率的事件，可见风险是一个比不确定性外延要小的概念。

生以及人们对事件结果和相关信息的收集整理，这个阶段往往会依据个人决策偏好而对各种备择方案进行编码；第二阶段为评价阶段（evaluation phase），即接下来进行的评价和决策，在这个阶段，相对于参考点，投资者对收益和风险的预期决定了最终决策方案的制定，如图 4-3 所示。

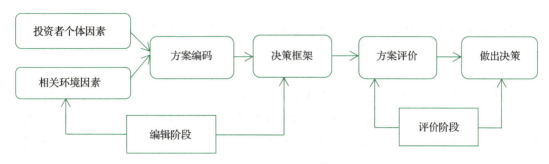

图 4-3　前景理论下投资者的决策框架

卡尼曼和特沃斯基定义一个"期望"为一个不确定事件，表示为 $(x, p; y, q)$，这个事件最多只有两个非零的结果。在这个事件中，个人得到期望值 x 的概率为 p，得到期望值 y 的概率为 q，另外有 $1-p-q$ 的概率得不到任何东西，因此 $p+q \leqslant 1$。

第一阶段：编辑阶段

编辑阶段的作用是按照一定的标准，用规定的方法对各个选项进行描述，以简化随后的估价和选择。编辑的对象为与期望相关的收益和概率，对它们进行的变换处理，会使决策者更容易做出决策。编辑阶段包括以下几个内容：

（1）编码（coding）。人们在决策过程中，通常关注的是收益和损失，而不是财富的最终状态。收益和损失是相对于某一参考点而言的，而参考点通常又与现有资产状况相关，在这种情况下，收益和损失就是实际得到或付出的金额。编码就是根据参考点，依照对现有财富的实际收入和支出，把期望行为组合编译成决策者自己的获利或损失。参考点的位置以及收益和损失的编码，会受到提供期望的表达方式和决策者的预期的影响。例如，假设有一个抛硬币的赌局，若出现正面你将赢得 5 元，若出现反面你将输掉 3 元，这个赌局就可以编码成（5，0.5；-3，0.5），参考点一般就是现有资产状况。

（2）合成（combination）。期望值可以由具有同一结果的概率相加而得到简化，例如，期望（200，0.25；200，0.25）可以被简化为（200，0.50），并以这种方式进行估值。

（3）剥离（segregation）。在编辑阶段，期望值中包含的无风险部分将被从有风险部分中剥离出来。例如，期望（300，0.80；200，0.20）会自然地被分成由 200 元的确定收益和风险收益（100，0.80）所构成；又如，期望（-400，0.40；-100，0.60）可以看作由 100 元的确定损失和期望（-300，0.40）所构成。

（4）相抵（cancellation）。在概率性选择中，人们会抛开期望中共有的部分，这就是相抵。例如，在（200，0.20；100，0.50；-50，0.30）和（200，0.20；150，0.50；-100，0.30）中选择，可以通过抵消两个选项中的共有部分，而在（100，0.50；-50，0.30）和（150，0.50；-100，0.30）中选择。

（5）简化（simplification）。简化是指通过约略概率或结果对期望进行的修改，例如，期望（101，0.49）可能被重新编码为以 50% 的机会赢得 100。

（6）占优检查（detection of dominance）。检查所有给定的期望选项，以删除那些被另一个选项完全占优的选项，这样一来，这些被删除的选项就不用进一步估值，从而简化决策。

以上就是编辑阶段的全部工作，值得注意的是，编辑工作不仅能简化估价，而且也能影响人们的决策。

第二阶段：评价阶段

编辑阶段之后，决策者对每一个被编辑过的期望进行估值并进行选择。卡尼曼和特沃斯基改变了传统理论评估总效用的做法，衡量被编辑期望的全部价值 V，该价值主要通过价值函数 v 和决策权重函数 π 共同决定。$v(x)$ 反映了结果的主观价值，与传统效用函数度量结果的最终财富不一样，v 衡量的是该结果远离参考点的程度，也就是收益或损失 x 的主观价值。$\pi(p)$ 表示与该结果概率相对应的决策权重，与客观概率 p 有本质的区别，反映了 p 对期望的全部价值的影响力，也就是主观概率。

估值的方法与简化的期望形式 $(x, p; y, q)$ 有关，这种形式有两种非零的结果，在这个期望中，一个人以概率 p 获得 x，以概率 q 获得 y，以概率 $1-p-q$ 获得 0，并且 $p+q \leq 1$。当它的结果全部为止时，给定的期望是严格为正的；当结果都为负时，期望就严格为负，如果一个期望既不严格为正也不严格为负，那就是一个一般性的期望。

在这里，前景理论将 π 和 v 结合起来确定一般性期望总价值。

如果 $(x, p; y, q)$ 是一个一般性期望（如果 $p+q<1$，要么 $x \geq 0 \geq y$，要么 $x \leq 0 \leq y$），那么：

$$V(x, p; y, q) = \pi(p)v(x) + \pi(q)v(y) \tag{4-1}$$

这里 $v(0)=0, \pi(0)=0, \pi(1)=1$。与效用理论一样，$V$ 被定义为期望，而 v 被定义为结果，对于确定性期望 $V(x, 1) = V(x) = v(x)$。

对严格为正和严格为负的期望的估价遵循下面的规则。在编辑阶段，这些期望被分成两部分：一是无风险部分，即可以确定获得或付出的最小收益或损失；二是风险部分，即不确定的那部分收益或损失。下面的方程描述了对这类期望的估值：

如果 $p+q=1$ 且要么 $x>y>0$，要么 $x<y<0$，那么：

$$V(x, p; y, q) = v(y) + \pi(p)[v(x) - v(y)] \tag{4-2}$$

也就是说，严格为正或严格为负的期望价值等于无风险部分的价值加上结果间的价值差乘以结果中高收益或损失部分的权重。例如，$V(400, 0.25; 100, 0.75) = v(100) + \pi(0.25)[v(400) - v(100)]$。

式（4-2）的重要特征是，决策权重被赋予了代表期望的风险部分的价值差 $v(x)-v(y)$ 而非代表无风险部分的 $v(y)$。式（4-2）的右边也等于 $\pi(p)v(x) + [1-\pi(p)]v(y)$，因此，如果 $\pi(p) + \pi(1-p) = 1$ 的话，式（4-2）就可以变形为式（4-1）。但是这种情况一般是不满足的。

当期望的形式由两个选项扩展到多个选项时，以上的公式都要发生相应的变化。例如，当期望含有三个选项时 $(x, q; y, p; z, r)$，当 $x>y>z>0$ 时 $V(x, p; y, q; z, r) = v(z) +$

$\pi(p)[v(x) - v(z)] + \pi(q)[v(y) - v(z)]$。

4.2 价值函数

由编辑阶段可知，人们通常考虑的不是财富的最终状况，而是财富的变化情况。前景理论的一个重要的突破就是用价值函数 $v(x)$ 替换了传统的效用函数，从而将价值的载体落实在财富的改变而非最终状态上。

由估值过程可知，前景理论中期望的价值由"价值函数"（value function）和"决策权重"（decision weight）共同决定：

$$V = \sum_{i=1}^{n} \pi(p_i)v(x_i)$$

式中，$v(x)$ 是决策者主观感受所形成的价值，即价值函数，$\pi(p)$ 是决策权重，它是一种概率评价性的单调增函数。

前景理论的价值函数模型在形式上基本保留了与期望效用模型一样的"乘积和"形式，但其相关因子的含义和度量方式却与传统理论有着本质区别。前景理论关注的是价值的改变而不是最终的价值形态，而决策权重也与客观概率不一致。这些与期望效用理论的差异，导致了与标准理论相矛盾的结果，如非恒定性，非传递性和对优势性的违背等，即与期望效用理论相违背的公理化假设。如果决策者意识到其偏好具有非恒定性、非传递性和非优势性，这些偏好的异常现象就可能不会出现。然而，在许多情况下，决策者并不知道其偏好违反了决策规则，前景理论所指出的异象也就发生了。

4.2.1 价值函数的构成要素○

前景理论中的价值函数主要有三个构成要素：第一，价值函数是定义在参考点的偏离之上的，它衡量的是相对于参考点的收益或损失的价值；第二，价值函数在收益区间向上凸，在损失区间向下凹；第三，人们面对损失和收益的风险偏好不一致。

1. 参考点

前景理论与期望效用理论的一个重要不同点是：前景理论存在一个所谓的参考点（reference point）。参考点是指人们在评价事物时，与一定的参考物相比较，当对比的参考物不同时，即使相同的事物也会得到不同的比较结果。因此，参考点是一种主观评价标准。

认知心理学认为，人们在做出选择行为时，经常与环境中的参照水平进行比较，这种比较是形成参考点的重要来源。比较之后，依据实际水平比该参照水平的高或低，会形成相应的心理感受和进一步的行为特征。认知心理学也指出，这种心理感受并非永远存在，人们会逐渐适应这种比较，使原有的参考水平不再作为比较对象，并产生新的参考水平。在对决

○ 卡尼曼和特沃斯基在 1979 年的论文中提出价值函数的定义时，是以参考点、损失厌恶和人们在收益损失时面对风险的不同态度为基础的，还有一些文献（Barberis N C，2012；Shleifer，2012）对前景理论进行了总结并以四项基本要素归纳，但未提及价值函数，本书参考卡尼曼在前景理论中的描述对价值函数的含义进行编排。

策方案（如收益或损失、备择方案的可能结果分布等）进行判断和评价时，人们往往隐含着这样的评价参照标准。参考点的形成是一个较为复杂的心理过程，会受到某些环境因素的影响。例如，参考价格对投资选择行为的影响程度可能受到购买场所、环境、目标以及股票的类型等因素影响。这一点，也可以通过人们在日常生活中的体验加以解释：例如人们在感知温度、声音、光强度时，首先会根据过去的经验和现在的环境确定一个适应水平，然后通过与当前刺激的对比而获得该刺激的感知水平。比如当人从黑暗的房间中走出来时，会觉得光线特别强，而一直在室外的人会觉得光线并不是很强。同样的原理也适用于财富、健康、荣誉等给人们带来的效用，不难理解，200元对于一个富人来说不算什么，但对于一个乞丐来说却具有很大的价值，其效用取决于人们当前财富的多少。

对于风险收益的价值判断来说，人们的判断标准依赖于收益或损失是以什么作为参考点，而不是它最终会带来多少总价值，即影响决策的并不是人们的财富水平，而是某项决策为其财富带来的变化量。实验4-1检验了参考点不同所带来的心理感受的变化。

实验 4-1

中奖的感觉[○]

实验设计：

某一天，在两个不同的戏院对购票看戏的人进行中奖实验，在一家戏院，A先生在排队买票时被告知他前面那位顾客是第10 000名顾客，可以得到1 000元奖金，而他是第10 001名，可以得到150元奖金。而在另一家戏院，B先生在排队买票时被告知他是该戏院的第10 000名顾客，可以得到100元奖金。

请问：如果你是A先生或B先生，你会开心吗？A和B中谁会感到更开心一些？

实验结果：

实验表明，大部分的受访者都认为得到100元的B先生会感到比较开心。而得到150元的A先生尽管得到的奖励金额比B还多，但是会由于与1 000元奖励失之交臂而深感惋惜。

实验结果分析：

可以利用参考点的不同来对这一实验结果进行解释。B先生获得的价值为$v(100)$，而A先生得到的是$v(150) + v(-1\,000)$，此时他的参考点已经变为了1 000元，因此除了150元的收益，他还要承担错失1 000元的痛苦。

Thaler和Johnson（1990）发现，在不确定性决策中，前期的获利会增加个人参加风险决策的意愿，这被称为"赌场资金效应"（house money effect）。日常决策中原有的财富状况会成为后续风险决策的参考点，从而影响其在不确定性条件下的决策。在实务中，甚至可以用改变参考点的方法来操纵人们的决策。泰勒通过一个实验（见实验4-2）来描述该现象。

○ Thaler R. Toward a Positive Theory of Consumer Choice [J]. Journal of Economic Behavior & Organization, 1980, 1(1): 39-60.

实验 4-2

财富参考点[1]

实验设计：

安排两组学生：

对于第一组学生，先让他们拥有 30 美元，再给他们一个参与抛硬币游戏的机会，如果正面朝上可以获得 9 美元，反之则输掉 9 美元，问学生是否愿意参与这个游戏。

对于第二组学生，直接请其在下面两者中做出选择，一是抛硬币游戏，如果正面朝上可获得 39 美元，反之可获得 21 美元；二是如果选择不参与游戏则可直接得到 30 美元。

实验结果：

在第一组学生中，70% 的被试愿意参与抛硬币游戏，而第二组学生中只有 43% 的被试愿意参与游戏。

实验结果分析：

尽管两组学生的选择组合是一样的，一是 39 美元和 21 美元之间的不确定选择，二是确定的 30 美元。但两组被试的选择却存在系统性的差异，开始就获得收益的被试接受了游戏，没有获得初始收益的被试则不接受游戏。初始状态的 30 美元和 0 美元成为他们决策的参考点。这说明，人们的决策受到其初始财富状况的影响，当人们拥有初始财富时（如第一组的情况），人们倾向于风险寻求，即愿意参加不确定性的赌博，而当人们没有初始财富时（如第二组的情况），人们则倾向于风险回避。

在参考点附近，人们的态度最可能发生变化。换言之，所得到的第一个 1 000 元是最有吸引力的，而失去的第一个 1 000 元则是最让人厌恶的。参考点可以理解为进行比较的个人观点、据以构建不同情形的"现状"。例如，对于一个投资者而言，买卖股票的参考点可以是特定时间（如年末）的组合市值、单个证券的购买价格或者是托付给基金管理人的金钱数等。

根据 Mazumdar、Raj、Sinha（2005）[2]的研究，参考点的形成有以下三种依据：①可预测的期望，由决策者以前的经验和当前的环境决定；②规范的标准，包括人们通常认为的"公平"或"公正"的水平，比如若投资者想要判断某只股票价格是否被高估，可以与基础价值进行比较，高于基础价值则可以认为股票价格确实被高估了，反之则可以认为该价格被低估了；③渴望的标准，指在某一群体中，人们对某类事物有大体相同的认知水平。比如，若投资者将其对某股票价格高低的判断与身边投资者的购买价格相比，身边投资者的购买价格就成为其参考点。

---

[1] Thaler R H. Mental Accounting and Consumer Choice [J]. Marketing Science, 2008, 27(1): 15-25.

[2] Mazumdar, Tridib, Raj, Indrajit Sinha. Reference Price Research: Review and Propositions [J]. Journal of Marketing, 2005, 69: 8-102.

参考点依赖（reference dependent）可以用来解释金融决策行为中的禀赋效应（endowment effect）、损失厌恶等。实验和实证证据表明基于参考点的比较，同样金额的损失会比收益给人带来更大的效用值。人们在面对同一个杯子时，愿意卖出的最低价比愿意购买的最高买价要高，是因为人们把卖出杯子看作是"失去"，而买入杯子是一种"得到"，即存在"禀赋效应"，禀赋效应是指当个人一旦拥有某项物品，那么他对该物品价值的评价要比未拥有之前大大增加。而这也正是卡尼曼的前景理论最先提出的"参考点依赖偏好"。最初前景理论只是用于特定的简单彩票，且其概率是事先设定好的，随后用于所有类型的彩票，并且概率是主观的，将理论扩展到一般形式上。

参考点依赖在实际生活中其实并不陌生，这种心理效应常常毫无觉察地影响人们的判断与策略，比如投资者在决定是否卖出股票时，常常以过去买入这只股票时的价格作为参考标准，若当前价格高于买入价格便可能会立即卖掉。值得关注的是：投资者选择行为还会受到多个参考点的影响，这些参考点综合在一起作用使投资者选择无法超越心理的局限。案例 4-1 可以说明这一点。

案例 4-1　买入成本与持仓成本

小刘是金融专业的研究生，在学习了一些理论知识后开始尝试着进行股票投资，入市不久的他在大盘指数从高峰下滑的时候，以 18 元左右的价格购买了一只逆势上扬的小盘股。购入后该股不负所望地继续上扬。但好景不长，随后该股就随着大盘一同展开了调整，在下跌过程中，小刘继续买入以摊薄成本，但股价继续下跌，最低时跌到 12 元多，而平均成本是 16 元多，亏损越来越大，他感到了极度的恐慌，并在底部割掉了部分仓位。而后，大盘终于止跌回升，反弹中该股票表现异常出色，当股价超过他的成本价 16 元时，他毫不犹豫地减掉了一半仓位，但股价却超出想象地继续上涨，他就不断地减持，直到股价达到 24 元多，他的股票已经减无可减地剩下 500 股了，账上显示：成本价 16 元，当前价 24 元，浮动盈亏 4 000 多元。他很开心，这只让他悲喜交加的股票终于可以完美收官了！

有一天，他偶然注意到，股票账户的成本模式有"买入成本"或"持仓成本"两个选项⊖，而账户默认选项是"买入成本"，于是他尝试将其设为"持仓成本"，切换后看到的数据令他大惊失色，账上显示：成本价 40 元，当前价 24 元，浮动盈亏 −8 000 元。他想了很久终于明白了，底部的割肉产生了很大的亏损，而当股价超过 16 元的买入成本价时，他迫不及待地减持，以至于盈利远远没能弥补前面产生的亏损。他觉得是"买入成本"模式误导了他，否则他是不会这样操作的。小刘原打算将这只股票画上句号，解套以后便基本上不打算再关注它了。但发现亏

⊖ "买入成本"是指按照实际买入的价格计算成本，只有买入的时候才会计算平均成本而卖出股票是不影响成本的；"持仓成本"是指所持有股票的摊余成本，买入时的成本计算与买入成本法一样，但卖出股票时会将卖出部分的盈利或亏损摊入到剩余的股票成本里，这样，盈利时卖出股票就会摊低持仓成本，而亏损时卖出股票则会摊高持仓成本。

损后,他改变了态度,决定重新拾起这只股票,用高抛低吸的方式逐渐减小亏损,他下决心一定要让这只股票盈利。

很显然,如果成本模式设定为"持仓成本",他的操作会非常不同,这里有两个参考点起作用:

成本参考点。在"买入成本"模式下,16元以下减持的亏损额不会在账上显示出来,"固定参考点"使小刘对这只股票的盈亏状况缺乏真实的了解,而在"持仓成本"模式下,盈利卖出股票会摊低持仓成本,而亏损卖出股票会摊高持仓成本,"动态参考点"将使他的操作依据发生变化。

盈亏参考点。购买股票后的盈亏状况对小刘影响很大,盈亏平衡是一个十分重要的参考点。投资者对买入后就盈利的股票产生好股票的印象,并对其寄予更大的期望,很容易跟踪和留恋这只股票。而对买入后就亏损的股票产生坏股票的印象,给予很低的期望值,产生"扳平症"心理,即渴望账面能够扳平,只要不亏就感到满足,能够扭亏为盈就更得意,且会在扳平后丢开这只股票。可见,盈亏参考点常常左右着投资者的行为。

2. 损失厌恶

期望效用理论的公理化假设认为人们是风险厌恶的,即人们对任何不确定性选择是风险规避的。但是,卡尼曼和特沃斯基通过心理学实验[一]得到的结论是:人们并非总是厌恶风险,他们发现,人们在面对收益和损失时的决策表现出不对称性:面对确定的收益表现出风险厌恶,而面对确定的损失表现出风险寻求,而且,面对同样数量的收益和损失时,损失会使他们产生更大的情绪波动。这意味着,人们主要厌恶和躲避的是损失,而不总是那么厌恶不确定性,人们对损失的感受比收益更敏感,这就是损失厌恶。

对于这种不对称性,保罗·萨缪尔森也认为,"增加100元收入所带来的效用,小于失去100元所带来的效用"。人们在现实中经常面对这样的选择,例如,对新成立的企业进行评估的投资商、思忖是否上诉的律师、定夺是否出击的战时将军、必须决定自己是否参加竞选的政治家们等,都要面对胜利或失败的各种可能性。卡尼曼和特沃斯基用抛硬币实验(见实验4-3)来验证人们对损失和获利的反应,他们发现损失带来的负效用为等量收益的正效用的 $1.5 \sim 2.5$ 倍。

实验 4-3

抛硬币实验[二]

实验设计:

问题:现在,用抛硬币来打赌。如果抛出硬币的结果是背面,你会输掉100美元。如果是正面,你会赢得150美元。这个赌局你愿意参加吗?

[一] Kahneman D, Tversky A. Prospect theory: An Analysis of Decision under Risk [J]. Econometrica, 1979, 47(2):263-291.

[二] Kahneman D. Thinking, Fast and Slow [M]. New York: Macmillan, 2011.

实验结果：

大多数人都不愿意参与这个实验。

实验结果分析：

尽管这个赌局的预期值显然是有利的，因为坐收的盈利铁定比可能遭受的亏损大，但实验结果是大多数人都不愿意参与。这意味着对于大多数人来说，失去 100 美元的恐惧比得到 150 美元的喜悦更强烈。实验参与者其实是在问自己一个问题：要想平衡 100 美元的可能损失，需要得到的最少收益是多少？对于很多人来说，这个问题的答案平均约为 200 美元，是损失的 2 倍。有几个实验（Charles Holt（2002）的彩票选择实验、Kachelmeier（1992）的现金激励彩票实验等）对这个"损失厌恶系数"做出估计，得到的结果显示这个系数通常在 1.5～2.5。

用一个更通俗的例子来说明损失厌恶的存在：一个人在过去的几天里，一次因购买彩票中奖赚了 100 元，一次因掏钱包时不小心丢了 100 元，合起来他这段时间还是郁闷的，因为丢了 100 元的打击比中奖赚了 100 元的高兴来得强烈。损失厌恶与人们在特定情形下的心理预期有关。正面的心理预期越强，损失厌恶就会表现得越明显；反之，负面的心理预期越强，损失厌恶则会表现得越模糊、越隐蔽。泰勒提出的实验说明了当人们的负面心理预期很强时，再高的利益补偿也不能让人们做出决策，具体情形如实验 4-4 所示。

实验 4-4

你愿意参加新药的试用吗？ⓞ

实验设计：

实验组 1：假设你得了一种病，有万分之一的可能性（低于美国年均车祸的死亡率）会突然死亡，现在有一种新药，吃了以后可以把死亡的可能性降到零，你愿意花多少钱来买这种药呢？

实验组 2：假定你身体很健康，现在医药公司想找人测试他们研制出的一种新药，这种药服用后会使你有万分之一的可能性突然死亡，那么，医药公司花多少钱你才愿意试用呢？

实验结果：

被试对实验组 1 和实验组 2 的回应在数量级上有很大差别。

在实验组 1 中，最具代表性的答案是被试愿意出 200 美元来买药。

在实验组 2 中，即使医药公司花费 10 000 美元，被试也不愿意参加新药实验。

ⓞ Thaler R H. Toward a Positive Theory of Consumer Choice [J]. Journal of Economic Behavior & Organization, 1980, 1(1): 39-60.

实验结果分析：

这其实就是损失厌恶心理在作怪。得病后治好病是一种相对不敏感的获得，而在本身健康的情况下增加死亡概率对人们来说却是难以接受的损失，显然，人们对损失要求的补偿远远高于愿意为治病所支付的钱。

损失厌恶解释了人们为什么不愿意对等概率事件（如丢硬币）进行打赌，原因是在同一概率下，盈利的诱惑不足以抵消对同等损失的厌恶。损失厌恶导致价值函数在损失区间呈现凸状而体现出风险寻求特征，这正是前景理论的一个创新。

损失厌恶与心理学上的"选择性注意"存在着一些关联：好运可能记忆不深，霉运却能记忆深刻。记住好运还是记住霉运，是个选择性问题，也正是因为选择性注意的存在，才会在现实中出现"好事不出门，坏事传千里"现象。

损失厌恶心理使人们对事件信息有不同的发布技巧。以什么样的方式发布好消息才能产生最积极的效果，怎样发布坏消息才能减少其不利影响呢？Richard Thaler（1985）提出了以下技巧：①如果有多个好消息，应该把它们分开发布，因为根据人们的心理特征，分别经历两次获得所带来的高兴程度之和要大于一次经历两个事件所带来的总的高兴程度；②如果有多个坏消息，应该把它们一起发布，因为两个损失结合起来所带来的痛苦要小于分别经历这两次损失所带来的痛苦之和；③如果有一个大的好消息和一个小的坏消息，应该把这两个消息同时公布，因为坏消息带来的痛苦会被好消息所带来的快乐所冲淡，负面效应就会小一些；④如果有一个大的坏消息和一个小的好消息，应该分别公布这两个消息，好消息带来的快乐不至于被坏消息所带来的痛苦所淹没，人们还是可以享受好消息带来的快乐。

3. 反射性

人们面对收益时会表现出风险厌恶面对损失则会表现出风险寻求，这种风险偏好的不一致性也表现为风险决策的反射性，即为了避免确定的损失而倾向于冒更大的风险，损失厌恶能被恐慌所抵消，使人们变得敢于冒险。著名的夏皮诺实验（见实验4-5）验证了前景理论这一原则。

实验 4-5

夏皮诺实验㊀

实验设计：

实验组1：请选择：

A：75%的概率得到1 000美元；25%的概率什么都得不到；

B：100%的概率得到700美元。

实验组2：请选择：

C：75%的概率失去1 000美元；25%的概率什么都不付出；

D：100%的概率失去700美元。

㊀ 陈江挺. 一般股民何以失败 [J]. 书摘，2003(4).

实验结果：

实验组1：大多数人（80%）选择了 B；

实验组2：大多数人（75%）选择了 C。

实验结果分析：

实验组1中虽然夏皮诺一再向被试解释，从概率上来说，选择 A 的期望值是 750 美元，可结果还是有 80% 的人选择了 B。大多数人宁愿得到的少些，也要确定的利润。而在实验组2中，被试为了博得 25% 什么都不付出的机会，从期望值上多失去了 50 美元。

在确定的收益和"赌一把"之间，多数人会选择确定的收益，即所谓的"见好就收，落袋为安"，或"二鸟在林，不如一鸟在手"。在确定的损失和"赌一把"之间做抉择时，多数人会选择"赌一把"，这就是前景理论中的反射效应。

反射性表明，人们对于获得和损失的偏好是不对称的。人们注重的是相对于某个参考点的财富变动而不是最终财富的平均收益（预期收益值）。这一效应解释了为何大部分人在赌博赢了钱时，会把注码越下越小，但输了钱时，就越赌越大，即所谓的"赢缩输赌"的策略。股票投资行为中卖盈持亏的"处置效应"也是对这一反射效应的注解，人们习惯在亏损时选择长久持有以待翻盘，而在盈利时又选择早早地"落袋为安"，结果往往是"赢小亏大"。

4.2.2 价值函数的图形及特征

根据参考点和损失厌恶的特征，卡尼曼和特沃斯基得到了价值函数的图形，如图 4-4 所示的 "S" 形。

价值函数中一个重要的特点就是参考点，图 4-4 中原点的位置就是参考点，在原点右方的收益区间是凹函数，左方的损失区间是凸函数，参考点也就是数学意义上的拐点。

卡尼曼和特沃斯基根据实验结果提出了有关价值函数的表达式[⊖]，并对相关参数做出了估计。价值函数反映出了决策者对损失的厌恶。以下是满足这些条件下的函数形式：

$$v(x) = \begin{cases} x^\alpha, & x \geq 0,\ 0<\alpha<1 \\ -\lambda(-x)^\beta, & x<0,\ 0<\beta<1,\ \lambda>1 \end{cases}$$

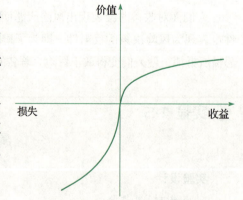

图 4-4 前景理论中的价值函数
资料来源：Kahneman 和 Tversky（1979）

该函数形式为分段指数函数。其中，参数 α 和 β 分别表示收益和损失区间价值函数的凹凸程度，α、$\beta<1$ 表示敏感性递减；λ 系数表示损失区间比收益区间更陡的特征，$\lambda>1$ 表示损失厌恶。卡尼

⊖ Tversky A, Kahneman D. Advances in Prospect Theory: Cumulative Representation of Uncertainty[J]. Journal of Risk and Uncertainty, 1992, 5(4): 297-323.

曼和特沃斯基根据实证证据，对函数参数进行了估计，他们认为 α 和 β 约为 0.88，而 λ 约为 2.25[一]。这些估值所对应的函数反映出损失对决策者造成的心理影响大于收益。价值函数主要有以下四个特征。

（1）价值函数总体上是一个单调递增的曲线，这意味着，对于个人来说，任何情况下收益总是比损失要好，而且收益越大价值越大，损失越大价值越小。

（2）价值函数的定义是相对于某个参考点的收益和损失，而不是一般传统理论所关注的期末总财富。也就是说，$v(x)$ 中的 x 是指相对于参考点的变化，如果没有收益或损失，则价值为零，即 $v(0) = 0$。因此，在以参考点为原点，以收益或损失为自变量的坐标图上，价值函数是一条通过原点且单调递增的曲线。

（3）根据"反射效应"，价值函数以原点为中心，向收益和损失两个方向偏离的反射形状，呈"S"形。在收益区间是凹函数，即 $v''(x) < 0$，$x > 0$，体现其风险厌恶的特征；而在损失区间是凸函数，即 $v''(x) > 0$，$x < 0$，体现出其风险寻求的特性。收益和损失的边际价值都是递减的，即价值随着收益和损失的增加而减少。

（4）价值函数在损失区间的斜率比在收益区间的斜率更加陡峭，$v'(x) < v'(-x)$，($x > 0$)即投资者对于边际损失比边际收益更加敏感，损失一笔钱所引起的烦恼要大于获得同样数目的收入所带来的快乐，也就是说，收益变化的斜率小于损失变化的斜率。事实上，大部分人对于对称性博彩（x，0.25；$-x$，0.25）不感兴趣，而且对这种对称性博彩的厌恶程度随着赌注数目的增加而增加，也就是说，若 $x>y$，那么相对于博彩（x，0.25；$-x$，0.25），人们更加偏好（y，0.25；$-y$，0.25），那么就有 $v(y) + v(-y) > v(x) + v(-x)$，移项得：$v(-y) - v(-x) > v(x) - v(y)$，令 $y = 0$，得到 $-v(-x) > v(x)$，假设 v 的导数 v' 存在，令 y 逼近 x 得 $v'(x) < v'(-x)$，因此损失部分的价值函数陡于收益的价值函数。可以用实验 4-6 的结果进行分析。

实验 4-6

价值函数分析实验[二]

实验设计：

实验组 1：

A：(6 000，0.25)；

B：(4 000，0.25；2 000，0.25)。

实验组 2：

C：(-6 000，0.25)；

D：(-4 000，0.25；-2 000，0.25)。

[一] 其他研究者也得到了相近的数值。不过，也有一些学者在实证研究中表明 β 的取值应该比 α 值大，阿布德拉维（Abdellaoui M）在实证分析中建议 α 和 β 的取值分别为 0.89 和 0.92（Abdellaoui M，2000）。卡尼曼和特沃斯基建议 λ 取值在 2.0～2.5。

[二] Kahneman D, Tversky A. Prospect Theory: An Analysis of Decision under Risk [J]. Econometrica: Journal of the Econometric Society, 1979: 263-291.

实验结果：

实验组 1：$N = 95$，$A[18]$，$B[82]$；

实验组 2：$N = 72$，$C[70]$，$D[30]$。

其中 N 表示参加人数，括号内表示选择该答案的人数比例。

实验结果分析：

用价值基本方程式来表达以上赌局中的偏好情况：

实验组 1：$\pi(0.25)v(6\,000) < \pi(0.25)[v(4\,000) + v(2\,000)]$；

实验组 2：$\pi(0.25)v(-6\,000) > \pi(0.25)[v(-4\,000) + v(-2\,000)]$。

简化这两个不等式，可以得到：

$$v(6\,000) < v(4\,000) + v(2\,000)$$
$$v(-6\,000) > v(-4\,000) + v(-2\,000)$$

这与价值函数在收益段呈凹函数，在损失段呈凸函数是吻合的。从个人主观价值来说，接近原点区域的收益 1 元与 2 元的差异，显然比收益 100 元和 101 元的差异要大，同理，损失 1 元与 2 元的差异，也会比损失 100 元和 101 元的差异要大。

4.3 决策权重函数

人们在进行不确定性决策时，常通过概率推理得出相应的判断。概率论和统计学为处理概率信息提供了形式化模型。人们可以学习并掌握这些模型，但在直觉地加工不确定性信息时，往往会偏离这些形式化模型的要求。

人们对于概率的判断，存在客观概率和主观概率两类。客观概率是事件的物理特性本质，如一个硬币有两面，抛掷后任何一面朝上的概率均为 1/2。主观概率存在于人的头脑中，它是人们对事件客观概率的主观判断，也就是"决策权重"。主观概率为 1 意味着人相信某个事件会出现，为 0 意味着人们相信某个事件不会出现，而各个中间值则反映不同的信心水平。但是这种计算不是基于对客观情境的分析，而常常是基于人自己的经验和希望。因此，主观概率往往与客观概率不相符合。

期望效用理论认为：一个不确定性期望的价值（效用）可以通过将各个水平的可能结果按照它们出现的概率加权求和得到。假设一个事件有 x 和 y 两种出现的可能，x 出现的概率为 p，y 出现的概率为 $1 - p$，那么，这个事件的期望值为：$U(E) = pU(x) + (1 - p)U(y)$

然而，心理学证据却表明，不确定性事件的价值并不是关于概率 p 的线性函数，例如，从 0% ~ 5% 或者从 95% ~ 100% 的增值作用似乎大于从 30% ~ 35% 的增值作用。

也就是说，从不可能事件到可能事件或者从可能事件到确定性事件的变化所产生的作用大于从一个可能性事件到另一个可能性事件的同等变化而产生的作用，即决策权重存在"类别边际效应"（category boundary effect）。

在前景理论中，每一结果的价值都被乘以一个决策权重。卡尼曼和特沃斯基等研究者指出，当概率在接近 0 和 1 时，概率的微小变化会引起人们更多的注意，即人们会忽略不可能事件的偶发性结果并以标准化去度量。并且，决策权重对收益和损失的态度不同。决策权重是由预期的选择推断出来的，但与客观概率相联系，决策权重 π 是客观概率 p 的一个非线性函数，π(p) 是概率 p 的权重与确定性事件的权重的比率。图 4-5 描绘了权重函数 π(p) 的形状。

可以看出，π(p) 是非线性的且在区间（0，1）内相对平缓，但是在 π(0) = 0 和 π(1) = 1 的端点附近的变化较为剧烈。端点附近的变化和整个区间的非连续变化，意味着如果对某一事件非确定性赋予决策权重的话，那么这个权重是有上限的。而相对地，对于确定性事件赋予的权重是有下限的。另外，在编辑阶段中对期望的简化可能导致人们忽视极端小概率事件，而把极端大概率事件看作是确定性的事情。这说明人们对极端事件的理解和评估的能力是有限的，容易误判极端事件发生的概率，因此，π 函数在端点附近的变化是异常的。

决策权重函数具有以下特点：小概率事件的高估及其劣可加性（subadditivity）。它是指小概率的事件常常被高估，即在小概率区域，决策权重常常高于概率值，如图 4-5 所示，图中的 AB 段在 45 度线之上，对于较小的 p 值有 π(p) > p。

对小概率事件的高估提高了大风险赌注的价值，提高了对小概率、大损失事件的厌恶。最终，人们通常在未必有收益的情况下选择风险寻求，在未必有损失的情况下选择风险规避。因此，决策权重函数的劣可加性解释了彩票和保险政策吸引人的原因。

当概率 p 比较小的时候，决策权重函数 π 是 p 的一个劣可加性函数，即 π(rp) > rπ(p)，$0 < r < 1$。从图 4-6 中可以直观地看到 $\dfrac{CE}{DF} > \dfrac{HC}{GD}$。例如，决策问题（6 000，0.001）优于（3 000，0.002），根据价值函数 v 的凹性，可以得到：

$$\frac{\pi(0.001)}{\pi(0.002)} > \frac{v(3\ 000)}{v(6\ 000)} > \frac{1}{2}$$

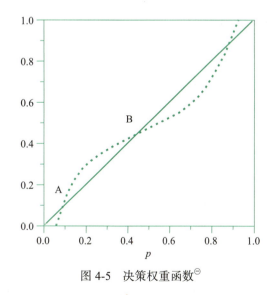

图 4-5　决策权重函数[一]

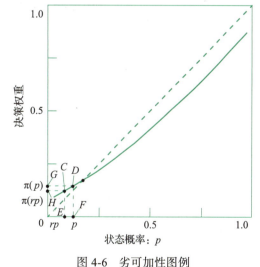

图 4-6　劣可加性图例

劣可加性说明小概率的作用较大，即 p 值在一个特定的小值范围内，概率放大的倍数会大于权重放大的倍数，当 p 值超出这个范围，这种性质就不存在了。

[一] Tversky A, Kahneman D. Advances in Prospect Theory: Cumulative Representation of Uncertainty [J]. Journal of Risk and Uncertainty, 1992, 5(4): 297-323.

决策权重函数对小概率事件高估的特点可以解释现实中虚值期权和实值期权过度定价的现象。

案例 4-2　　期权微笑是怎样产生的？

关于股票期权定价的许多实证研究发现了期权的隐含波动率微笑（volatility smiles）现象。即深度实值期权（deep-in-the-money）和深度虚值期权（deep-out-of-the-money）的定价要远远高于 Black-Scholes 期权定价模型预测的价格。根据 Black-Scholes 模型的常数波动率假设，同种标的资产的期权应具有相同的隐含波动率，但实证研究表明，对于同种标的资产、相同到期日的期权，当期权处在深度实值和深度虚值时，隐含波动率往往更大，这时就会出现隐含波动率微笑，如图 4-7 所示。

同时，由 Black-Scholes 模型可知期权价格是资产波动率的单调递增函数。那么，当现实中期权处于深度实值和深度虚值，隐含波动率大于 Black-Scholes 模型假设的常数波动率时，实际期权价格就会高于 Black-Scholes 模型推出的理论价格。

在现实世界中，期权处于深度实值和深度虚值的概率较低，根据前景理论中决策权重函数的特点可知，投资者往往会高估小概率事件，对小概率事件赋予过高的决策权重。另外，前景理论中期望的价值是由"价值函数"和"决策权重"共同决定的。因此，当投资者对期权深度实值和深度虚值的情况赋予过高的权重时，会导致其对期权的期望价值过高，从而引起股票期权价格被高估，出现隐含波动率微笑的现象。

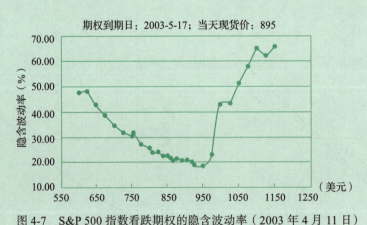

图 4-7　S&P 500 指数看跌期权的隐含波动率（2003 年 4 月 11 日）

关键概念

前景理论（prospect theory）　　　　　　损失厌恶（loss aversion）
参考点（reference point）　　　　　　　价值函数（value function）

○ Shiller R J. Chapter 20 Human behavior and the Efficiency of the Financial System[J]. Handbook of Macroeconomics, 1998, 1(99):1305-1340.
○ 隐含波动率是将市场上的期权交易价格和其他参数代入期权理论价格模型，反推出来的波动率数值。

决策权重（decision weight）

劣可加性（subadditivity）

期权微笑（option smile）

本章小结

（1）基于实验经济学成果的前景理论形成了比较系统的理论模型，能够有效地弥补期望效用理论的缺陷与不足。

（2）前景理论的核心是价值函数和决策权重函数。

（3）价值函数存在一个参考点，即人们在评价事物时，总要与一定的参考物相比较，当对比的参考物不同时，即使相同的事物也会得到不同的比较结果，因此，参考点是一种主观评价标准。参考点的改变会影响人们的偏好顺序与行为模式。

（4）在不确定性决策的价值评估中，价值函数理论表明，参考点与损失厌恶的存在使决策效用值以参考点为界被分为损失和收益两个区间，收益区间的图形表现为下凹，即风险回避特征，而在损失区间的图形表现为下凸，即风险寻求特征。损失区间的斜率大于收益区间的斜率，前者大约是后者的2.5倍。

（5）在进行不确定性决策的概率赋值时，人们对事件客观概率的判断加入了主观因素，由于心理和行为偏差，会发生低估小概率和高估大概率的决策权重函数赋值行为，最终与价值函数一起改变了不确定决策过程中的期望值，形成了与期望效用理论不一样的前景理论。

思考习题

1. 请回顾期望效用理论的主要内容，并讨论前景理论的不同之处。
2. 什么是价值函数，影响价值函数的重要因素有哪些？
3. 什么是参考点，参考点会变化吗？参考点的引入会对人们的价值评估带来什么影响？
4. 什么是损失厌恶，这一心理特征会对价值函数产生什么影响？
5. 在决策权重函数中，主观概率呈现出什么样的特征？
6. 请尝试用前景理论解释禀赋效应。
7. 请尝试用前景理论对下面的两组期望组合进行重新编辑。

A：（800，0.2；400，0.8）

B：（100，0.2；50，0.4；20，0.4）和（80，0.2；40，0.8）

案例讨论：克拉尔需要一个心理医生

从20世纪50年代开始，在佛罗里达州工作的数学教师梅尔文·克拉尔就对斯特德曼基金公司的共同基金进行了投资，但投资收益率十分不理想。到1974年年底，他的基金头寸是1 000美元，而到1997年6月，他的头寸价值却缩水至434美元，不足1974年的一半。如果在1974年，他把1 000美元投资在平均资本增值的基金上，那么他现在持有的头寸价值就可以增长到原来的29倍，达到29 000美元。然而，在过

㊀ 崔巍. 行为金融学［M］. 北京：中国发展出版社. 2008.

去的20多年中,他为什么没有卖出斯特德曼共同基金,购买其他的基金或股票等投资品呢?克拉尔先生说:"因为我很愚蠢……每次我想卖掉时,'噢',我都想,'它可能会上涨一点'。"事实上,该基金也确实有过上涨,1997年1月,斯特德曼工业基金和联合基金分别上涨了13.6%和14.7%,但上涨的时候他等待基金能够上涨得更多一些,他渴望在关闭头寸前将其亏损扳平。因此,他始终没有卖掉共同基金的头寸。当克拉尔意识到不愿意卖出基金头寸是不理智的时候,他说:"可能我并不需要一个金融策划师,而是需要一个心理医生。"

问题:

(1)克拉尔持有共同基金后,在上涨和下跌时试图卖出的思考过程中,对价值参考点的评估是否不同,呈现出怎样的特征?

(2)克拉尔为什么舍不得卖掉其所持有的共同基金?这种症状产生的心理和认知原因是什么,该偏差有什么特点?

(3)请尝试分析这种心理特征如何影响人的投资决策。

推荐阅读

[1] Kahneman D, Tversky A. Prospect theory: An Analysis of Decision under Risk [J]. Econometrica, 1979, 47(2): 263-291.

[2] Tversky A. Advances in Prospect theory [J]. Journal of Risk & Uncertainty, 1992, 5(4): 297-323\

[3] Trepel C, Fox C R, Poldrack R A. Prospect Theory on the Brain? Toward a Cognitive Neuroscience of Decision under Risk [J]. Brain Res Cogn Brain Res, 2005, 23(1): 34-50.

[4] Grinblatt M, Han B. Prospect Theory, Mental Accounting, and Momentum [J]. Journal of Financial Economics, 2005, 78(2): 311-339.

[5] 艾瑞里.怪诞行为学[M].赵德亮,夏蓓洁,译.北京:中信出版社.2008.

判断和决策中的认知偏差

本章提要

本章将从认知心理学的角度分析人们在不确定性条件下如何进行判断与决策。特别地，本章将通过对认知双系统理论的阐述以及大量心理学实验结果的展示，向读者剖析两类认知偏差：依赖直觉和经验法则导致的启发式偏差和由于背景依赖产生的框定偏差，以及他们对人们在不确定性条件下进行判断与决策的影响。

重点与难点

从认知心理学视角了解人类判断与决策中的信息加工过程及其特点；

理解决策过程中存在的启发式偏差、框定偏差等认知偏差的概念、产生机理及行为特征；

分析人们在金融投资决策中存在的认知偏差及其产生心理学机理，以及相关的心理学实验与分析。

引导案例

孩子去谁家玩耍更不安全㊀

出于安全的角度考虑，家长们往往因为担心孩子出意外而限制孩子的活动区域。专家和社会舆论在儿童保护方面的误区常常使家长失去理性。例如，有个 8 岁的孩子，名叫莫莉。莫莉有两个好朋友艾米和伊玛尼，两个朋友都住在莫莉家附近。艾米家里有一把枪，伊玛尼家的后院有个游泳池。莫莉的父母不允许莫莉到艾米家玩，因为他们认为艾米家有枪，不安全，但允许莫莉去伊玛尼家玩。莫莉父母保护莫莉的做法似乎是对的，但统计资料却显示，

㊀ 改编自：列维特. 魔鬼经济学［M］. 刘祥亚, 译. 广州：广东经济出版社, 2007.

他们的做法是不明智的。对于美国孩子来说，他们死于游泳池的概率（1∶11 000）要远远大于死于枪口的概率（1∶1 000 000）。因此，莫莉去伊玛尼家玩的危险程度大约是在艾米家的100倍。

案例思考：

从概率上讲，莫莉的家长要求孩子远离持枪的艾米家却放心让她去拥有游泳池的伊玛尼家是毫无道理的。那么为什么莫莉的父母会觉得枪比游泳池更危险呢？人们面对不确定性事件做出的判断与决策是正确和理性的吗？人们对这个充斥着各种信息的世界的理解是充分的吗？

卡尼曼和特沃斯基（Kahneman 和 Tversky，1984）有这样的论述："在有风险和无风险两种情况下，我们对影响决策的认知因素和心理因素进行讨论。我们发现人们往往在盈利时厌恶风险而在损失时追求风险[1]，即表现出过分重视确定性事件和不可能事件的行为特征。事实上，我们的发现表明，人们的行为决策并不如经济理论预测的那样具有恒定的标准。例如，当决策问题通过不同的描述方式和框定背景表现出来时，人们会因描述或框定的不同而产生不同的决策偏好。一个相关的例子是某一方案是否被采纳有时取决于方案的消极性结果是被描述为'成本'还是'不可挽救的损失'。而这些反常的行为往往可以被某些特定的认知偏差理论解释……"正如卡尼曼和特沃斯基所说，某些认知偏差将影响人们的判断与行为决策，导致一系列行为"异常"现象的发生。因此，本章将就这一话题向读者阐述人们在不确定性条件将受到哪些认知偏差的影响，并且在这些偏差的影响下人们的行为表现又是如何的。

5.1 认知心理学视角的心理偏差

5.1.1 认知心理学的基本观点

标准经济理论认为，当人们面对不确定性时，个体的决策过程将遵循"贝叶斯规则"（或称贝叶斯过程，Bayesian process）。该规则认为，人们将根据不确定性条件下事物的"先验概率"（prior probability）与"后验概率"（posterior probability）[2]进行判断和决策。贝叶斯规则对于决策理论十分重要，它强调了个体在不确定性条件下进行行为决策的理性特征，即人们将根据获得的新信息进行不断地学习与调整。贝叶斯规则在期望效用理论中是被充分强调的，而根据贝叶斯规则而获得的期望效用最大化亦被称之为贝叶斯理性。然而，人类的信息加工方式和决策过程是否真的遵循贝叶斯规则呢？

事实上，根据贝叶斯规则描述的理性决策特征，标准经济学中的"经济人"在面对不确定性决策时将具有以下两个特点：①他能够准确、迅速地获得有用的信息，也即他能够构建准确的先验概率与后验概率；②他拥有无限的、可用于加工数据的认知能力，也即他能够

---

[1] Kahneman D, Tversky A. Choices, Values, and Frames [J]. American Psychologist, 1984, 39(4): 341-350.
[2] 先验概率：人们在不确定性条件下对各种未知变量概率分布的早期了解；后验概率：人们在获得新信息后对先验概率分布的更新。

在偏好给定的前提下，选择最优的模型和参数，输入一系列变量后，在某些约束条件下求得决策过程中的最优解。然而，在真实环境中进行决策的人们远不能达到经济理性人的要求。一方面，真实主体的信息集往往不够全面有效。绝大多数情况下，决策者仅仅获得了部分决策相关的信息，而且这些信息的真实有效性仍然无法绝对保证。另一方面，获得足够信息并不能提供最优方案的参数和变量，还需要决策者对已有信息进行推断、估计和提炼，而信息的接收、加工和处理是一项需要消耗大量认知资源的活动。事实上，要想实现复杂决策中"经济人"的绝对理性，决策中可用的有限大脑认知资源就显得捉襟见肘，难以满足绝对理性决策的要求。比如，人类在不确定性决策中，存在注意力的有限性。可见，大部分情况下，经济主体处于一种有限理性的状态，即遵循从调查、分析、推断到决策的基本认知过程，只是不可能具有无限的计算能力和精确度而已。

正如美国心理学家阿伦森（Aronson）所指出的[一]，人类的大脑"不尽完美之处如同他们的奇妙之处一样多。这种不完美的结果就是，人们自以为最终搞清楚的事情也许并不正确。"那么，人们面对不确定状况时究竟是如何决策的呢？现代认知心理学的相关研究结果表明，人们在认知过程中会尽力寻找捷径，并通过"认知捷径"来完成对不确定性事物的判断与决策。例如菲斯克和泰勒（Fiske和Taylor，1991）的研究表明，考虑到人类有限的信息加工能力，人类总是表现出"认知吝啬鬼"（cognitive misers）的特点，即总是在竭力节省认知能量，并试图采用把复杂问题简化的认知战略。2002年诺贝尔经济学奖得主卡尼曼在其著作《思考：快与慢》中阐述了人脑中负责认知决策的双信息加工系统：基于直觉的"启发式系统"（heuristic system）和基于理性的分析系统（analytic system）[二]，而其中的启发式系统能够"帮助"人们快速地完成对诸多不确定性事件的判断与决策，节约人们的认知资源。接下来，本章将就认知双信息加工系统向读者进行阐述。

5.1.2 信息判断的双加工系统

在认知心理学决策与推理研究领域，爱波斯坦（Epstein）早在1994年就提出了个体在信息加工的过程中存在经验系统（experienced system）和理性系统（rational system）的观点。前者主要依赖于直觉，不需要或者需要占用较少的心理资源，加工速度快；而后者更多地依赖于理性思维，需要占用较多的心理资源，加工速度较慢。Evans（2008）总结了双加工系统在推理、判断和社会认知中的研究后也认为，两个系统在判断与决策的过程中同时存在。在《思考：快与慢》中，卡尼曼则进一步将这两类系统用"快"与"慢"进行描述与辨识，其中"快系统"的运行是无意识且快速的，不耗费认知资源，完全处于自主控制状态。当大脑启动"快系统"时，人们将主要依靠情感、直觉和经验对问题做出迅速的判断。与之相反，"慢系统"决策时则必须将注意力转移到需要耗费认知资源的大脑活动上来。因此，当大脑启动"慢系统"后，人们往往需要依赖一套完整的"算法"（algorithm）或解决问题的规则来精确地指明解题的步骤，并按照该步骤进行操作从而获得问题的解。因为这两个系统分别基于直觉和理性分析，因而"快系统"也被称为"直觉系统"，而"慢系统"则被称为"理性

[一] Aronson E. The Social Animal[M]. Duffield: Worth Pub, 2003. 取材自中译本。

[二] 在认知心理学领域，心理学家也经常将两套系统叫作系统1和系统2。

系统"。表 5-1 对双信息加工系统的主要特点进行了总结。

表 5-1 双信息加工系统主要特点

快系统	慢系统
直觉系统	理性系统
基于情感、经验与直觉	基于算法与规则
占用较少的心理资源	占用较多的心理资源
自动加工，不需要集中注意力	有意识加工，需要集中注意力
并行加工且速度较快	串行加工且速度较慢

资料来源：卡尼曼.思考，快与慢［M］.胡晓姣，李爱尼，何梦莹译，北京：中信出版社，2012.

当"快系统"与"慢系统"同时对决策或推理过程起作用且两者的作用方向一致时，决策或推理的结果既合乎理性又遵从直觉；但是当两个系统的作用方向不一致时，两者则存在竞争关系，占优势的系统将控制人们的行为结果。事实上，当竞争关系出现时，尽管"慢系统"担负着监督与理性决策的责任，但出于"慢系统"和"认知吝啬鬼"的特点，在多数情况下"慢系统"会让位于"快系统"，使"快系统"占据优势地位，指导人们做出决定。此时，大脑将通过：①忽略一部分信息以减少认知负担；②过度使用某些信息以避免寻找更多的信息；③接受一个不尽完美的选择，并认为这已经足够好了等方式实现"认知吝啬鬼"策略，在节约认知资源的基础上对事物做出判断。

"认知吝啬鬼"策略可能是有效的，因为这样做可以很好地利用有限的认知资源来加工几乎无穷无尽的信息。然而，这些策略在某些特定的情况下可能会产生各种错误和偏差，特别是当人们在匆忙中忽略了重要信息的情况下，占优势的"快系统"很可能导致决策与推理中的非理性行为（Sloman，2010）。正如卡尼曼在书中提到的，当两个系统处于竞争关系时，基于启发式、经验与直觉的"快系统"往往会获胜，而这正是很多非理性偏差的根源。下面，本章将通过一系列例子向读者展示，虽然"快系统"能应付生活中绝大部分决策场景，但在面临复杂问题时，也可能带来决策错误。

问题 1：如果一本书和一支笔一共 11 元，书比笔贵 10 元，那么这支笔多少钱？多数人的直觉是回答 1 元，但用"慢系统"仔细分析后就会发现正确答案是 0.5 元。

问题 2：如果 5 台机器做 5 个玩具需要 5 分钟，那么 100 台机器做 100 个玩具要多少分钟？多数人的直觉是回答 100 分钟，但正确答案是 5 分钟。

问题 3：如果池塘里的莲叶每天面积扩大一倍，从开始到覆盖整个池塘需要 10 天，那么从开始到覆盖池塘一半需要多少天？多数人的直觉是回答 5 天，但正确答案是 9 天。

又如，给你以下两个选择，你会选择哪个？

选项 1：第一天得到 1 元，第二天 2 元，接下来是 4 元，8 元，依次翻倍直到月底的第 31 天；

选项 2：一次性拿到 10 亿元。

因为选项 1 需要复杂计算，因此，运行"慢系统"的机制就会偷懒，"快系统"则凭直觉认为一次性拿到 10 亿元更好，大多数人也会选项这个选项。但事实上选项 1 能拿到超过 21 亿元，比选项 2 多一倍。

另一个例子则来自 Tversky 和 Kahneman（1983）提出的经典琳达（Linda）职业判断实验。实验结果向人们展示了当人们仅依赖直觉进行决策时，容易出现概率判断的联合谬误（conjunction fallacy），如实验 5-1 所示。

职业判断[一]

实验设计：

对于下面的描述，请问琳达是（1）或（2）哪个身份的可能性更大？

琳达，31 岁，单身。她为人坦诚，非常聪明，所学专业为哲学，在学生时代积极关心歧视问题和社会公平问题，同时参加了反核示威。现在，请你将对该人的描述按照准确性大小排序。

（1）琳达是一个银行出纳员。
（2）琳达是一个银行出纳员和一个女权主义者。

实验结果及分析：

实验发现，近 90% 的被试对进行琳达身份判断时都会将（2）排在（1）前面。即大部分被试都认为"琳达是一个银行出纳员且是一个女权主义者"的可能性高于"琳达是一个银行出纳员"的可能性。这是"快系统"凭借直觉得出的判断，但运用"慢系统"的理性概率分析可知，联合事件的概率不会比其中一个事件的概率更大。某个事件同时属于 A 和 B 的概率要小于或等于其只属于两者之一的概率。人们的直觉系统违背这个结论，认为联合事件比单个事件有更高的代表性，这种现象被称为联合谬误，即在认知过程中夸大了代表性的作用。

对于联合谬误，"快系统"会判定命题（2）的可能性更高，因为这与被试对琳达形成的刻板印象具有更高的一致性；而"慢系统"则会基于联合规则而做出相反的判定。但是，显然"快系统"在对这个问题的判断中占了优势，因此在结果上就出现了认知偏差。

值得注意的是，认知吝啬鬼的特征并不意味着人们注定会歪曲事实，但理解这一点能使我们更清楚地认识到自己是如何犯系统性错误的，以及这些错误对外在市场环境中可能产生的影响。因此，接下来本章将介绍在"快系统"指导下影响人们行为决策的两类认知偏差：启发式偏差和框定偏差，详细阐述其产生的作用机理及其导致的行为表现。

5.2 启发式偏差

"启发法"是凭借经验的解题方法，是一种思考上的捷径，是解决问题的简单，通常也

[一] Tversky A, Kahneman D. Extensional Versus Intuitive Reasoning: the Conjunction Fallacy in Probability Judgment [J]. Psychological Review, 1983, 90(4): 293.

是笼统的规律或策略，也称为经验法则或"拇指法则"（the rule of thumb）。启发式偏差往往凭借经验和直觉解决问题，所需的认知资源和时间消耗较少，是"快系统"的主要认知模式。

虽然"慢系统"的算法能保证问题得到精准的解决，但它不能取代启发法，因为首先不能肯定所有的问题都有算法，其次，一些问题虽有算法，但应用启发法可以更迅速地解决问题，再次，许多问题的算法过于繁杂，耗费认知资源和时间过多，实际上无法加以应用。因此，一般认为，人类解决问题，特别是解决复杂的但不需要特别精确的问题时，会应用启发法。

那么在什么情况下，人们最有可能使用启发法，而不是进行理性的思考或使用精确的算法呢？由于人类是认知吝啬鬼，因此至少在四种情况下，人们常常使用启发法解决问题：①当我们没有足够的时间认真思考某个问题时；②当我们负载的信息过多，以至于无法充分对其进行加工时；③当手中的问题并不重要，以至于我们不必耗费太多神思时；④当我们缺乏做出决策所需的可靠的知识或信息时。

常见的启发法主要有四种：代表性启发法、可得性启发法、锚定与调整启发法和情感启发法。这四种方法在通常情况下都能够得出正确的推理结果，但也有可能导致错误的推理。错误的推理会以心理偏差的形式表现出来，这就是所谓的"启发式偏差"，它是指智力正常、教养良好的人却一贯地做着错误的判断和决策的一种现象。

5.2.1 代表性启发法

人们在不确定的情况下，会关注一个事物与另一个事物的相似性，以推断两个事物的类似之处。人们假定将来的模式会与过去相似并寻求熟悉的模式来做判断，并且不考虑这种模式产生的原因或重复的概率。或者说，人们倾向于根据样本是否代表（或类似）总体来判断其出现的概率。认知心理学将这种推理过程称之为"代表性启发法"（representativeness heuristic）。例如，当一个事物或一个人具有的显著特征可以代表或极似我们所想象的某一范畴的特征时，它就很容易被判断为属于该范畴。

代表性启发法与贝叶斯规则的预测在某些特定场合可能是一致的，从而造成其概率推理遵循贝叶斯规则的印象。然而，当人们运用代表性启发法进行概率估计时，一个通常的行为偏差是，人们会过分强调事物类别之间的典型特征，而忽视了其他潜在可能性的证据。这种偏差的一个后果是，即使证据明明是随机的，人们仍然还会试图发现其中的规律，并对此感到自信。例如，人们认定随机游走的数据并不是没有规律的，因此大多数投资者坚信"有名望的大公司"就是"好股票"，即误把"好公司"混同于"好股票"，而忽视了"好公司"在"好股票"中所占的比例，即"基础比率"（base rate）。根据以往的相关研究结果，本章将对代表性启发法可能导致的行为偏差从以下六个方面进行阐述。

1. 对先验概率不敏感[⊖]

先验概率（或者基础概率）是指当事情还未发生时，人们估计这件事情在未来发生可能

⊖ 又称"贝叶斯优先"。

性的大小。此时，人们通常会根据以往经验和分析得到事情发生的先验概率。与之相对应，当某一事件发生后，确定该事件发生的原因是由某个因素引起的可能性的大小，则被称为"后验概率"。

人们在进行决策的过程中究竟是如何使用先验概率的？先验概率对人们能否正确做出判断又有多大影响呢？下面我们用一个身份判断实验加以说明，如实验 5-2 所示。

实验 5-2

身份判断

实验设计：

被试被告知某个人是随机地从总数是 100 人的样本中挑选出来的，这 100 人中有 70 名工程师、30 名律师。对这群人中的某人的描述如下：

该人 30 岁，已婚，没有小孩。他的工作能力和热情都很高，因而他在该领域有望取得巨大的成功，他深受同事们的喜欢。

请估计：他的身份是工程师还是律师？

实验结果及分析：

被试判断该人是工程师的比例是 50%。值得注意的是，这个描述是纯噪声，因为它没有揭示任何与该人是工程师还是律师有关的信息。被试判断其为工程师的可能性也仅为 50%，这显然忽视了先前论述的在总数中工程师的比例是 70% 的事实。换句话说，如果没有任何特定证据，先验概率能够被合理的应用。而在给定一些无用证据的情况下，先验概率就被忽略了。

2. 对样本规模的不敏感

代表性还会导致另外一个偏差，即忽略样本规模的大小。当判断一组数据来自于一个特殊模型的可能性时，人们会时常忽略获得样本的规模大小，而直觉地以为小样本和大样本一样都具有代表性。"样本大小忽略"可能带来的一个行为结果是在已知整体参数分布的情况下，对样本特点的描述会基于样本与总体的相似性而忽略样本规模在其中产生的影响。例如下面的这个例子：若抛掷一枚质地均匀的硬币后出现正面的概率与出现反面的概率均为 50% 时，人们有时会得出这样的结论，即扔 6 次硬币出现 3 次正面和 3 次反面的可能性与扔 1 000 次硬币出现 500 次正面和 500 次反面的可能性一样。事实上，后者的样本规模远大于前者，很显然，依据概率论的相关知识，正反面各出现 50% 的概率更可能在抛掷 1 000 次硬币的情况下出现。

3. 对偶然性的误解

如上述偏差所描述，人们时常错误地认为小样本和大样本有相同类型的概率分布，有时

⊖ Tversky A, Kahneman D. Extensional Versus Intuitive Reasoning: the Conjunction Fallacy in Probability Judgment [J]. Psychological Review, 1983, 90(4): 293.

这种偏差也被称之为"小数定律"（law of small numbers）。小数定律的影响不仅体现在对样本规模的忽视上，与此同时它也将引起另一类行为偏差：对偶然性的误解。

对偶然性的误解是指人们会错误地理解一个由随机过程产生的事件结果。事实上，在小样本情境下，由随机过程主导的事件结果可能是多样的，它既可能得到符合人们直觉上概率分布的事件结果，也可能得到一个具有另类规律的事件结果。当后者出现时，人们有时会直觉地认为产生这个结果的过程可能并非随机。例如我们以抛掷 6 次硬币为例，请设想存在两种抛掷硬币的结果：第一种为 H-T-H-T-H-T⊖，第二种为 H-H-H-T-T-T。很显然，第一种结果更加符合人们对于随机抛掷质地均匀的硬币时，正反面出现的概率各 50% 的直观印象，因此在实际生活中人们也更倾向于接收第一种情况更可能是随机抛掷硬币得到的结果。这就是由小数定律引起的"局部代表性"（local representativeness）而导致的行为偏差。

因局部代表性而导致的对偶然性的误解也体现在"赌徒谬误"（gambler's fallacy）这一现象上。它描述了这样一种情况：在赌场中，赌徒们正在就抛掷硬币的结果是正面还是反面进行下注。当赌徒们在经历了连续 8 次抛掷硬币的结果为正面的情况时，他们就会倾向于认为第 9 次抛掷硬币的结果更有可能是反面。事实上，赌徒们对第 9 次抛掷硬币的概率"计算"可以用如表 5-2 所示的内容来呈现。

表 5-2　抛掷硬币的概率

连续抛掷得到 H 的概率	
硬币出现的顺序	概率
H	1/2
HH	1/4
HHH	1/8
HHHH	1/16
HHHHH	1/32
HHHHHH	1/64
HHHHHHH	1/128
HHHHHHHH	1/256

那么，在连续 8 次出现正面后，下一次会出现什么？有的人可能会回答"反面"，因为太久没有出现反面了；也有人可能会回答"正面"，因为在前面的实验中总是出现正面，因此也意味着正面出现的概率大一些。正如表 5-2 的计算逻辑，抛掷一次得到正面的概率是 1/2，连续抛掷 8 次均为正面的概率已经小至 1/256。那么，按照这个逻辑继续抛掷硬币得到仍为正面的概率将是 1/512。然而，根据概率论的相关知识可以知道，抛掷硬币的过程是一个独立且随机的过程，而这也就意味着第 9 次抛掷硬币的结果与前面若干次抛掷的结果没有任何逻辑关系，也没有记忆，因此第 9 次抛掷的结果不应当受到前面经历的影响，其抛掷出现正面的概率仍然为 50%。可见人们对于随机性的误解使得他们相信，即使在少量的硬币抛掷情境下，最终硬币抛掷的结果也应表现为正面与反面出现的次数一样多，这导致他们在正面出现 8 次后对反面出现的次数赋予了过高的权重。

⊖ 在经济学实验中，硬币正面为 H（head）反面为 T（tail）。

此外，对偶然性误解的另一个重要表现是误将一个由随机过程产生的结果看作一个具有特殊规律的事件，即将小样本事件的结果进行了过度外推。球场中存在的"热手效应"（hot hand）便是由这一偏差产生的。它描述了这样一种现象：当一个球星在一场球赛中投中三个球时，即使没有数据可以证明该球星是个"热手"，球迷们也会确信该明星正处于顶峰状态。与此类似，人们会认为挑出了四只好股票的金融分析师是个天才，因为4次连续成功是好分析家的典型表现。无论是"热手"还是天才分析师，人们都会倾向于认为他们连续的好表现并非是"运气"使然，更可能是球手或者分析师具有某种别人未有的天赋，使得他们具有更为高超的能力。

4. 对可预测性的不敏感

对公司收益的预测通常使用代表性启发法。例如，根据对某公司的描述而对该公司的未来利润进行预测，如果对该公司的描述看上去很不错，那么高利润就显得很有代表性。相反，如果描述是平常的，那么业绩平常就显得有代表性。如果人们只根据描述的好坏进行预测，那么他们的预测将对证据的真实性和预测的准确性不敏感。这种判断模式违背了标准统计理论，在标准统计理论中，出于对可预测性的考虑，极端情况和预测范围都受到了控制。

5. 有效性幻觉

正如我们所看到的，人们经常会选择输入信息最具代表性的特点来进行预测，如依据对某个人的描述来判断其职业。人们对其预测准确性的大小依赖于所获信息代表性的高低，而对影响预测准确性的因素则考虑得很少或甚至不考虑。这种在预测结果与输入信息之间没有根据的关联，被称为"有效性幻觉"（illusion of validity）。

某一输入模式的内部一致性是决定人们预测时自信程度的主要因素，从而产生有效性幻觉。例如，要预测某一学生的年级最后平均分，如果该学生第一学年的分数全部是B，或者他在第一学年的分数有很多个A和C。人们在对他最后的平均分进行预测时，对前一种情况预测的准确性会比后一种更加肯定和自信。

6. 对均值回归的误解

一些信息的预测能力是有局限的，而人们往往会忽视这一点，结果是，他们往往做出"非回归预测"（nonregressive predictions），也就是说他们用线性的方式对问题进行预测与推断，而没有考虑到现实中由于种种因素的影响，事情的发展趋势往往存在回归的倾向。

🌏 实验 5-3

学 分 预 测[⊖]

事先告诉被试，学生的高中考试成绩与其大学的平均学分绩点（GPA）有一定的相关

⊖ Plous, Scott. The Psychology of Judgment and Decision Making［M］. New York: Mc-Graw-Hill, 1993: 115-117。

性。给出如表 5-3 所示的数据，让被试预测高中考试成绩为 725 分的学生，大学的平均学分绩点是多少。

表 5-3　根据高中考试成绩预测的大学 GPA

学生人数百分点	高中考试成绩	大学平均学分绩点（GPA）
前 10%	>750	>3.7
前 20%	>700	>3.5
前 30%	>650	>3.2
前 40%	>600	>2.9
前 50%	>500	>2.5

大多数人认为，高中成绩测试为 725 分的学生在大学的平均学分绩点会介于 3.5～3.7。如果高中成绩和大学成绩有完全的线性关系，那么这种推断就是有意义的。然而，尽管这两者之间有一定的相关性，但并非完全线性相关。因此，对 GPA 最好的预测应该是处于均值 2.5～3.6。因为，考试分数总是回归均值的。

均值回归是一个常见的统计现象。当一次考试得了很高或者很低的分数后，下一次考试就总是倾向于获得一个较为平常的分数。就像高个子父母孩子的身高一般要矮于父母，而矮个子父母孩子的身高一般要高于父母一样。725 分是一个很高的分数，学生下一次考试可能会获得一个更接近平均分 500 的成绩，那么，相应地，就可能会获得一个相对低一些的 GPA 分数。我们可以这样考虑：如果没有该学生的任何信息，那么 2.5 的 GPA 是一个最好的预测；但如果高中考试成绩与大学 GPA 完全线性相关，那么 3.6 分就是一个最好的预测。由于高中考试分数只能适度地预测大学分数，那么，有关大学分数最合理的预测就是比平均分高一些，比 3.6 低一些，即 2.5～3.6。

短期结果的影响导致了推断过度，反过来导致对均值回归的错误理解。对均值回归的误解往往使人们对观察到的一些现象做出错误的解释。比如，在一个关于飞行训练的讨论中，有经验的教官注意到，在对飞行员一次意外的平稳着陆进行表扬后，通常飞行员在下一次着陆的时候会表现很差，而在对一次粗糙的着陆进行严厉的批评之后，通常飞行员下一次试飞就会有巨大的进步。教官因此错误地得出结论，认为言辞上的奖励对学习不利，而言辞上的惩罚是有利的[1]。这一结论是没有根据的，因为业绩是个均值回归的变量。随机性的表现下降出现在好的着陆之后，而进步出现在差的着陆之后。均值回归也可以解释为什么当表现出色的运动员或团队出现在杂志封面后常常会紧接着遭遇成绩的下降。当运动员因取得一次异乎寻常的好成绩而出现在杂志封面上时，仅仅由于回归均值，就可以预期接下来他们将会遭遇成绩的下降。

对均值回归现象的误解在日常生活中非常普遍[2]。比如，阻止危机的措施看起来往往要比

---

[1] Tversky A, Kahneman D. Judgment under Uncertainty: Heuristics and Biases [J]. Science, 1974, 185 (4157): 1124-1131.

[2] 比如，当在一次测验中取得特别好或者差的成绩后，在接下来的一次测验中，往往会获得一个不那么极端的成绩，因为成绩中总有偶然性因素的作用。

他们实际上起的作用要大○;人们也会因为观察到某些偶然因素导致的简单回归现象而变得有些迷信,比如,人们试图改变某些习惯或行为以结束坏运气,或者为了维持好运气而保持某个特定的习惯不变等○○。

5.2.2 可得性启发法

"可得性启发法"(availability heuristic)是指,人们倾向于根据一个客体或事件在知觉或记忆中的可获得性程度(或者熟悉程度)来评估该事件的发生概率。当人们使用这一认知方法来判断事物发生的概率时,往往是在脑海或记忆中更容易感觉到或回想起的事件被认为在未来发生的概率会更高。可得性在评估概率时是有用的线索,因为大集合(更容易得到的事件)的例子通常比小集合(不容易得到的事件)能更好更快地获得。当事件的可得性与其客观概率高度相关时,可得性启发法是非常有用的,然而依靠可得性进行预测在某些情况下依然可能会导致决策偏差的产生。

1. 由于例子的可获得性而导致的偏差

当某一集合的规模由相关的例子来判断时,即使集合与集合之间发生的可能性相同,但在可获得性偏差的影响下人们往往会认为容易得到例子的集合比不容易得到集合的例子的规模更大,发生的概率更高。例如,在一个实验中,被试听到一个由男女名人的姓名组成的名单,随后其被要求对名单中男性名字是否比女性多进行判断;不同的名单被提供给不同的实验群体。在一些名单中,男性相对比女性更出名一些,而在另一些名单中,女性比男性更出名。结果在每一份名单中,被试都错误地认为更有名的人的性别占多数。

在影响例子可得性的因素中,除了人们对事件是否熟悉以外,事件发生的显著性程度也会影响事件在人们脑海中的可得性程度。例如,调查发现亲眼看到一场火灾的发生比从当地报纸了解到火灾的发生更能显著地提高人们对火灾发生概率的主观估计准确性。此外,最近发生的事件比早些时间发生的事件相对更容易从记忆中浮现出来,因此事件发生的时间远近也会影响例子可得性的程度。例如,若人们不久前刚看到一辆车子翻倒在路旁,那么他对发生交通事故的主观概率就也将随之提高。

2. 由于搜索效率而导致的偏差

当人们用可得性启发法对某一问题的出现概率进行判断时,如果在搜索与问题性质相近的事件时,有的事件被搜索到的效率要高于其他类似事件,那么人们就会依照高效率搜索事件对此进行推断,而忽视了事件本身的客观性,最终因搜索效率而导致偏差。我们用单词判断实验来加以说明,如实验 5-4 所示。

○ 例如犯罪、疾病、破产的突然增加或者销售额、降雨量、奥运会获得金牌数的突然减少。
○ Gmelch(1978)在一篇题为《棒球魔法》的文章中列举了有关这种迷信的一些例子。格梅尔希(Gmelch)描写道,纽约巨人球队因为害怕洗掉他们的好运气曾经在 16 场比赛中拒绝洗涤他们的队服。相似地,当布鲁克林道奇球队在 1941 年赢得冠军时,迪罗谢(Durocher)在三个半星期里穿着同一双黑色的鞋子,同一条灰色的裤子以及同一件蓝色的外套。
○ Nisbett R E, Ross L. Human Inference: Strategies and Shortcomings of Social Judgment [J]. Prentice Hall, 1980.

实验 5-4

单词判断实验[一]

实验设计：

假设从一篇文章中随机抽出一个样本单词，那么该单词是以 r 开头更有可能还是第三个字母是 r 更有可能？

实验结果及分析：

实验者认为以 r 开头的单词比 r 处于第三个字母的单词更多。

人们通过回忆起以 r 开头的单词（如 road）和第三个字母是 r 的单词（如 car）来解决这个问题，并通过两类单词出现在脑海中的容易程度来评估概率。因为通过第一个字母比通过第三个字母找单词更容易，所以人们认为以 r 开头的单词比 r 处于第三个字母的单词更多。这显然是由于前者比后者更容易回忆而得出的结论，由此可以见人的推理受记忆结构的制约。

接着考虑另一个类似的问题。在美国，凶杀与中风哪个造成的死亡人数更多？大部分人会认为答案是凶杀。事实上，中风致死的概率是凶杀的 11 倍。在回答这个问题时，大部分人会根据曾经得到的信息进行回忆。也就是说，看人们在记忆中关于凶杀和中风致死的信息哪一类更多，因为凶杀类信息往往会因在各种媒体上得到报道而给人们留下深刻的印象，而作为正常死亡的中风类信息是不会被报道的，所以人们能够回忆起来的信息是凶杀而不是中风，因而会回答"凶杀"。但显然，这种直觉判断带来了偏差。

3. 想象力偏差

在对某类事件发生的概率进行评估时，可能大脑中并没有储存有关这类事件的实际例子。此时，人们可能通过一定的规则构建一些实例并按照构建实例的容易程度来评估事件发生的概率。这种基于"想象力"进行概率评估的方式非常容易导致偏差。例如，在关于冒险性探险的风险评估中，可以通过探险中无法应对的意外事件来对探险的风险进行评估，如果这些风险被生动地描绘出来，那么，即使这些危险容易想到的程度并不能与它们实际发生的可能性挂钩，探险看起来也将是十分危险的。相反，如果一些可能的危险不容易被想象出来，或者不容易出现在脑海中，那么风险可能会在总体上被低估。

4. 相关性错觉

根据生活经验，我们总是能够又快又好地回忆起发生频率高的例子。当两个事件频繁发生时，这两个事件之间的关联性就会得到增强。此时，人们可能会认为它们经常同时发生。人们会明显高估自然的联想物同时发生的概率，这种现象即为"相关性错觉"（illusory correlation）。有关相关性错觉的行为表现可以通过一个实验研究来展示：在一个实验室中，被试被要求对一些假想的精神病患者信息做出判断。患者的数据包括临床诊断数据和这个患

[一] Tversky A, Kahneman D. Judgment under Uncertainty: Heuristics and Biases [J]. Science, 1974, 185(4157): 1124-1131.

者所画的画。然后，判断估计针对患者的每一个诊断（如多疑症或妄想症）和他画中所描述的各种特征（如奇怪的眼睛）相符的概率。被试明显高估了自然联系共同发生的概率，如多疑症和奇怪的眼睛。这种相关性错觉导致了他们对相反数据的抵触，并且即使当症状和诊断的协方差是负时还继续存在。在该实验中，对于两种事件同时发生的可能性估计是基于它们之间的相互联系。例如，多疑症与对眼睛奇怪画法之间的相关性错觉是基于多疑症与眼睛的联系比和身体其他部分的联系多一些的事实。

5.2.3 锚定与调整启发法

在判断过程中，人们最初得到的信息会产生"锚定效应"（anchoring effect），从而影响人们对事件的估计。所谓锚定效应是指，当人们对某个事件做定量估测时，会将某些特定数值作为起始值，而该起始值会像锚一样制约着估测值。人们通常会以该初始值为开端，并不断进行估计和"调整"（adjustment）得到最终估计值，从而获得解决问题的答案。调整策略是指以最初的信息为参照来调整对事件的估计。调整通常是不充分的，不同的初始值会产生不同的估计，这就容易偏离其实际值。由锚定导致的偏差可分为两类。

1. 不充分调整

人们在对后面的事件进行判断时，对前面类似现象的印象，制约着后面的判断范围，导致了不充分调整。Tversky 和 Kahneman（1974）提出的幸运轮实验和数字连乘实验证明了锚定效应与调整启发法的存在。

实验 5-5

幸运轮实验[⊖]

实验设计：

被试被要求对各种数量进行估计，如联合国中有多少个非洲国家。

一个很大的轮盘会被安排在被试面前转动。轮盘上面有 0～100 的数字，当轮盘转动起来后，指针会随机地停在一个数字处。不同的被试群体将得到不同的数字，被试首先要回答轮盘上的数字是高于还是低于他们估计的答案，然后才说出他们的估计值。

实验结果及分析：

被试给出的答案显著受到轮盘产生的随机数的影响。如当轮盘停在数字 10 处时，被试回答的非洲国家数量的平均数是 25，但当幸运轮停在数字 65 处时，平均数就变成了 45。实际上，所有被试都清楚轮盘产生的数字是随机的，并且也不会对被试产生任何情绪的影响。实验结果表明，当被试把他们的判断建立在不完全估计的基础上时，就会产生锚定效应与调整偏差。

⊖ Tversky A, Kahneman D. Judgment under Uncertainty: Heuristics and Biases [J]. Science, 1974, 185(4157): 1124-1131.

锚定效应不仅在给予被试初始参考点的时候会发生，而且，在被试的计算能力有限而无法准确估计结果的情况下，锚定效应也可能发生。

实验 5-6

数字连乘实验[一]

实验设计：

高校学生被要求在 5 秒钟内对一数字结果进行估计。一组学生所给出的算式是：

$$8\times7\times6\times5\times4\times3\times2\times1$$

而另一组学生所给出的算式是：

$$1\times2\times3\times4\times5\times6\times7\times8$$

之所以限定这么短的时间，是因为不想让被试做完整的计算。为了迅速回答这类问题，被试通常会进行几个步骤的估计，并通过推断和调整来估计结果。因为调整通常不充分，所以会导致估计不足。而且，因为开始几步乘法的结果在降序中比在升序中更大，所以前面的估计值应该比后面的更大。

实验结果及分析：

降序那组学生估计的均值是 2 250，升序那组学生估计的均值是 512。

正确答案是 40 320，两组的估值与正确答案的差别都很大，而值得注意的是，两个小组的估值互相之间也存在很大的差异。然而，这两道题仅在乘数数字排列上有所不同，前者是从大到小，后者是从小到大。因此，可以认为被试是在对问题做出了最初的几步运算以后，就以获得的初步结果为参照来调节对整个乘积的估计。最初几步运算的结果产生了锚定效应，以后的调整又均不够充分，未达到应有的水平，说明了调整策略的局限性。

锚定效应与宏观经济学家所谈论的"价格黏性"（sticky prices）有关。只要过去的价格被用来对新价格提供建议，新价格就会趋于接近过去的价格。锚定调整偏差在证券市场上往往表现为对股票价格的锚定。在判断股票价格时，最可能锚定的数字是离现在最近的价格，因此使得股价日复一日地趋同。另外，股价指数在最近达到的顶峰和最近的整体水平，都可能产生锚定效应，以至于影响投资者的投资决策。对单个股票而言，价格的变化也会受到其他股票价格变化的锚定，市盈率也会受其他公司市盈率的锚定。这种联系有助于解释为什么不同的股票会出现同涨同跌，也可以解释为什么不同行业但总部设在同一国家的企业比同一行业但总部设在不同国家的企业有着更加相似的股价变动趋势。证券市场中出现的这些特征都可以用人们倾向于参考方便的数字产生锚定来做出解释。

[一] Tversky A, Kahneman D. Judgment under Uncertainty: Heuristics and Biases [J]. Science, 1974, 185(4157): 1124-1131.

2. 对联合和分离事件评估时的偏差

对联合事件评估的偏差普遍存在于按计划进行的工作中。一项工作的成功完成，如一个新产品的推出，由很多环节和部件所组成，每一个环节和部件都有成功和失败的可能性，即使每个环节成功的概率都很高，但如果事件数量很大的话，成功的总概率也会很小。对联合事件概率一般趋势的高估，导致人们在估计某一计划将成功或某一项目将按时完成时过于乐观。对于一个复杂系统而言，任何关键部分出问题都可能发生故障。即使每部分出现问题的可能性很小，但如果考虑到许多部分时，出问题的总概率也会很高，不幸的是，人们倾向于低估复杂系统出问题的概率。以上可以通过 Hillel（1973）的实验进行进一步说明，如实验 5-7 所示。

实验 5-7

下赌注实验[⊖]

实验设计：

在实验中，被试获得一个对两个不同事件中的一个下赌注的机会。

实验中有三类事件：

简单事件：从一个一半是红球、一半是黑球的缸中拿出一个红球（$p = 0.50$）

联合事件：从一个 90% 是红球、10% 是黑球的缸中可放回地取出 7 个红球（$p = 0.48$）

分离事件：从一个 90% 是黑球、10% 是红球的缸中可放回地在 7 次抽取中至少获得一个红球（$p = 0.52$）

实验结果：

在决定是对简单事件还是对联合事件下赌注时，绝大部分的被试选择对联合事件下赌注（$p = 0.48$），而不对简单事件（$p = 0.50$）下赌注。在决定是对简单事件还是对分离事件下赌注时，被试又喜欢对简单事件下赌注（$p = 0.50$），而不喜欢对分离事件下赌注（$p = 0.52$）。这种选择模式说明了人们倾向于高估联合事件的概率并低估分离事件的概率。在联合事件中，摸出的球有 90% 可能性是红球（在分离事件中，摸出的球有 90% 可能性是黑球）成为被试的参考点。对锚定点调整的不充分导致了对联合和分离事件概率估计的偏差。

锚定效应可以较好地解释这一偏差。基础事件发生的概率为估计联合事件和分离事件概率提供了一个自然参考点。由于大多数情况下人们对参考点的调整是不充分的，因而对最终概率的估计仍然接近于基础事件的概率。比如，在实验 5-7 中，联合事件中摸到红色球的概率为 0.9 成为一个参考点。在与简单事件的比较中，人们对联合事件的估计仍倾向于偏向这一参考点而忽略实际的概率。

5.2.4 情感启发法

情感是人们对客观事物是否符合自己需要时所产生的一种主观体验。一般说来，情感反

⊖ Bar-Hillel M. On the Subjective Probability of Compound Events [J]. Organizational Behavior and Human Performance, 1973, 9(3): 396-406.

应通常是由信息激发的，同时，情感能够表达人们对信息的评价，因而可以取代通常意义上的推理。例如，当我们对某种侮辱做出愤怒反应时，这一反应就表达了不赞成，并且，即便不依靠情感，通过一步步推理我们最终也能得出这个否定性评价。人们在作出判断时，其情感本身也是一种信息的来源，特别是，有时人会通过询问自己对事物的感受，来简化对任务的判断。一些评价判断实际上就是人对目标的情感反应，例如喜欢、厌恶等。

情感启发的意义在于运用经验、直觉和本能节省了决策的信息费用，当用严格推理的费用极高的时候，情感启发就是一种经济的决策方式。对刺激物的情感反应比认知评估来得更快且及时，为决策者的行为选择提供了依据，使决策者的快速行动成为可能。例如，当在相似商品中决定购买哪一款商品时，我们的选择很大程度上会受到对某款商品良好主观情感的影响。

以情感取代推理存在其合理性，但也会使人犯错导致情感启发法出现偏差。"情感启发法"（affect heuristic）是指在判断与决策的过程中，人们会有意识或无意识地利用自己对决策任务的主观情感反应来做出决策。具体来说，头脑中物体和事件的表征会激起不同水平的情感体验，该体验被称为情感池（affect pool），会对所有的表征做出积极或消极的标记。根据这种标记，人们会不自觉地利用情感来做出判断和决策。

Finucane 等（2010）提出了"情感启发法模型"（affect heuristic model）。该模型认为，人们在风险与收益的判断中总是与个体对该风险活动的"情感评价"（affect evaluation）相联系，如果个体对这个活动的情感是"喜欢"，那么人们就倾向于判断该活动是低风险高收益；如果个体对这个活动的情感是"不喜欢"，那么人们就认为其是高风险低收益。Finucane 等（2010）通过实验证明了情感与冒险活动中风险和收益的相关性。实验中，研究人员操纵了使用核能的描述信息（不同程度的风险或收益），然后让被试对相应的收益或风险进行判断。研究结果表明：当以积极情感描述，信息呈现是高收益时，被试的推断是低风险的，当信息呈现是低风险时，被试的推断则是高收益的；当以消极的情感描述，信息呈现是低收益时，被试的推断是高风险的，当信息呈现是高风险时，被试的推断是低收益的。可见，个体在认知风险活动过程中，会先以情感评价感知风险，随后来判断其收益或者风险。这个实验结果也证明了情感启发法的存在。

情感启发法是一种进行评价和判断的方法，因为个人的决策行为受自身经验、情感和立场的影响，往往带有明显的选择性特征。心理学研究表明：人们在认知过程中会给不同物体、概念、形象贴上偏好或情感的标签，这些标签会大大影响他们判断的客观性。

在现实生活中，人们频繁地用情感启发法对收益和风险进行决策。在日常生活中，人们对风险的看法和社会对风险的回应都与人们的恐惧感联系在一起，相对于一般的疾病、受伤等，人们认为癌症与高风险相联系。人们的喜好和厌恶的感觉也影响其对收益和风险的判断，在对一个事件进行判断时，人们如果喜欢这一事件，则会低估事件的风险而高估收益，而如果厌恶它，则会高估事件的风险而低估收益。在进行投资决策时，人们如果对某个股票感觉好，会认为其属于高收益低风险股票，而如果对其感觉不好的话，则判断其为高风险低收益股票。

5.3 框定依赖偏差

5.3.1 背景对判断的影响

背景，或者说呈现和描述事物的方式会影响到我们的判断，这就是"背景依赖"（context dependence），它说明决策者并不是孤立地去感知和记忆素材，而是会根据过去的经验以及素材发生的背景来解释新的信息。在某种情形下，一个刺激物以某种方式被人们感知，而在另一种情形下，同样的刺激物可能会使得人们产生不同的感知。具体来讲，背景包括：①不同方案的比较；②事情发生前人们的想法；③问题的表述方式；④信息的呈现顺序和方式。

著名的 Muller-lyer 错觉效应可让我们看到背景依赖的作用，如图 5-1 所示。

图 5-1 为 Muller-lyer 错觉，即上面的线段看上去比下面的短，但事实上，我们如果拿尺子进行测量，就会发现上面线段的比下面的长。人们之所以会产生 Muller-lyer 错觉，是因为线段两端的箭头给了线端厚度上的幻觉，于是大脑运用解决三维问题的启发法来判断到底哪条线段更长。指向线段两边的箭头使得上面的线段看起来比其真实位置

图 5-1 Muller-lyer 错觉效应

远一些，而指向线段外侧的箭头则使下面的线段看起来比其真实位置近一些。大脑接着用如下的启发法来解决问题：近处的物体看起来要大一些，远处的物体看起来要小一些。因此，被试就会认为，给人感觉较远的上面的线段要短一些，而给人感觉较近的下面的线段要长一些。

有趣的是，人们很难克服这种背景依赖偏差。仍以前面提到的 Muller-lyer 错觉为例，人们即使知道了这是一种错觉，也明白引起这一错觉的原因，但当再去看图中的两条线段时，绝大部分的人还是会觉得上面的线段更长一些。

5.3.2 框定依赖实验

由于人们在认知和判断事物时存在对背景的依赖，所以，事物的表面形式会影响人们对事物本质的看法。当事物的形式（form）被用来描述决策问题时，我们常将这种形式称之为"框定"（frame）。"框定独立"（framing independence）是指问题的形式与人们的判断和行为无关，然而许多框定并不是透明的而是隐晦难懂的。当一个人通过非透明的框定来看问题时，其判断在很大程度上取决于问题所呈现的特殊框定是怎样的，这就是所谓的"框定依赖"（framing dependence），而由框定依赖导致的认知与判断的偏差即为"框定偏差"（framing bias），它是指人们的判断与决策依赖于其所面临的决策问题的形式，因此尽管问题的本质相同，但因形式不同而导致人们做出了不同的决策。实验 5-8 是 Tversky 和 Kahneman（2000）对框定依赖的经典实验。

实验 5-8

士兵突围实验

实验设计：

一位将军在敌人兵力优势的威胁下，处于进退两难的境地。此时，情报员报告说：除非带领士兵沿两条路线之一撤出，否则，他们会遭到伏击，600 士兵将全部被歼灭。如果走第一条路线，有 200 名士兵可以得救；如果走第二条路线，有 1/3 的可能全部获救，有 2/3 的可能无一获救。假设你是这位将军，你将选择从哪条路线撤离呢？

让我们再假设，此时情况有所变化，这一次他的情报员告诉他，他还得在两条撤退路线中进行选择。如果选择第一条路线，将有 400 名士兵遇难；而如果选择第二条路线，有 1/3 的可能无一遇难，有 2/3 的可能全部遇难。假设你是这位将军，你会选择哪条路线呢？

实验结果：

绝大多数被试在第一个问题中选择走第一条路线。理由是：保全能保全的生命，比冒有更大损失的风险要好。但是在第二个问题中绝大多数人选择的是第二条路线。因为走第一条路线，终归肯定要有 400 人死亡；而走第二条线，至少有 1/3 的可能保全全部士兵的生命。

实验结果分析：

关于这两个问题，两组被试得出了截然相反的结论。只要粗略地考察一下就可以看出，这两个问题的实质是一样的。它们仅有的区别在于：第一个问题是从保全士兵生命的角度提出来的，而第二个问题则是从失去生命的角度提出来的。卡尼曼和特沃斯基发现，这种对于理性认识的背离是经常出现并可以预见的，这是头脑在衡量各种复杂的可能性时走捷径的结果。此外，人们对于一个问题的答案可以如此容易地改变，甚至在生死攸关的问题上也是这样。这表明根据我们的判断未必就能做出正确的决策。因为这些判断本身就可能是有缺陷的。

由于框定依赖偏差的存在，在判断与决策过程中，人们可能会违背期望效用理论公理化价值衡量标准的逻辑体系。

5.3.3　框定依赖对恒定性的违背

期望效用理论中的"恒定性"（invariance）原则是指在人们决策的过程中，各个期望的优先顺序并不依赖于它们的描述方式，或者说同一个决策问题即使在不同的表述方式下也应该产生同样的选择，也就是说，对方案的偏好不会受到方案描述方式的影响。实验 5-8 的结果已经说明了人们在判断与决策中违背了恒定性原则。在日常生活中，人们的决策权重函数呈现了非线性状态，导致了对"恒定性"的违背。进一步的验证如实验 5-9 所示。

⊖ Kahneman D, Tversky A. Choices, Values, and Frames［J］. American Psychologist, 1984, 39(4): 341.

实验 5-9

两阶段决策实验[一]

实验设计：

在实验的第一阶段，有 0.75 的概率结束游戏，同时没有任何收益，但有 0.25 的概率进入第二阶段；如果进入第二阶段，就可以在（3 000）和（4 000, 0.80）中选择，不过，你必须在游戏开始前，即在知道第一阶段的结果之前，就在（3 000）和（4 000, 0.80）中做出选择。

实验结果与分析：

在实验中，多数人忽视了游戏的第一阶段，而将注意力集中在了第二阶段，选择了看上去是确定的 3 000 美元。实际上，两阶段游戏中的 3 000 美元被臆断为是确定的，这就是伪确定性效应。相对概率事件而言，确定事件被赋予了过高的权重。上述问题实际与在（3 000, 0.25）和（4 000, 0.20）之间选择的标准形式是一致的，而标准形式选项的实验结果是，多数人偏好后者，这是对恒定性的显著违背。

将该问题的标准形式和两阶段形式以决策树来表示，用方块代表决策节点，圆圈代表概率节点，两种图形的不同之处在于决策节点的位置不同。在标准形式中（见图 5-2），决策者面对两种风险预期的选择，而在两阶段形式中（见图 5-3），决策者面对的是在一个风险预期和一个无风险预期之间的选择。因此，在两阶段形式中，获得 3 000 美元的收益有伪确定性的优势，而在标准形式中则没有。

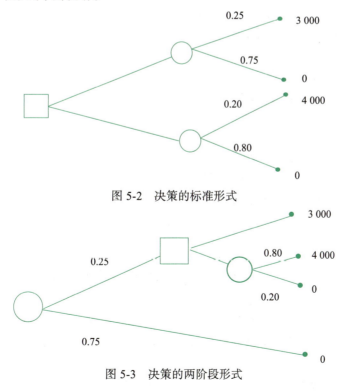

图 5-2　决策的标准形式

图 5-3　决策的两阶段形式

[一] Kahneman D, Tversky A. Choices, Values, and Frames [J]. American Psychologist, 1984, 39(4): 341.

人们在日常决策过程中，对两种风险事件的选择很可能以标准形式来考虑，但也有可能以两阶段形式呈现，即在固定回报与成功后才能获得一定比例收益的两者之间进行选择。而框定依赖则会让我们在不同的形式下做出相反的选择。

5.3.4 框定依赖对优势性的违背

如果期望 A 至少在一个方面优于期望 B 并且在其他方面都不亚于 B，那么 A 优于 B，这就是优势性（dominance）原则。然而，当问题表现形式发生改变时，人们可能会系统性地违背优势性原则。实验 5-10 表明了框定依赖在判断与决策中对优势性原则的违背。

优势联合实验[①]

实验设计：

问题 1：在以下 A、B 决策中进行选择：

A：有 25% 的概率盈余 240 美元，75% 的概率亏损 760 美元；

B：有 25% 的概率盈余 250 美元，75% 的概率亏损 750 美元。

问题 2：如下决策必须同时做出，首先检查两个决策，然后进行择优。

决策 1，请选择：

C：确定的盈余 240 美元；

D：有 25% 的概率盈余 1 000 美元，75% 的概率盈余为零。

决策 2，请选择：

E：确定的损失 750 美元；

F：75% 的概率损失 1 000 美元，25% 的概率损失为零。

实验结果：

问题 1：$N = 86$，$A[0]$，$B[100]$；

问题 2：决策 1 $N = 150$，$C[84]$，$D[16]$；

决策 2 $N = 150$，$E[13]$，$F[87]$。

其中 N 表示参加人数，括号内表示选择该答案的人数百分比。

实验结果分析：

对于问题 1，86 个实验者全部选择了 B。明显地，B 优于 A，所有回答者都做出了一致的选择。

对于问题 2，在决策 1 中，大多数人做了风险厌恶性决策，认为"确定的收益"优于"赌博性方案"；在决策 2 中，大多数人做了风险寻求性决策，认为"赌博性方案"优于"确定的损失"。

在实验结果中，多数人选择了"C 和 F"，少数人选择了"D 和 E"，它意味着人们认为

---

① Kahneman D, Tversky A. Choices, Values, and Frames [J]. American Psychologist, 1984, 39(4): 341.

"C和F"优于"D和E",即"C和F"是在同步选择的情况下的优势联合。"C和F"是一个有25%的概率盈余240美元和75%的概率亏损760美元的概率事件,与问题1中的选项A是一致的。"D和E"是一个有25%的概率盈余250美元和75%的概率亏损750美元的概率事件,与问题1中的选项B一致。在问题1中,判断结果显示的是B明显优于A。而框定以后人们却得出了相反的结论。综上所述,框定对决策的干扰作用导致了人们在同步决策问题中对"优势性"的违背。

恒定性和优势性是人们理性决策的逻辑基础,然而,事件描述方式背景的改变,使人们在决策和判断的过程中产生了认知偏差,形成了对理性逻辑基础的改变。

由于框定的不同,人们可能对同一问题表现出不一致的偏好,并且可能根本没有意识到框定的潜在影响。人们希望自己能够独立于框定做出决策,却发现很难解决框定带来的影响。框定偏差对理性人假说中的一致偏好提出了质疑。

5.3.5 框定依赖导致诱导效应

人们经常缺乏一个稳定的偏好顺序,框定依赖的心理特征会影响人们对事件的认同度,并影响其进行决策。对选择的方式进行诱导能影响人们所做的选择,这种运用框定效应来诱导人们决策的现象被称为"诱导效应"(elicitation effect)。

框定对选择的影响是与"损失厌恶"相关的,因为损失比收益更能引起人们强烈的感受,如果一个框定强调了某个选择的损失,那么这个选择的吸引力就会较小。如果一个框定利用敏感性递减规律,使得某项选择的损失看起来较小,那么这个选择就更具有吸引力。卡尼曼和特沃斯基用下面的实验(见实验5-11),来说明诱导效应。

医疗框定实验[⊖]

实验设计:

被试被告知有关肺癌的两种治疗结果的统计信息。这些统计信息以存活率的形式告诉一部分被试,以死亡率的形式告诉另一部分被试,然后由被试选择他们所偏爱的治疗方案。

信息陈述如下:

问题1(存活框定):

外科手术:在参加治疗的100人中,有90人在接受治疗的过程中仍活着,第1年年末有68人存活,5年后有34人存活。

放射治疗:参加治疗的100人在治疗过程中全部都活着。第1年年末有78人存活,5年后有22人存活。

⊖ Tversky A, Kahneman D. Rational Choice and the Framing of Decisions [J]. Journal of Business, 1986: S251-S278.

问题2（死亡框定）：

外科手术：参加治疗的100个人在治疗期间或后期有10人死亡，第1年年末有32人死亡，5年后有66人死亡。

放射治疗：参加治疗的100个人在治疗过程中无人死亡，第1年年末有22人死亡，5年后有78人死亡。

实验结果与分析：

框定过程中的细微差别产生了显著效应，被试中偏爱放射疗法的百分比，从存活框定下的8%上升到死亡框定下的44%。当治疗效果被以"立即死亡的风险从10%降至0%"而不是以"存活率从90%升到100%"这种方法表达时，放射疗法比起手术疗法显得好处更大，对于有经验的医生或者在统计上精于世故的经纪人，框定依赖的诱导效应是他们常用的手段。

框定依赖偏差是普遍存在的，因而，诱导效应也被广泛采用。所以，在市场营销实践中，比较商品直接提价和取消打折以提高价格的这两种方式，会发现取消商品折扣明显要比直接提高价格更容易让消费者接受。因为同样的价格变动在直接提价情况下被消费者视为损失，而在取消商品折扣情况下则被视为失去部分收益，因此顾客相对更容易接受取消商品折扣这种变相提价方式。

关键概念

认知心理学（cognitive psychology）
算法（algorithm）
经验法则（rule of thumb）
双信息加工系统（dual-processing system）
启发法（heuristic）
代表性启发法（representativeness heuristic）

可得性启发法（availability heuristic）
锚定与调整情感启发法（anchor and adjustment affect heuristic）
框定偏差（framing bias）
框定依赖（framing dependence）
诱导效应（elicitation effect）

本章小结

（1）现代认知心理学告诉我们，人类在不确定性条件下的判断与决策过程是一个复杂的信息加工过程，这一过程中往往存在各种偏差，导致了对理性决策的偏离。

（2）在人们决策过程中存在着两套信息加工系统，分别是基于直觉和启发式的"快系统"和基于认知推理的"慢系统"。广泛使用的"快系统"直接导致了启发式偏差和框定依赖偏差。

（3）启发式偏差指人们在决策中依赖经验法则而不是算法来对事物进行判断。其可能产生的认知偏差有：由于依据事物的相似性而进行推断所导致的代表性启发偏差；根据自身记忆的强度而进行推断的可得性启发偏差；锚定于一些不相关信息的锚定与调整偏差；受制于自身的情感、直觉、本能的情感启发偏差等；

（4）框定依赖偏差是指，人们在决策中会因为事物的呈现方式或背景变化而产生框定依赖偏差，这一偏差导致了对理性决策的优势性和恒定性的违背。

思考习题

1. 人们在信息加工过程中，为什么会出现认知吝啬鬼现象？
2. 什么是算法，什么是启发法？在什么样的情景下，人们喜欢用启发法解决问题？请举例说明。
3. 代表性启发和可得性启发的差别是什么，两种启发法可能会导致哪些决策偏差？
4. 锚定可能导致哪些偏差，在证券投资中的表现是什么？
5. 背景是如何导致框定依赖偏差的，在证券交易中存在哪些框定依赖偏差？框定依赖偏差对理性决策会产生哪些影响？

案例讨论：网上投票系统

在电子商务领域，网上投票系统具有巨大的商业价值。通过投票，消费者可以表达自己对特定商品的喜好和对网上购物体验的满意度。一般而言，对于劣质的产品和服务，消费者倾向于给出一个较低的打分。那么当消费者刚对一个劣质商品投票并给出差评后，再对一个优质商品进行评价，此时投票结果会受到上一个差评的影响吗？对此，Zimo Yang 等（2013）研究了网络在线评价系统 WikiLens 和 MovieLens 上的用户打分（用户通过 1～5 分给系统中的对象打分）。对于一些特殊的对象——平均得分高于 4.5 分或者低于 2.0 分的对象（这样的对象在所有对象中占比不到 1%）进行研究，发现在高分对象后面的打分普遍偏高，而在低分对象后面的打分也普遍偏低。采用多种去除均值偏移的办法，把一个用户的打分分成偏高分和偏低分两类后发现，偏高分和偏低分的出现具有明显的记忆性，也就是说偏高分和偏低分倾向于集中出现。通过与零检验模型的对比，发现这种统计具有显著性。这种倾向于和最近的打分保持相近的偏差随着打分间隔次数呈对数下降的趋势。

问题：

（1）消费者对不同商品进行投票时，出现了较强的趋势性。商品的前一个投票结果对后一个投票结果产生了显著影响，这说明了什么？

（2）这些影响导致了消费者怎样的认知偏差？

（3）相近的两个投票结果是如何相互影响的？消费者在中间扮演了怎样的角色？

（4）债券市场的评级是否与此相似？请查阅相关资料并做出分析。

⊖ 改编自：Yang Z, Zhang Z K, Zhou T. Anchoring Bias in Online Voting [J]. Computer Science, 2012, 100(6): 68002.

推荐阅读

[1] Aronson E. The Social Animal [M]. Duffield: Worth Pub, 2003

[2] George A A and Shiller RJ. Animal Spirits: How Human Psychology Drives the Economy, and Why It Matters for Global Capitalism [M]. New York: Princeton University Press, 2009.5

[3] 艾瑞里.怪诞行为学 [M].赵德亮,夏蓓洁译.北京:中信出版社,2008.

[4] 弗雷,斯塔特勒.幸福与经济学:经济和制度对人类福祉的影响 [M].北京:北京大学出版社,2006.

[5] 泰勒,桑斯坦.助推 [M].北京:中信出版社,2009.

[6] 卡尼曼.思考,快与慢 [M].胡晓姣,李爱尼,何梦莹,译.北京:中信出版社,2012.

第6章

决策中的心理偏差与偏好

本章提要

本章从心理学角度,分析决策者在不确定性条件下决策中的心理偏差和偏好,如心理账户、从众行为、过度自信、证实偏差等心理偏差,以及损失厌恶、后悔厌恶、模糊厌恶、熟悉偏好、时间偏好等心理偏好。这些偏差和偏好的存在,影响着人类的理性决策。

重点与难点

┆掌握决策者在决策中心理账户、从众行为、过度自信、证实偏差等心理偏差产生的心理学基础,以及导致非理性决策行为的机理;

┆了解决策者在决策过程中普遍存在的损失厌恶、后悔厌恶、模糊厌恶、熟悉偏好、时间偏好等心理偏好产生的心理学基础,以及对非理性决策行为产生影响的机理;

┆理解决策者心理偏差与偏好对决策行为带来的影响,分析其背后的心理学原理,思考其对金融市场中交易行为的作用。

引导案例

专用的账户[一]

一位金融学的教授发现在自己的开销中,除了预料中的那些支出之外,还经常有一些意料之外的花费。例如,为朋友结婚而准备的礼金,或是由于自己的不慎,把当月的零花钱丢失了等。一年下来,这些计划外的支出加起来也是一笔不小的金额。每到年末,清算一下这些额外的支出,他总会感到微微的懊恼。他决定寻找一种方法来合理安排自己的财富,让自己不再那么懊恼。于是,在每一年的年初,他会为自己设定一个当年需要额外支出的数额的

[一] 改编自董志勇. 行为经济学原理[M]. 北京:北京大学出版社,2006:175.

目标，并把这部分数额列入一个专用账户中。然后，在这一年中，一旦有什么额外的支出，他就把那笔支出从那个专用账户里扣除。如此一来，他就再也看不到那笔让他心烦的计划外支出了。

案例思考：

在传统的经济学模型里，人的偏好具有稳定性。在设定了专用账户之后，这位"聪明"的金融学教授每年的计划外支出并没有减少，按理说这些计划外支出带给他的懊恼程度应该是一样的，但是很显然在采用了这项明智的策略之后，他的心里就好受多了。这到底是为什么呢？难道仅仅是因为设定了一个专用账户，他对同一件事情的偏好就改变了吗？

生活中还有很多类似的例子，例如人们经常用"破财免灾"（今天的损失避免了明天可能的更大灾难）的说法来平衡自己由于财产损失所产生的巨大心理落差。这种行为特征反映了人们怎样的心理特征？通过本章的学习，读者应该能够找到答案。

心理偏差是指当决策者对外部信息进行识别、编辑、评价等认知活动时产生的有偏于理性人假设的心理现象。偏好是一个经济学概念，它是指人们对不同方案或事件状态进行价值与效用上的辨优。决策者的行为基于其对客观事物的主观认知，由于心理和认知偏差的存在，决策者在真实情境下做出的决策常常有别于新古典经济学的推断。人们普遍存在的心理偏差包括：心理账户、从众行为、过度自信、证实偏差、羊群效应等；而心理偏好则主要表现为：损失厌恶、后悔厌恶、模糊厌恶、熟悉偏好、时间偏好等。准确理解人类决策过程中的心理偏差与偏好，有利于从心理学角度寻找纠正偏差、提高决策理性的依据。

6.1 心理账户

传统的经济理论假设资金是"可替代的"（fungible），也就是说，所有的资金都是等价的。那么，1 000元从赌场赢得的资金和1 000元工资收入是等价的，换句话说，我们对待从赌场赢得的资金和工资收入的态度不会有实质上的差别。在现实中，人们常常错误地将一些资金的价值估计得比另一些低。如从赌场赢得的资金、股票市场获得的横财、意想不到的遗产、所得税的返还等，都可能会被估价得比常规收入的价值低，并且，人们倾向于更轻率地或随意地使用这些被低估的资产。人们会根据资金的来源、资金的位置、资金的用途等因素对资金进行归类，这种现象被称为"心理账户"（mental accounting）。人们倾向于把资金分配到独立的心理账户中，并根据其所在的账户分别做出决策。根据 Richard Thaler（1985）的定义，心理账户被认为是个人或家庭在管理、评估、跟踪金融活动中所表现出来的一种认知特点，其主要组成部分有账户分配、销户和评估。

在实际决策中，人们常常自发地运用局部账户进行判断，或者说是"心理账户的局部组织"（topical organization of accounts）在起作用。Kahneman 和 Tversky（1984）认为，人们通过三种心理账户对他们所面对的选择的得失进行评价。

（1）最小账户（minimal account）。仅仅考虑可选方案间的差异，而与各个方案的共同特性无关。

（2）局部账户（topical account）。描述的是可选方案的结果与参考水平之间的关系，这个参考水平由决策的背景所决定。

（3）综合账户（comprehensive account）。考虑诸如当前财富、未来收入以及其他更广泛的因素，对可选方案进行评价。

Kahneman 和 Tversky（1984）的实验很好地展示了心理账户的表现形式（见实验 6-1）。

实验 6-1
购买商品实验[一]

实验设计：

第 1 组：假设你买一件夹克要花费 125 元，买一个计算器要花费 15 元。售货员告诉你，你要买的计算器在另一家商店只需 10 元，但要走 20 分钟。你会去另一家商店吗？

第 2 组：假设你买一件夹克要花费 125 元，买一个计算器要花费 15 元。售货员告诉你，你要买的夹克在另一家商店只需 120 元，但要走 20 分钟。你会去另一家商店吗？

实验结果：

第 1 组：在 88 名被试中，有 68% 的人愿意到另一家商店，为 15 元的计算器节省 5 元。

第 2 组：在 93 名被试中，只有 29% 的人愿意到另一家商店，为 125 元的夹克节省 5 元，愿意前往另一家商店的人数比例明显少于第一组。

Thaler（1999）指出，人们通过三种心理账户对他们所面对的选择的得失进行评价。

（1）最小账户：在这两组中，前往另一家商店被框定为"节省了 5 元"，这就是最小账户的估值。

（2）局部账户：在第 1 组，相关的局部是"购买计算器"，前往另一家商店的好处被框定为"价格从 15 元降到 10 元"，折扣率高达 1/3。这里潜在的节省只与计算器有关，夹克的价格没有被考虑。在第 2 组，相关的局部是"购买夹克"，前往另一家商店的好处被框定为"价格从 125 元降到 120 元"，折扣率仅为 1/25。

（3）综合账户：在这两组中，综合账户可以描述为，前往另一家商店被框定为"价格从 140 元降到 135 元"。假设当前财富为 W，而 W^* 为当前财富加上夹克和计算器的价格再减去 140 元。于是以上两个实验中的选择可以看作是在比较（W^* + 5 元）对应的效用与（W^* + 20 分钟）对应的效用。

第 1 组和第 2 组实验从最小账户和综合账户的角度来看是等价的，也就是说，如果用最小账户或综合账户来进行估值的话，那么人们对第一种情况和第二种情况应该会有相同的反应。实验中人们对两者做出的不同选择，说明心理账户的局部性会使人们用相对值而不是绝对值来评价事物，从而在两个商品价格交换后产生不同的实验结果。

[一] Kahneman D, Tversky A. Choices, Values, and Frames [J]. American Psychologist, 1984, 39(4): 341.

实际上，心理账户中成本的定义也受到局部性的影响。实验 6-2 清楚地说明了这一点。

实验 6-2

看电影实验[一]

实验设计

第 1 组：假设你想要看电影，于是花 10 元买了一张电影票。但是当你到达电影院的时候，却发现电影票丢了。此时，你愿意再花 10 元买一张电影票吗？

第 2 组：假设你想要看电影，需要 10 元去买一张电影票。但是当你到达电影院的时候，却发现丢了一张 10 元的钞票。此时，你还会花 10 元钱买一张电影票吗？

实验结果

第 1 组：在 200 名被试中有 54% 的人表示不愿意再买票看电影了。

第 2 组：在 83 名被试中有 88% 的人表示愿意再买票看电影。

结果分析

为什么有这么多人在丢了电影票后不愿意再花 10 元买一张，而在丢了 10 元钱后却仍愿意买票？这是心理账户在起作用。可以将看电影视为一个交易，用买票的成本去交换看电影的经历，买第二张票将会增加看电影的成本，这个成本超过了人们愿意接受的程度；相反，丢掉的钱没有被列入看电影的成本账户，因而不至于影响人们看电影的意愿。

心理账户是人们在经济生活中普遍存在的心理特征，对人们的决策行为起着十分重要的作用，也可以解释金融市场中的很多现象。例如，个人投资者会在其投资组合中设置一部分最低风险保护的安全资产和一部分投资致富的风险资产，两类资产被归入不同的心理账户，承受风险的能力也是不一样的。人们的收入主要来源于工薪收入、资产收入和未来收入三类，来源不一样，被归入的心理账户就不一样，支出的意愿便会不一样，比如：人们不愿意支出未来收入，即使它肯定会实现。

诺贝尔奖获得者泰勒认为心理账户在推行消费政策等公共政策方面有着重要的作用。一方面，储蓄率不足是西方国家面临的主要问题，很多人对于某些特定的开支缺乏应有的规划，或者因储蓄不足导致退休后的生活压力增加，产生一定的社会问题。在一项与企业合作开展的研究中，实验者让有孩子的员工收到印有孩子照片的装有工资单的信封，而在另外一些没有孩子的员工收到的信封上则什么都没印。在对这些员工收到工资后的行为进行追踪后发现，前者的储蓄率比后者高出差不多一倍。所以，为了鼓励储蓄，政策制定者可以用这种普遍存在的"心理账户"来对民众加以引导。例如，引导大家在收到工资时，先把钱分装到写有各种不同名称信封里，如"应急基金""育儿基金""买房基金""教育基金"等，这对于增加储蓄率会有明显的成效。

[一] Kahneman D, Tversky A. Choices, Values, and Frames [J]. American Psychologist, 1984, 39(4): 341.

另一方面，对于储蓄率过高而消费不足的国家，刺激消费以获得经济的高速增长成为这些国家的重要经济政策。依据同样的原理，政策制定者可以用"心理账户"鼓励消费。美国在 2008 年金融危机后，规划推出财政救助计划，当时就采纳了泰勒的建议，把这笔额外发给民众的钱，描述成"奖金"而不是"救助金"，使其刺激消费的作用明显增加，因为"奖金"会被理解为一种意外的收入，而"救助金"则会被理解为一种对满足基本生活的必需品的补充。

6.2 从众行为

"从众行为"（Herding）是指人们改变自己的观念或行为，使之与群体相一致的心理倾向。1951 年，阿希设计的实验验证了从众行为的存在，如实验 6-3 所示。

实验 6-3

阿希实验[一]

以视觉感知的心理实验的名义，阿希在大学校园中招募了实验的被试。被试每组有 7 人，坐在一排，其中有 6 人是实验者的助手，只有一位是真正的被试，被试并不知道其他 6 人的身份。实验在一个房间内举行，总共 12 轮。每轮首先给被试展现两张纸，一张纸上印着一条线段，被试需要在另一张印有几条线段的纸上找出与刚才那条长度相同的线段，如图 6-1 所示。实验开始之后，实验者向所有人展示了一条标准线段，同时出示用于比较长度的其他三条线段 A、B、C，其中有一条和标准线段长度一样。然后让所有人说出与标准线段长度一样的线段。实验者故意把被试安排在最后一个，前面 6 位被试是由实验者的助手伪装的。前两轮大家都说出自己的客观判断，之后 9 轮前 6 名被试都会按照事先的要求说出统一的错误答案，最后由真正的被试判断哪条线段和标准线段长度一样。

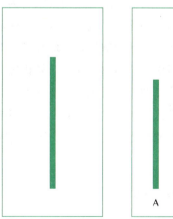

图 6-1　阿希实验匹配线段（1951）

实验结果及分析

在被试做出的所有回答中，有 37% 的回答遵从了其他人的错误回答，大概有 75% 的被试至少出现过一次从众行为，有 5% 的被试甚至跟随着大部队一错到底。只有大约 25% 的被试保持了独立性，自始至终没有发生从众行为。阿希实验证明了个人可能会屈从于集体的行为，即便他明白集体的行为有可能是错误的。从众行为可能导致集体决议成为个人意见的结果，而正确的意见却由于盲从而被掩盖。

[一] Asch S E. Effects of Group Pressure upon the Modification and Distortion of Judgments [M]. New York: Carnegie Press, 1951.

从众行为表现为采用同样的思维活动、进行类似的行为,心理上依赖于和大多数人一样的思考、感觉、行动。苏格拉底的经典实验也证明了人们在思维上对他人的依赖性(见案例6-1)。

| 案例 6-1 | 苹果的味道 |

课堂上,哲学家苏格拉底拿出一个苹果,站在讲台前说:"请大家闻闻空气中的味道。"一位学生举手回答:"我闻到了,是苹果的香味!"苏格拉底走下讲台,举着苹果慢慢地从每位学生面前走过,并叮嘱道:"大家再仔细地闻一闻,空气中有没有苹果的香味?"这时已有一半学生举起了手。苏格拉底回到了讲台上,又重复了刚才的问题。这一次,除了一名学生没有举手外,其他的全都举起了手。苏格拉底走到了这名学生面前问:"难道你真的没闻到什么气味吗?"那名学生肯定地说:"我真的什么也没有闻到!"

这时,苏格拉底向学生宣布:"他是对的,因为这是一个假苹果。"这名学生就是后来大名鼎鼎的哲学家柏拉图。

延伸到金融市场,从众行为可能导致股票投资的羊群效应,即投资者在信息不确定的情况下,受到其他投资者的影响,模仿他人决策,或者过多依赖于舆论,而不考虑私人信息的投资决策行为。

金融投资决策的从众行为有以下原因:①投资者信息不对称、不完全,通过模仿他人的行为以节约自己搜寻信息的成本。人们越是缺少信息,越是容易听从他人的意见。②推卸责任的需要。后悔厌恶心理使决策者为了避免个人决策失误可能带来的后悔和痛苦,而选择与其他人相同的策略,或听从他人的建议,这样的话,即使决策失误,决策者也能从心理上把责任推卸给别人而减轻自己的痛苦。③减少恐惧的需要。人类属于群体动物,偏离群体会使人产生孤单和恐惧感。④缺乏知识经验以及其他一些个性方面的原因。知识水平、智力水平、接受信息的能力、思维的灵活性、自信心等都是从众行为产生的影响因素。有较高社会赞誉需求的人重视社会对他的评价,希望得到他人的赞许,也容易表现出从众倾向。此外,高焦虑的人也有更强的从众性,还有研究表明,女性往往比男性更容易出现从众行为。

6.3 过度自信

心理学家通过实验观察和实证研究发现,人们往往过于相信自己的判断能力,高估自己成功的概率,把成功归功于自己的能力,而低估运气、机遇和外部力量在其中的作用。这种心理特征被称为"过度自信"(over confidence)。心理学家曾经向司机们提出这样一个问题:你认为自己是个好司机吗?相对道路上的其他司机,你的驾驶技术是在平均水平之上、处于平均水平,还是在平均水平之下?在对该问题做出的回答中,有65%~80%的司机认为自

○ 龙吻.世界上最神奇的30个经典定律[M].北京:朝华出版社,2009.

己的驾驶技术高于平均水平,即多数司机认为自己的驾车技术高于平均水平,而事实上在所有司机当中只有一半的人有这个能力。所以,大部分司机对他们的驾驶技术过度自信了。实验 6-4 进一步证明了人们存在过度自信的心理特征。

实验 6-4

区间估计[1]

实验者向 1 000 多位商界人士提出这样的问题:请估计一架普通的、空载波音 747 飞机的重量是多少,给出你的最小估计值和最大估计值,以保证正确答案有 90% 的可能性会出现在你给出的两个数据之间。

实验结果及分析

实验的结果是,大多数商界人士没能给出包含正确答案在内的估计值范围。

波音 747 飞机的重量是 178 吨,题目并没有限制被试给出一个绝对正确的答案。他们的回答可以把范围放得很大,比如说 1 吨~10 亿吨,以便把正确答案包含在里面。可惜的是,极少有人这样做。那些回答问题的商界人士为了不显示出自己知之甚少,自信地把答案限定在一个比较小的范围内,于是就出现了错误的估计。这种行为所表现出来的是一种骄傲自大、不可靠的心理特征。

过度自信是普遍存在的一种心理偏差,在决策任务很有挑战性时会更加显著,当个人的信息反馈被延迟或者还未决定时,个人更倾向于过度自信。过度自信通常有两种形式:第一,对可能性的估计缺乏准确性的认知,例如,认为肯定会发生的事可能只有 80% 的概率会发生,而认为不可能发生的事却有 20% 的概率会发生。第二,对数量估计的置信区间太狭窄了。

过度自信对投资者正确处理信息有直接或间接两种影响:直接的影响是使投资者将会过分依赖自己收集到的信息而轻视公司会计报表的信息;间接影响是使投资者在过滤各种信息时,会注重那些能够增强自信心的信息,而忽视那些损害自信心的信息。例如,很多投资者不愿意卖出已经发生亏损的股票,卖出的话等于承认自己决策失误,并伤害自己的自信心。

投资者对他们的交易水平常常是过度自信的。Odean(1998)对美国个人投资者的投资行为进行研究发现[2],他们并不是因为流动性需求、税负上的考虑而重新调整投资组合,或为了将资金移至低风险的资产而卖出某种股票,而是自信地认为应该获利了结了,继续持有这些股票将降低未来报酬率。研究证明,过度自信的投资者倾向于过度频繁的交易,即存在"过度交易"(trade too much)的现象[3],而过度交易反而降低了投资收益率。也就是说,在频繁的买进和卖出交易中,相对于那些被出售的股票,被继续持有的股票的未来报酬反而比较

---

[1] 卡尼曼. 思考,快与慢[M]. 胡晓姣,李爱民,何梦莹,译. 北京:中信出版社,2012.
[2] Odean T. Are Investors Reluctant to Realize Their Losses?[J]. Journal of Finance, 1998, 53(5): 1775-1798.
[3] 本书第 7 章将对"过度交易"行为及收益率结果进行详细的论述。

低，这种"处置效应"现象被认为是过度自信的证据。研究同时还发现，个人投资者会在卖出股票之后很快又买进另一种股票，然而交易的结果是，平均而言，即使扣除交易成本，个人投资者卖出的股票也比他们买进的股票表现得更好，这进一步证明了投资者对自己的交易水平过度自信。

股票市场的繁荣往往会助长人们的过度自信，令人们认为自己是很精明的。盛极一时的网络热潮体现出了人们的过度自信。"骄傲"常常在人们的投资行为中起主导作用，并在其获得一连串成功后加剧他们的自信。过长的牛市可能会引起"赌场资金效应"[⊖]，即投资者在获得高收益时会产生不断提高赌注的愿望，因为一是，获得收益的投资者在决策中会倾向于更加过度自信；二是，获得收益的投资者在损失时痛苦较小，因为通过赌博获得的收益本来就来自于赌场，如果在接下来的赌博中输了，投资者心里会认为这些钱本来就不属于他，因而痛苦比较小，而且痛苦也容易被已获得的收益所带来的愉悦感所缓冲；三是，投资者在实现了收益后，有更多的资金进行更大的投资活动，从而变得不再回避风险。在投资中很快获利的投资者更容易出现过度自信的心理，而遭受过损失的投资者对额外的失败会更加害怕，或者当市场处于下跌趋势导致损失增加时，人们会变得越发保守。过度自信可以解释处在跌势中的股票市场和封闭式基金在 1 月得到反弹的现象，当人们进入新的一年，他们会感到自己面前还有满满的 12 个月，如果在此时赌上一把，即使是输了，也还有足够的时间赢回来，但随着时间的推移，这种自信会逐渐减少。

过度自信与"自我归因"（self-attribution）息息相关，即人们倾向于将好的结果归结于其个人能力而将坏的结果归结于外部环境。自我归因助长了人们的过度自信而不能准确地自我评估。与期望相比，过度自信可能会因为不切实际的预期而导致行为的失败。随着时间的推移，对理性的学习可能消除过度自信，因为通过学习和自我提高可以改善自我归因倾向。

过度自信也会导致"事后聪明偏差"（hindsight bias），即把已经发生的事情视为相对必然和明显的，而没有意识到对结果的回顾会影响人们的判断，使他们认为事件是很容易预测的。例如，在实验中，当被试知道了实验的结果，他们倾向于认为这些结果是已经完全被预测到了的。对一场金融危机的调查说明了事后聪明偏差的存在，如案例 6-2 所示。

| 案例 6-2 | 什么时候会反弹 |

在 1987 年 10 月 19 日美国出现"黑色星期一"之后，希勒做过一个问卷调查，其中的一个问题是："你当天就知道市场会在什么时候发生反弹吗？"在没有参与交易的人中，有 29.2% 的个人和 28% 的机构的答案是"知道"，在参与交易的个人和机构中，也有近一半人的答案是"知道"何时反弹。令人吃惊的是，这个回答与当天出现的极

[⊖] Thaler 和 Johnson（1990）发现，在获得收益之后，人们倾向于接受他们以前通常不接受的赌博，而在遭受损失之后，他们会拒绝以前通常接受的赌博，这就是"赌场资金效应"。
[⊖] Shiller R J. Irrational Exuberance [M]. New York: Princeton University Press, 2015.

度恐慌的事实截然不同。而且，股指能在下跌后迅速反弹，至少对大多数人而言简直是奇迹。值得注意的是，对于希勒接下来的一个问题："如果回答是'知道'的话，你是如何估计什么时候会发生反弹的呢？"多数人的答案是"直觉""内心想法""历史证据和常识"或者是"股市心理学"，即使是机构投资者也不例外，很少有投资者能提出具体的依据或明确的理论，如美联储可能的干预等。

上述调查结果表明，事后聪明偏差使投资者不重视对自己行为的反省，忽视对市场趋势的预测，增加了投资行为的不确定性。

6.4 证实偏差

在上一节中我们提到，过度自信的人们会选择性地注意那些可以增强他们信心的信息，而这种倾向可能导致心理偏差。一旦形成一个意志较强的假设或信念，人们倾向于把一些附加证据错误地解释为对这个假设有利，不再关注那些否定该假设的新信息。换句话说，人们有一种寻找支持某个假设的证据的倾向。这种"证实"而不是"证伪"的倾向叫"证实偏差"（confirmation bias）。案例 6-3 所阐释的典故说明了证实偏差的心理特征。

案例 6-3   **疑邻盗斧**

《吕氏春秋·有始览·去尤》里有一个成语典故：从前有一个人，某一天，他丢了一把斧子。他十分怀疑是邻居的儿子偷去了，于是便仔细观察邻居的儿子。他发现邻居的儿子走路的样子像是偷斧子的，面色表情也像是偷斧子的，言谈话语更像是偷斧子的。在他看来，邻居儿子的一言一行、一举一动，无一不像是偷斧子的。不久后，这个人挖坑时发现了斧子，才知道自己错怪了邻居的儿子。第二天当他再次见到邻居家的儿子时，便立刻觉得邻居儿子的言行举止没有一处像是偷斧子的人了。

这个典故告诉我们，一旦在主观上形成某个观点，我们往往倾向于接受那些支持我们原来信念的信息，而对于其他信息则倾向于视而不见。

还有一个简单的例子能够直观地说明证实偏差的存在。如果有一个假设："所有的天鹅都是白色的，"你将如何去求证这个假设？通常的逻辑是，我们会不由自主地倾向于特别关注白天鹅、找寻白天鹅，试图找到一只、两只……一百只，甚至更多只白天鹅。然而，我们可能没有意识到，无论找到多少只白天鹅，都证明不了"所有的天鹅都是白色的"。正确的思路是尝试去寻找一只黑色的或者其他颜色的天鹅，去否定这个假设，这就是"证伪"，而证伪的思路往往被我们忽略。实验 6-5 确认了证实偏差的存在。

实验 6-5

四卡片问题[①]

实验设计：

Wason（1966）设计了著名的选择作业或四卡片问题：假设在你的面前放了四张卡片，卡片的一面是字母而另一面是数字，你看到的四张卡片是：a、b、2 和 3。

| a | b | 2 | 3 |

图 6-2 四卡片问题

现在让你对这四张卡片证明这样一个假设："所有一面是元音字母的卡片，其另一面一定是偶数。"请翻看上面这些卡片证明这一假设是否正确。那么，你会翻看什么卡片来证明这个假设呢？

实验结果及分析：

近 50% 的被试说要翻看卡片 a 和 2，约 35% 的被试认为只需翻看卡片 a，其余为各种不同的选择。只有 10% 的被试做出了正确的选择，正确答案是翻看 a 和 3。为什么呢？

如果翻看 a 卡片，既可能看到一个偶数，也可能看到一个奇数。如果反面是奇数，就可以判断假设是错误的，就不需要再翻看别的卡片了；如果反面是偶数，说明假设可能是正确的，但还不一定，还需要接着看别的卡片。卡片 b 对我们判断假设的有效性不能提供任何证据，是一张与假设无关的卡片，所以不需要翻看它。如果翻看卡片 2，我们可能看到辅音字母，但那与假设不相关，也可能看到元音字母，这与假设一致，但却并不能证明假设是正确的，因为还需要看别的卡片，因此卡片 2 是不需要翻的。最后，如果我们翻看卡片 3，发现卡片 3 的反面是元音字母的话，便可证明假设不成立，而如果反面是辅音字母，则既未提供支持证据也未提供否定证据。因此，能够对假设提供潜在否定证据的仅有两张卡片：a 和 3。但是大多数人选择了 a 和 2，或只选择了 a。很明显，被试在实验中极力搜索可以证实假设的证据，而较少尝试寻找证伪假设的证据。这种寻找证据来证实一个假设的倾向就是证实偏差，也就是说人们把证实一个观点的证据赋予了过多的权重，而对否定一个观点的证据却赋予了过少的权重。

信念坚持（belief perseverance）是证实偏差的心理基础，即人们会坚持相信他们的假设，即使新数据与这个假设相矛盾。总之，这种偏差对新数据没有足够重视，例如，如果人们相信有效市场假说，那么即使出现显著的反面证据，人们依然会继续相信它、求证它、解释它。再如，一旦投资者相信一个投资战略较另一种有利，他们可能会不再注意那些负面的信息，而基于一种微弱的证据去维持这种设想，即使后续证据要求他们拒绝早期的信

[①] Wason P C. Reasoning in New horizons in Psychology [M]. London: Penguin Press, 1966.

念。还有，当市场形成一种"股市将持续上涨"的信念时，投资者往往对与上涨有关的信息特别敏感或容易接受，而对相反的信息或证据则视而不见，从而继续买进并进一步推高股市；当市场形成下跌恐慌时，投资者就只看到利空于市场的信息，以致进一步推动股市下跌。

锚定往往也是导致证实偏差的心理因素之一，它可能导致人们忽视其他证据。心理学研究表明人们倾向于接受支持初始假设的附加证据。人们在回忆中有将肯定的证据视为相关、可靠证据，而将否定证据视为不相关、不可信证据的倾向。因此，人们在价值判断中容易接受肯定的证据，而对否定证据吹毛求疵。肯定的证据减少了信息复杂度，使得人们选择性地记住支持性的印象；而对于否定的证据，人们倾向于只关注那些不至于破坏选择性解释的信息。

证实偏差在经济生活中普遍存在，对人的行为决策有着重要影响。对于投资者或是企业经理人来说，证实偏差会导致错误的判断与决策，导致损失并影响市场的有效性。例如，在金融市场上，当整个市场处于繁荣的上升时期时，即使有各种各样的证据表明市场已经被严重的高估，人们仍然会倾向于忽略那些负面的信息。当市场处于上升时期，由于对正面信息赋予更高的权重，加上与生俱来的贪婪与恐惧，人们会乐观地不断推动市场，以至市场价格越来越偏离其基础价值；相反当市场处于低迷时期，人们倾向于对负面信息赋予更高的权重，从而导致市场更加低迷。从这个角度讲，证实偏差也是金融市场正反馈机制的推动力之一。企业管理者的证实偏差更多地表现在投资决策上，对于具有信念而论证又不可行的项目，公司管理者倾向于寻求正面信息而不肯放弃项目的实施，从而导致决策错误，甚至一错再错。比如，管理者在一个应当放弃（收益可能性很小）但曾经投入大量资源的项目上恶意增资[⊖]。

6.5 禀赋效应

正如"前景理论"所阐释的，卡尼曼和特沃斯基所做的心理学实验证明了人们在面对收益和损失的决策时表现出非对称性，当面对同样数量的收益和损失时，损失会使人们产生更大的情感波动，即存在损失厌恶：涉及收益时的风险回避和涉及损失时的风险寻求，并且，损失带来的负效用为等量收益的正效用的 2.5 倍。正是由于损失厌恶的存在，才导致人们在决策中产生禀赋效应和短视偏差。

禀赋效应是与损失厌恶相关联的现象。由于人们放弃所拥有的物品而感受到的痛苦大于其得到一个原本不属于他的物品所带来的喜悦，因而在定价方面，同一种物品在被放弃的情况下的卖价高于买价，这种现象被称为"禀赋效应"。即同样一个东西，如果我们本来就拥有，那么我们的心理卖价就会更高；如果我们本来就没有，那我们愿意支付的价钱就会相对更低一些。

⊖ Staw B M. Knee-deep in the big muddy: A Study of Escalating Commitment to a Chosen Course of Action[J]. Organizational Behavior and Human Performance, 1976, 16(1): 27-44.

实验 6-6

禀赋效应实验

实验设计：

在西蒙·弗里泽（Simon Fraser）大学，77 名学生被随机地指定到三种环境中，他们被随机分为三组，角色分别为买者、卖者和选择者。

第 1 组（卖者）：在给了他们（卖者）咖啡杯后，令咖啡杯的价格在 0.25～9.25 美元的范围内变动，问他们（卖者）是否愿意以其中某个价格出售杯子；

第 2 组（买者）：他们（买者）没有杯子，询问他们（买者）是否愿意在与以上相同的价格范围内购买杯子；

第 3 组（选择者）：他们（选择者）没有杯子，但他们可以在这些不同的价格水平上做出选择，到底是接受一个杯子还是同样数目的货币。

实验结果及分析：

第 1 组（卖者）：卖价中位数 7.12 美元；

第 2 组（买者）：买价中位数 2.87 美元；

第 3 组（选择者）：平均定价 3.12 美元。

值得注意的是，实验中，卖者和选择者是处于相同的客观条件下，面对不同的价格在杯子和货币间选择，但是，选择者的行为不像卖者，却更像买者。

卖者给杯子的定价是可选择者和买者定价的 2 倍以上，这说明人们对同一个东西给予了不同的定价，即放弃的痛苦要比得到同样东西的快乐更强烈。许多决策是在多种方案间的选择，如果将现状视为参考水平，那么任意一项改变都可能被决策者视为一项损失，因而决策者倾向于维持现状，因为因改变而带来的盈利诱惑如果不是足够大的话，就不足以抵消决策者对损失的厌恶感。

卡尼曼用"瞬间的禀赋效应"来解释人们对所拥有物品的看重。为检验得到初始禀赋的被试是否比没得到的人更珍惜这个物品，洛温斯坦（Lowernstein）和卡尼曼又开展了一个实验，在班级（$N = 63$）中，令一半学生（被试）得到笔，而另一半学生得到一张可兑换礼品的代金券。然后让所有被试对作为奖品的六种礼物的吸引力进行排序。最后，所有的被试都有一次机会在一支笔和两条巧克力之间做出选择。结果存在明显的禀赋效应：在那些拥有笔的被试中，有 56% 的被试优先选择了笔，但是另一个小组中只有 24% 的被试选择了笔。然而，在对吸引力排序中，初始拥有笔的被试并不认为笔更有吸引力。这就表明禀赋效应并不在于提高了所拥有物品的吸引力，而只是增加了放弃该物品的痛苦而已。

禀赋效应反映了人们有避免失去禀赋的倾向，上述实验表明，禀赋效应导致个人产生强烈的"安于现状的偏差"（status quo bias），即人们具有不愿意改变当前资产现状的倾向，因

○ Kahneman D, Knetsch J L, Thaler R H. Experimental Tests of the Endowment Effect and the Coasetheorem [J]. Journal of Political Economy, 1990, 98(6): 1325-1348.

为损失一项资产的痛苦程度要大于得到一项资产的喜悦程度,因而,为了得到资产的"支付意愿"(willingness to pay,WTP)小于放弃资产的"接受意愿"(willingness to accept,WTA)。禀赋效应导致了买价与卖价的价差,如果让人们对某种经济利益进行定价,则其为了得到这种经济利益所愿意支付的最大值,远远小于其放弃这种经济利益所愿意接受的最小补偿值。萨缪尔森和泽克豪斯(1988)设计了一个实验论证了安于现状的偏差的存在。

实验 6-7

安于现状实验[⊖]

实验设计

在实验中,某些被试得到一个假设的选择任务,该选择任务被设定在一个"中性"环境下,没有设定现状。

实验者向被试描述的该环境的具体内容为:假设你是一个认真的财经版读者,但是直到最近,你都没有什么资金可以用来投资。而现在,你从很有钱的叔叔那里继承到了一大笔遗产。你正在考虑不同的资产组合,现有的投资机会包括:一个中等风险的公司、一个高风险的公司、短期国库券、政府债券。

其他被试也面临相同的问题,但他们可以选择其中一种情况设定为"现状"。在这个实验中,在相同的开篇假设后,其选择被描述为:

当你从富有的叔叔那里继承了一大笔现金和有价证券构成的资产组合时,把大部分资金投资在了一个中等风险公司……(对于任何变化,税金和经纪人手续费都可以忽略不计。)

实验结果与分析

他们研究了许多不同的情境,并把所有不同的问题汇总起来,由此,萨缪尔森和泽克豪斯得以估计出当某选项作为现状时,其被选择的概率或者当它作为备择状态与现状竞争时被选择的概率,是在中性背景下该选项被选择的概率的函数。结果表明,与存在替代选项时相比,某选项被指定为现状时被选中的概率明显更大。

从新古典经济学的角度来说,财富的变动方向并不影响财富本身的价值,财产权利的初始安排也与经济效率无关。但显然,这也是个体偏好方面的一个悖论。

6.6 后悔厌恶

"后悔"是决策者没有做出正确决策时的情绪体验,是认识到自己本该做得更好而感到痛苦的心理状态。后悔比受到损失更加痛苦,因为这种痛苦让人觉得要为损失承担责任。"后悔厌恶"(regret aversion)概念是 Thaler(1980)提出来的,后经 Loomes 和 Sugden(1982)、

⊖ 泰勒. 赢者诅咒—经济生活中的悖论与反常现象[M]. 陈宇峰,曲亮,译. 北京:中国人民大学出版社,2007.

Kahneman 和 Tversky（1982）等人的发展而逐渐形成。"后悔厌恶"是指当人们做出错误的决策时，对自己的行为感到痛苦。为了避免后悔，人们常常做出一些非理性行为，如决策者趋向于在获得一定的信息后，才做出决策，即使这些信息对决策来讲可能并不重要，没有它们也能做出决策；又如，决策者会在某些重要事项的选择中放弃自己的独立判断，随大流做出与他人一样的选择，以减少万一决策失误导致后悔对自身精神带来的损失。

后悔厌恶理论的核心是以下三个定理。

定理1：在胁迫情形下采取行动所引起的后悔比非胁迫情形下引起的后悔要轻微。

定理2：没有做错误行为引起的后悔比做了错误行为引起的后悔要轻微。

定理3：个体在需对其行为的最终结果承担责任的情形下引起的后悔比无需承担责任的情形下引起的后悔要强烈。有利的结果会使责任者感到骄傲，不利的结果会使责任者感到后悔。如果后悔比骄傲大，责任者会尽量避免发生这一行为，如图6-3所示。

图6-3中，实线表示无需承担责任的价值函数，虚线表示需要承担责任的价值函数。成就感带来的价值随着收益值的增加而增加，后悔带来的价值则随着损失值的增加而增加。后悔效力（regret effect，以第三象限的两条函数的垂直距离表示）比骄傲效力（pride effect，以第一象限的两条函数的垂直距离表示）要大，所以，对行动的最终结果承担责任的个体会尽量避免采取这一行动。

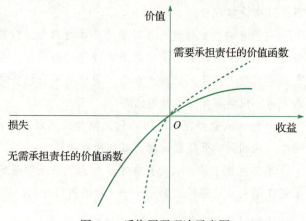

图6-3 后悔厌恶理论示意图

资料来源：Kahneman 和 Tversky（1982）

后悔厌恶在金融市场的投资决策中广泛存在，投资者在做出决策时会把现时情形和他们过去遇到过的情形进行对比，如果认识到其他选择会使他们处于更好的境地，他就会因为自己做出了错误的决定而自责不已；相反，如果从现时选择中得到了更好的结果，他就会有一种欣喜的感觉。马科维茨也用后悔厌恶来解释资产组合理论，指出"我的意图在于减少未来的后悔。因此，我将出资额平均分成两部分分别投资于债券和股票"。换句话说，如果马科维茨选择全部投资股票，而随后的股票行情极差，他就很容易陷入一种沮丧的情绪中——如果我选择一个保守的方式就好了，这就会使他产生很大的自责心理，即后悔。后悔最小化致使一些投资者使用股息而不是通过卖出股票来获得消费所需的资金。卖出股票而获得资金的人在发现股价上升以后，很可能会相当后悔。

6.7　模糊厌恶与熟悉偏好

一般而言，人们总是倾向于避免不确定性。"模糊"是指信息应该得知却又不被得知的状态。"模糊厌恶"（ambiguity aversion）是指人们在熟悉的事情和不熟悉的事情之间更喜欢熟悉的那个，而回避选择不熟悉的事情去做。人们厌恶主观的或模糊的不确定性，甚至讨厌客观的不确定性，当这种模糊性是一种未来巨大损失的可能性时，人们对于这种模糊性的厌恶和回避心理就更加强烈了。关于模糊厌恶的经典实验是由埃尔斯伯格（1961）所提出来的，如实验6-8所示。

实验6-8

模糊厌恶实验[①]

实验设计

假定有两只瓶子1号和2号，2号瓶共装有100个球，其中有50个红球，50个蓝球。1号瓶子也装有100个球，其中有红球也有蓝球，但未告知红球与蓝球的比例，然后，要求被试在以下两个事件中进行选择：

$A1$：从1号瓶中抽取一个球，红球得100美元，蓝球得0美元。

$A2$：从2号瓶中抽取一个球，红球得100美元，蓝球得0美元。

接着，要求被试再在以下两个事件中做出选择：

$B1$：从1号瓶中抽取一个球，蓝球得100美元，红球得0美元。

$B2$：从2号瓶中抽取一个球，蓝球得100美元，红球得0美元。

实验结果及分析

在A组实验中，选择$A2$的被试多于$A1$，而在B组实验中选择$B2$的被试多于$B1$。选择$A2$表明实验者对1号瓶中红球的主观概率小于50%，而选择$B2$则意味着相反的情形。在本例中，1号瓶中红球和蓝球的比例是不明确的或者说是模糊的。实验结果告诉我们，人们厌恶主观的或模糊的不确定性，甚至讨厌客观的不确定性。

与模糊厌恶相对应的是，人们往往喜欢自己熟悉的东西。对于自己不熟悉的东西不会太过偏爱，除非这个东西本身就具有天然的美感。Gigerenzer和Todd（1999）将"熟悉"描述为"一个人对任务或事物拥有的知识或经验的程度"。使用现代心理学测量工具进行测量研究同样证明，对比不熟悉的某些东西，人们更喜欢熟悉的一类，熟悉程度在对事物的喜欢程度中起到了重要作用。行为经济学家认为熟悉偏好使投资者在决策时会根据对风险事件的熟悉程度而改变个人的风险认知。

一个人接触某一类刺激的次数越频繁，对该类刺激就会越熟悉，也会越喜欢，即个体对特定事物的接触频率与喜爱程度之间存在密切的相关性，社会心理学称该现象为"纯粹接触效应"，也就是通常所说的"日久生情"。许多研究表明：纯粹接触效应正是一种内隐态度效应。譬如，重复呈现的刺激（人或物）增强了被试的知觉流畅性（再现时辨认更容易），于是被试在无意识中产生了对该刺激的喜爱，随即不知不觉地对对象产生了正面评价。实验6-9说明了这种效应。

[①] Ellsberg D. Risk, Ambiguity, and the Savage Axioms [J]. The Quarterly Journal of Economics, 1961: 643-669.

实验 6-9
对谁更有好感？[⊖]

实验设计

扎荣茨（Zajonc）于 1968 年进行了一次实验。该实验通过让被试看不同次数的脸部照片来研究观看次数对好感程度的影响。实验中，研究者从密歇根州立大学毕业生年鉴中随机选取了 12 个毕业生的大头照，之后随机抽出几张照片并让被试观看。在 6 个不同的处理组中，观看大头照的次数分别为 0 次、1 次、2 次、5 次、10 次、25 次，每次呈现两秒钟。之后，研究者要求被试采用 7 点计分方式对照片上的人进行好感度评分。开始实验时，实验人员告知被试这是一个关于视觉记忆的实验，是为了测定其对所看的大头照的记忆程度。实际上，实验的真正目的在于研究大头照的观看次数与对应大头照上的人的好感度的关系。

实验结果及分析

实验结果表明，接触次数对好感度的影响显著为正。也就是说，当观看大头照的次数增加时，不管照片的内容如何，好感度都会明显地增加。这也就清楚地证明了扎荣茨所说明的"纯粹接触效应"。

熟悉偏好在证券市场上的典型反映即是本土偏差，即投资者常常投资于自己邻近的或熟悉的地方，如自己所在的地区、国家，自己熟悉的公司、行业等，而忽视了其他更好的投资机会。

6.8 时间偏好与拖延习惯

人们倾向于推迟执行那些需要立即投入而报酬滞后的任务，而马上执行那些能立即带来报酬而投入滞后的事情，这就是说，人们会表现出所谓的"时间偏好"（time preferences）。拖延习惯与此密切相关，例如，如果这是一件不愉快的事，而又需要在两天之内做出选择，那么即使知道拖到明天去做也许会比今天做多费点劲，人们依然可能会出于本能拖到明天；相反，如果这是一件愉快的事，人们则会倾向于今天就去做。此外，虽然人们在权衡今天和明天时，会极其在意今天的处境，但如果要做一件事的时间是一个阶段之后，如第 300 天和第 301 天时，人们通常会觉得遥远的这两天没有什么差别。

传统经济学假定效用是随时间以指数贴现的，这就意味着人的偏好在时间变量上是一致的，无论何时对效用的权衡都是一样的。其效用最大化问题表示为：

$$\text{Max} U = \sum \delta_t U(c_t), \text{ 其中 } \delta_t = \left(\frac{1}{1+\rho}\right)^t, \rho > 0$$

式中，ρ 为时间贴现率，δ 是以指数曲线贴现的贴现系数，c_t 为时间 t 为某个事件的价值，$U(c_t)$ 为 c_t 在时间 t 的效用值。

[⊖] Zajonc R B. Attitudinal Effects of Mere Exposure [J]. Journal of Personality and Social Psychology, 1968, 9(2p2): 1.

大量的心理学实验表明：人们是按照双曲线而不是指数曲线来贴现将来预测的效用值的。双曲线贴现的特征是：人们对近期增加的时差要比远期增加的时差的贴现值更大一些。一个人今天对将来某个时差与将来对同一个时差的偏好是不同的。也就是说偏好是"时间不一致"（time-inconsistent preference）的。

双曲线函数形式首先由 Phelps（1968）⊖提出，用于研究迭代模型中代际间的利他主义问题，后被应用于个人决策问题。设 u_t 为一个人在时刻 t 得到的即时效用，那么在时间 t 的交互时间偏好（inter-temporal preference）为 U^t，对于时刻 t，可用如下效用函数表示：

$$U^t(u_t, u_{t+1}, u_T) = (\delta)^t \cdot u_t + \beta \cdot \sum_{T=t+1}^{T} (\delta)^T \cdot u_T$$

式中，β 为短期贴现因子，δ 为长期贴现因子。个体的即期与下一期的贴现因子为 $\beta\delta$，而以后各期的贴现因子是 δ。当 $\beta=1$ 时，模型表明效用函数在时间上是指数贴现的，$\beta<1$ 时，模型就描述了普遍存在的"时间不一致"的偏好类型。这时 $\beta\delta<\delta$，即贴现率短期高于长期，个体呈现不耐心程度递减特征。可见，当主观贴现值采用双曲线贴现函数时，可能发生拖延的现象。拖延习惯与自我控制关系密切，即使人们意识到推迟做出决定会带来一定的成本，但是由于要付出极大的时间和精力成本来做出决定，拖延现象仍然时常发生。

高德伯格和尼采描述了 Roelofsma 和 Keren（1995）对学生进行的一个实验，该实验被称为"共同差异效应"（common difference effect）（见实验 6-10）。

🔵 实验 6-10

共同差异效应⊖

实验设计

下面哪种情形是你愿意选择的：

问题 1：今天得到 100 美元，或 4 周后得到 110 美元；
问题 2：26 周后得到 100 美元，或 30 周后得到 110 美元。

实验结果及分析

问题 1：有 82% 的人愿意今天得到 100 美元，18% 的人愿意 4 周后得到 110 美元；
问题 2：有 37% 的人愿意 26 周后得到 100 美元，63% 的人愿意 30 周后得到 110 美元。

对于问题 1，大多数人愿意马上获得 100 美元，即使再等 4 周后将产生 10% 的月利率，但对于问题 2，时间因素已基本不再起作用，尽管两种支付情形下的时间间隔完全相同。实验结论说明，绝大多数实验者在问题 1 选择 100 美元是敏感性递减的结果，但在问题 2 中，同样的 4 周时间间隔并不被看作是同样的长度，对时间的感觉依赖于与当前时间这个参考点，离参考点越远，时间长度越被低估。

⊖ 对于时间不一致贴现的研究包括：Strotz（1955），Koopmans（1960），Phelps and Pollak（1968），Goldman（1979, 1980），Laibson（1994），O'Donoghue and Rabin（1996）等。
⊖ 高德伯格，尼采. 行为金融［M］. 赵英军，译. 北京：中国人民大学出版社，2003: 74.

这种时间偏好与确定性效应有相似之处，被称之为"即时效应"（immediacy effect），即人们对当前即将发生的事件的偏好远远大于一段时间之后才发生的事件。

这种时间偏好不一致倾向以及拖延习惯，在经济领域普遍存在，对消费和储蓄决策起着重要的作用，因为当期消费的利益是立时可现的，而储蓄所允许增加的未来消费，在时间上是滞后的。有学者发展了储蓄行为的时间不一致模型，认为人们有较高的现在消费倾向，在这种情况下"自我控制"（self control）就显得十分重要。特别是对于习惯性商品的需求来说更是如此，因为这种习惯性上瘾，意味着今天追求的消费愿望要在将来付出代价。

关键概念

心理偏差（mental bias）
偏好（preferences）
过度自信（overconfidence）
事后聪明偏差（hindsight bias）
损失厌恶（loss aversion）
禀赋效应（endowment effect）

后悔厌恶（regret aversion）
模糊厌恶（ambiguity aversion）
证实偏差（confirmation bias）
心理账户（mental accounts / accounting）
拖延习惯（procrastination）

本章小结

（1）人们在判断与决策的过程中，存在着各种心理偏差与偏好。理解人类决策过程中的心理偏差与偏好，有利于从心理学视角理解人们的行为规律，寻找如何纠正偏差、提高决策的理性程度的心理学依据。

（2）人们根据资金的来源、位置、用途等因素对资金进行归类，对来源不同的财富有不同的风险偏好，这种现象就是心理账户，心理账户的存在导致了人们对金融投资价值的评估，进而导致投资决策的非理性行为。

（3）从众行为产生于人们心理上依赖于和大多数人一样地思考、感觉和行动，在金融决策中表现为模仿他人决策，或者过多依赖舆论，不考虑私人信息以减少采取行动的成本，获得尽可能大的收益。

（4）过度自信是普遍存在的心理特征，即人们倾向于过高地估计自己的知识和能力，投资者的过度自信在金融市场中表现为过度交易行为，过度自信也导致了人们的事后聪明偏差。

（5）人们对于某个信念或假设，存在一种寻找支持这个信念或假设的证据的倾向，这种证实而不是证伪的倾向就是证实偏差，证实偏差在金融投资决策中普遍存在，它使人们产生信念，坚持而执着于某些错误的判断和行为。

（6）人们对损失的感受比收益更敏感，即人们面对收益和损失的决策时表现出不对称性，损失带来的负效用为等量收益的正效用的 2.5 倍，这就是损失厌恶。损失厌恶会导致人们的禀赋效应和短视偏差。

（7）人们对自己的错误决策会感到非常痛苦，这种痛苦让人觉得要为损失承担责任，为了避免后悔，人们常常做出一些非理性行为，这就是后悔厌恶。

（8）人们倾向于回避不熟悉的事情而乐

于选择自己熟悉的事情,即存在模糊厌恶。

(9)人的偏好在时间变量上是不一致的,人们对近期的时差贴现值要比远期的时差贴现值更大一些,这就是时间偏好。

思考练习

1. 人们在金融决策中的心理账户类型有哪些,它们对金融决策产生了什么样的影响?
2. 在金融决策中,人们产生从众行为的原因有哪些?
3. 损失厌恶与风险厌恶的关系是什么,损失厌恶会导致投资者产生哪些偏差?
4. 产生证实偏差的心理基础是什么,它对投资者和管理者的行为决策产生什么影响?
5. 人们在金融决策中,容易形成哪些决策偏好,它们对人们的决策产生什么影响?
6. 假设现在你的手头持有两只股票,这两只股票基本一样,如果上涨能盈利5 000元,如果下跌会损失5 000元。它们唯一的不同在于上涨和下跌的可能性不一样。第一只股票有50%的可能性上涨,有50%的可能性下跌。第二只股票上涨和下跌的可能性大小是未知的,同时排除价格不涨不跌的情况。如果你必须出售一只股票,你会选择先出售哪一只,为什么?你的选择中是否存在某种偏差?
7. 请对下面两个问题进行判断:

    问题1:你是否会接受一个有10%的概率盈利95元,90%的概率亏损5元的赌博?

    问题2:你是否愿意付5元购买这样一个彩票:它有10%的概率盈利100元,并且有90%的概率盈利为0?

    你对问题1和问题2的回答是否相同?如果不同的话,你认为是为什么?这反映了一种怎样的心理偏差?
8. 请预测一下今后一个月内上证指数的变化趋势,并写出你所估计的这个月内上证指数的最高值和最低值,使你有99%的把握今后一个月内的上证指数会落在你所估计的最高值和最低值范围内。你预测的最高值和最低值将分别是多少?请保留你的预测数据,并在一个月后与实际情况比较一下,实际值是否在你预测的范围内?
9. 请对下列10句话进行是非判断,圈出你的答案,然后判断你对自己答案的把握,在括号内用50%~100%之间的某个数表示你答对的概率,50%表明你是猜的,100%表示你确定是对的。⊖

    请圈出你的答案,并写下你估计的平均答对概率:

(1)上海到芝加哥的航线里程

   〔超过15 000公里〕〔不到15 000公里〕

   答对的概率(   )

(2)贝多芬出生的时间

   〔早于1780年〕〔晚于1780年〕

   答对的概率(   )

(3)耶鲁大学成立的时间

   〔早于1750年〕〔晚于1750年〕

   答对的概率(   )

(4)曾在芝加哥大学任教或学习的教授或学生中获得诺贝尔奖的人数

   〔不到50人〕〔多于50人〕

   答对的概率(   )

(5)莫扎特完成的交响乐曲数量

   〔不到30首〕〔超过30首〕

   答对的概率(   )

(6)马丁·路德·金去世时的年龄

   〔大于40岁〕〔小于40岁〕

⊖ 资料来源:奚恺元.别做正常的傻瓜[M].北京:机械工业出版社,2006.

答对的概率（　　）

（7）一头亚洲象妊娠的时间

〔超过 500 天〕〔不到 500 天〕

答对的概率（　　）

（8）尼罗河的长度

〔不到 6 000 公里〕〔超过 6 000 公里〕

答对的概率（　　）

（9）一架波音 747 的重量

〔不到 150 吨〕〔超过 150 吨〕

答对的概率（　　）

（10）美国平均每年被鲨鱼咬伤至死的人数

〔超过 5 人〕〔不到 5 人〕

答对的概率（　　）

计算一下 10 道题答对概率的平均值，并进行四舍五入，如 65% 就算 70%，表示你估计自己能够在 10 道题中约答对 7 题。再比较一下正确答案（见本章推荐阅读后所附的答案），你实际答对了多少题？比较一下你答对的题数和你估计答对的题数，评价一下自己，你是正确估计了自己，还是低估或高估了自己？

推荐阅读

[1] Kahneman D, Tversky A. The Psychology of Preferences [J]. Scientific American, 1982, 246(1): 160-173.

[2] Odean T. Are Investors Reluctant to Realize Their Losses [J]. Journal of Finance, 1998, 53(5): 1775-1798.

[3] Gervais S, Odean T. Learning to Be Overconfident [J]. Social Science Electronic Publishing, 2001, 14(1): 1-27.

[4] Tversky A, Kahneman D. Loss Aversion in Riskless Choice: A Reference-Dependent Model [C]. 1991: 1039-61.

[5] Benartzi S, Thaler R H. Naive Diversification Strategies in Defined Contribution Saving Plans [J]. American Economic Review, 2001, 91(1): 79-98.

[6] 董志勇.行为经济学 [M].北京：北京大学出版社，2005.

[7] 巴泽曼.管理决策中的判断 [M].6 版.杜伟宇，李同吉，译.北京：人民邮电出版社，2007.

[8] 巴荣.思维与决策 [M].李纾，梁竹苑，译.北京：中国轻工业出版社，2009.

[9] 刘力，张圣平，张峥，熊德华，等.偏好与行为金融学（金融学论丛）[M].北京：北京大学出版社，2007.

判断题的准确答案（请判断答案是否在你圈出的区间范围内）

（1）上海到芝加哥的航线里程〔12 000 公里〕

（2）贝多芬出生的时间　〔1770 年〕

（3）耶鲁大学成立的时间　〔1701 年〕

（4）曾在芝加哥大学任教或学习的教授或学生中获得诺贝尔奖的人数〔73 人〕

（5）莫扎特完成的交响乐曲数量〔41 首〕

（6）马丁·路德·金去世时的年龄〔39 岁〕

（7）一头亚洲大象妊娠的时间〔645 天〕

（8）尼罗河的长度　〔6 770 公里〕

（9）一架波音 747 的重量　〔177 吨〕

（10）美国平均每年被鲨鱼咬伤至死的人数〔少于 2 人〕

第7章

金融市场中的个人投资者行为

本章提要

本章介绍了金融市场中的个人投资者在交易过程中出现的行为偏差,包括处置效应、过度交易、羊群效应、本土偏差等。分析了这些行为偏差产生的心理学原理,并用金融市场的交易数据对这些行为偏差进行了验证与解释。

重点与难点

掌握金融市场中个人投资者决策行为偏差的类型和具体表现形式;

从认知与心理学角度分析与理解投资者行为偏差的原因;

分析个人投资者的行为偏差对金融市场整体稳定性和有效性的影响,思考如何才能促使投资者的行为回归理性。

引导案例

高智商者能跑赢市场吗㊀

在有效市场假说体系下,智商并不是取得投资成功的关键因素,有效市场下无人能够获得超额收益。伯顿·马尔基尔在《漫步华尔街》中讲述了"黑猩猩掷飞镖"的故事:在20世纪80年代末,《华尔街日报》出面组织了一场历时数年的股票投资公开赛,一方是最著名的华尔街分析师,他们根据自己公开推荐的股票构建投资组合,另一方是会掷飞镖的大猩猩,将大猩猩掷中的股票构建投资组合,比较双方的投资收益率,竞赛的结果是:大猩猩赢了!这个故事似乎告诉我们,在一个有效市场上,高智商并不对应着高收益。

㊀ 根据以下文献改编:Grinblatt M, Keloharju M, Linnainmaa J. IQ and Stock Market Participation [J]. The Journal of Finance, 2011, 66(6): 2121-2164. Grinblatt M, Keloharju M, Linnainmaa J T. IQ, Trading Behavior, and Performance [J]. Journal of Financial Economics, 2012, 104(2): 339-362.

然而，巴菲特的亲身经历和骄人投资回报，彻底否认了有效市场假说。他认为，有效市场假说本身是"无效"的，否则又怎么解释伯克希尔公司连续50年公司股票净值的高增长率呢？近年来，经济学家试图检验智商（IQ）与投资决策之间的关系，得到了一系列有趣的结论。芬兰是适用义务兵役制的国家，该国的武装部（Finish Armed Forces, FAF）对全国19岁或20岁的青年男子进行整套问卷测试，从中遴选出最合适的应征入伍者进行训练，为军队培养后备指挥人才。这套问卷中有一部分用于测试认知能力，由120道用于测试数学能力、语言能力和逻辑推理能力的题目组成。Grinblatt、Keloharju和Linnainmaa等（2011）三位学者利用这个数据库，获得了从1982～2001年总计158 044条成年男子的IQ得分数据。他们按照身份证号将该数据与股票交易数据以及芬兰税务管理部门的数据相匹配，研究这些受调查者的IQ与其股票投资决策之间的关系。

结果表明，首先，随着IQ得分的增加，投资股票的人数比例单调递增。在控制财富等其他变量之后，IQ得分最低组的股市参与率比最高组低约20%，如图7-1所示。且在同一个家庭中，IQ得分高的受调查者比得分低的家庭成员参与股市的比例高。研究还发现，高IQ的投资者更愿意持有共同基金，所持有的投资组合更加分散、风险较低，能够实现更高的夏普比率。

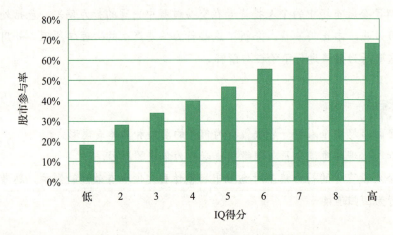

图7-1 不同IQ得分群体的股票市场参与率

其次，通过观察不同IQ得分的投资者的交易决策，发现高IQ的投资者更愿意卖出已经亏损的股票，更倾向于采取适当的交易策略来降低资本所得税，更有可能在股价发生剧烈变化之后采取与股价变化方向相反的交易策略。而低IQ的投资者则有更强的倾向买入在一周之前被热捧的股票，更容易跟风，尤其是更容易采取和同样低IQ群体相似的投资策略。

最后，这项研究最重要的发现是，对所有的期限而言，高IQ投资者所获得的回报高于低IQ投资者的回报，如图7-2所示。这种基于IQ的超额投资回报并没有被交易成本所抵消。相对于低IQ投资者而言，高IQ的投资者可获得0.24%的月度超额回报。如果构建一个投资策略，买入高IQ投资者前一个交易日买入的股票，卖出低IQ投资者前一个交易日卖出的股票，持有该组合一个月后再重新调整，然后继续持有……用历史数据对该策略进行模拟交易，那么平均每年可以获得11%的回报。

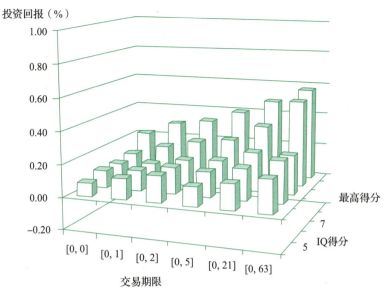

图 7-2　不同 IQ 得分投资者者的平均月度股票投资回报

案例思考：

为何 IQ 得分会影响人们参与股票市场的决策？为何高智商的投资者能获得更高的投资回报？是智商影响了投资者的信息获取能力，还是高智商的投资者更加理性，更容易规避给他们带来损失的行为偏差？接下来的这一章我们将系统地探讨金融市场中个人投资者所面临的一系列行为偏差，以及这些偏差如何影响其投资回报。

在第 6 章中我们了解到现实世界中的经济决策主体是有限理性的，受制于各种行为偏差。大量实证研究表明，金融市场中个人投资者比机构投资者更容易受到认知过程、情绪过程、意志过程中各种心理因素的影响，形成较为普遍的行为偏差，从而影响其投资回报。为了认识个人投资决策的非理性，本章首先考察现实世界中个人投资者的投资表现，然后分析影响个人投资者决策的心理与行为因素。

7.1　个人投资者的投资表现

新古典金融学认为资本市场是充分竞争的，投资者的预期回报与其所承担的风险对等，因此单个投资者将根据其风险厌恶程度，按照一定的比例在无风险资产和充分分散的市场组合之间配置资产。这也就是说，如果某个投资者想要获得更高的回报，就应该承担更多的风险。投资者不应该持有不充分分散的其他组合，因为他可以通过将同样多的资本按照某一比例配置在无风险资产和市场组合上，取得相等的预期回报，而所承担的风险相对较小。因此，个人投资者不必具有挑选股票的能力，他只需要持有市场组合就足够了。既然市场是有效的，那么在他采取交易之前新信息就已经体现在股价的变化中了，因而投资者没有必要根据新的信息来调整其资产组合，或者选择市场时机买入或者卖出股票。总而言之，新古典金融学认为个人投资者既不需要选股,也不需要择时,只需要根据自己的风险偏好,按照某一比例买入并持有市场组合和无风险资产就可以获得足矣补偿其所承担的风险的必要投资回报了。

然而,真实世界中的个人投资者却未能获得与其所承担的风险相称的回报。由于理论假设的要求以及数据可获得性等原因,关于投资绩效评估的早期研究对象主要集中于机构投资者,而非个人投资者。Grinblatt 和 Titman(1998)用 1975～1984 年的美国共同基金季度持股数据来评估机构投资者的投资绩效,发现就整体而言,共同基金收益率经过风险调整后,仍然可以获得优于市场的投资回报。Daniel 等(1997)用规模、账面市值比和一年期历史收益等特征相似的股票所构建的投资组合作为比较基准,研究也发现共同基金具有某种程度的选股能力,但并没有证据表明他们具有择时能力。这些研究都认为与个人投资者相比,基金管理者具有相对卓越的选股能力,可以从市场中获得更高的回报。

机构投资者投资绩效优于市场的证据间接地反映了个人投资者的投资表现不佳。在扣除风险补偿所必要的回报之后,金融市场基本上是一个零和博弈,有人买入就得有人卖出,有人赚钱就会有人亏钱。既然基金管理者在总体上能够打败市场,赚取更高的投资回报,那么必定有另外一个群体为之"埋单",这个群体就是不具有专业金融知识和投资技能的个人投资者,或称为"散户"。他们容易受个人心理偏差和情绪的影响,经常根据市场噪声而不是基本面信息进行交易,为市场提供流动性,却无法为自己所承担的风险赚取足够的投资回报。

格雷厄姆曾经断言:"投资者面临的首要的问题……甚至是他最坏的敌人,就是他自己。"近年来越来越多的实证证据表明,个人投资者的股票投资无法战胜市场。Baber 和 Odean(2000)用 1991～1996 年的 78 000 个美国家庭投资账户数据进行了实证研究,发现扣除交易成本后,这些个人投资者在此期间获得了 16.4% 的年平均回报率,然而这一回报率比持有按照市值加权的市场组合所获得的回报低 1.5%。Grinblatt 和 Keloharju(2000)用芬兰中央证券储备系统(Finnish Central Securities Depository)提供的 1994～1996 年的全账户交易数据研究各类投资者的交易行为。他们在每一个交易日把所有股票按照未来 6 个月的收益从高到低进行分组,用投资者买入高收益股票的比率与买入低收益股票的比率之差来衡量投资者在该日的投资表现。如果该比率之差为零,则说明投资者不具有任何识别高收益股票的能力。如果该比率之差为正,则说明投资者对未来股票表现具有某种识别能力,这一比率之差可称为"正买入比率"(positive buyratio)。Grinblatt 和 Keloharju(2000)将投资者分为个人投资者、非营利机构、政府、金融和保险机构、非金融公司以及外国投资者等几类,用样本区间内出现"正买入比率"交易日的概率作为该时段某类投资者的投资表现。如果某类投资者的"正买入比率"大于 0.5,则说明其净买入盈利股票的可能性更高。图 7-3 显示了个人投资者作为一个整体净买入盈利股票的概率之差为 0.398,而金融和保险机构与外国投资者净买入盈利股票的概率之差则超过 0.55,说明个人投资者净买入未来表现较差的股票,而金融和保险机构

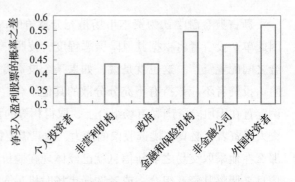

图 7-3　各类投资者净买入盈利股票的概率

与外国投资者则净买入未来表现较好的股票。

为了更加详细地考察个人投资者作为一个整体到底在股票投资中遭受了多大的亏损，Barber 等（2009）利用亚洲某地区市场 1995～1999 年所有投资者账户的交易数据进行了研究。他们把个人投资者每个交易日的净买入行为作为一个事件，在事件发生后的第二天就买入并持有个人投资者净买入的股票组合（按照净买入值加权平均），称之为"个人净买入组合"。同样地，用机构投资者的净买入行为作为事件构建"机构净买入组合"，各组合的累积超额收益率如图 7-4 所示。

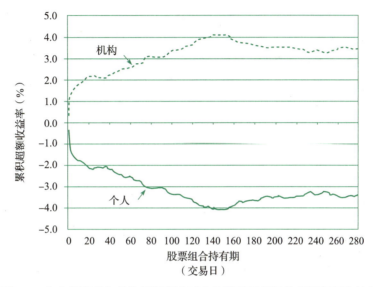

图 7-4　个人投资者与机构投资者净买入的股票所获得的累积超额收益率

从图 7-4 中可以看出，在持有 140 天之后，"个人净买入组合"获得约 -4% 的累计超额收益率，而"机构净买入组合"则获得约 4% 的累计超额收益率。由此可见，在该地区股市上个人投资者的业绩远低于机构投资者。通过进一步的分析表明，个人投资者作为一个整体平均每年亏损 9 350 亿美元，相当于该地区年生产总值的 2.2%。这个亏损额相当于个人花费在交通、通信、服装、能源等方面私人开支之和的 1.7 倍。这些损失按照造成亏损的原因归结为四类，包括：①交易损失约 27%；②佣金约 32%；③印花税约 34%；④择时错误约 7%。其中交易损失和择时错误两项代表着被机构投资者赚取的超额收益。

可见，相比机构投资者，个人投资者的长期投资表现更糟糕。新古典金融学理论试图从以下几个方面解释个人投资者的低业绩。

首先，过高的交易成本是导致个人投资者表现不佳的主要原因。一个耐人寻味的问题是：既然个人投资者无法战胜市场，那么他们为什么不把自己的资金委托给专业的投资者去打理，或者干脆消极地持有指数型基金呢？

其次，在信息不对称的假定下，机构投资者在市场中具有信息优势，而个人投资者则处于信息劣势。新古典金融学理论认为个人投资者并没有投机性交易动机，投资者买入股票是为了投资，卖出股票是为了收回资金用于消费。如果风险偏好发生改变，或者为了最小化支付税收，投资者会根据自己的需要调整风险资产组合的头寸。当个人投资者因为流动性冲击、规避税收和风险偏好变化等原因调整头寸时，他们被迫与那些具有信息优势的机构投资者进行交易。很显然，即使个人投资者不是为了投机而进行交易，也会由于其信息劣势而为这种交易付出高昂的成本，而机构投资者则可以凭借信息优势在交易中赚取超额收益。

最后，尽管基于信息不对称的交易理论也用于解释个人投资者表现不佳的原因，但这一理论却很难解释为何不同市场的投资者交易活跃度会存在巨大差异。Barber 等（2009）发现该亚洲地区股市的年换手率（成交额与市值之比）高达 300%，是同期美国一些地区股市的 2～3 倍。难道该地区的个人投资者为了获得流动性和满足其他调整资产组合的需求而换手股票的概率会数倍于美国个人投资者吗？显然这是不具有解释力的。即使对同一投资群体，Dey（2005）研究发现，1995～2001 年，纳斯达克的股票换手率是纽约交易所股票换手率的近 7 倍，这很难用个人投资者的非投机性交易需求来解释。

正因为新古典金融学理论在解释个人投资者交易特征时遇到了重重困难，行为金融学才试图从投资者行为的角度去解释这些"交易异象"。接下来，本章将从处置效应、过度交易、注意力驱动交易、情绪驱动交易、投资组合的不充分分散五个方面来描述和解释个人投资者交易的交易特征。

7.2 处置效应

7.2.1 处置效应的市场表现

Shefrin 与 Statement（1985）通过对比 1964～1970 年 2 500 个来自证券公司的个人交易账户中已经卖出的资产和继续持有的资产，发现仍旧持有的资产收益率持续表现为负值，而已被卖出的资产回报率则在随后持续为正。通俗地说，即是这些个人交易账户中继续持有的资产的收益率已经持续为负值，但却少有卖出的迹象；而已经被卖出的股票回报率却为正。为描述这种投资者行为现象，Shefrin 和 Statement（1985）提出"处置效应"（disposition effect）这一概念，用来阐述投资者过早卖出盈利股票而迟迟不愿抛弃亏损股票的行为[一]。

处置效应包含了两重含义：第一，盈利与亏损是相对于一定的参考标准而言的，它可以是买入价格，也可以是资产的理论价值；第二，过早卖出与过迟卖出是相对于最佳卖出时机而言的，它表明投资者更倾向于卖出盈利股票而不愿卖出亏损股票，即通常来说，在任意时点上，投资者卖出盈利股票的比例都相对更高。为此，Odean（1998）用 1987～1993 年 10 000 个经纪账户的交易记录数据，以投资者购买价格作为衡量股票投资盈亏的标准，计算投资者实际卖出盈利股票的比率（PGR，即某一时期内账户中所卖出的盈利股票的数量与账户总共交易的盈利股票数量之比）与卖出亏损股票的比率（PLR，即某一时期内账户中卖出的亏损股票的数量与账户总交易的亏损股票数量之比）。具体 PGR 与 PLR 的计算方法如下：

$$\text{PGR} = \frac{\text{卖出的盈利股票的数量}}{\text{（卖出的盈利股票的数量 + 账户盈利股票数量）}} \quad (7\text{-}1)$$

[一] 原文为 "sell winners too early and rider losers too long"，参见 Shefrin H, Statman M. The Disposition to Sell Winners Too Early and Ride Losers Too Long: Theory and Evidence [J]. The Journal of Finance, 1985, 40(3): 777-790。

$$PLR = \frac{卖出的亏损股票的数量}{(卖出的亏损股票的数量 + 账户亏损股票数量)} \quad (7\text{-}2)$$

分析 1987～1993 年交易账户中的年 PGR 值与 PLR 值，奥迪恩（Odean）发现全年 PGR 比率为 14.8%，比 PLR 比率高出 5%[⊖]。同时，奥迪恩计算出了每一个月的 PGR 与 PLR 的比值，发现在 1～11 月该比值都大于 1（见图 7-5），即 PGR 比率大于 PLR 比率。这一证据强力地支持了 Shefrin（1985）提出的在资本市场中投资者倾向于卖出盈利股票的观点。

Odean（1998）进一步考察了投资者继续持有的股票组合与已经卖出的股票组合随后的市场表现。分别计算两个投资组合在未来若干交易日后的平均收益率（股票组合的平均收益率与 CRSP 经流通市值加权的股指收益率之差）。发现随着交易日的延长，已经卖出的盈利股票组合收益率持续增长，在 252 个交易日后平均达到 2.35%；而继续持有的股票组合收益率一直处于低值，在 252 个交易日后平均低至 −1.06%，二者差值达到 3.41%。可见投资者卖出盈利股票的时机的确过早，表现出明显的处置效应行为。韦伯（Weber）与凯莫勒（Camerer）也用实验验证了处置效应的存在。

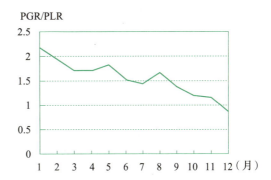

图 7-5　月均卖出盈利股票的比率（PGR）/卖出亏损股票的比率（PLR）

资料来源：Odean T. Are Investors Reluctant to Realize Their Losses? [J]. Journal of Finance, 1998, 53(5): 1775-1798.

| 案例 7-1 | 实验中的投资者处置效应[⊜] |

Weber 与 Camerer（1998）设计了一个行为决策实验，观察被试在金融资产交易过程中是否存在处置效应。

实验设计：

设计 6 个可交易金融资产 A、B、C、D、E、F，每个资产交易 14 期。

实验假定：

(1) 风险资产的价格遵循随机游走过程，每个投资主体的初始禀赋为 10 000；

(2) 在交易的开始就已经决定每一个风险资产上升或下跌的概率，A 资产价格上升的概率为 65%，B 资产为 55%，C、D 资产为 50%，E 资产为 45%，F 资产为 35%，每一个资产上升与下跌概率之和为 1；

(3) 每一个资产价格变动的幅度随机设定为 1、3、5 三个层次，三个层次变动的概率相等；

(4) 每一个交易资产的价格序列在实

[⊖] 但在比较第 12 个月的月均卖出比率时却发现亏损股票的月均卖出比率更高，作者认为这或与年底的税赋有关。具体参见 Odean T. Are Investors Reluctant to Realize Their Losses? [J]. The Journal of Finance, 1998, 53(5): 1775-1798。

[⊜] Weber M, Camerer C F. The Disposition Effect in Securities Trading: An Experimental Analysis [J]. Journal of Economic Behavior & Organization, 1998, 33(2): 167-184.

验前就已经随机决定；同时，将在事先给定 4 期资产价格作为交易者判断资产价格走势的依据。并假定无论是资产价格上升或下降的概率，还是变动幅度概率都独立于金融资产。

被试从 $t=1$ 期开始交易，$-3 \sim 0$ 期的资产价格走势由系统给出，以后的 $1 \sim 14$ 期资产价格则由被试的买卖交易所形成。被试根据已有的资产价格走势与自己的推断决定相应的买卖行为，在系统里输入资产的买入价或卖出价。被试之间的交易价格与股票市场的成交价相似，最终，6 个金融资产各期的交易价格走势如图 7-6 所示。

在实验过程中，投资者对同一资产会出现多次买入与卖出，无法准确知道同一投资者在不同时期买入同一资产时的交易成本。所以设计了首次买入法和最后买入法两种成本方法，前者是以首次买入成本作为该资产的买入成本，后者是以最后一次买入成本作为该资产的买入成本。

交易结果：

相关的实验结果如表 7-1 所示。从 6 个资产交易的总体情况来看，最后买入法计算出来的盈利卖出股票的比例达到 59%，而亏损卖出股票的比例仅为 36%；而首次买入法计算出来的盈利卖出股票比例达到 58%，亏损卖出股票比例为 37%，很好地验证了处置效应的存在性。

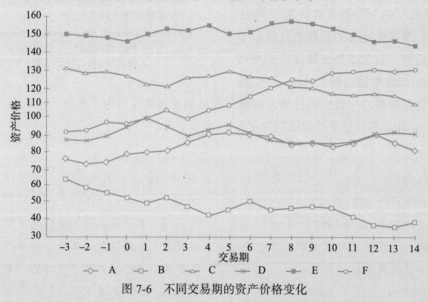

图 7-6　不同交易期的资产价格变化

表 7-1　以买入价为参考点的资产卖出数量

	A		B		C		D		E		F		合计	
	数量	比例%	数量	比例%	数量	比例%	数量	比例%	数量	比例%	数量	比例%	数量	比例%
最后买入法														
盈利股票	1 392	51	3 103	70	420	46	542	33	678	78	1 658	86	7 793	59
中间股票	276	10	31	1	5	1	75	3	25	3	200	11	612	5
亏损股票	1 068	39	1 271	29	492	53	1 739	64	161	19	64	3	4 795	36
首次买入法														
盈利股票	1 455	55	3 211	70	425	47	411	17	583	75	1 568	83	7 653	58
中间股票	289	11	10	0	0	0	90	4	35	5	250	13	674	5
亏损股票	883	34	1 376	30	472	53	2 385	79	156	20	64	4	4 826	37

7.2.2 处置效应的解释

舍夫林认为由 Kahneman 与 Tversky（1979）建立的前景理论最大的贡献在于发现决策者在不确定的环境下的损失厌恶，也就是说，"个人无法同等看待所获得的收益与遭受的损失，这也是造成个人在亏损情况下宁愿接受赌博的原因"⊖。他们认为价值函数在收益区间是凹函数而在损失区间是凸函数。投资者在购买股票以后，就会以购买价格作为其决策的参考点。投资者会以买价或心理价位作为参考点决定是否继续持有或卖出股票。例如，投资者把买价作为参考点，如果股价上涨产生了盈利，此时价值函数是凹函数，表现为风险回避，他会倾向于卖出该股票；相反，假如股价下跌，使他的财富发生损失，这时价值函数为凸函数，表现为风险寻求，他就会倾向于继续持有该股票。如图 7-7 所示，以股票买价为参考点，在收益区间，由于曲线的凹性，收益下降所带来的价值下降大于收益上升带来的价值上升，为了避免价格下降带来的恐惧，人们于是倾向于卖掉股票；相反，在损失区间，由于曲线的凸性，收益上升所带来的价值上升大于收益下降带来的价值下降，于是人们倾向于持有股票等待价格的上涨。

心理账户（Thaler, 1981）⊖的解释与参考点解释一脉相承，Shefrin 与 Statman（1985）认为当投资者买入股票时意味着开立了一个新的心理账户，投资者会不自觉地忽略股票的价值而将股票价格与买入价相比。另外，舍夫林也提到投资者会有一定的后悔厌恶与自我控制心理，投资者卖出损失的股票意味着确认自己的错误，这将使投资者产生极大的后悔心理，而产生自我辩护动机（self-justification）使其不愿意卖出损失的股票从而避免对错误的承认。

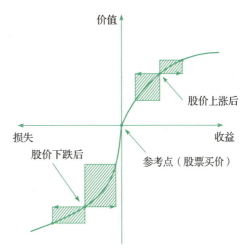

图 7-7 价值函数曲线对处置效应的解析
资料来源：戈尔德贝格，尼奇. 行为金融［M］. 赵英军，译. 北京：中国人民大学出版社，2004

此外，Summers 和 Duxbury（2007）认为，投资者在买卖股票时不自觉地受到情绪的影响。如果投资者希望股票交易带来更多的喜悦与成就，他就会更愿意卖出盈利的股票，因为实际的盈利将为其带来极大的满足感；而卖出亏损的股票将使投资者变得懊恼、悲伤。为此，这两位研究者用实验方法研究情绪对投资者处置效应的影响，结果发现，当投资者热衷于在资产组合中配置股票时，处置效应现象并不强，尤其是当他们对股票交易的收益与损失并不

⊖ Kahneman and Tversky (1979) 原文 "A person who has not made peace with his losses is likely to accept gambles that would be unacceptable to Him Otherwise"，引用自 Kahneman D, Tversky A. Prospect theory: An Analysis of Decision Under Risk［J］. Econometrica: Journal of the Econometric Society, 1979: 263-291.。

⊖ 由于心理账户在本书第 6 章论述投资者的心理偏差时有更为详细的解释，在本章中将不再对其另行解释，有关心理账户的具体概念也可参见论文 Thaler R H. Toward a Positive Theory of Consumer Choice［J］. Journal of Economic Behavior & Organization, 1980, 1(1): 39-60。

在意时，股票买卖的处置效应倾向性将减弱。处置效应的前提是投资者对投资结果的关注，而这也强调了情绪在投资选择中的作用。包括喜悦、懊悔、骄傲等在内的情绪波动都将影响投资者的股票交易行为。[一]

不难理解，处置效应所显示的是投资者在不确定环境下的风险选择，它揭示了心理预期与认知偏差对投资者行为决策的影响。

7.3 过度交易

新古典金融学理论认为，投资者交易股票是基于以下四个原因：第一，因为有获利的可能，即股票边际收益高于交易成本。第二，在股票价格发生变动后，投资者希望调整已有的资产组合，特别是当投资者有流动性的货币需求时因为要获得现金而交易股票。第三，生命周期理论认为，如果人是理性的，那么他将根据效用最大化原则来使用一生的收入，保证收入与消费相对应，因此会为满足其消费需求而产生交易活动。第四，受到社会互动的影响，在移动互联网等社会化媒体普遍存在的今天，个人的社会行为与股票交易行为将不可避免地与周围的亲人、朋友、同龄群体相一致[二]。此外，也有学者提出投资者交易股票有出于税收的考虑，由于《税法》规定投资者的资本利得、股利等需要上交所得税或资本利得税，因此理性投资者会出于税收规避的需要而交易股票[三]。相信效用最大化原则的投资者会理性地选择交易股票而不会任意交易，但近百年来一次又一次的股票价格泡沫却告诉我们投资者在股市交易中常常会陷入疯狂，他们会为了追逐财富而不顾一切。行为金融学者认为，真实世界中的投资者倾向于过度交易市场中流通的金融资产。

7.3.1 过度交易的市场表现

过度交易即股票交易频率较高，通常以换手率来衡量某一股票的交易频率，即某股票的日成交量与其流通股本之比。

在新古典金融学看来，理性人只会根据效用最大化原则调整资产组合并交易股票，因此

[一] Strahilevitz、Odean and Barber (2011) 研究发现投资者会更乐意买入之前卖出的股票（当该股票价格下跌），因为投资者会因为自己判断得正确而产生更大的喜悦与满足感。参见 Odean T, Strahilevitz M A, Barber B M. Once Burned, Twice Shy: How Naïve Learning, Counterfactuals, and Regret Affect the Repurchase of Stocks Previously Sold [J]. Social Science Electronic Publishing, 2010, 48(47)。

[二] 交易成本假说由 Grossman 与 Stiglize (1980) 提出，他们认为投资者所获得的信息，尤其是私人信息，是其交易股票的主要动机，投资者会通过信息来推断股票长期的走势并判断是否有投资的价值。参见 Grossman S J, Stiglitz J E. On the Impossibility of Informationally Efficient Markets [J]. The American Economic Review, 1980, 70(3): 393-408。资产组合与流动性假说由马科维茨在资产组合理论中提出，而生命周期假说可参见 Ando A, Modigliani F. The" Life Cycle" Hypothesis of Saving: Aggregate Implications and Tests [J]. The American Economic Review, 1963, 53(1): 55-84，社会互动将影响股市参与的理论可参见 Hong H, Kubik J D, Stein J C. Social Interaction and Stock - Market Participation [J]. The Journal of Finance, 2004, 59(1): 137-163。

[三] 税收规避假说由 Odean (1998) 在检验投资者处置效应中提出，奥迪恩发现在每年的12月，投资者都会倾向于卖出账户中亏损的股票而继续持有盈利的股票。奥迪恩认为这与投资者的税收规避考虑有关，因为收益需要上交资本利得税而损失则无需交税。

资本市场的股票换手率应该的极低的。然而，Odean（1999）却发现世界各国的股票市场交易量都普遍偏高，1998年纳斯达克股票市场年换手率达到75%，这也就是说在整个市场中流通的100手股票中就有75手被买卖。而外汇市场所有货币的日均交易量约为总额的25%。高频率的股票交易行为显然不能由传统金融学理论所认为的适当交易与适当调整资产组合所解释。Odean（1999）研究指出在资本市场中，投资者表现出了"过度交易"行为，过度交易中的"过度"按如下标准进行定义：第一，就个人投资者而言，当投资者不是出于调整资产组合或实现收益需要而进行交易时，可以认为该投资处于"过度交易"之中；第二，就股票资产而言，当股票资产并未出现长期价值的上升（或下降）趋势，但股票成交量却发生异常时，可以认为该股票被"过度交易"了。若投资者是理性人，那么其必定会基于投资收益高于交易成本的原则卖出股票，并且其买入股票的成本将足够由卖出股票的收益所补偿。因此，行为金融学的观点认为，过度交易的表现就是忽视了交易成本，因而投资者股票交易的收益下降了。简单来说，若这些投资者更少地交易其收益将会更好，考虑交易成本之后，频繁交易的账户平均收益将会远低于市场的平均收益。

为验证投资者过度交易的行为，Odean（1999）收集了1987～1993年共10 000个投资者账户的交易数据，比较这些账户中被买入的股票与被卖出的股票在随后的4个月、1年、2年中的收益率差异；同时，奥迪恩认为投资者交易股票的成本可以大致分为两个部分：第一，买卖股票时所需支付的费用率；第二，买入股票的平均价格高出股票收盘价的部分以及卖出股票的平均价格低于股票收盘价的部分[⊖]。研究发现：总体来看，第一，无论是4个月、1年还是2年的交易结果，被卖出的股票平均收益率都高于被买入的股票；第二，在股票交易量最大的前10%账户中，被买入的股票平均收益率在1年内仅为3.73%，而被卖出的股票平均收益率却已经高达8.01%；第三，被买入股票的平均收益率都低于市场平均收益率，1年的被买入股票平均收益率与市场平均收益率之差达到-2.68%；第四，买卖股票所获的收益率并未显著地高于交易成本。可见，从检验结果来看，投资者交易股票资产既忽略了交易成本，也未关注股票的长期价值变化，其买卖行为具有明显的过度交易特征。为分析过度交易是否会导致更低的收益率，Odean（2000）将1991～1997年个人交易账户数据中的月均换手率按照从低到高分为5组，如图7-8所示，1组为低换手率组而5组为高换手率组。对比发现，1组的平均年收益率达到18.5%而5组的收益率仅为11.4%。显而易见，高换手率导致了更低的投资收益率，过度交易将带来投资者收益的损失。

个人投资者过度交易行为具有普遍性，全球各股票市场都有较为明显的过度交易现象。20世纪50～90年代，纽约证券交易所的年换手率平均为18%；而在1995～2010年，纽约证券交易所的年均换手率大幅上升到97%，这个阶段美国股市存在的过度交易行为被称为"非理性繁荣"；在同一时期，中国证券交易所的交易换手率更是纽约证券交易所的5倍，如深圳证券交易所的年均换手率为500%，上海证券交易所的年均换手率为450%。如今，我国证券市场已经发展了将近30年，但过度交易现象依然较为严重。

⊖ 在金融市场中，股票的收盘价格具有特殊的意义，它是交易日内投资者交易股票的加权平均成交价格，是市场普遍所接受的价格，从经济学意义上说，它类似于供求曲线的均衡点。也就是说，收盘价接近于股票的均衡交易价格。

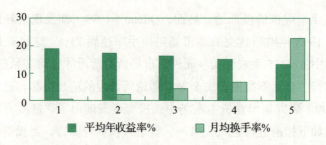

图 7-8 不同换手率组与对应的平均年收益率

资料来源：Barber B M, Odean T. Trading is Hazardous to Your Wealth: The Common Stock Investment Performance of Individual Investors [J] . Journal of Finance, 2000, 55(2): 773-806.

7.3.2 过度交易的成因

投资者产生过度交易表现为其在资产并未出现明显的价值变化时过度地交易该资产，并没有充分考虑交易所产生的成本造成的潜在损失。投资者产生偏离理性交易行为是因为他们以为看到了股票资产将出现价值变化的信号，当他们相信自己所获得的信息时，就会在股票市场进行相应的交易。因此，过度交易行为可以用过度自信来解释。过度自信使投资者对自己的观点过分确定却没有能够充分考虑其他因素，因而增加了交易的频率。在许多不同的环境中都可以发现投资者对凭借个人努力获得成功的过度乐观。投资者的交易策略总是基于自己的某种判断，或者基于某种信息、技术面分析和基本面分析。理性投资者交易的基本原则是卖出预期表现较差的股票，买入预期收益较好的股票，如果投资者对自己的信息处理能力和决策能力过度自信，就会进行一些非理性交易。例如，如果根据目前市场上出现的信息，某只股票第二天的价格会有 80% 的概率落在 6 ～ 10 元，那么过度自信的投资者则会缩小这一判断的价格区间，认为价格会有 80% 的概率落在更窄的区间里，例如 7 ～ 9 元。假定理性投资者和过度自信投资者持有一样交易的标准，即只有当价格以 90% 的概率落在 6 ～ 10 元时才交易，即认为只有价格满足这个条件时自己的交易才能获利，那么当市场信息表明价格会以 80% 的概率落在 6 ～ 10 元时，理性投资者就不会进行交易。而在现实中，投资者往往由于过度自信，缩小了自己对股价的概率分布范围，并错误地认为第二天价格的分布达到了交易发生所需的条件，于是他们会在信息不足的情况下做出交易决策，因而导致大量盲目性交易的产生。

实际上，过度自信代表的是一种投资者判断力。Barber 与 Odean（2001）认为判断一个人在投资过程中是否为过度自信就要看他的买卖行为是否符合"效用最大化"的原则。当投资者买入的股票在长期表现为低于市场平均收益而卖出的股票却在长期表现为高于市场平均收益时，可以认为投资者判断失误，即表现出过度自信，这一推测得到实证证据的强烈支持。

此外，Barber 与 Odean（2001）认为在心理学上，男性会有更强的过度自信表现。因此，男性的过度交易倾向要明显高于女性。如图 7-9 所示，在所选股票业绩基本相同的情况下，发现男性投资者的年损手率比女性投资者高出 26%，对于单身男性和单身女性来说，这一差别更加显著，单身男性比单身女性的年损手率多 33%。

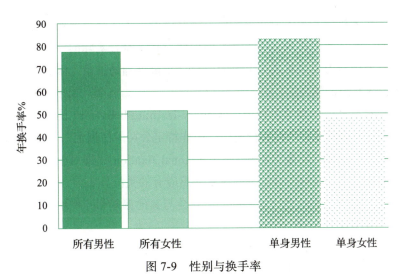

图 7-9 性别与换手率

资料来源：Barber B M, Odean T. Boys will be Boys: Gender, Overconfidence, and Common Stock Investment [J]. Quarterly Journal of Economics, 2001, 116(1): 261-292.

另一方面，自我归因（self-attribution）也将使投资者产生过度交易的行为。Barber 与 Odean（2001）分析在线交易用户与现场交易用户的交易结果发现，在线交易用户在使用线上交易功能前都有良好的表现，但在进行线上交易之后其交易表现却并无出彩之处。他们认为，线上用户强烈的自我归因偏差使他们把之前交易的成功归结于自己的判断与能力，但却将交易失败归结于他人与不好的运气。由于过分夸大自己的才能与投资天赋，他们在线上交易时变得更加频繁与活跃，从而产生过度交易的行为偏差。

如今，互联网与移动互联网广泛兴起，投资者获得信息的速度大幅提升，投资者极容易因为掌握过多信息而产生认知幻觉（illusion of knowledge）。他们会误认为自己掌握了正确而有效的信息，因而产生极强的预测信心。但过多的信息也将使投资者产生更为明显的过度自信，从而导致更为频繁的过度交易。

7.4 注意力驱动交易

新古典金融学理论认为市场是充分有效的，资产价格的变动完全是因为资产有效信息的变化。理性投资者将在资产信息发生改变的情况下做出交易行为。然而 Kahenman（1979）等人认为投资者因先天性与后天性的原因而无法处理所有的信息，在人们的认知过程中不可避免地存在"有限注意"（limited attention）。投资者倾向于关注更为"显眼"（salient）的信息与更为感兴趣的信息，从而影响投资者对信息的反应与交易行为，并进而影响股票资产的价格。

7.4.1 有限注意力与信息处理

依照新古典金融学理论的观点，资本市场的投资者可以等概率地处理股票买入与卖出行为，知情交易者可以等概率地根据负面信息卖出股票与根据正面信息买入股票，而噪声交易者则可以等概率地随机选择买入或卖出股票。这其中隐含了一个重要的前提条件：投资者了解市场上所有的证券。然而在现实中，这个前提假设是不符合实际的。投资者因认知的局限性与有限的信息处理能力无法对成千上万的股票做出最准确的推断，因而只能对有限的股票或对某些股票投入有限的精力。

有限注意导致投资者归类学习行为（category-learning behavior）的产生，即投资者会把更多的注意力放在处理宏观经济面和行业信息而非特定公司的信息上○。投资者在处理财务报告和会计信息时存在明显的功能定势现象（functional fixation），即对会计盈余的反应仅仅锁定在名义的盈余数字上，而对会计盈余的质量缺乏应有的关注。

尽管有限注意力本身并不是行为偏差，但它会与其他偏差相互作用，影响投资者对信息的反应。

7.4.2 有限注意力对交易行为的影响

有限注意力使投资者对显著性的事件表现出过度反应，进而影响投资者对不同信息的关注和处理方式。有限注意的投资者倾向于吸收和处理那些显著的信息，并且简化信息处理。作为人的一种认知约束，有限注意力对人的各种行为的影响具有普遍性。

有限注意力使投资者倾向于交易那些有"显著性"特征的股票。Barber 与 Odean（2008）○ 发现，对于个体投资者而言，有过异常收益、异常交易量的经历并经新闻报道的股票，更容易成为他们选择的目标，因为具有以上特征的股票比较显眼，更容易引起投资者的注意，从而增加被购买的概率。但是对专业机构投资者而言，由于有专业的研究机构和人员对信息进行相对全面的收集，因而受有限注意力的影响较小。

有许多学者从"关注度"的角度来研究投资者的注意力驱动交易行为，Barber 与 Odean（2008）基于股票的新闻发布、异常交易量、极端收益三个能够吸引投资者关注的指标来衡量投资者对股票的关注度。当一个上市公司发布有价值的新闻信息时，自然会引起众多的投资者注意；而当投资者交易的股票出现异常成交量与极端收益时更是会直接引起交易中的投资者关注。Engelbery、Sassevilley 和 Williamsy（2007）利用 CNBC 的节目收视率来表现股票受关注的程度，股票受关注的程度越大，换手率越高，投资者存在注意力驱动交易行为的可能性越高。Seasholes 和 Wu○（2007）发现中国证券市场的投资者也存在注意力驱动交易现

○ 例如，Cooper（2001）研究证实在美国网络泡沫时期，有些公司只因将其名称改成 dot.com，其股票收益率就出现了异常。

○ Barber 与 Odean (2008) 认为，投资者在买入股票的过程中之所以极容易为注意力所驱动是因为要在数以千计的股票市场中选出最有投资价值的股票资产极为困难，需要花费大量的时间成本，这使投资者不愿意面对这样的选择难题，因此显眼信息的出现将帮助投资者迅速做出选择。但投资者在卖出股票资产时却不会面对这样的选择难题，因为投资者是根据账户内已有的股票资产进行交易。对于卖出股票而言，困难在于如何选择最佳的卖出时间。但总体来说，Barber 与 Odean (2008) 认为投资者的买入行为更容易受到注意力驱动的影响，具体参见 Barber B M, Odean T. All that Glitters: The Effect of Attention and News on the Buying Behavior of Individual and Institutional Investors [J]. Review of Financial Studies, 2008, 21(2): 785-818。

○ Mark S. Seasholes and Guojun Wu. Predictable Behavior, Profits, and Attention [J]. Journal of Empirical Finance, 2007, 14: 590-610.

象，受到涨跌停板的信息冲击，投资者更倾向于购买前期位于涨跌停板①上的股票。Rosa 和 Durand②（2007）用新闻条数来代表投资组合的显著程度，对澳大利亚投资者的投资组合进行统计分析，发现新闻越多的股票购买量越高。

投资者在决策前首先会从上千只股票中选择那些吸引他们注意力的股票，构成一个选择池（choice pool），然后再从中选择几只股票进行投资。这种基于注意力驱动的投资决策降低了搜寻的成本，具有异常收益率、异常交易量和新闻发布的股票通常能够吸引人的注意力，个体投资者的总买入量大于其总卖出量，买卖的差量由机构投资者和做市商提供，说明个体投资者是注意力驱动交易的。一旦某只股票发生"显著性"事件，投资者特别是个体投资者很容易过度交易，从而导致资产的预期收益率下降。

案例 7-2　　股票的排行榜效应③

在现实生活中，我们常看到很多统计各领域前 10 名的排行榜：十大畅销书、十大名牌高校、排名前 10 的电影、歌曲等。即使它们可能并非名副其实，但相比不在榜上的其他相似物品而言，仍旧吸引着公众的注意力。注意力是一种稀缺的资源，我们早已学会通过注意力的排序来选择我们所需要的东西，这无疑大大降低了选择的烦恼。

在资本市场中，新闻媒体或其他观看股票的软件都会报道日收益率排名前 10 的股票。这样的排行榜将直接吸引投资者对这些排名前 10 的股票进行买卖交易，从而影响这些股票随后的收益率。为检验股票市场的排行榜对这些股票产生的影响，我们选取 2006~2009 年上海证券交易所交易日内排名前 10 的股票与排名在第 10~20 的股票，若投资者对这些收益率排名不同的股票给予的关注相同，那么排名前 10 的股票收益率与排名在后 10 的股票收益率应当没有显著的差异。为避免因为公司信息差异而导致收益率排名的先后变化，我们选取当日收益率都达到 10% 的涨停的前 20 名股票，观察榜内 10 名和榜外 10 名在以后交易日中的差别。

如图 7-10 所示，通过对比每一个交易日内进入前 10 名与榜外 10 名的股票在以后交易日内减去市场收益率之后的超额收益率差异，我们发现在排行榜形成后的首个交易日中，榜内的 10 只股票所获得的超额收益率比榜外的 10 只股票所获得的超额收益率要高出 0.273%，这种超额收益率的差异可以一直持续到 20 个交易日之后。与此同时，统计证据进一步表明，在排行榜事件之后，榜内的 10 只股票比榜外的 10 只股票吸引了更多的网络搜索量和市场交易量，而在排行榜事件之前这两类股票在这些指标上并没有

---

① 涨跌停板：我国证券市场现行的涨跌停板制度是 1996 年 12 月 13 日发布，1996 年 12 月 26 日开始实施的。该制度规定，除上市首日之外，股票（含 A 股、B 股）、基金类证券在一个交易日内的交易价格相对上一交易日收市价格的涨跌幅度均不得超过 10%。
② Rosa S R, Durand R B. The Role of Salience in Portfolio Formation [J]. Pacific-Basin Finance Journal, 2008, 16(1): 78-94.
③ Peng D, Rao Y, Wang M. Do Top 10 Lists of Daily Stock Returns Attract Investor Attention? Evidence from a Natural Experiment [J]. International Review of Finance, 2016, 16(4): 565-593.

表现出显著差别。由此可见，股票收益排行榜很有可能吸引了投资者的眼球，从而导致了注意力驱动的交易行为和随后的股票超额收益率的诞生。

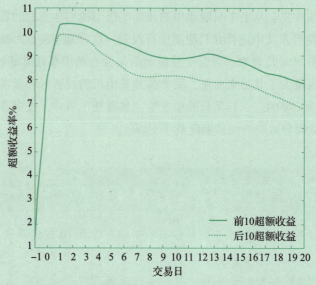

图 7-10　排名前 10 的股票与排名第 11～20 的股票超额收益率

7.4.3　有限注意力导致的定价偏差

注意力驱动交易，导致了资产价格的偏离。许多学者在有限注意力对资产价格产生的影响方面做了一些具有启发意义的研究。

Hirshleifer[一]（2006）认为有限注意力的投资者倾向于关注显著信息，造成股价对显著信息反应过度（over reaction），而对其他信息可能反应不足（under reaction）。由于注意力有限，投资者通常不能一次性处理全部的新信息，而是根据信息的重要性和紧迫性[二]，按一定的顺序逐条处理[三]。

在股票买卖过程中，投资者会将自己的注意力先后分配在宏观经济方面的信息和微观层面上的信息上，由此可能导致股票收益率的联动。当宏观经济的不确定性增加时，投资者会先将注意力集中于处理市场层面的信息，然后才考虑与特定股票相关的信息。当市场层面的冲击到来时，投资者同时对其做出反应，导致不同的股票同时波动；而在接下来的时间里，投资者会把注意力转移到公司层面，导致不同的股票的联动性下降。

其次，有限注意力导致盈余公告漂移（post-earnings announcement drift，PEAD，也叫盈余动量）[四]现象，当公司的盈利公告公布之后，公司的超额收益率将向上或向下漂移。Peress

---

[一] Hirshleifer D, Subrahmanyam A, Titman S. Feedback and The Success of Irrational Investors [J] .Journal of Financial Economics, 2006, 81 (2): 311-338.

[二] Peng 和 Xiong（2005）研究表明投资者更注重宏观经济方面的信息。

[三] 心理学家认为大脑的信息处理过程与计算机类似，两者都是对指令进行逐条处理。

[四] 盈余动量不同于价格动量，前者是股票价格对预期盈余的反应，而后者是股票价格对前期收益的反应。具体见："Hirshleifer D, Subrahmanyam A, Titman S. Feedback and the Success of Irrational investors [J]. Journal of Financial Economics, 2006, 81 (2): 311-338."

(2008)，Della Vigna 和 Polle（2008）分别运用不同的指标衡量关注度（盈余公告数量，媒体新闻量，特殊日期），检验不同关注度中股票的盈余动量大小，结果表明，在对规模、未预期盈余等因素进行控制后，盈余公告越被忽视的股票，其盈余动量越大，反之亦然。投资者的注意力扮演着双重角色：一方面，有限注意力会直接导致投资者忽视一些有用的信息，从而使股价反应不足；另一方面，注意力与投资者的一些行为偏差（例如过度自信）相互作用，导致股价的过度反应。投资者对公司股票的关注度越少，越有可能忽视公司的盈余公告，公司的信息就越难完全反映到股价中去，随着信息逐渐在价格当中反映出来，盈余公告漂移的现象就会出现[⊖]。

7.5 情绪驱动交易

新古典金融学理论认为理性人的决策遵循利益最大化原则，其长期决策必定经过深思熟虑，因此其决策改变必然是因为客观环境的变动。而情绪或者情感作为人内心的因素，将难以影响理性人的决策过程，套利者的存在也将使受情绪影响的投资者行为难以改变资产的价格。但现实中投资者在资本市场中的长期表现告诉我们，投资者的股票买卖行为受到情绪的影响。Keynes（1936）将股票市场描述为一个被动物精神所驱使的市场，投资者的行为不是因为资产预期收益的上升而改变，而纯粹是一种自发性本能的驱使。Akerlof 与 Shiller（2009）也认为个人的借贷、消费与更多的投资是由于被一种强大的自信、货币幻觉乃至于对公平的追求所驱动[⊜]。

7.5.1 情绪波动与认知过程、信息处理过程

传统心理学认为丰富的情感变化将增加个人的感性经历，而经历却往往是信息处理的起源。因此，情绪变化深刻影响着个人的认知与信息处理过程。Schwarz 与 Clore（1996）认为，情绪产生于个人对客观事件的反应，而这种主观的反应极容易突破理性的框架而即时作用于其行为。就好像人在突然生气与伤心时容易因冲动而冒险、失控。在现实生活中，我们都清楚大喜大悲都将对个人的行为决策产生极大的影响，这种强烈的情感使行为主体产生极大的自信心或后悔意识从而忽略客观的因素，产生"自我归因"与"错误归因"（misattribution）[⊜]，进而产生认知上的偏差。

情绪使投资者减慢对市场有效信息的收集与整理。在这个前提下，投资者对股票价格的判断多是基于不充分的信息考虑，从而对股票价格判断偏离其基础价值，进而产生股票买卖

⊖ Peress(2008)，DellaVigna，Polle(2008) 分别运用不同的指标衡量关注度（盈余公告数量、媒体新闻量、特殊日期），检验不同关注程度的股票盈余动量大小，实证显示在对规模、未预期盈余等因素进行控制后，盈余公告越被忽视的股票，其盈余动量越大，反之亦然。

⊜ 阿克洛夫，希勒. 动物精神［M］. 2版. 北京：中信出版社，2012.

⊜ 可以说，过度自信的出现通常就是因为主体受到过去辉煌成就的影响而产生极大的自豪感与自信心。这种强烈的情感驱使主体相信自己的判断，也更加依赖于自己的判断而轻视客观环境的变动。Schwarz N, Clore G L. Feelings and Phenomenal Experiences［J］. Social Psychology: Handbook of Basic Principles, 1996, 2: 385-407.

行为的偏差。毫无疑问，情绪改变了投资者的判断，也将改变其注意力，从而造成非理性的交易行为。

7.5.2 情绪与交易行为

稳定的情绪使投资者的股票买卖行为更为理性与稳定，而剧烈的情绪波动也将使投资者的股票买卖行为发生巨大的变化。可以推断，资本市场中股票价格的剧烈变化必然导致投资群体情绪的大幅波动。Grinblatt 与 Keloharju（2009）认为人类天生具有寻求刺激与兴奋的冲动，而刺激与兴奋的情感使个人变得更加乐衷于冒险与风险寻求，而风险偏好使投资者出现"追涨杀跌"的投资行为。因此，如果情绪会影响交易行为，那么那些喜欢赌博、飙车、极限运动的投资者相比较于那些喜欢高尔夫或者闲在家里看电视的投资者将会表现出更强的交易动机。换句话说，他们的交易量应该会更多。Grinblatt 与 Keloharju（2009）将过去几年持有的超速驾驶罚单的个数作为衡量投资者是否为具有更高的兴奋与刺激情感的投资者的衡量标准，分析其投资行为特征。有趣的是，Grinblatt 和 Keloharju（2009）并不认可 Barber 与 Odean（2001）提到的男性之所以比女性更追求风险是因为他们具有更强的过度自信倾向，Grinblatt 和 Keloharju（2009）认为，不能否认男性在心理与生理层面上都比女性具有更强的寻求刺激与兴奋的冲动。

图 7-11 为 Grinblatt 与 Keloharju（2009）为验证不同性别对刺激性情感的偏好对股票交易影响的统计结果。在实验中，男性与女性的平均交易量被与他们手中的平均超速罚单率进行对比。统计结果表明，随着出生年代往后推移，男性对刺激性情感的偏好越来越强，而女性则变化不大。与此对应的是男性的平均股票交易量也一直高于女性，但在 20 世纪 70 年代以后，二者的差异在逐渐减弱。这或与资本市场环境的改善（尤其是机构投资者在市场中的比例在 1970 年以后已经超过 68%）、宏观经济低迷有一定关联⊖。

虽然说情绪对投资者短期的股票交易行为具有明显的影响，但如何定义情绪甚至衡量情绪却较为困难。调查研究发现，人们的压抑、沮丧乃至自杀倾向集中出现在阴雨天气中，而在晴天尤其是阳光充足的天气中，人们的心情变得更加愉快，投资者也会表现出更积极的股票交易行为。研究者尝试以天气作为间接测量投资者情绪的指标⊜。有学者甚至认为国际性运动赛事也将影响投资者的情绪，并进而对股票市场收益率产生影响，Edmans、Garcia 与 Noril（2007）⊜发现在足球世界杯中失利的国家在随后的交易日内股票市场下跌了 0.5%。由于足球运动为诸多投资者所偏爱，因此国家在足球世界杯中的失利会使投资者产生较大的沮丧情绪，并使投资者倾向于卖出股票而不愿意买入股票，从而造成股票市场收益的波动。近几年来，很多学者用投资者的交易行为来构建情绪指数，认为若股票市场的波动与投资者的

⊖ 20 世纪 70 年代，美国陷入越南战争泥潭之中，经济下滑并因中东产油国家提高石油出口价格造成生产成本上升而逐渐陷入"滞涨"困局。

⊜ Eagles J M. The Relationship Between Mood and Daily Hours of Sunlight in Rapid Cycling Bipolar Illness [J]. Biological Psychiatry, 1994, 36(6): 422-424.

⊜ Edmans A, Garcia D, Norli. Sports Sentiment and Stock Returns [J]. The Journal of Finance, 2007, 62(4): 1967-1998. 此外，还有研究者认为当临近假期时，投资者会情绪高涨，从而影响临近假期时的股票市场交易量与收益率。Frieder L, Subrahmanyam A. Nonsecular Regularities in Returns and Volume [J]. Financial Analysts Journal, 2004: 29-34.

情绪有关，那么这些交易行为必然反映出投资者群体的整体情绪波动。○

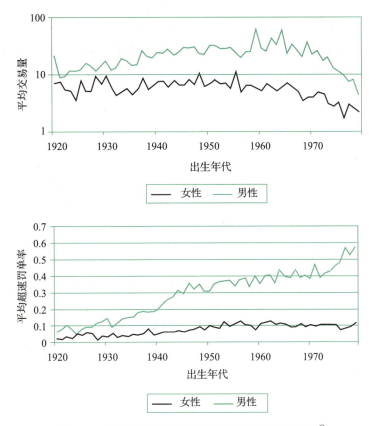

图 7-11　女性与男性的交易数量与平均超速罚单率○

我们应当明白，情绪是个人通过互动产生的结果，这种互动包括与社会群体的互动以及与自然环境的互动，在没有与外在环境互动的情况下，个人是不可能产生情绪波动的。投资者之间互动频率的增加使投资者情绪的波动性增大，也造成资本市场波动的加剧。很明显，在越开放的市场环境中，投资者之间的互动频率也越高，资本市场的波动也越剧烈。如今，社交媒体被广泛应用，投资者之间的线上互动日趋频繁，这将改变投资者的情绪变化过程并最终影响股票价格的波动。

7.6　投资组合的不充分分散

现代资产组合理论认为，资产价格的同方向运动使组合资产的价格波动加剧并造成资产组合的风险加大。理性投资者的投资组合具有两个明显的特征：第一，投资者的资产组合包

○ 关于情绪指数的构建可以参见本书第 11 章投资策略管理，当前资本市场有机构投资者尝试根据情绪指数构建套利组合；包括封闭式基金折价率、IPO 首日收益率、新增投资者开户数、投资者换手率等。在本章中将不再展开论述。

○ Grinblatt M, Keloharju M. Sensation Seeking, Overconfidence, and Trading Activity［J］. The Journal of Finance, 2009, 64(2): 549-578.

括一部分风险资产与一部分无风险资产，投资者应尽可能保证资产组合中各资产之间的相关系数小于1甚至接近于-1，从而最大限度地分散投资风险。第二，无论风险厌恶程度如何，只要风险溢价为正，则投资者总需要持有最优的风险资产组合以实现资产的增值。然而，在现实中个人投资者的股票组合存在"本土偏差"，即投资者会将他们的大部分资金投资于本国、甚至本地的股票，而不是投资于与本地股相关度低的外地股、甚至是外国股票。

7.6.1 市场表现

分散化不足最为直接的表现为投资者持有的股票资产种类不充分。根据马科维茨的资产组合理论，最优的风险资产组合是持有市场上相关性较弱的资产组合，以实现风险的最大分散化。但是，在现实中却发现投资者通常无法实现充分分散的投资组合。Barber与Odean（2001）发现在市场中占比最多的个人投资者持有股票的数量不超过4只，而Goetzmann和Kumar（2008）通过统计1991~1996年共60 000个股票交易账户数据也发现投资者普遍持有的股票数量在5只以下（见表7-2）。

表7-2 美国投资者持股数量分布与组合方差分布

持股数量	1991	1992	1993	1994	1995	1996	1991~1996
表A：资产组合中持有股票数量的投资者占比（%）							
1	33.02	29.71	27.88	27.06	26.75	25.50	28.02
2	20.55	19.60	18.65	17.91	17.99	17.37	18.59
3	13.51	13.59	13.14	13.03	12.50	12.01	12.90
4	8.86	9.20	9.50	9.46	9.36	9.30	9.22
5	6.11	6.55	6.87	6.87	6.70	6.59	6.57
6~10	12.36	14.49	15.56	16.26	16.81	17.40	15.36
11~15	3.28	3.93	4.80	5.18	5.30	6.13	4.72
超过15	2.31	2.93	3.59	4.23	4.59	5.70	4.44
表B：以第1行为基准归一化处理后的资产组合方差							
持股数量	1991	1992	1993	1994	1995	1996	1991~1996
2	0.645	0.612	0.601	0.589	0.570	0.563	0.597
3	0.508	0.470	0.459	0.443	0.417	0.407	0.451
4	0.441	0.397	0.385	0.366	0.337	0.329	0.376
5	0.396	0.347	0.338	0.322	0.293	0.278	0.329
6~10	0.355	0.300	0.291	0.267	0.234	0.218	0.278
11~15	0.309	0.246	0.239	0.217	0.182	0.163	0.226
超过15	0.291	0.224	0.220	0.192	0.151	0.130	0.201

数据来源：参见 Goetzmann W N, Kumar A. Equity portfolio diversification [J]. Review of Finance, 2008, 12(3).

由表7-2可知，在Goetzmann和Kumar（2008）统计的股票账户中，总体持有股票在5只以下的比例达到68.73%。并且从方差也可以得知投资者持有股票组合越少，资产组合的价格波动越大，即风险越高，说明投资者的股票组合普遍存在不充分分散的现象。为准确衡量投资者的分散化投资程度，Goetzmann和Kumar（2008）认为投资者的分散化投资必须满足两个条件：第一，投资者资产组合风险的降低源于其持有风险资产数量的增加；第二，投资者资产组合风险的降低源于其选择了不完全相关的股票资产。因此，可以通过计算资产组合方差和资产组合中持有股票的平均方差之比，来衡量投资者的分散化投资程度。换句话说，资产组合会有更低的风险可能因为增加投资组合中股票的类别而降低组合资产方差，也有可能选择了不完全相关的股票使持有股票的平均协方差下降。通过对比不同投资账户的分散化程度，Goetzmann 和 Kumar（2008）发现分散化不足的投资者集中在低年龄、低收入、低教育程度、交易经验少的群体中，并发现这类投资者普遍具有更强的过度自信偏差、对价格变动的趋势更为敏感，也有更强的本土倾向（local bias）。

"本土偏差"是分散化不足最直接的表现。Gur Huberman（1996）对位于美国不同州的 RBOC 公司（Regional Bell Operating Company）的股票投资者的统计显示，居住在不同州的 RBOC 客户更倾向于拥有本州的 RBOC 股票而非其他州的股票，公司的雇员倾向于在他们的退休账户中添置自己公司的股票，在国际市场投资中偏向自己所在的国家。Ning Zhu（2002）利用在美国一大型经纪公司开设投资账户的 5 万多名投资者的数据进行研究，计算出投资者与自己资产组合以及市场组合中所有公司之间的简单平均距离和加权平均距离，并进行比较，发现自己资产组合的简单平均距离比市场资产组合的简单平均距离近 160.8 英里⊖，而加权平均距离要近 139.4 英里。可见，个人投资者在股市中表现出很强的本土倾向。

在金融投资决策领域，投资者倾向于投资他所知道的公司，如自己公司的股票，生活中听到、见到的公司的股票以及在媒体中被经常谈论到的股票等；在国际金融和资产配置领域，投资者偏好投资本土股票而不是国际性的股票，发行人倾向选择在地理位置、经济、文化和行业，"相似性"或"熟悉性"较高的国家上市。

表 7-3　美国、日本、英国等国家的股票持有者投资分配情况（%）

金融市场	美国	日本	英国
美国	93.80	1.31	5.90
日本	3.10	98.11	4.80
英国	1.10	0.19	82.00
法国	0.50	0.13	3.20
德国	0.50	0.13	3.50
加拿大	1.00	0.12	0.60

资料来源：Kenneth French，James Poterba，1991

7.6.2　分散化不足的原因

Goetzmann 和 Kumar（2008）研究发现分散化不足与投资者的过度自信、低收入、低年龄、低教育程度交易经验少、较强的倾向性等因素有关。

第一，过度自信等心理偏差是造成分散化不足的重要原因，投资者的过度自信让其以为自己所持有的资产组合已经是最佳的资产组合，无须为再调整资产组合而付出更多的精力。Goetzmann 和 Kumar（2008）发现分散化程度较低的投资者账户通常持有的股票资产平均收益率较低，而"处置效应"的程度也相对较高。

⊖　1 英里 = 1 609.33 米。

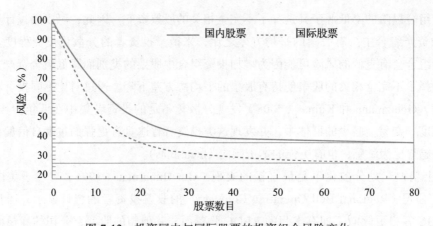

图 7-12 投资国内与国际股票的投资组合风险变化

资料来源：马尔基尔.漫步华尔街［M］.张伟,译.北京：机械工业出版社,2012.

第二，投资者较强的倾向性与信息幻觉、熟悉偏好等心理偏差有关。投资者认为其在本地、本国市场具有明显的信息优势，更了解靠近自己的公司，可以从本地的媒体中了解有关公司的重要信息，甚至可能与本地公司的高管建立密切关系而获得信息优势。心理学研究也表明，人们喜欢在自己比较熟悉的环境中行动，投资者购买本公司、本地、本国的股票是因为他们对这些公司更熟悉，虽然这种熟悉与公司的基本面信息没有关系。"熟悉偏好"使投资者有"本土化情结"，French 和 Poterba（1991）对美国、日本和英国的股票持有者进行了研究，发现他们均更倾向于将投资分配给自己所在的国家（见表 7-3）。美国居民认为美国股票的回报率可达 5.5%，而日本与英国的股票收益率只有 3.1% 和 4.4%，日本投资者认为本国的股票收益率可达 6.6%，而美国与英国的股票收益率只有 3.2% 和 3.8%，这说明人们对于本国的股票表现更有信心。感觉上的信息优势也会强化投资者的过度自信，投资者因自以为掌握了更为有效的信息而更加相信自己投资组合的最优性，从而表现出更强的分散化不足倾向。

第三，投资者自身的禀赋限制导致了居高的信息收集成本，Merton（1987）认为由于投资者教育程度与交易经验的不足，使其难以对账户的股票组合做出最准确的判断。同时也无法意识到一些资产的选择是否正确，因而无法实现有效的资产配置。尤其在信息不对称的市场环境中，投资者无法根据所有的信息来调整资产组合，因而表现出分散化不足的偏差。

第四，风险偏好。虽然马科维茨说无论风险偏好程度如何，理性投资者都应当持有风险溢价为正的资产组合。但卡尼曼等人却发现，在充满不确定性的市场环境中，投资者通常表现出极大的风险厌恶。因此，当投资者风险厌恶的程度较高时，其不会倾向于持有较多的风险资产。而投资者的风险偏好又与其收入水平息息相关，收入水平越高，其风险承担能力也越强，表现出的风险偏好也越高。因此收入水平越高的投资者具有更高的投资分散化程度，相反则表现出分散化不足的现象。[⊖]

无论如何，分散化不足是投资者个人、社会群体、经济制度、文化等各方面因素相互

⊖ 关于投资者财富与其风险偏好的关系可以通过 Arrow-Debru 的绝对风险偏好系数来衡量，但由于其中的关系较为复杂且不在本书的讨论范畴之内，本书不对其进行过多阐述。有兴趣的读者可以参考教材：范里安.微观经济分析［M］.王文举,等译.北京：中国人民大学出版社,2015.

作用的结果。投资者的有限理性决定了其无法真正做到最优的分散化投资而只能够通过不断的学习来提高分散投资的程度,这就要求建立一个有效、开放、完善的市场环境以促进投资者之间社会学习频率的提升并提高整个资本市场的分散化投资程度以期有利于降低非系统性风险。

关键概念

处置效应（disposition effect）
过度交易（overtrade）
事后聪明偏差（hindsight bias）
有限注意力（limited attention）
模糊厌恶（ambiguity aversion）
本土偏差（home bias）
信息幻觉（information hallucinations）
控制力幻觉（control illusion）

本章小结

（1）投资者在进行投资决策时,其行为模式会受到认知与心理因素的影响而发生偏差,尤其是在金融市场的不确定性条件下,这种行为模式的非理性偏差将会更为明显。

（2）由于损失厌恶心理的存在,投资者倾向于过快地卖出盈利的股票而过长时间地持有亏损的股票,这就是金融市场上普遍存在的处置效应。

（3）过度自信的存在使投资者进行频繁的买卖交易,从而出现过度交易行为。

（4）人们在信息收集和认知过程中受到有限注意力的约束,因而会过多地关注显眼信息而忽略隐晦的信息,因而产生注意力驱动的交易行为。

（5）熟悉偏好心理使投资者倾向于购买自己所在的公司、距离比较近的公司或本国公司的股票,因而产生本土偏差,这将导致投资组合的风险分散不足。

思考习题

1. 什么是处置效应,其产生的心理学基础是什么,它会对投资结果产生什么影响?
2. 投资者为什么容易出现过度交易,其产生的原因是什么?过度交易可能带来什么结果?
3. 有限注意力是如何影响投资者股票定价的。
4. 本土偏差是不是普遍存在,为什么会存在这样的偏差?

案例讨论1：分析师的推荐是否过度乐观

分析师是资本市场的重要参与人员,因其专业的分析能力与较高的教育水平而被市场认为是最为理性的交易者。许多机构投资者甚至散户投资者都愿意听取分析师的投资建议并根据分析师对股票的评级与预测调整股票资产。我国证券市场的评级机构在最近几年已经有了长足的发展,截至2015年年底,证券评级机构已经达到11 797家,分析师的评级意见对股票市场的交易影响力也日益增强。

然而分析师实际的表现却让我们怀疑是否分析师在评级与预测中都表现出了较强的

乐观偏差。巴伯（Barber）通过研究华尔街分析师"强烈推荐买入"的股票在市场中的表现发现，分析师强烈推荐买入的股票并未跑赢大盘，甚至每月的回报率比大盘少3%，而他们建议卖出的股票却表现为每月比大盘高出3.8%的收益率。更糟糕的是，一项调查研究发现，投资者若采纳华尔街券商分析师的建议，买入这些券商主承销或共同承销的IPO股票，将会损失50%以上的资金。大量的研究证据已经表明分析师倾向于向对他们正在研究覆盖的公司的表现过度乐观，在20世纪90年代，美国证券市场推荐买入与推荐卖出的比例上升至100：1。很明显，分析师出于维持声誉与获得报酬的需要而更多地向投资者推荐买入股票而非卖出。如表7-4所示，通过整理Wind金融数据库中2005～2015年所有评级机构中分析师的投资建议我们发现，推荐买入与推荐增持的机构比例在2015年已经达到了53.97%与40.32%，而推荐卖出的比例最高都没有超过0.4%。若与同期的上市公司相比，可以计算出平均每家上市公司最高被推荐买入达到2.25次，推荐增持达到1.68次。可见，在我国的证券市场中，分析师同样表现出了较强的乐观偏差。

问题：

（1）证券分析师倾向于发表什么样的投资建议？根据你的理解，这种建议是否客观，他们是否可以从中获利？

（2）马尔基尔在《漫步华尔街》中表示，当一位分析师说"买入"时，他的意思是"持有"；当他说"持有"时，很可能是在委婉地表示"扔掉这破玩意，越快越好"。你认同他的观点吗，你认为为什么会出现这种现象？

（3）请阅读研究分析师乐观偏差的相关研究文献，并分析如何降低分析师的这种乐观偏差？

表7-4　评级机构中分析师的投资建议

年份	总评级机构/家	维持/家	买入/家	增持/家	中性/家	减持/家	卖出/家	上市公司总数/家
2005	5 689	1 998	560	2 273	2 523	316	17	1 377
2006	6 562	2 764	1 407	3 220	1 817	110	8	1 421
2007	5 187	760	1 737	2 503	887	54	6	1 530
2008	8 002	864	1 660	3 813	2 389	110	30	1 604
2009	9 893	1 306	2 739	5 017	2 053	69	15	1 700
2010	11 577	1 568	3 746	6 139	1 663	23	6	2 063
2011	12 554	1 960	4 781	6 391	1 352	29	1	2 342
2012	12 741	2 185	4 292	6 867	1 545	29	8	2 494
2013	11 460	2 184	5 001	5 440	976	29	14	2 489
2014	11 606	2 572	5 388	5 305	839	44	30	2 613
2015	11 797	2 451	6 367	4 756	606	62	6	2 827

数据来源：Wind金融数据库

案例讨论2：开放式基金的"赎回困惑"

开放式基金是一种重要的基金形式，根据投资标的可以分为股票型基金、债券型基金、混合型基金、货币市场基金等。我国自2001年9月推出首只开放式基金以来，其数量、规模、质量都实现了快速增长,成为一种越来越受欢迎的投资工具。尤其是自 2013 年互联网理财时代开启后,开放式基金数量与规模迅速增加。截至 2016 年年底,开放式基金数量已经达到 3 098 只,年增长接近 330 只,净资产规模 8.887 万亿元,占基金市场份额 97.73%。

开放式基金的一个显著特点就是可随时直接向基金管理公司购买或赎回。这就使开放式基金有一种天然的"优胜劣汰"机制,即业绩好的基金能够得到更多的申购,从而扩大规模,业绩差的基金可能遭到大量赎回。然而,事实并非如此,我们统计分析了我国证券市场上所有开放式基金的上期净值增长率与当期平均净赎回率的关系。根据从 Wind 金融数据库中调取的数据,以 2005~2014 年的每一季度为研究期间,将开放式基金分别按上期和当期的净值增长率由高到低按照 3∶4∶3 的比例分为三组。其中净值增长率较低的一组被称为"低增长"组,较高的一组被称为"高增长"组。分类后,计算出每季度"高增长"和"低增长"组的平均净赎回率,算出两组基金净赎回率之差"高-低",如表 7-5 所示。

可以看出,2005~2014 的 10 年间仅有 2006 年和 2014 年两年除外,在其他各年中,上期净值增长率高的基金却面临了更高的净赎回率。

问题:

(1) 为什么基金持有人倾向于赎回过去业绩好的基金而继续持有业绩差的基金?这对基金持有人自身的收益有什么影响?

(2) 请进一步收集数据检验一下,分别用一个月、一个季度、半年为时间段检验过去业绩好的基金的未来收益是持续还是反转?

(3) 基金的"赎回困惑"对我国基金业的发展会产生什么影响?

表 7-5 上期净值增长率与当期基金平均净赎回率(%)

	2005 年	2006 年	2007 年	2008 年	2009 年	2010 年	2011 年	2012 年	2013 年	2014 年
低增长	-4.96	41.21	40.76	3.08	-8.90	3.62	-4.30	-4.27	-6.29	73.70
高增长	18.59	10.94	221.38	26.81	32.38	7.05	-1.14	62.52	3.39	26.52
高-低	23.54	-30.27	180.62	23.73	41.28	3.43	3.17	66.79	9.69	-75.89

数据来源:Wind 金融数据库

推荐阅读

[1] Barber B M, Odean T. All That Glitters: The Effect of Attention and News on the Buying Behavior of Individual and Institutional Investors [J]. Review of Financial Studies, 2008, 21(2): 785-818.

[2] Bergstrom T C. Evolution of Social Behavior: Individual and Group Selection [J]. Journal of Economic Perspectives, 2002, 16(2): 67-88.

[3] Anastasi A. Differential Psychology: Individual and Group Differences in Behavior [J]. Quarterly Review of Biology, 1959, 64(4): 307-308.

[4] Jeske K. Equity Home Bias: Can Information Cost Explain the Puzzle? [J]. Journal of Food Processing & Preservation, 2001, 8(8): 99-114.

[5] Huberman G. Familiarity Breeds Invest-

ment[J]. Review of Financial Studies, 2001, 14(3): 659-680.
[6] 俞文钊. 当代经济心理学[M]. 上海: 上海教育出版社, 2004.
[7] 郭文英. 投资行为人的异质性研究[M]. 北京: 首都经济贸易大学出版社, 2007.
[8] 马尔基尔. 漫步华尔街[M]. 张伟, 译. 北京: 机械工业出版社, 2012.
[9] 格雷厄姆. 聪明的投资者[M]. 王中华, 黄一义, 译. 北京: 人民邮电出版社, 2010.

第8章

金融市场的股票收益率异象

本章提要

本章归纳整理了证券市场中存在的违背传统金融学理论模型和有效市场假说的异象以及股票收益的可预测性。虽然传统的理论试图解释股票收益的可预测性,但这些解释都不能令人满意,本章从行为金融学的角度,对股权溢价之谜、规模效应、账面市值比效应、日历效应、动量效应与反转效应、过度反应与反应不足等证券市场异象进行了解释,并提供了相关的实证证据。

重点与难点

掌握证券市场股票收益率异象的概念、形成机制及表现形式;

了解对各种金融市场异象的实证证据及传统金融学所提供的解释;

理解这些市场异常背后的行为机制和投资者心理规律,运用这些规律对现实世界进行解释和预测。

引导案例

天气影响股票市场的收益吗⊖

由于农业在现代经济中所占的比重极少,因此气候的变化对金融市场股票指数收益的影响应该是微乎其微的。然而 Edward 和 Saunders(1993)的一项研究表明,纽约的云量与美国证券交易所的股价波动相关。当云量为 100% 时股票指数收益显著低于平均水平,而当云量为 0%~20% 时股票指数收益显著高于平均水平。Hirshleifer 和 Shumway(2003)对欧洲、美洲、亚洲的 26 个国家的城市在 1982~1997 年的证券市场的主要股票指数收益进行

⊖ 本案例改编自:李爱梅,谭清方.情绪代理变量对投资者决策的影响[J].心理科学进展,2009, 17(1): 44-50.

了研究，发现代表气候变化重要指标的云量对股票指数收益也存在同样的影响，在 26 个城市中有 18 个城市的云量与股票指数收益呈现负相关关系，其中米兰、布鲁塞尔、悉尼、维也纳等 4 个城市的云量与股票指数收益呈显著的负相关水平。Dowling 和 Lucey（2005）对 1988～2001 年爱尔兰股票市场的日收益数据进行研究，也发现天气与股票指数收益之间存在某种关联。

案例思考：

根据有效市场假说，股票价格的波动与公司的盈利波动相联系，并且呈现出随机游走的特点，也就是说，其他因素无法预测股票价格的走势。气候变化属于气象学范畴，而股票指数属于经济学范畴，以上结果表明两个理应相关性极弱的事件，却具有显著的相关性：使用当天的气候特征就可以对股票价格进行预测。为何天气会影响股票价格走势，投资者的心理在其中扮演了什么样的角色，天气变化是如何通过投资者情绪影响股票市场的呢？

有效市场假说是以人们的理性为前提的，它认为理性人能够最大化其期望效用，并能根据所有可得到的信息，对资产的价值进行理性预期，因而价格能够正确反映公司的内在价值，价格符合随机游走，没有人能够获得超额收益。然而，大量实证研究结果表明资产价值会偏离理论的预测，股票市场并不是有效的，股票价格并不是随机游走的，存在收益率的可预测性，这些现象无法用现有的定价模型和有效市场假说来进行解释，因而被称为收益率的"异象"。我们将在本章对这些收益率异象进行系统的介绍。

8.1 股权溢价之谜

自从梅赫拉（Mehra）和普雷斯科特（Prescott）在 1985 年的论文中首次提出了"股权溢价之谜"（equity premium puzzle）之后，"股权溢价"至今仍是资产定价这一研究领域的重要课题。这一难解之谜的提出，对已有的资产定价理论提出了挑战。股权溢价是指股权（股票）与短期政府债券等无风险资产的收益之差。股票比短期国库券的收益率高，这一点也不奇怪。任何一个描述投资者厌恶风险的模型都会这样预测：因为投资股票风险较大，只有当股票的回报率超过无风险的资产时，投资者才会愿意承担这份风险。在很多经济学论文中，分析到此就止步了。梅赫拉和普雷斯科特的分析之所以特殊，是因为他们关注的焦点并不是经济学理论能否解释股权溢价的存在，而是经济学理论能否说明溢价率究竟会有多高。梅赫拉和普雷斯科特所研究的 1889～1978 年，每年的股权溢价约为 6%。但通过标准理论的计算，梅赫拉和普雷斯科特得出股权溢价的最大值是 0.35%，这与 6% 相去甚远。这一差异是基于理性预期的传统定价理论所难以解释的，因为根据传统定价模型进行推算就意味着投资者具有高得难以置信的风险厌恶系数，而这与事实显然是不相符的。

梅赫拉在随后的研究中对美国证券市场在不同的时间跨度下，股票指数平均收益率与无风险证券平均收益率进行了比较，发现两者都存在无法用标准金融理论解释的"风险溢价"

（risk premium），而且这一特征在英国、日本、德国、法国等国的证券市场中同样存在，具体如表 8-1 和表 8-2 所示。

表 8-1　1802～2005 年美国证券市场收益

时间	股票指数平均收益率（%）	无风险证券平均收益率（%）	风险溢价（%）
1802～2004 年	8.38	3.02	5.36
1871～2005 年	8.32	2.68	5.64
1889～2005 年	7.67	1.31	6.36
1926～2004 年	9.27	0.64	8.63

资料来源：Mehra, Rajnish. Handbook of the Equity Risk Premium [M]. Amsterdam: Elsevier, 2008: 75-76.

表 8-2　英国、日本、德国和法国等证券市场收益

国家	时间	股票指数平均收益率（%）	无风险证券平均收益率（%）	风险溢价（%）
英国	1900～2005 年	7.4	1.3	6.1
日本	1900～2005 年	9.3	−0.5	9.8
德国	1900～2005 年	8.2	0.9	9.1
瑞典	1900～2005 年	10.1	2.1	8.0
澳大利亚	1900～2005 年	9.2	0.7	8.5
印度	1991～2004 年	12.6	1.3	11.3

资料来源：Mehra, Rajnish. Handbook of the Equity Risk Premium [M]. Amsterdam: Elsevier, 2008: 75-76.

由表 8-1 可知，在过去的 200 多年里（1802～2004 年），美国股票指数平均收益率大约为 8.38%，而同期无风险证券的平均收益率仅为 3.02%，两者之差，即股权（风险）溢价高达 5.36%。将对比时间缩短，在过去的 100 多年（1871～2005 年，1889～2005 年）也存在这样的风险溢价，并且呈现上升的趋势。第二次世界大战以后（1926～2004 年），股权溢价变得更加显著，股票和无风险证券收益率之差高达约 8.63%。

由表 8-2 可知，股权溢价不仅发生在美国、英国、日本、德国、瑞典和澳大利亚等发达国家，在印度等新兴国家的证券市场中也存在显著的股权溢价，由此可见高股权溢价的普遍性。

为了直观地描述股权溢价的分布情况，De Long 和 Magin（2009）构建了两种投资方案：①投资一个充分分散的股票组合，每年年末根据当时所有可交易的股票调整组合并将上一期所获的股利用作追加投资；②投资于长期的安全国债，并且定期滚动卖出，使之与短期国债具有相同的存续期。从 1901 年起，德隆（De Long）和梅金（Magin）在每一年年初都运用这两个投资方案进行投资，投资周期为 20 年，将所获得的收益率相减，就可以得到一系列股权溢价数据。图 8-1 描述了这一系列以 20 年为周期的股权收益率的累积概率分布。可以看出，只有 2% 的年份股权溢价为负，也就是说投资国债的方案战胜投资股票组合方案的可能性只有 2%。在整个 20 世纪，投资股票组合所获得的扣除无风险利率后的相对回报是其所承受的相对损失的 17 倍。从长期来看，这一投资方案的股权溢价高得惊人。然而，问题是为何市场上还是有那么多人选择投资国债而不是股票呢？

股权溢价的发现引起了整个经济学界的广泛关注，很多经济学家争相做出解释或给

出理由，其中有学者试图从行为金融的角度去寻找答案。Benartzi 和 Thaler（1985）给出的回答是，投资者在投资上过于短视和损失厌恶。为了验证这一假设，Benartzi 和 Thaler（1999）对南加州大学的非教学科研工作人员做了一次实验。他们调查了大学里教职工对两种退休金投资方案的选择情况：一种方案风险较大但预期回报率高，另一种方案风险较小但预期回报率也低。风险较大的基金投资组合是一些指数型基金，而风险较小的是债券型基金。但为了避免实验对象对股票和债券有先入为主的想法，这一细节实验对象并不知情。这次实验的焦点在于回报率的呈现形式，如图 8-2 所示，在所有受调查的教职工中，其中一组所看到的是一年回报率走势图，而另一组所看到的是模拟得到的 30 年年均回报率走势图。实际上，两幅图使用的数据是完全一样的，也就是说，在经济人眼中，这两幅图之间的差异应该是无关因素，不会影响实验对象的选择。但结果表明，数据的呈现方式对实验对象（即投资者）的影响很大。看到一年回报率走势图的那一组中只有 40% 的实验对象选择了指数型基金（图 8-2 中的基金 A），而看到 30 年年均回报率走势图的那一组中则有高达 90% 的实验对象选择了基金 A。从这一分析中，贝纳兹和泰勒认为，人们越是经常查看自己的投资收益，越不愿意承担风险，原因在于，查看的次数越多，看到的损失也越大。

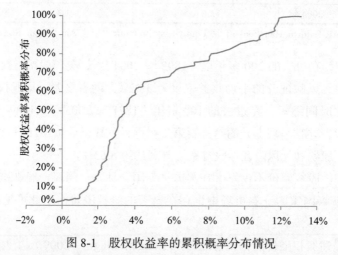

图 8-1　股权收益率的累积概率分布情况

资料来源：DeLong J B, Magin K. The US Equity Return Premium: Past, Present, and Future［J］. The Journal of Economic Perspectives, 2009, 23(1): 193-208.

由此可见，短的投资期限和损失厌恶是投资者不愿意持有风险资产的决定性因素。将这两个因素综合起来，称之为"短视的损失厌恶"（myopic loss-aversion）。

如果将不同投资期限的股票和债券的收益率分别代入卡尼曼和特沃斯基所估计出来的价值函数中，就会发现 10 个月的投资期限是投资于纯股票组合与投资于纯债券组合这两种方案产生相同期望效用的临界点。从图 8-3 中可以看到，当投资期限短于 10 个月时，纯债券的资产组合比纯股票的资产组合更有吸引力；当投资期限超过 10 个月时，纯股票的资产组合比纯债券的资产组合更有吸引力。这就解释了为什么即使股票市场能够给投资者带来如此之高的长期风险溢价，但是仍然有相当数量的投资者倾向于持有债券。

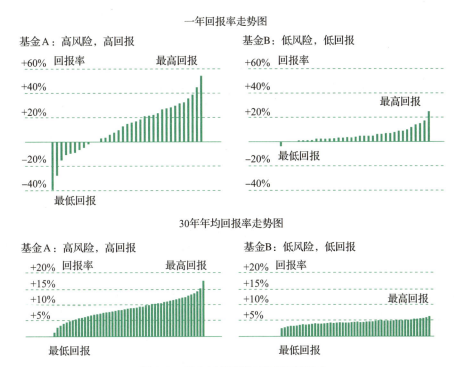

图 8-2 基金回报率的不同呈现形式

资料来源：Benartzi S, Thaler R H. Risk Aversion or Myopia? Choices in Repeated Gambles and Retirement Investments [J]. Management Science, 1999, 45(3): 364-381.

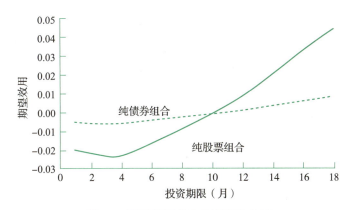

图 8-3 不同投资组合的预期收益率

资料来源：Benartzi S, Thaler R H. Myopic Loss Aversion and the Equity Premium Puzzle [J]. The Quarterly Journal of Economics, 1995, 110(1): 73-92.

8.2 市场非有效的几个早期异象

随着金融市场计量技术的发展，大量实证研究结果显示了股票价格具有可预测性，由此投资者可以凭借收益的可预测性而获得"超额收益"（abnormal return）。这些"异象"的出现显然与有效市场假说的论断相违背，也使一些金融学者开始怀疑有效市场假说的正确性。在这些"异象"中，公司规模效应、账面市值比效应、日历效应等是最早为人们熟识并应用于投资策略的"异象"。

8.2.1 公司规模效应

有效市场假说认为市场中的公开信息无法预测股票未来的走势,因而投资者也无法利用这些公开信息获得超额回报。公司规模是上市公司最重要的公开信息,依据有效市场假说的理论,如果市场是有效的,公司规模大小应该与股票收益率无关。然而,有趣的是,研究发现公司规模的大小与公司股票收益率之间存在显著的负相关关系,投资者可以利用这一关系获得丰厚的收益回报。此后,学术界便将小公司股票收益率超过大公司股票收益率的现象称为"规模效应"(size effect)。

Banz(1981)是第一个发现规模效应的经济学家。他通过比较美国上市公司之间的股票收益率发现,公司规模越大的公司其股票收益率反而越小。随后,法玛和弗伦奇(French)在他们1992年的论文中分析了1963~1990年美国三大证券交易所中上市公司的股票收益率。他们对每年在三大证券交易所上市交易的股票按市值进行分类,然后算出每一类股票下一年的平均收益率。他们发现在样本期间内,市值最小的10%的股票比市值最大的10%的股票的年平均收益率要高,且每月都要高出0.74%。此外,Siegel(1998)将样本期间扩大为1926~1996年,对纽约证券交易所的股票按市值由大到小进行排名,发现市值最大的10%的股票年平均复合收益率为9.84%,而市值最小的10%的股票复合收益率高达13.83%,比前者高出了近4%。可见,公司的规模信息与股票投资回报之间存在着负相关关系。

在我国的证券市场上也存在规模效应。例如,刘仁和等(2015)利用我国A股市场1998~2013年的数据,将上市A股按照流通市值从小到大分成10组,计算每组股票样本期间内的总收益率,发现股票收益率总体上呈明显的下降趋势,也即存在公司规模效应,如图8-4所示。

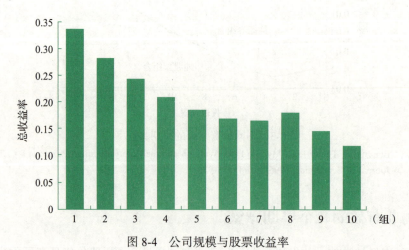

图8-4 公司规模与股票收益率

资料来源:刘仁和,吕嘉琪,张祺.公司规模与回报[J].经济评论,2015,(4): 122-133.

此外,其他如比利时、加拿大、日本、西班牙、法国等发达国家的证券市场也存在着规模效应,如日本东京证券交易所小盘股与大盘股的平均收益率差异高达8.47%。

围绕公司规模效应产生的原因,学术界展开了一场激烈的讨论:这种效应是质疑有效市场假说的又一证据，还是另一种风险因素的体现？总体来看存在两种观点。

一种观点是 Fama 和 French（1993）提出的一种新的用于解释上述异象的三因子资产定价模型。他们认为公司规模代表了另一种风险来源，相比大公司，小公司具有更高的风险，因而更高的收益率是对其较高风险的补偿。法玛和弗伦奇认为"规模效应"只是风险溢价的一种表现，与有效市场假说并不冲突。然而许多学者对法玛和弗伦奇的风险观点提出了质疑。有学者认为以上效应是对某种特征的体现而非风险指标，其中最著名的是 Daniel 和 Titman（1997）的观点。通过实证分析，他们认为，法玛和弗伦奇的因子仅代表了公司特征对股票收益率的影响，而与公司的风险无关。

另一种观点则是有部分学者认为规模效应或许仅仅是统计结果上的侥幸（statistical fluke）。例如，Horowitz 等（2000）发现自从 1981 年班斯（Banz）有关规模效应的论文发表以后，规模效应正逐步缩小，即 1982 年以后小规模公司的溢价远远低于 1926～1981 年样本期间的风险溢价。因而他们认为，规模效应或许仅是"数据挖掘"（data-mining）下的产物，而并不具有统计上的稳定性。

8.2.2 账面市值比效应

账面市值比（B/M）是公司的"账面价值"（book value）除以公司的"市场价值"（market value）而得到的财务比率，可以粗略地用来估计股票价格的便宜程度。一般来说，该比值高的公司被称为"价值型公司"（value stocks）；与之相反，该比值低的公司则被称为"成长型公司"（growth stocks）。购买价格较为便宜、账面市值比高的公司股票通常也被称为"价值投资"（value investing）。与公司规模类似，账面市值比也是上市公司向市场披露的一个重要指标。按照有效市场假说的理论，公司股票收益率的大小也应与该指标的大小无关。

然而实证研究结果表明，证券市场中存在较高账面市值比的公司的股票收益率要高于低账面市值比公司的股票收益率的现象，这一现象称为"账面市值比效应"（B/M ratio effect）。Lakonishok、Shleifer 和 Vishny（1994）在其研究中首次提出了该效应的存在。他们对 1963～1990 年纽约证券交易所与美国证券交易所交易的股票进行分析，比较不同账面市值比的公司股票收益率是否存在差异。特别地，他们把在美国三大证券交易所交易的股票按照每年账面市值比 10% 的间隔进行分类，分成由低到高的 10 组，并计算投资者持有不同股票组合 5 年内的累积收益率。为方便观测股票收益率与账面市值比大小之间是否存在线性关系，他们分析了账面市值比最高与最低两组股票组合以及中间两组股票组合的年收益率情况。表 8-3 的结果显示，股票组合形成后，组合每年的累积收益率总体上随账面市值比的增加而线性升高。此外，他们通过进一步计算发现，即使在股票投资组合形成后 5 年，高账面市值比股票组合的累积收益率也比低账面市值比组合的收益率高出 12.7%。

表 8-3 账面市值比与股票组合收益率

累积收益率/年 \ 按 B/M 分组	1（B/M 低）	2	5	6	9	10（B/M 高）	10 组与 1 组的差异
R1	0.110	0.117	0.131	0.154	0.183	0.173	0.063
R2	0.079	0.107	0.153	0.156	0.182	0.188	0.109

（续）

累积收益率/年	按 B/M 分组						10 组与 1 组的差异
	1（B/M 低）	2	5	6	9	10（B/M 高）	
R3	0.107	0.132	0.165	0.172	0.196	0.204	0.097
R4	0.081	0.133	0.170	0.169	0.213	0.207	0.126
R5	0.088	0.137	0.171	0.176	0.206	0.215	0.127

资料来源：（1）Lakonishok, Josef, Andrei Shleifer, and Robert W. Contrarian Investment, Extrapolation, and Risk[J]. The Journal of Finance 1994, 49(5): 1541-1578.
（2）Ri 表示组合形成后第 1 至 i 年的累积收益，$i = 1, \cdots 5$。

不只在美国，我国证券市场也存在账面市值比效应。尹昱乔和王庆石（2016）分析我国股票市场 1998～2014 年的数据发现，将股票样本按照公司年报（长周期）与半年报（短周期）的账面市值比分别进行大小排序，然后计算每个股票组合的月平均收益率。图 8-5 的实证结果显示，无论是按照长周期还是短周期对公司按照账面市值比进行分组，最大账面市值比的公司（第 10 组）月平均收益率均比最小账面市值比的公司（第 1 组）月平均收益率高出约 0.8%。

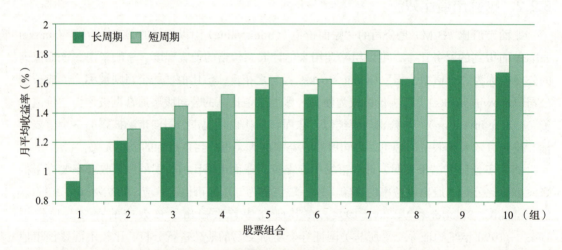

图 8-5 中国股票市场的账面市值比效应

资料来源：尹昱乔，王庆石. 市值效应和价值效应的再检验 - 基于长短期视角的实证分析（组）[J]. 东北财经大学学报，2016(3): 47-55.

究竟是什么原因使得账面市值比能够预测该公司股票的未来走势呢？Fama 和 French（1993，1996）在解释这一现象时将其归因于高账面市值比公司具有与小公司一样的高风险，且这种风险是一种"破产风险"（distress risk）。作为有效市场理论的坚定支持者，法玛和弗伦奇认为账面市值比的可预测性只是另一种形式的"风险溢价"而已，市场依然是有效的。循着这个思路，Fama 和 French（1993）将账面市值比和公司规模作为衡量股票风险溢价的两个补充因子，与市场风险因子一起组成了测度股票风险溢价的三因子资产定价模型。而Daniel 和 Titman（1997）在控制账面市值比因子之后，检验账面市值比的高低对股票收益的预测能力，他们认为账面市值的高低实际上与上市公司的破产概率无关，其溢价不太可能来源于破产风险的补偿。

8.2.3 日历效应

除了上市公司的公开信息，研究人员还发现特定的日历时间也与股价表现之间存在相关关系。比如，在一周内，周一的市场表现往往比其他时间糟糕，即表现出所谓的"周一效应（又称"周末效应"）"。此外，股价表现在某些月份、节假日等特定时间也存在不一样的表现，存在"1月效应""节假日效应"等。学者们将股价与日历时间相关的现象统称为"日历效应"（calendar effect）。很明显，日历效应是又一违背有效市场假说的市场"异象"。下面分别介绍几种日历效应以及学者对这些"异象"的理论解释。

1. 1月效应

"1月效应"（January effect）是指与每年的其他月份相比，股票往往在1月获得更高股票收益的市场现象。Rozeff和Kinney（1976）最早通过研究发现美国股票市场在1月表现出超乎寻常的高收益率。Haug和Hirschey（2006）对1802～2004年间纽约股票交易所的股价指数波动研究发现，该指数在样本期间内1月的平均收益率为1.10%，而全年其他月份的平均收益率为0.7%。1月比其他月份的收益率要高出0.4%。而且，如果将样本期间进行分段分析，有些时段的1月效应会变得更加明显，例如，在最近的一个样本期间1987～2004年，其1月平均收益率为2.16%，而其他月份的平均收益率为0.92%，收益率差异高达1.24%。此外，他们还发现日本股市也存在显著的1月效应，如表8-4所示。

表8-4 美国与日本股票市场历史中的1月效应

股票交易市场	样本期间	1月平均收益率（%）	其他月份平均收益率（%）	二者差异（%）
美国股票市场	1802～2004	1.10	0.7	0.4
	1802～1926	0.65	0.6	0.05
	1927～2004	1.81	0.87	0.94
	1927～1952.06	1.93	0.79	1.14
	1952.7～2004	1.75	0.92	0.83
	1952.7～1986	1.53	0.91	0.62
	1987～2004	2.16	0.92	1.24
日本股票市场	1952～1980	4.5	1.2	3.3

资料来源：Haug M, Hirschey M. The january effect [J]. Financial Analysts Journal, 2006, 62(5): 78-88.

有趣的是，1月效应似乎在小公司中表现得更加明显。著名行为经济学家、2017年诺贝尔经济学奖得主理查德·泰勒在其著作《赢者的诅咒》中提到，1月效应并没有在道琼斯工业平均指数的大公司股票中被发现。Lakonishok和Smidt（1988）的研究也得出了相同的结论。此后，Stivers等（2009）通过对比全球22个不同地区的股票市场也同样发现，1月效应在全球范围内普遍存在，但基本集中在小公司的股票上[一]。

针对1月效应的成因，学术界并没有一致的结论，一种解释是1月效应是人们的纳税行为导致的：纳税者可以通过卖出亏损的股票来降低自己的"应纳税所得"（taxable income），而绝大部分的卖出行为都发生在每年的年底，为了避税而卖出股票的行为可能使股价在每年的12月出现过度下跌，而当新的一年来临时，这种卖出行为将会停止，股价又会回到其应

[一] Stivers C, Sun L, Sun Y. The other January Effect: International, Style, and Subperiod Evidence[J]. Journal of Financial Markets, 2009, 12(3): 521-546.

该有的水平上。然而，要想对这一观点进行实证检验又困难重重，并且各国不同的税收制度对这一观点提出了诸多挑战。如在美国，纳税者被要求只有在卖出股票后6个月内不再买入才能获得避税收益，这显然与股票卖出者避税的观点相违背。

另一种解释认为1月效应可能来自于基金经理调整自己投资标的行为。通常基金经理都会选择一个特定的资产组合作为自己的"投资基准"（benchmark），他们通常会在年末调整自己的资产组合以对应自己的投资基准。但也有学者对该种解释提出了质疑，Grinblatt和Moskowitz（2004）认为，如果这个观点成立，那么1月效应不应该在绝大部分情况下都集中于小公司。

2. 周末效应

"周末效应"（weekend effect）又称周一效应，它是指相比一周的其他时间，股票市场周一的表现往往更加惨淡。早在20世纪80年代，人们对纽约证券交易所挂牌交易的股票进行统计研究时就发现，周一的平均日收益率比其他交易日要低得多。对东京证券交易所的统计结果发现，周一的平均日收益率为负，而周三至周六的日收益率普遍为正。该特点是否与东京证券交易所周六上午依然开市有关还不得而知，但周一效应在日本股市中的存在是不容置疑的（见图8-6）。

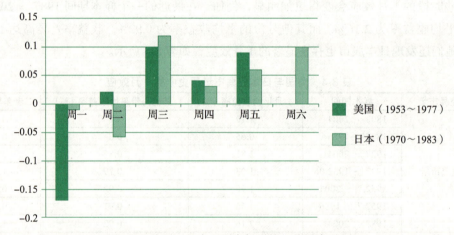

图8-6 美国、日本股票市场平均日收益率（%）

资料来源：戴军．股市效应的国际实证研究[J]．中国证券报，2001, 10.

究竟该效应是由什么原因导致的呢？法玛认为这只是一种偶然结果，而且现在已经发现的大部分异常报酬都与所选择的方法模型有关，找到适当的方法就可以消除异常，因而市场仍是有效的。另一些学者认为这可能与投资者在周五情绪异常兴奋有关：他们认为通常在临近周末的时候，人们的情绪会受到周末放假的影响而变得更为积极，这种相对积极的情绪导致市场在周五过度反应，以至于在周一出现反转的现象。

3. 节假日效应

"节假日效应"（holiday effect）是指，在法定节假日前后，全球诸多市场上的股价表现往往超过普通交易日。Lakonishok和Smidt（1988）研究发现，美国股票市场在节假日前的市场收益率是普通交易日的23倍。此外，来自各国家和地区市场的更多实证研究发现该现象并不仅限于美国市场。Chong等（2005）研究了包括美国、英国和中国香港地区在内的股票市场，发现在这三个市场中均存在不同程度的节前效应。有趣的是，他们发现美国股市在 1991～1997 年节前的市场收益由 1991 年前的正向收益转变成了负向收益，甚至在 1997 年后这种超额的市场收益完全消失。他们认为节前收益的消失可能是由于越来越多的投资者开始利用节假日效应套利的结果。

8.3 动量效应与反转效应

根据有效市场假说，市场有效性的表现之一就是人们无法利用任何公开信息获得超额收益，有效市场的另一个表现是市场能对时效信息做出快速、准确的反应。具体来说，当上市公司向市场发布消息时（无论是好消息还是坏消息），市场均能快速、准确地将这些消息反映在股价中，也就是说股价只会在发布消息的当天发生上涨或下跌的波动，而随后股价的波动当与该消息无关。但在现实金融市场中，存在着一种引人关注的"异象"，即股票收益表现出了短期的动量和长期的反转，股价对信息的反应与有效市场假说并不一致。

"动量效应"（momentum effect）亦称惯性效应，是指在较短时间内表现好的股票将会持续其好的表现，而表现不好的股票也将会持续其不好的表现。Jegadeesh 和 Titman（1993）报告了股票收益显示出短期的持续性，这一结论引导很多学者开始对其他市场上的动量现象进行研究。与此相反的是，De Bondt 和 Thaler（1985），Chopra、Lakonishok 和 Ritter（1992）等学者发现：在一段较长的时间内，表现差的股票有强烈的趋势在其后的一段时间内经历相当大的好转，而表现好的股票则倾向于在其后的时间内出现差的表现，这就是"反转效应"（reversal effect）。

动量效应与反转效应产生的根源在于市场对信息的反应速度。当投资者对信息没有充分反应时，信息逐步在股价中得到体现，股价因此会在短期内沿着初始方向变动，即表现出动量效应；而当投资者受到一系列利好消息或利空消息的刺激时，他们可能对股票未来的投资收益表现出过度乐观或者悲观的判断，从而导致股票定价过高或过低，而随后当投资者普遍意识到他们高估或低估股票收益时，股价则会表现出相反方向的变动，即为反转效应。反应不足和过度反应均表明无时效的信息可以预测公司未来的股价走势，导致投资者可以利用这些信息从中获利。本节将从实证研究和理论模型的角度出发来介绍如何用反应不足与过度反应来解释动量效应与反转效应的相关内容。

8.3.1 反应不足导致的动量效应

"反应不足"是指在较短的时间间隔内（一般是 3～12 个月），证券价格对于公司盈利公告之类的信息反应迟钝，具体表现为：当公司发布利好消息后，信息并不能立刻在股价上得到反映，而是在未来一段时间内，公司股价表现出逐渐上涨的趋势；与之相反，当公司发布利空消息后，在未来一段时间内，公司股价表现出逐渐走低的趋势。安德瑞·史莱佛在其著作《并非有效的市场：行为金融学导论》中指出，如果市场存在反应不足的现象，毫无疑问市场的有效性将被质疑，股价对消息的"吸收"将被认为并非如有效假说论述得那般"快速"，消息需要一段时间才能逐渐在股票的交易价格中得到体现，也即消息对价格的影响是逐渐发散的。

反应不足的实证证据最早来自对美国市场横截面收益数据的比较。Bernard（1992）考察美国上市公司在 1974～1986 年公布的 84 792 个盈利公告数据，分析在盈余公告宣布后公司的股价走势。其中，公司盈利公告所具有的消息量由公告中包含意外消息⊖的数量来衡量。具体来说，研究者使用标准化的公司"意外盈利"（standardized unexpected earnings, SUE）⊖来衡量公告中的消息数量，当意外盈利大于 0 时，表明公司的盈利状况超过市场预期，并且意外盈利越大说明公司的盈利状况越好，超过市场对其业绩的预期；相反，当意外盈利小于 0 时，表明公司的盈利状况低于市场预期，并且意外盈利越小其盈利状况越糟。依据不同上市公司意外盈利的大小，研究者将公司股票按照由低到高分成 10 组，并计算每组股票组合在盈利公告发布后 60 个交易日的累积收益率，结果如图 8-7 所示。

由图 8-7 可以看到，在盈利公告发布前 60 天，市场对公司业绩做出了提前反应。有趣的是，当公司正式公布其盈利公告后，意外盈利大于 0 的公司（业绩表现超过市场预期）在此后的 60 天中基本呈现股价持续攀升的趋势，并且意外盈利越大的公司组合，其股价在盈利公告发布后的 60 天内上升的幅度越明显；与之相对应，对于意外盈利小

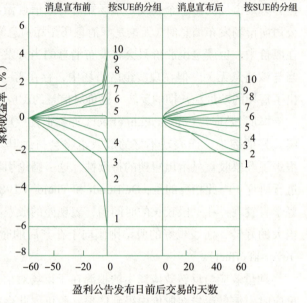

图 8-7　SUE 数据与累积收益率的对应关系图

于 0 的公司（业绩表现低于市场预期）在此后 60 个交易日中则呈现出股价持续走低的趋势，意外盈利越小，股价下跌的幅度越明显。研究者通过计算表明，投资者可以在盈利公告发布后构建无风险套利组合（买入最大意外盈利组的股票，卖出最小意外盈利组的股票），持有该组合 60 天便可获得 4.2% 的超额收益。可见，无时效信息能被用来预测股票未来的收益走势，也即关于公司的盈利信息是慢慢地被考虑进股价中去的。

与公司盈利公告发布后的股价"漂移"（drift）现象类似，反应不足的另一类证据来自 Jegadeesh 和 Titman（1993）的研究。他们发现在美国股票市场，股票在过去 6 个月的股价走势有助于预测同方向未来价格的走势。这种可利用股票历史交易信息预测未来收益走向的现象，就是著名的"动量效应"。Chan 等（1996）通过对美国股市 1977～1993 年表现的研究发现，在样本期间内过去 6 个月表现最差的股票组合，其平均收益率要显著地低于在这 6

⊖ 在上市公司发布盈利公告之前，追踪上市公司盈利表现的分析师会对该公司的业绩表现进行提前预测。因此，在公司正式发布公告之前，市场已对公司的业绩表现存在一个事前预期（pre-expectation）。盈利公告的意外消息是指剔除了事前预期后市场未预料到的"新消息"，因而盈利公告对股价走势的影响也主要由这部分信息产生。

⊖ 该指标由某公司在某个给定季度的盈利与 1 年前同样季度盈利的差值经公司盈利的标准差平均换算而成。

个月中表现最好的股票组合。如表 8-5 所示，以 6 个月为期考察股票组合形成后的收益，持有过去 6 个月亏损的股票组合要比持有盈利的股票组合的收益低 9%；而当组合形成 1 年后，该差距扩大为 15%。

表 8-5 股票收益的动量效应

	表现分组（由低到高）									
	1-低	2	3	4	5	6	7	8	9	10-高
过去 6 个月收益	−0.308	−0.126	−0.055	0.000	0.050	0.099	0.153	0.219	0.319	0.696
组合形成 6 个月后的收益	0.061	0.086	0.093	0.096	0.102	0.104	0.105	0.111	0.120	0.149
组合形成 1 年后的收益	0.143	0.185	0.198	0.208	0.214	0.222	0.223	0.235	0.248	0.297

资料来源：Chan L K C, Jegadeesh N, Lakonishok J. Momentum Strategies [J]. Journal of Finance, 2012, 51 (5): 1681-1713.

8.3.2 过度反应导致的反转效应

"过度反应"（over reaction）是指在 3～5 年的较长时期中，证券价格会对同一方向的信息产生"过度"的反应，具体表现为：对有长期利好消息的公司，人们会过高地估计该公司的未来表现，导致其股价出现前期被高估而后期向均衡价格反转的走势；相反，对于存在长期利空消息的公司，人们则会过度地低估该公司的未来表现，导致其股价出现前期被低估而后期朝均衡价格回弹的走势。

早期对过度反应的研究主要集中在"反转效应"上。De Bondt 和 Thaler（1985）比较了两组公司股票组合累积平均收益率的情况。如果公司按照业绩的好坏进行分类，将前三年累积平均收益率排在前几位的公司构造成为"赢者组合"（winner portfolio），将同一时期累积平均收益率排在最末几位的公司构造成为"输者组合"（loser portfolio），然后比较输者组合与赢者组合在构造后 5 年内的累积平均收益率，就会发现输者组合在形成期后表现出很高的收益，而赢者组合则表现出较低的收益，如图 8-8 所示。

相对于整个市场而言，输者组合在形成期后 60 个月内的累积平均收益率约为 30%，而赢者组合大约为 −10%。如果一位投资者买入输者组合的同时卖空赢者组合，他将在风险调整的基础上获取超过市场平均值 8% 的收益。这说明证券市场并不是有效的，投资收益率是可以预测的，投资者可以基于过去的业绩表现构造出特定的组合战胜市场。

De Bondt 和 Thaler（1985）的发现得到了后续研究的证实。例如，Zarowin（1989）也发现连续盈利不佳的公司其股价走势会明显超越连续盈利良好公司的股价走势。这些研究成果都表明利好消息不断的股票其过去的高收益会进一步被高估；同样，利空消息不断的股票也会导致其价值被低估。与反应不足类似，人们对信息的过度反应使得股市中无时效信息对股票收益具有了预测作用。

此后，针对过度反应的研究转向研究公司价值指标对其股票未来收益率的预测。例如，本章第二节中提到的账面市值比（De Bondt 和 Thaler，1987；Fama 和 French，1992），市值与现金收入流量比等（Lakonishok 等，1994）。这些研究显示，对于那些市值相对其资产或者盈利水平被高估的股票（成长股或者热门股），他们的收益往往要显著低于那些被低估的股票（价值股）。有趣的是，这些被高估的股票往往是那些在过去几年盈利高速增长的公司，而相反那些被低估的股票往往是近几年盈利持续走低的公司。这就表明，投资者对于一些长期以来业绩表现非常突出的公司（无论是盈利持续增长还是盈利持续下滑），都会表现出过度反应的特征，这使得股价脱离其基本面，但在之后又表现出向基本面回复的现象。

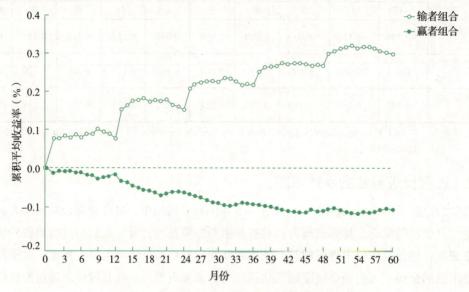

图 8-8　赢者组合与输者组合的平均累积收益率

资料来源：Bondt W F M, Thaler R. Does the Stock Market Overreact? [J]. The Journal of Finance, 1985, 40(3): 793-805.

总的来看，关于反应不足与过度反应的实证证据显然与有效市场假说相违背。虽然有效市场假说的支持者（如法玛和弗伦奇）试图从基本面风险的角度对"异象"加以解释，但正如我们在本章第一节中所提到的，即使控制住基本面风险，市场中依然存在股价的反应不足与过度反应。事实上，法玛后来也承认风险理论无法合理解释这种股价的漂移现象（Fama，1996；Fama，1998）。

此后，从行为金融学角度解释动量效应和反转效应的观点获得了更多的认同：Barberis（1998）等认为，有限理性的投资者在进行投资决策时存在两种偏差，一种是"代表性偏差"（representative bias）或相似性偏差（similarity bias，过分重视近期数据），一种是"保守性偏差"（conservatism，即不能及时根据变化了的情况修正自己的预测），前者会造成投资者对新信息的过度反应，导致反转效应，而后者则会造成投资者对信息的反应不足，导致动量效应。Daniel（1998）等认为投资者在进行投资决策时存在两种偏差，一种是"过度自信"，一种是"有偏自我评价"（biased self-attribution）或归因偏差。过度自信的投资者会过高估计私人信息所发出的信号的精度，过低估计公共信息所发出的信号的精度，导致对私人信息的过度反应，产生动量效应，当越来越多的公共信息到来后，反应过度的价格趋于反转；归因偏差是指当事件与投资者的行为一致时，投资者将其归结为自己的高能力，当事件与投资者的行为不一致时，则将其归结为外在噪声，助长过度自信。Hong 和 Stein（1999）假定市场由两种有限理性投资者组成，信息观察者和惯性交易者。信息观察者收到私人信息，并且私人信息在信息观察者内部逐步扩散；惯性投资者只根据最近的价格变化趋势决定其投资。两类投资者的相互作用就产生了动量效应与反转效应。

8.4 投资者注意力与股票收益率异象

在新古典理论框架内，完全理性的经济人具有完美的信息处理能力。他们可以及时地、毫不费力地处理任何相关的公开信息，不存在对信息的选择或遗漏信息，处理信息时也不产生任何成本。理性人的这一"能力特性"也是市场有效性的有力保障。然而，这一理想状态与现实存在极大的差距：不仅人们的注意力和信息处理能力是有限的，而且对信息的接收和处理也是一项需要消耗时间和精力的活动。Kahneman（1973）指出，对一事物的注意必然以牺牲对另一事物的注意为代价。在当今信息爆炸的社会中，对注意力进行研究显得尤其重要。正如 Simon（1971）指出的，当今经济社会的"信息富裕问题"（information-rich problem）引起了新的稀缺问题。因为海量信息消耗了人们大量的注意力，从而造成了注意力的贫穷。因此西蒙（Simon）断言，现代社会最基本的稀缺是注意力的稀缺。随着互联网技术的进步和媒体在现代社会作用的加强，投资者在进行资产组合决策时所遇到的问题往往不是信息稀缺，而是信息过多但信息处理能力不足。因此，针对投资者注意力影响金融市场的研究如雨后春笋一般地涌现出来。下面将从投资者过度关注与有限注意两个方面介绍投资者注意力对股票市场的影响。

8.4.1 投资者过度关注与过度反应

研究表明，注意力约束对股票的买卖决策存在不对称的影响。由于人们的注意力有限，只有那些"吸引投资者关注"（attention-grabbing）的股票才会进入投资者选股的"考虑集"（consideration set）中。因此，投资者（尤其是个人投资者）更倾向于买入那些引起他们关注的股票。与之相反，当面临卖出决策时，对于受到卖空约束的投资者来说，由于他们通常只持有少数几只股票而且相对熟悉，因此投资者的卖出决策不会受到注意力约束的影响。在注意力约束的不对称影响下，投资者将对那些被关注的股票产生净买入行为，Baber 和 Odean（2008）将此交易称为"注意力驱动型交易"（attention-grabbing trading）。股市每天的涨跌幅排行榜、股票交易价格突破全年最高价、上市公司广告费用的投入多少等吸引眼球的信息，都会显著地影响投资者对特定股票的关注程度，从而带来注意力驱动的交易。

Baber 和 Odean（2008）试图利用超额成交量与极端日收益率等指标来代理注意力吸引事件，研究注意力驱动型交易与该交易行为对股价的影响。他们认为由于投资者的注意力有限，因此让他们从海量的上市公司中选择投资对象是一件非常困难的事情。因而，投资者可能会简单地根据当天不同股票的交易量来判断哪些股票是受到追捧的，并认为这些股票具有投资价值，进而买入相应的股票。巴伯和奥迪恩将每个交易日中的股票按照其异常交易量由小到大分为 10 组，分别计算不同类型投资者净买入各组股票的比例。特别地，为了进一步了解极端异常交易量对投资者买入行为的影响，巴伯和奥迪恩将第 10 组中的股票按照其异常交易量的大小继续等分为两组：10a 与 10b，后者即代表了样本中具有极端异常交易的股票组合。图 8-9 展示了股票异常交易量与投资者净买入行为之间的联系。

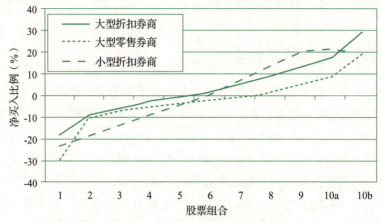

图 8-9　股票异常交易量与投资者净买入行为

资料来源：Baber B M and OdeanT.All That Glitters: The Effect of Attention and News on the BuyingBehavior of Individual and Institutional in［J］.Review of Financial Studies, 2008, 21 (2): 785-818.

图中横轴代表按异常交易量分组的股票组合，纵轴表示每组中不同投资者净买入比例的大小。图中结果清晰地指出，随着股票异常交易量的上升，投资者对该类型股票的净买入比例也随之线性增加，并且小型折扣券商在极端异常交易量的股票组合 10b 中具有高于其他类型投资者的净买入比例。这些结果特征都与注意力驱动型交易的假设相一致。

另一方面，注意力驱动型交易也对买入股票的价格产生了显著的影响。例如，Lou（2009）研究发现，上市公司广告费用的增加而带来的投资者净买入行为使得该公司股票在同期的累积收益出现显著上升；然而有趣的是，该公司的股价也在接下来的几年中出现了反转。Lou（2009）的研究结果表明，由于投资者注意力有限，那些吸引他们关注的特定事件导致其对相关股票的过度关注，进而带来对这些股票的过度反应，使该类股票出现短期价格上涨而长期股价下跌的均值回复现象。学者们将注意力驱动型交易带来的股价反转称为"过度关注弱势"。

Da、Engelberg 和 Gao（2011）为"过度关注弱势假说"提供了进一步的实证证据。他们利用一种更为直接的投资者注意力衡量指标——谷歌搜索量指数（SVI）来衡量投资者对特定股票的关注程度。他们发现在股票 IPO 期间，该股票的 SVI 大小与其 IPO 首日收益率以及股价长期弱势之间存在显著的相关关系。图 8-10 报告了 IPO 前 SVI 与 IPO 首日收益率之间的关系。

笪治（Da）等对即将 IPO 的股票按照 SVI 的大小分为两组，并分别计算每组股票 IPO 首日的平均收益率。结果发现，无论是考虑组内收益率的平均值还是中值，在 IPO 前拥有更高 SVI 的组内，IPO 首日的收益率均显著地大于另一组中 IPO 的首日收益率（首日收益率平均值：10.90% 与 16.98%；首日收益率中值：6.07% 与 12%）。

接下来，笪治等检验 IPO 前的 SVI 与 IPO 后股票长期收益率之间关系。特别地，为了控制两组股票间的公司特征差异，笪治还挑选了市值规模以及账面市值比相近而谷歌搜索量不同的公司组成对比组，并分别计算这两组股票在 IPO 后 5～52 周的累积收益率。他们发现，拥有更高的 IPO 前搜索量的股票在未来 1 年的收益显著地低于更低搜索量的股票。图 8-11 反映了高关注与 IPO 后股票长期收益弱势之间的联系，其中左侧为低搜索量股票组合，右侧为高搜索量组合。

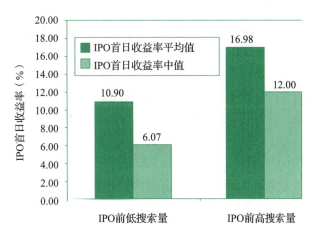

图 8-10　IPO 前 SVI 与股票 IPO 首日收益率

资料来源：Da, Engelberg and Gao. In Search of Attention［J］. Journal of Finance, 2011 66 (5): 1461-1499.

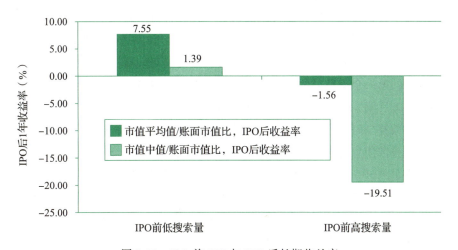

图 8-11　IPO 前 SVI 与 IPO 后长期收益率

资料来源：Da, Engelberg and Gao. In Search of Attention［J］. Journal of Finance, 2011, 66 (5): 1461-1499.

图 8-11 结果表明当使用股票的市值平均值时，低搜索量股票未来 1 年的收益率为 7.55%，而高搜索量的股票收益率为 –1.56%，两者间差异达到 9.1%。以上两部分的结果证明，注意力驱动的股价将在短期内持续上升，而由于投资者过度关注这类股票，使得他们过度反应，股价在长期将会出现反转。

类似的研究如 Meschke（2011）分析了市场对于美国全国广播公司财经频道（CNBC）对公司 CEO 的采访这一媒体事件的反应，实证发现，股价在事前有显著为正的超额收益和超额成交额，然而在接下来 10 天内会发生均值回复，这表明财经媒体新闻可以通过吸引投资者的热情来产生短期的买入压力,从而影响短期价格波动,但股价在过度反应后也将迎来理性回归。

8.4.2　投资者有限注意与反应不足

既然投资者对股票信息以及某些特定事件的关注会驱动净买入行为的产生,那么投资者由于"有限注意"(limited attention)而导致对某些信息的疏忽,也必然会体现在股价对信息的反应不足上。正如前面提到的,Kahneman(1973)指出对一事物的注意必然以牺牲对另一事物的注意为代价,同理投资者对信息的接收能力强的也会受到当天他们接收到的信息多寡的影响。如果交易当天,投资者需要处理的市场信息过多,他可能会忽略某些信息甚至根本没有关注到某些信息,从而导致这些信息无法及时反映在股票的价格上,表现出反应不足的特征。

针对这一观点,Hirshleifer、Lim 和 Teoh(2009)巧妙地通过考察投资者对上市公司盈余公告信息的关注是否会受到当天发布信息公司数量的影响进行了验证。每个季度,在上市公司发布该季度本公司盈余公告的当天可能并不止这一家公司发布消息,事实上往往存在多家公司同时发布盈余公告的情况。他们认为如果当天发布盈余公告消息的公司过多,那么由于投资者的注意力是有限的,则必然会存在部分公司的盈余公告信息无法及时反映到股价中的情况。投资者的有限注意也会加重其对盈余公告信息的反应不足,也就是说相对于发布盈余信息量少的交易日,在发布信息量大的交易日,投资者对该天发布的信息将表现出更加明显的反应不足。结果如图 8-12 所示,其中横轴代表盈余公告发布消息的利好程度(1:坏消息;10:好消息)。赫什利弗(Hirshleifer)等发现,与发布信息较多的组相比,发布信息较少的组在公告后的第一个交易日的反应明显较高:当发布的消息越不利且发布消息当天的股票数越多时,公告后第一个交易日股价下跌的幅度越大;反之,当发布的消息越有利且发布消息当天的股票数越少时,公告后第一个交易日股价上涨也越多。这一结果表明当投资者没有被过多的信息分散注意力时,他们能相对快速地消化公告中的公司信息,并将消息反映在股价中。反应不足的进一步证据来自公告后股票价格的漂移现象:由于公告后第一天的股价反应不足,使得第一天未反映的信息逐渐在未来的交易中被投资者关注到,并将这些信息逐渐反映在价格中,进而表现出针对利好消息的补涨以及针对利空消息补跌的漂移现象。图 8-12 中的右图反映了盈余公告后 2～61 天的股票累积收益率,可以发现发布消息较多组中的股票明显表现出后期的补涨补跌行情。结合公告后第一个交易日的检验结果,赫什利弗等证实了投资者确实受到注意力有限的约束,且这一非理性现象反映在股票交易中则表现出反应不足的现象。

此外,Dellavigna 和 Pollet(2009)发现投资者在周末容易被工作以外的活动分散精力,因而对市场的关注度相对较低。因此,在周五披露的盈余公告比起在周间的其他交易日披露的公告具有更低的即期市场反应和更高的延迟反应。这两篇文献所揭示的规律是相同的,即外部干扰引起投资者疏忽,导致股价无法即时充分地反映盈余信息,从而导致事后股票收益的可预测性。二者有所不同的是,前者的注意力干扰源来自同期的盈余公告对注意力的影响,而后者的干扰来自于周末投资者业余活动的安排。

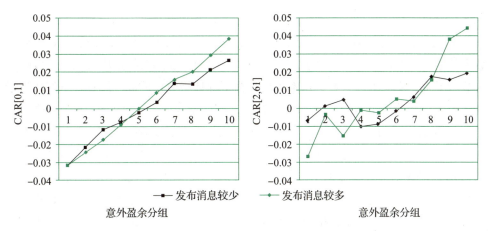

图 8-12 意外盈余分组与累积收益率

资料来源：Hirshleifer D, Lim S S and Teoh S H. Driven to Distraction Extraneous Events and Underreaction to Earnings News [J]. The Journal of Finance, 2009, 64(5): 2289-2325.

8.5 投资者情绪与股票收益率异象

新古典理论认为理性的投资者们不会受到"情绪"（sentiment）的干扰，这些投资者会一本正经地分析有价值的信息，并按照理论模型要求的那样计算出证券的合理价格。事实上，即使投资者并非对情绪完全"免疫"，有效市场假说的支持者们也并不担心，因为他们认为这种情绪的影响在市场层面上是随机的，不同投资者间的情绪作用会相互抵消，或者即使情绪作用不能相互抵消，市场上的套利者也能保证价格始终维持在合理的水平上。

然而，越来越多的研究证明，投资者不仅会受到情绪的影响，而且这种情绪的影响是系统性的，即它并非如以上讨论中说的那样具有随机性，可以被相互抵消。更重要的是，正是因为情绪影响的系统性，使得套利者在市场中的套利行为变得困难重重，从而无法保证价格始终在合理的区间波动⊖。因此，行为金融学家就投资者情绪对股票市场的影响展开了一系列的研究，使得投资者情绪成为行为金融学的核心概念之一。

8.5.1 投资者情绪与股票间收益的联动性

所谓股票间收益的联动性是指不同股票间的股价波动表现出同涨同跌的现象。在新古典理论框架下，由于股票的价格完全由该股票的公司基本面决定，因而股票间能够表现出同涨同跌的唯一原因只能来自于股票间基本面的相关性，比如说当两只股票同属于有色金属行业，有关该行业的利好或者利空消息均会同方向地影响这两家公司的盈利状况，从而带来公司股价在同方向上的变动。根据这一理论，我们可以推断出以下两种预测：第一，如果股票间不存在基本面的相关性，那么其股价也不应该表现出同涨同跌的联动特性；第二，即使股票间存在基本面的相关性，在没有基本面信息变化的情况下，这些公司的股价也不应该表现出联动的特性。

⊖ 相关内容参考第 1 章中有关有限套利与噪声交易者风险的相关内容。

Vijh（1994）是股市联动性最早的研究者之一，他发现在美国标准普尔500（S&P 500）指数成分股调整的过程中存在一个显著的股票联动现象，即调入标准普尔500指数的股票与指数内其他成分股间的相关性显著上升，而调出指数的股票与指数内其他成分股间的相关性出现显著下降。事实上，指数的调整仅仅是为了保证指数内的成分股具有更好的市场代表性，调入或者调出指数并没有信息面上的意义，亦即调入（调出）不表示任何利好（利空），不会改变指数成分股的基本面风险。此后，Barberis、Shleifer和Wurgler（2005）也得到了与Vijh（1994）相类似的结论，即调入指数的股票与指数的相关系数会有明显的上升，而与非指数的相关系数则会有明显的下降。如图8-13所示，图中实线表示调入股票与S&P 500指数的相关系数，虚线则表示调入股票与非S&P 500指数的相关系数，横轴表示相对调入指数这一事件的天数。可以发现，围绕调入指数这一"事件"（event），自调入之日起（图中横轴的0点），调入股票与指数的相关系数逐渐上升并且与非指数的相关系数逐渐下降，而这类指数调整带来的联动现象却无法用基本面的联动理论来进行解释。

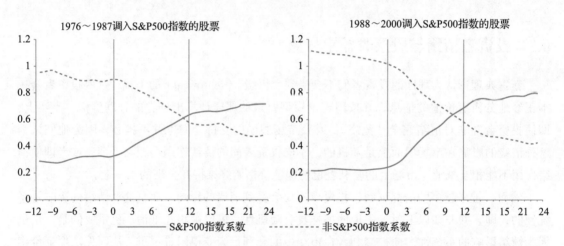

图 8-13　调入 S&P 500 指数股票与指数相关系数的变化

资料来源：Barberis N, Shleifer A, Wurgler J. Comovement[J]. Journal of Financial Economics, 2005, 75(2): 283-317.

Barberis、Shleifer和Wurgler（2005）指出，不同股票之间价格的联动与投资者情绪存在密切的联系。他们认为投资者在资产配置方面存在两种偏好：第一种是种类偏好（category），即投资者倾向于购买某种特定类型的股票，如小盘股、垃圾债券或者石油公司的股票等，他们在配置资金的过程中往往是从一类资产转移至另一类资产，而并非在单个资产的层面上买卖股票；第二种是所在地偏好（habitat），即投资者由于受到国际资本管制或者交易成本等的限制，只能投资于部分可得资产。与第一种偏好类似，投资者通常也是同时买入或者卖出这部分可得资产。巴伯瑞斯（Barberis）等认为，持有特定类型资产或者受到市场摩擦影响的投资者往往是"噪声交易者"，这类投资者一般都受到相同情绪的影响，即一致看好或者看空后市。于是，受到相同情绪影响的投资者间这种同时买入或者卖出股票的行为使得基本面上并没有联系的股票间产生了一个"共同的影响因子"（common factor）——投资者情绪，从而导致了股票间脱离基本面的联动性。

8.5.2 投资者情绪与股票市场的异常收益

投资者情绪指的是通过公开信息之外的其他方式形成对股票未来现金流与投资风险的一种信念。投资者情绪究竟会对股票市场产生何种影响？一个直观的想法是，投资者的情绪能够预测股票指数的涨跌，即当市场中的投资者普遍情绪高涨，对后市持乐观的态度时，股指会上涨；对后市持悲观态度时，股指则会下跌。然而与构建其他研究指标相比，情绪指标非常主观。在早期的研究中，人们大多是寻找一些与投资者情绪相关的代理指标来表征投资者情绪的高低，并通过分析这些代理指标与股票市场指数之间的联系来推断情绪对股票市场的影响。

在本章的引例中我们谈到，Hirshleifer 和 Shumway（2003）使用股票交易所所在地的天气情况来代表该地区人们的情绪高低。心理学的证据表明，人们的心情会明显地受到当地天气状况的影响。比如说，当天阳光普照，气候宜人，人们通常觉得心情轻松愉快，相反如果当天阴雨绵绵，人们通常会觉得心情沉重。依据这些心理学的研究成果，赫什利弗等认为，那些在交易所中的交易员也会明显地受到该交易所所在地的天气影响。如果交易员的情绪确实会影响股票市场的收益，那么当地的天气与股票市场的收益间也应该具有明显的相关性。赫什利弗等获得了 1982～1997 年 26 个国家主要股票指数所在地的每天清晨的日照情况，并将天气数据与当地的主要股票指数进行相关性回归，结果显示他们的天气指标与股票指数收益间存在显著的相关关系。

与赫什利弗等的研究类似，Edmans 等（2007）利用重大体育赛事的比赛结果来代理投资者的情绪。他们认为购买股票的投资者中有相当一部分也是一些体育运动的忠实粉丝，而一些大型体育赛事的比赛结果会对这些球迷投资者的情绪产生不小的影响：热爱的球队取得了比赛的胜利，球迷将会欣喜若狂；而当球队失利后，球迷可能比参赛队员更加痛苦。他们的研究结果表明每当本国的运动员取得了赛事的胜利，股指将会在之后的几天表现出明显的上涨，反之则会出现下跌。

其他的研究也选择了不一样的情绪衡量指标，有些甚至直接采取问卷调查的方式获得投资者的主观情绪。但不管情绪的衡量指标如何，绝大部分研究都表明这些情绪的代理指标与股票市场的收益之间存在显著的正向关系。

8.5.3 投资者情绪与个股的异常收益

无论选择何种指标来衡量投资者情绪，该指标都反映了整个市场环境下投资者的整体情绪状况。那么一个直接的问题就是：针对相同的市场情绪，不同的股票受到该情绪的影响是否相同？如果不同，他们的表现又是怎样的？在学术界，人们将情绪对个股的不同影响称之为投资者情绪的横截面效应。

这个领域中，比较经典的研究来自于 Baker 和 Wurgler（2006）以及 Baker Wurgler（2007）的工作。与早期研究采用调查问卷等方式获得情绪指标不同，贝克（Baker）和沃格勒（Wurgler）等采用主成分分析的方法构建了一个相对客观的情绪指数[⊖]。他们发现，某些股票受到情绪的影响很大，而某些股票几乎不受情绪的干扰。进一步来看，那些容易受到情绪影响的股票一

⊖ 采用主成分分析法构建情绪指标的详细方式可参见本书第 11 章"基于情绪指数的投资策略"中的相关内容。

般是规模小、成立时间短或者波动性比较大的公司,并且贝克他们认为这类公司拥有较高的情绪敏感度是由于其基本面价值更加难以被估计。

调查发现,那些容易被情绪影响的股票也是那些很难被套利的股票。贝克指出,投资者情绪、套利与股票价格之间的关系使得投资者情绪在横截面上表现出对股票价格的可预测性。通过一个简单模型图,贝克解释了投资者情绪、套利与股票价格三者之间的关系,如图 8-14 所示。

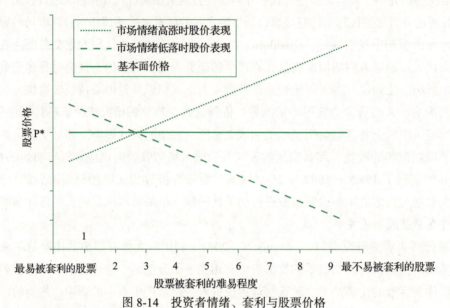

图 8-14 投资者情绪、套利与股票价格

资料来源:Baker M, Wurgler J. Investor Sentiment in the Stock Market [J]. Journal of Economic Perspectives, 2007, 21(2): 129-151.

首先,将股票按照可被套利的难易程度分成 10 组,第 10 组为最不易被套利的股票,而第 1 组为最易被套利的股票。当市场情绪高涨(在这个时期投资者们普遍看好后市、认为股市处于上升期)时,第 10 组中的股票股价将被大幅高估,而第 1 组的股票股价则会存在小范围的低估;与此相反,在市场情绪低落时(绝大部分投资者看空后市时)第 10 组的股票价格则会被大幅低估,而第 1 组的股票价格则被小幅高估。在情绪高涨时期,一方面,由于那些难以被套利的股票相对容易被套利的股票来说,其股价出现了严重高估,所以在后期它们的股价会回落至其合理的基本面价格,因而较高的情绪指数预测未来将会有负向的股市收益;另一方面,当市场情绪低落时,那些难以被套利的股票相对容易被套利的股票而言,其股价出现严重低估,所以在后期它们的股价会回升至其合理的基本面价格,因而较低的情绪指数预测未来将会有正向的股市收益。不同的股票对情绪的反应不同,这一点使得情绪有了可以预测后市股票市场收益的能力。

 关键概念

股权溢价之谜(equity premium puzzle)　　　账面市值比效应(B/M ratio effect)
规模效应(size effect)　　　　　　　　　　　日历效应(calendar effect)

动量效应（momentum effect）
反转效应（reversal effect）
反应不足（under-reaction）
过度反应（over-reaction）

投资者过度关注（investor over-attention）
投资者有限注意（investor limited attention）
投资者情绪（investor sentiment）

 本章小结

（1）有效市场假说认为股票价格是不可预测的，而实证研究发现，股票市场长期存在着规模效应、日历效应等，这些异象的存在，使股票价格的预测成为可能，并没有呈现随机游走状态。

（2）股票价格短期内表现出的动量效应和长期内表现出的反转效应，都是投资者对影响股票价格信息反应不足和过度反应的表现，使投资者可以预测到股票的赢者组合在较长时期以后表现不好，而输者组合在较长时期以后表现较好。

（3）投资者在信息收集与分析过程中表现出的注意力过度关注会导致股票价格的过度反应以及随后的股价反转，把握公司的信息发布规律和投资者的关注热点，也能够预测股票价格未来的走势。

（4）投资者情绪能够在一定程度上解释股票间的同涨同跌现象，从时间序列上预测股票市场收益，解释横截面上股票间收益的差异。

 思考习题

1. 股票的价格一定向价值回归吗，为什么？
2. 动量效应和反转效应产生的原因是什么，它们对投资者的投资策略有什么影响？
3. 过度反应和反应不足产生的心理和行为因素是什么，请用我国证券市场的实例予以说明。
4. 投资者情绪如何对股票价格产生影响，投资者情绪指数真的能够预测股票指数的波动吗？
5. 描述一个你知道的证券市场中股票收益可预测性的例子，请解释它为什么会出现并谈谈自己的观点。

 案例分析：中国股市的"春节效应" ⊖

大量的实例表明，股票收益率在不同的时间存在系统性可预测性，比如在中国的股票市场上则存在一种特别的"春节效应"，即春节过后的股票收益率表现更好。从中国股市的发展历史来看，春节过后沪深股票市场中大部分股票都会呈现出上涨的趋势。为此，我们用中国A股市场数据进行简单的统计分析。由于我国的春节多在每年2月，因此，我们统计比较了2001～2016年每年2月股票市场的平均收益率与全年平均收益率的关系。收益率比较如图8-15所示。

从图8-15中可以看到，在2001～2016年，有11年的2月A股的平均收益率都高于该年的全年平均收益，仅有5年低于该年平均收益率。进一步分析发现，A股的年

⊖ 根据 Wind 金融数据库的数据编写。

平均收益率在绝大部分年份均为负值，仅在 2006~2007 年以及 2013~2015 年两拨牛市的行情下为正值；相比之下，各年的 2 月平均收益率在绝大部分情况下均为正向，仅 2001 与 2016 年 2 月的平均收益率为负值，即使在 2002~2005 年的熊市阶段以及 2008 年股市进入快速下滑的时期，其 2 月 A 股仍保持了正向的平均收益率。可见，在我国股票市场存在着明显的"春节效应"。

案例思考：

（1）为什么在我国会存在"春节效应"，从哪些方面可以解释这种春节效应？

（2）我国的"春节效应"与其他可能的季节效应之间有什么异同？

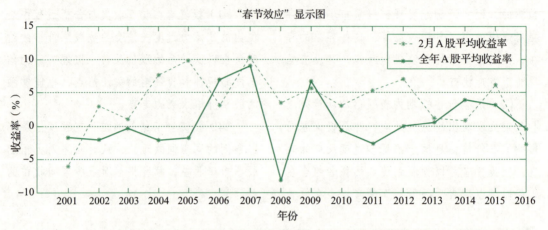

图 8-15　中国 A 股市场 2 月平均收益率与全年平均收益率

推荐阅读

[1] Core J E, Guay W R, Richardson S A, et al. Stock Market Anomalies: What Can We Learn from Repurchases and Insider Trading? [J]. Review of Accounting Studies, 2006, 11(1): 49-70.

[2] Singal V. Beyond the Random Walk: A Guide to Stock Market Anomalies and Low-Risk Investing [J]. Oup Catalogue, 2006, 60(2): 101-102.

[3] Wouters T I M. Style Investing: Behavioral Explanations of Stock Market Anomalies [J]. University of Groningen, 2006.

[4] 泰勒. 赢者的诅咒：经济生活中的悖论与反常现象 [M]. 陈宇峰，等译. 北京：中国人民大学出版社，2007.

金融市场中的群体行为与金融泡沫

🌀 本章提要

  金融泡沫是资产价格对其基础价值的偏离以及伴随这一偏离过程所产生的市场现象。本章通过对历史上典型金融资产泡沫规律与特质的剖析表明,在资产泡沫事件中,人类的非理性行为是推动资产泡沫形成的最重要因素。进一步研究发现,在金融投资过程中,由于投资者个体的心理偏差和系统性的群体偏差,因此当投资者处于在特定的市场结构中,又辅以社会因素的推动时,就会催生一种金融市场的非理性繁荣。资产泡沫因此而产生,也因此而快速破裂。

🌀 重点与难点

  ┊ 了解历史上典型的资产泡沫的特征和演化规律;
  ┊ 掌握理性泡沫理论的原理及其局限性;
  ┊ 掌握有限理性个体的心理偏差和系统性群体偏差等主观因素对资产泡沫形成的影响及相应的市场表现;
  ┊ 理解市场结构与社会因素等外部事件对推动资产泡沫形成的正反馈机制和市场表现;
  ┊ 理解和分析金融泡沫背后的本质,了解个人、群体、机构和社会因素等如何协同一致,最终产生资产泡沫的原理分析和市场表现。

🌀 引导案例

"非理性繁荣" ⊖

  1996年12月5日,美联储主席艾伦·格林斯潘在华盛顿的一次很沉闷的演讲中用

 ⊖ 案例摘自希勒. 非理性繁荣 [M]. 3版. 李心丹,等译. 北京:中国人民大学出版社,2016. 经本书作者补充整理而得。

了"非理性繁荣"的概念来提醒股票市场中的投资者小心股市中的陷阱,结果引发了全球股市的暴跌:日经(Nikkei)指数下跌 3.2%,香港恒生(Hang Seng)指数下跌 2.9%,德国 DAX 指数下跌 4%,伦敦 FT-SE100 指数下跌 4%,而美国道琼斯工业平均指数一开盘就下跌 2.3%,以科技股为主的纳斯达克在接下来的一周内从 5 000 多点下跌到 4 580 点,跌幅接近 10%。此后,格林斯潘所使用的"非理性繁荣"一词被许多人引用。2000 年,诺贝尔经济学奖得主希勒出版了同名畅销书《非理性繁荣》,成为探讨股票市场泡沫的经典之作。

希勒在其著作中系统地调查了 20 世纪末美国股市泡沫的形成过程(见图 9-1)。道琼斯指数 1994 年年初还在 3 600 点附近徘徊,而到 1999 年就突破了 11 000 点大关,在新千年开始后的头两周,道琼斯指数攀至 11 722.98 点的顶峰。事实上,从 20 世纪 80 年代起,股价便一路攀升,这一趋势一直持续到 2000 年 3 月。尤其在 2000 年前后,股价几乎是直线上升,股指如同一枚火箭一般直冲上天。这次大规模的股市繁荣被称为"新千年繁荣",似乎千禧年的庆典本身是市场推动因素的一部分。

然而,同期的一些基本经济指标并没有同幅增长:在过去 15 年内美国居民个人收入和国内生产总值(GDP)增长不到 30%。如果别除通货膨胀因素,这个数字要降低将近一半;企业利润增长也不到 60%。从这些数据中我们不难看出,股价如此大幅度地增长是缺乏实际经济基础的,尤其是对于互联网公司股票,如雅虎、易趣、亚马逊等更是如此。这些公司提供互联网服务,但几乎没有什么资产,而且所获盈利也是负值,但是它们的股价却能持续升高,获得了数以亿计的市场资本。在 1999 年早期,亚马逊的市值已经超过 300 亿美元,比 1998 年年初增加了 20 倍,而它在 1998 年所披露的年报中显示:它的网络图书销售业务亏损了 9 000 万美元。尽管当时已经有人在网络上讨论为什么亚马逊的股价会一直上升,但大多数的投资者都相信在未来的几十年里,利用网络实现的交易会迅速增长,获利也会非常丰厚。事实上,市场数月之后便证明人们对互联网所寄予的厚望完全落空,网络公司的股票价格发生了雪崩式的暴跌。

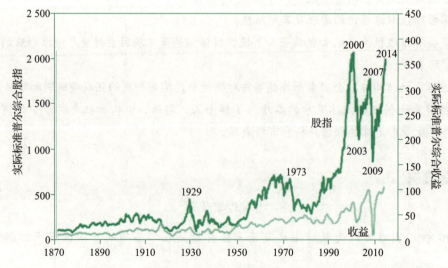

图 9-1 20 世纪末美国股市泡沫的形成过程,依据标准普尔指数及其收益率(1871-2014)

资料来源:希勒.非理性繁荣[M].3 版.李心丹,等译.北京:中国人民大学出版社,2016.

希勒认为市场上弥漫的这种"非理性繁荣"的氛围是投机性泡沫（speculative bubble）产生和持续的心理基础：价格上涨的信息刺激了投资者的热情，并且通过心理的相互影响在人与人之间逐步扩散，越来越多的投资者加入到推动股价上涨的投机行列，完全不考虑资产的实际价值，而一味地沉浸在对其他投资者发迹的羡慕和赌徒般的兴奋中，从而在金融市场上一次又一次地演绎着大规模的泡沫和崩盘事件。

案例思考

从新千年美国科技股泡沫的产生和崩盘，我们看到金融资产价格的涨落具有什么特征？是什么因素推动了这种价格的大起大落？投资者的个体心理和群体行为在资产泡沫的形成中扮演了什么样的角色？

金融市场有大量的投资者参与，其买卖行为直接对证券价格产生影响，当市场上的投资者共同形成非理性乐观预期时，资产的泡沫就逐渐产生了。金融泡沫（financial bubble）是指一种或一系列的金融资产在经历连续的上涨之后，市场价格严重偏离实际价值的经济现象。其产生的根源是过度投资引起的资产价格的过度膨胀，从而导致经济的虚假繁荣。经济周期总是伴随着潮起潮落，金融市场更是与泡沫如影随形，市场泡沫由于缺乏内在价值的支撑而最终会走向破裂，并对社会和经济发展带来巨大的负面影响。在实践中，不论是在西方发达的资本市场还是在发展中国家刚刚起步的股票市场，都曾经产生过数次市场泡沫，并呈现出相似的特点。

9.1 历史上的资产泡沫

金融泡沫作为证券市场上的一种特定"异象"，在世界范围内普遍存在，并且似乎已经成为当代经济一个无法根治的顽疾，而目前发生的一切也许还会成为未来的经济学家所引用的"典型泡沫事例"。当人们冷静地，用历史的眼光去看过去的金融泡沫时，就会发现，每一次泡沫事件中人们的疯狂行为都很不可思议，但同样的情况却还在周而复始地发生。

荷兰郁金香狂热（dutch tulip mania）是历史上最早的大规模泡沫投机事件。16世纪下半叶，荷兰经济迅速繁荣，社会财富急剧增加，荷兰人开始对于能够彰显身份的物品表现出特别的兴趣，郁金香就是其中之一。1630年前后，荷兰人培育了一些新奇的郁金香品种，王室贵族和官宦趋之若鹜，争相购买这些稀有的郁金香品种，郁金香的价格逐渐上升。在1636年10月之后，不仅稀有郁金香品种的价格被抬高，几乎所有郁金香的价格都飞涨起来。在这种狂热情绪的推动下，到1636年年底，人们不仅买卖已收获的郁金香球茎，还提前买卖在1637年年底将要收获的球茎，郁金香期货市场交易量日益上升，从1636年12月底到1637年1月底，所有品种的郁金香价格全部上涨。直到1637年2月初，市场才出现了大量抛售，郁金香价格开始暴跌，市场陷入恐慌，郁金香市场全面崩溃。它的终结不仅使城市陷入大混乱，而且一度演变为整个国家的经济危机，给荷兰留下了惨痛的教训。

17世纪末，长期的经济繁荣给英国人积累了大量的储蓄，这种繁荣酝酿了一个著名的金融泡沫：南海公司泡沫（South Sea bubble）。1719年，英国南海公司股票从129英镑狂飙到1 000英镑以上，半年涨幅高达700%，一年后股价却一落千丈。在南海泡沫破裂后，英国议会通过了《皇家交易所与伦敦保险公司法案》（也被称为《泡沫法案》）。该法案禁止英国公司发行股票，直到1825年英国废除该法案，在一个多世纪中英国都禁止设立股份公司。在南海泡沫中遭受过损失的投资者包括大物理学家牛顿，在遭受损失后，牛顿无奈地说："我可以计算天体的运行轨道和规律，但计算不了人们的疯狂。"

与此同时，1720年，著名的"金融骗子"约翰·劳，正在法国导演密西西比泡沫骗局。北美洲的密西西比是当时的法属殖民地，约翰·劳组建的公司先后取得了密西西比河、俄亥俄河和密苏里河流域的专利开发权，之后又获得烟草专卖权、东印度公司与非洲和中国的贸易垄断权。在这个美丽的故事的诱惑下，他的公司开始在法国发行股票圈钱，人们通宵达旦地排队购买股票，股价最高时达18 000利弗尔[⊖]，可一年后却跌到了500利弗尔。

20世纪20年代处于第一次世界大战后的和平时期，战后的美国在许多经济领域都处于世界领先的地位，良好的经济环境和人们乐观的情绪为股票市场的高度繁荣创造了条件。《纽约时报》工业指数从1921年的66.24点不断攀升至1929年9月19日469.49点的历史最高点。而随后1929年美国股市泡沫的破灭使世界陷入大混乱，形成全球经济大萧条（The Great Depression），甚至成为第二次世界大战爆发的历史原因。

日本的股票与房地产泡沫在1989年达到了顶点，日经指数曾达到38 740点，随后泡沫的崩溃导致经济的长期低迷，到2002年年底则跌落至8 579点，而现在东京房地产价格只有高峰时的一半[⊜]。

与以上经典泡沫不同的是，2000年美国网络泡沫的破裂，并没有导致经济立即陷入萧条，但是为了应对危机而采取的积极的、更加放松的经济政策使美国酿造了一场规模更为庞大、影响更为深远的房地产泡沫以及建立在房地产泡沫基础之上的创新金融泡沫，从而最终引发了一场几乎波及世界每个角落的全球金融危机。表9-1列举了历史上一些著名的资产泡沫，并归纳了各次泡沫的一些典型特征。

表9-1　历史上著名的资产泡沫

泡沫名称	产生背景	掌握内情者的反应	非理性投资者的反应	市场环境
17世纪30年代荷兰郁金香泡沫	外观奇特的郁金香；东印度公司的繁荣	选择性培育郁金香，购买残败的郁金香	上层阶级的社会时尚，中下层阶级盲目模仿，贵族、市民、农民、工匠、船夫、伙计等各个阶层都加入了对郁金香的投机活动中	郁金香投机合约兴起，套利交易出现
英国南海公司泡沫（1710-1720）	政府债务转换；贸易垄断	内部人在转换之前买断全部债务，随后全额兑出获利	社会各界人士，包括军人和家庭妇女，甚至物理学家牛顿都开始购买股票	政府介入，皇室参与，咖啡馆连锁店兴起；新的会员加入
密西西比泡沫（1717-1720）	与新兴国家之间的贸易；金融组织者的成功	通过保护政府债务以获取利润和公司控制权	过于相信政府而忽略风险，股票一上市就被抢购一空	政府支持监禁持异议者，信贷扩张

⊖ 法国的古代货币单位名称之一。又译作"锂"或"法镑"。利弗尔最初作为货币的重量单位，相当于一磅白银。

⊜ 《日本房价泡沫破裂：东京房价已提至最高时的一半》，出自《环球时报》2016年3月9日。

（续）

泡沫名称	产生背景	掌握内情者的反应	非理性投资者的反应	市场环境
20世纪20年代美国股票市场泡沫	20年代经济快速增长；一战后通货紧缩恐惧感的消失；大规模生产膨胀	股票供给急剧膨胀；新的封闭式基金相继涌现	大量投资者涌入股市；投资者缺乏经验；过于乐观的预期	受到库利奇、胡佛和费雪的吹捧，地方交易所、保证金账户和经纪人贷款增长
20世纪80年代日本股票与房地产泡沫	日本由统制经济转向市场经济；"平成景气"	企业大量投资于不动产，银行大量接受不动产作为抵押品发放贷款	信奉"土地神话"；人们不断购买股票，声称股票从此不会贬值；购买法拉利、劳斯莱斯、日产CIMA等高档轿车的消费热潮	持续实行宽松的财政货币政策刺激土地、股票需求
20世纪90年代美国网络泡沫	万维网的出现	大量网络公司利用".com"概念吸引风险投资并试图上市	很多人辞掉工作专职炒股	风险投资的支持，低利率
2007年次贷危机与房地产泡沫	不断降息刺激了按揭房贷市场	将次级债券证券化打包出售以掩盖风险	房价的上升使购房者产生了"追涨"心理	对不合理金融创新的纵容，监管的放松，宽松的经济政策

资料来源：史莱佛．并非有效的市场：行为金融学导论［M］．赵英军，译．北京：中国人民大学出版社，2003．作者补充了"次贷危机与房地产泡沫"的内容。

那么，究竟是什么导致了这些破坏力巨大的资产泡沫，为什么我们中大多数人都没能预见它们？当这些泡沫似乎毫无理由地突然爆发时，我们应该怎样理解它？为什么那些试图阻止危机的预防措施没能奏效，而经济当局却对此公开表示意外？

早期的经济理论认为，即便所有投资者都是理性的，价格泡沫仍然可能存在。一般来说，泡沫被定义为某一资产的市场价格对其基础价值的偏离。新古典金融学理论认为，如果市场是有效的，那么资产价格就是其基本面的理性无偏预期，因此价格泡沫不可能存在。当资产价格被低估时，投资者就会买入该资产，导致价格上升；当资产价格被高估时，投资者就会卖出该资产，导致价格下降，从而使均衡资产价格等价于该资产按照现金流贴现模型计算所得到的基础价值；即某一资产的基础价值理论上等于持有该资产所获得的未来现金流按一定报酬率进行贴现的值。然而，真实世界中测度资产的基础价值却面临一系列问题，如：该资产在未来的现金回报及期末清算价值应如何估计，用于贴现未来现金流的必要报酬率如何决定等。

实际上，市场上的投资者并不确切地知道资产的基础价值是多少，他们投资的目的很大程度上不是为了获得持有该资产所产生的未来现金流，而是基于投机性目的获得价格上涨的收益。假如某投资者预期未来能够以比当前价格更高的价格卖出某资产，他就会买入该资产，从而导致该资产的当前价格上涨。如果某资产当前价格高仅仅是由于其未来价格更高，那么投资者就不会依据该资产的基础价值进行交易。这样一来，价格就有可能持续地偏离基础价格，从而导致泡沫的生成。

当所有投资者具有完美理性和对资产信息的"共同认知"（common knowledge）时，理性泡沫存在的条件为泡沫的增长速度等于未来现金流贴现所需要的必要回报率。这就是理性泡沫存在的"横截性条件"(transversality condition)。倘若该资产并不是永续存在的,而是在 T 期按照基础价值清算,那么泡沫就不可能存在。因为一旦所有投资者都知道泡沫必定在 T 期破裂,就没有人愿意在 $T-1$ 期持有该资产而承受损失了。在这种情况下,投资者都会选择卖出该资产,使得 $T-1$ 期的价格下降到基础价值的水平,这样一来,泡沫必然在 $T-1$ 期无法存在。而遵照同样的逻辑,泡沫在 $T-2$ 期、$T-3$ 期、……便都无法存在。假如所有的投机者都知道房地产价格泡沫必定在 2007 年破裂,那么这个泡沫就将在 2006 年破裂,因为没有人愿意以高价买房,然后等着房产在次年贬值。如果他们知道泡沫必定在 2006 年破裂,那么 2005 年也不可能有泡沫存在。依据这种"逆向递推"(backward-introduction)的思路,我们得知存续期有限的资产价格无法存在泡沫。

也就是说,在投资者理性的前提下,资产价格理性泡沫存在的条件是极其严苛的:资产是永续存在的,投资者对资产未来现金流分布拥有完美、同质的理性预期,泡沫增长率必须等于贴现率等。一旦上述条件不成立,泡沫就无法存在。

显然,理性泡沫理论在解释现实世界时存在困难,越来越多的经济学家同意在坚持个人理性的前提下放宽部分假设,从而得到泡沫存在的结论[⊖]。希勒在《动物精神》一书中也把人类经济决策中的非理性称之为"动物精神",它是全球金融危机的根源,是市场经济体系脆弱性的基础[⊖]。动物精神理论认为真正的问题在于当前的经济理论是由许多传统观念构成的。有太多的宏观经济学和金融学专业人士在"理性预期"和"有效市场理论"的道路上走得太远,以致根本未能考虑经济危机最重要的动力机制。如果不把动物精神添加到理论模型中去,我们就会丧失判断力,也就无法认清危机的真正根源。因此本章接下来将具体从个体行为偏差、群体行为偏差、市场机制与制度缺陷、社会环境因素等非理性因素来探讨泡沫的产生、发展和演变。

9.2 个体行为偏差的作用

理性泡沫理论抓住了市场主体理性这一假定,但我们清楚地看到只有放宽市场主体的完美理性假定,才能合理地解释真实世界中的各种价格泡沫现象。从本书第一章的引导案例中可知,在 1987 年 10 月 19 日美国股市经历了所谓的"黑色星期一",道琼斯工业平均指数在开盘 3 小时后下跌 22.62%。希勒在接下来的一周内对 1 000 名机构投资者和 2 000 名个人投资者做了问卷调查,结果发现有大约 2/3 的投资者认为股市崩盘是由心理因素造成的,他们认为,前期股价被严重高估了,投资者在暴跌中存在恐慌与非理性;另有约 1/3 的投资者认为程序交易或者机构投资者的止损策略是推动暴跌的真正原因,只有很少的投资者认为这次暴跌是由基本面因素,如利率或者利润所造成的。1999 年,美国网络泡沫破裂前,希勒通过问卷调查发现,56% 的被调查对象认为道琼斯工业平均指数会继续上升,这一比例是认为

⊖ 如在套利者存活期有限的条件下,有限存续的资产价格也可以出现泡沫(Hahn,1996;Samuelson,1967;Shell-Stiglitz,1967);在卖空受限时,即使关于现金流分布的共同知识不存在,泡沫也可以存在于有限存续期的资产中(Allen、Morris 和 Postwaite,1993);上述理论的共同之处在于不放弃主体理性,通过放宽其他假设来提供模型对真实世界的解释力。

⊖ 阿克洛夫,希勒. 动物精神[M]. 黄志强,译. 北京:中信出版社,2015

会下降的比例（19%）的 3 倍[1]，而在 1996 年这一数字才不到 2 倍，在 1989 年人数基本持平。可以看出，在过去的 10 年投资者对股市的信心急剧增长，并且随着价格的继续上涨而得到加强。类似的现象也发生在历史上的每一次著名的泡沫事件中，虽然形式和程度各有不同，但非理性的投机心理是相同的。

经济学家不但在真实世界中发现个体的有限理性是导致金融泡沫产生的重要原因，在实验室中也得到了类似的结论。Smith、Suchanek 和 Williams（1988）通过实验研究发现，即使投资者拥有对未来股利分布的共同认知，他们还是会进行交易，并且在大多数情况下导致价格泡沫，这种纯粹的价格泡沫很可能与实验参与者的有限理性有关。

实验 9-1

双向拍卖中的泡沫[2]

Smith、Suchanek 和 Williams（1988）设计了一个关于资产价格形成的实验室实验。这一实验共有 9 个参与者，他们在双向拍卖规则下的 15 个周期里进行交易。参与者在初始交易中将被随机分配以下资产组合，如表 9-2 所示。

表 9-2 资产价格实验的基本描述

参与者身份	资产单位	初始现金盈余（美元）	组合的内在价值（美元）
参与者 1～3	3	2.25	13.05
参与者 4～6	2	5.85	13.05
参与者 7～9	1	9.45	13.05

参与者获得的收益包括股息支付与交易过程中的资本利得，股息支付为已经给定的四个替代方案：0.60 美元、0.28 美元、0.08 美元与 0 美元。但是每一期交易所抽取的股息方案并不确定，而是在当期交易结束后由实验监督者抽取并公开地告知所有资产单位的共同股息，每一个替代方案抽取概率相同，预期股息为 0.24 美元。每个参与者购买或销售资产的次数由自己决定，但受限于两个条件：第一，参与者不允许卖空（即不能出售现在并不拥有的资产单位），且必须以资产账户拥有的现金盈余支付购买资产单位（无保证金）；第二，禁止"挤油交易"[3]；例如，参与者不能从他们自己那里购买和出售资产单位以避免形成会对其他投资者产生误导的市场交易行为。在回合结束时，支付参与者组合的累积现金盈余。在这一实验设计中，单位产品组合对于所有参与者都有同样的内在价值，因而，只有当参与者有着各种不同的风险态度或者对资产价值有不同的预期时，交易才会发生。

如图 9-2 所示，很明显，在第 1 期中单位资产的理论价格为 3.75 美元。我们通过比较每一期的理论价格与交易价格发现，随着交易周期的增加，交易价格将逐渐偏离资产的基础价值而形成较大的资产泡沫。直到交易周期临近结束时，参与者的数量因获取收益动机而逐渐下降。

---

[1] 其余 25% 认为道琼斯工业平均指数将持平或维持现状，或者拒绝表态。
[2] 改编自戴维斯和霍尔特所著的《实验经济学》(2013)，p153～p156.
[3] 挤油交易即反复买卖，是指证券经纪通过为客户进行过多买卖而增加佣金的不道德行为。

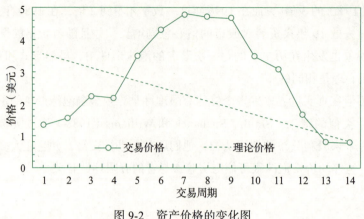

图 9-2　资产价格的变化图

实验数据显示，在卖空约束与禁止"挤油交易"等条件下，价格泡沫还是频繁地发生。在 22 次实验中有 14 次实验产生了泡沫，其中没有经验的实验参与者更容易引发价格泡沫。更重要的是，实验的第 1 期价格普遍低于未来股利的期望价值（理论价格），这可能是由实验者的风险厌恶引起的。较低的初始价格可能帮助实验参与者建立对未来资本利得的期望，从而导致泡沫发生。

正因为泡沫周而复始发生的背后伴随着投资者的有限理性，经济学家才不得不怀疑基于个体理性与一般均衡理论所构建的经济学模型的合理性，并将目光转向有限理性假设。接下来我们将阐述基于有限理性的行为金融学理论如何解释真实世界中的各种泡沫现象。

9.2.1　噪声交易

Black（1986）认为在金融市场中存在理性交易者与噪声交易者，理性交易者以市场的真实信息作为决策依据，而噪声交易者则以捕获的噪声信息作为决策依据。不能否认，当市场上不存在噪声交易者时，理性交易者会因市场缺乏足够信息而发生较少的交易，资产的流动性将较低。噪声交易者的出现则使资产交易更为频繁，噪声交易者交易的依据为他所观察到的信息，但对于这些信息的质量究竟如何，这些信息是否已经被反映在价格中则并不在乎。资产频繁的交易大大提高了金融市场的流动性，但也在很大程度上导致噪声信息掩盖了真实信息，使真实信息被逐渐隐藏与累积在价格中，并造成资产价格与其真实价值的偏离。

Shleifer 等（1990）提到当市场只存在理性交易者时，资产价格可直接由资产收益率与风险溢价决定；但当市场存在噪声交易者时，由于噪声交易者误解了资产的预期价格，因此资产价格还包含了噪声交易者的误解程度。在资产收益率与风险溢价保持不变的条件下，一方面，噪声交易者的乐观预期会造成资产价格上涨，悲观预期则会造成资产价格下降[○]。另一方面，知情交易者也将因噪声交易者的行为而无法对资产价格做出准确判断，限制其套利机会，从而要求更高的风险补偿。在噪声交易者的乐观预期与知情交易者更高的风险溢价下，资产价格将快速上涨并偏离基础价值而形成泡沫。

○ Long D, Bradford J, Shleifer A, et al. Noise Trade Risk in Financial Markets [J]. Journal of Political Economy, 98-4.

9.2.2 卖空限制与异质信念

Miller（1977）[一]认为在部分交易受到约束的条件下，投资者的异质信念也会造成资产价格对基础价值的偏离并产生泡沫。在传统的资本资产定价（CAPM）模型中，投资者被认为具有同质期望，即在同一时期对风险相同的资产具有相同的收益与风险预期，投资者可以免费并且同时获得市场的所有信息。但这一假定在现实中往往无法满足，Miller（1977）认为，由于市场存在不确定性，投资者不可能同时免费获得所有信息，而投资者资源禀赋的差异也会导致其所获取的私人信息的不对称。在私人信息与个人理解的双重差异中，投资者必然会产生不同的投资收益与风险预期，这种预期差异就是异质信念。在存在卖空约束的资本市场中，悲观投资者形成的投资预期不能被充分表达，市场更多地反映乐观者对股票价格的预期，这势必造成资产价格被高估。市场在乐观投资者的引导下形成较高的乐观情绪与投机热潮，并导致泡沫产生。可以认为，在卖空约束下，投资者有更高的概率在下一期以更高的价格将资产出售给乐观投资者，由此形成再售期权。资产的均衡价格因包含再售期权的价值而偏离基础价值（Harrison & Kreps，1978）[二]，噪声交易者与后来的无经验交易者将受到乐观情绪的传染而产生更高的投资预期与投机心理。因此在"异质信念"引导下，资产价格将迅速偏离基础价值，从而导致泡沫的膨胀。

Hong 和 Stein（2003）[三]认为投资者产生异质信念的主要原因在于有限注意与过度自信，在不完全的竞争市场环境中，投资者所关注与获取的信息之间存在较大的不对称性，一些投资者因仅注意到正面信息而产生过度自信的交易行为，从而造成市场乐观情绪上涨。而在卖空约束条件下，悲观投资者的信息无法及时到达市场，市场更多的是反映乐观投资者的信息。当投资者的异质信念较强时，意味着乐观投资者与悲观投资者的预期存在较大的差异，这将造成悲观投资者预期被市场隐藏的可能性增加，而乐观投资者情绪和过度自信将形成正反馈效应而推动资产泡沫的膨胀。

9.2.3 缺乏经验的交易者

Dufwenberg 和 Moore（2003）通过仿照 Smith、Suchanek 和 Williams（1988）的实验方法比较了当市场只存在无经验交易者、只存在经验交易者、存在经验交易者与无经验交易者混合三种情况下资产价格与理论价值的偏离变化。他们发现，当市场只存在无经验交易者时，资产价格与理论价值的偏离最为严重，而在混合市场，资产泡沫会随着交易期数的增加逐渐削弱，并且总体上，混合市场的资产泡沫要低于无经验交易者市场。

无经验的投资者对泡沫产生的影响也在现实金融市场中得到大量实证证据的支持。Brennan（2004）认为，个体投资者的数量增长很可能是驱动美国 20 世纪 90 年代后期网络股繁荣的重要因素。Green 和 Nagel（2006）进一步研究发现在网络股泡沫的高峰期，由较

[一] Miller E M. Risk, Uncertainty, and Divergence of Opinion[J]. Journal of Finance, 1977, 32(4): 1151-1168.

[二] Harrison J M, Kreps D M. Speculative Investor Behavior in a Stock Market with Heterogeneous Expectations[J]. Quarterly Journal of Economics, 1978, 92(2): 323-336.

[三] Harrison Hong, Jeremy C. Stein. Differences of Opinion, Short-Sales Constraints, and Market Crashes[J]. Review of Financial Studies, 2003, 16(2): 487-525.

年轻的基金经理管理的共同基金比由年老的基金管理者管理的基金更激进地投资于科技题材的股票。Brennan Gong 等（2016）对中国衍生品市场解禁之后的第一支权证进行了实证研究，发现权证的价格竟然比按照 Black-Sholes 期权定价公式所估计出来的基础价值高出 5 倍，新投资者占据了 90% 以上的市场成交量，其新增数量在整个交易期内与泡沫的增长速度呈现高度正相关。

9.2.4　自我归因偏差

心理学普遍认为，人们倾向于收集那些支持他们信念的信息，而将与其固有信念相反的信息视为噪声，这被称之为自我归因偏差（self-attribution bias）。Daniel 等（1998）利用这一心理偏差建立了资产泡沫理论模型。模型假定投资者通过接收一个带噪声的私人信号来建立某一证券价值的初始信念。接下来，投资者又接收到一个没有任何信息含量的、纯噪声公开信号，如果他是理性的，则会忽略该信息，但如果他具有自我归因偏差，那么只要这个噪声信号支持他已有的信念，他就会对该信念变得更加坚信，并朝这个方向修正对基础价值的预期；相反地，如果这个噪声信号违背了他的私人信念，他就会忽略这个信号而保持原有的预期。这样，平均来看，只需要一个没有信息含量的公开噪声信号就会使价格朝着初始信号的方向运动，使价格偏离基础价值，从而导致泡沫的产生。

9.2.5　启发式偏差

除此以外，经济学家也用其他心理偏差来解释泡沫的产生原理，如"代表性启发法偏差"与"保守偏差"（conservative bias），这两种偏差都会导致决策者偏离以贝叶斯理性为基础的信息处理过程。代表性启发法偏差会驱使投资者将更多的权重放在"吸引注意力"（attention-grabbing）的消息上，从而导致投资者的过度反应。与之相对应，保守偏差则会令投资者对那些比较隐晦的信息反应迟钝，对先验信念修正不充分，从而导致反应不足。Baberis 等（1998）基于以上两种心理偏差构建了一个描述股票价格变化过程的简洁模型。他们假定股票的盈利服从随机漫步过程，对未来盈利的最佳预期就是最近已经实现的盈利。然而，投资者认为该股票的盈利不是服从随机漫步，而是在时间上具有某种趋势，即未来的盈利变化与当前的盈利变化具有相同的趋势；或者存在向均值回归的规律，即未来的盈利变化与当前的变化方向相反。当然，每类投资者都认为股票的盈利过程会以小概率从一种模式转向相反的模式。只要盈利的增长偶尔以同样的方向出现几次，如实现连续几期的增长，代表性启发法偏差的投资者就会认为他们已经找到了盈利增长的规律，并用所发现的规律来预测未来的盈利，从而导致过度买入和股价上升。一旦股票未来的盈利情况违背其预期，投资者就会转向均值回归模型，使价格回归基本面。通过这一系列心理活动，资产价格从泡沫生成到破裂的整个过程就被完整地刻画出来了。

9.3　群体行为偏差的推动

投资者作为一个群体，彼此之间的互动影响是导致泡沫持续放大和膨胀的关键因素。大量研究表明，个体投资者的心理偏差通常并不会互相抵消，而是通过个体与个体之间的互动影响，形成系统性的群体偏差。有学者甚至发现，在特定的市场结构和信息结构下，个体的理性决策也可能演变成为系统性的群体偏差，从而导致严重的价格偏离，引发金融泡沫。被广泛研究的"信息瀑布"就是个体理性导致系统性群体偏差的典型例子。然而，大多数情况下，这种群体偏差往往与个体非理性交织在一起，愈演愈烈，最终演化为巨大的金融泡沫。

9.3.1 信息瀑布

在信息不对称的条件下，一群理性主体在决策过程中倾向于利用前面的决策者所公布的决策信息，而放弃使用自己所获得的私人信息，以致后面所有人的决策都产生趋同的现象，这种现象被称为"信息瀑布"（information cascade）。Bikhchandani 和 Hirshleifer（1998）用一个简单的决策模型解释信息瀑布造成群体的系统性偏离。假设市场上有一项投资决策，投资者需要决定是否参与投资。投资者的收益全部来自该项投资，投资结果可能产生收益但也会有损失，收益与损失的概率相等。此外，投资者将获得一个关于该决策评价的私人信号，包括"好"与"不好"两种评价：投资结果好代表私人信号为"好"的概率大于 0.5，反之则代表"不好"的概率大于 0.5。而且从第二个投资者开始，每一个投资者都可以观察到他前面所有人做出的决定。

当第一个投资者获得"好"的私人信号时，他会选择参加投资；当第二个人也获得"好"的私人信号时，他因为从第一个人的决定判断出第一个人获得的是"好"私人信号，所以也会选择投资。但当第三个人获得"不好"的私人信号时，他会因为前面两人都选择了投资而推断前面两人获得的私人信号都是"好"，因而可能放弃自己的私人信号而选择投资。那么，从第三个人开始，一个关于投资的羊群行为就形成了。Bikhchandani 和 Hirshleifer（1998）认为，处在信息瀑布中的决策者有可能像是在被一个盲人引路，后面的盲人摸着前面盲人的手跟随，却茫然不知他们都在前往深渊的路上。

信息瀑布意味着投资者在较强的正面公共信号下会放弃私人信号，而以公共信息作为决策依据，这一行为很可能导致公开信息缺乏信息含量。在信息失真的情况下，资产价格因无法体现市场中逐步释放的负面信号而偏离基础价值。一旦这种个体投资行为趋向一致，资产需求就会迅速增加，这将推动价格高涨偏离基础价值，从而引发泡沫。

9.3.2 羊群行为

在不完全的市场中，投资者决策总是面临较大的不确定性。为了降低决策的风险与最大化投资收益，投资者认为选择与大多数人的决策保持一致是最优决策。这种跟随式的决策选择就形成了资本市场的羊群行为。Bikhchandani、Sharma（2000）[○]认为投资者羊群行为的产生受到公众舆论、权威领袖的引导。意见领袖的发声为金融市场的参与者的交易提供了较强的心理支持，让投资者认为选择与意见领袖一致的决策是一种占优策略。而这种公众般的占优意识一旦形成，将对个体形成较大的压力，Shiller（2015）说："大众把有着明智意识的个

[○] Sushil Bikhchandani, Sunil Sharma. Herd Behavior in Financial Markets［J］. IMF Staff Papers, 2000, 47(3): 279-310.

体变成笨蛋,以抵抗'徒劳的争斗'。"这就好像是皇帝的新装一样,帝王的权威让许多人都相信那件"新装"真的存在,而大众意识让所有人都不敢说出真实的想法。

于是,投资者在决策时倾向于与大多数投资者的决策保持一致。当市场处于乐观状态时,羊群行为将推动社会乐观情绪的高涨,而这种乐观情绪是形成资产泡沫的重要基础,因为它使资产交易的供求双方力量发生变化,投资者会产生更大的购买资产动机,看涨的心理预期将推动资产价格上涨以滋生泡沫。

实际上,这种羊群行为使理性投资者也转向以噪声交易为占优策略的从众投机,并进一步加剧资产价格对基础价值的偏离,从而加快泡沫的膨胀。同时,机构投资者往往依靠其资金实力操纵市场,蓄意炒作,引诱大量不明真相的中小投资者盲目跟进,这种"蜂拥效应"将造成金融市场价格的暴涨。

9.3.3 正反馈机制

受价格趋势影响,并进一步推动价格朝同一方向变化的市场交易被称为正反馈交易。正反馈交易往往是促使投资者自我偏差加强、诱发金融泡沫的重要原因。在金融市场上,当价格上涨时,投资者会认为上涨是因为该项资产符合大多数投资者的价格预期,市场最终会给予其较高的定价,因此纷纷买入,这使需求进一步增加,价格进一步上涨,上涨的价格又进一步强化了投资者的心理预期,如此循环,形成了一种自我增强的正反馈机制。这种预期具有一种"自我维持"或"自我实现"的特质。也就是说,价格上涨—价格上涨预期—抢购—价格进一步上涨—预期进一步增强,便形成了金融泡沫膨胀过程中的正反馈循环,希勒把这种信心的变化导致的价格变化和对下一轮信心的变化,并且每一轮变化都会进一步影响未来各轮价格和信心的变化称为"信心乘数效应"⊖。

房地产市场中的数次大泡沫就是这种正反馈机制的直接体现。美国历史上最大规模的房地产繁荣始于 20 世纪 90 年代末,并持续了近 10 年,到 2006 年转成熊市下跌之前,房价差不多翻了一番。随着房价上涨得越来越快,大家更加坚信房价会持续上涨,也会有投资机会空前良好的感觉。这种反馈与观念、事实的传播相互作用,进一步强化了房价将持续上涨的信念,希勒称之为"房地产信心乘数"。

中国的金融创新产品"艺术品份额化交易"也是在这种正反馈机制中获得了最深刻的教训。2011 年,艺术品份额化交易市场引起了前所未有的投资热情,也遭遇了随后泡沫破裂带来的无情伤害。

9.3.4 新投资者的持续涌入

每一轮泡沫的开始,总是先由内幕消息者、噪声交易者与机构大户共同推动,再由技术分析能力强的人跟进,而资金少、敏感性最低的投资者最后行动。最后进来的投资者中有大量新手(无经验投资者),他们之前并无交易经验,因受已有投资者乐观预期与市场高收益的诱惑进入市场。无经验投资者带有较高的乐观情绪与风险偏好,容易产生过度自信的交易行为,加重了市场的投机性,造成资产价格更快地偏离基础价值而助长泡沫的膨胀。

⊖ 阿克洛夫,希勒.动物精神[M].黄志强,译.北京:中信出版社,2015.

案例 9-1　　　艺术品份额化交易

2010年以来，全国兴起了一股艺术品份额化交易的热潮，虽然争议不断，但却有愈演愈烈之势。

各地文化产权交易所推出了各种交易品种，如：深圳文化产权交易所发行的杨培江美术作品，齐白石、傅抱石等人的美术作品，天津文化艺术品交易所（下文简称天津文交所）发行的七幅画作和天然粉钻等作品，成都文化产权交易所的系列诗书画作品，郑州文化艺术品交易所发行的《蓝田泥塑》《王铎诗稿》《全辽图》等作品。

作为一种新兴的文化创意产品，艺术品份额化交易一经推出就受到了市场的热捧，其交易出现了空前的火爆场面以及大起大落的巨幅波动。以天津文交所上市的两件艺术品为例，出自天津美术学院副教授白庚延之手的《黄河咆哮》和《燕塞秋》两幅作品分别作价600万元和500万元，以每份1元的价格发行。2011年1月26日，两幅作品正式开始线上交易，在不到两个月的时间内，每份1元的画作份额被炒到每份18.7元，两幅画作的市值被炒到了上亿元。3月11日天津文交所第二批艺术品上市，其中有7幅画作和1颗天然粉钻，上市后这8个产品也受到投资者的狂热追捧，连续涨停9日后被停牌。

艺术品交易因创新而变得疯狂。艺术品份额化交易这个创新的投资方式，让普通大众也能进行相对高端的艺术品投资。全国各地纷纷效仿天津等地的做法，西安、湖南等地先后传出艺术品交易所上马的消息。在全国遍地开花的各类交易所以金融创新之名，推出各种公开交易的投资品种。

正当它们大步迈开"艺术品金融化"的探索之路时，激增的泡沫、如疯狂过山车一般的行情以及不明朗的政策等，都让文交所和投资者双方饱尝了心跳的滋味。2011年11月28日，国务院发布《关于清理整顿各类交易场所切实防范金融风险的决定》，饱受争议的文交所艺术品份额化交易模式从此进入了"整顿倒计时"阶段，2012年6月30日是这场针对已经泛滥成灾的文交所整顿的最后期限，很多人也将这一天看作文交所的大限之日。而曾经疯狂一时的艺术品的价格纷纷遭遇暴跌。

艺术品份额化交易的本质是对艺术品实施证券化，但艺术品不产生未来现金流，而且艺术欣赏价值具有不可分割性，其只能以整体形式存在。那么，价值不可分割的艺术品份额就只是一个代码，人们只能分享价格被共同推高而带来的虚拟财富增值，这种没有财富创造的增值就只能是一种泡沫，是庞氏骗局，以人们的心理预期和偏好为依据的艺术品份额化交易注定会由于正反馈机制而使其价格泡沫不断膨胀直至破裂。

参照对2007年中国股市考察的结果，可以发现股价与新增投资者数量之间存在类似的关系。2007年沪深股市新增投资者开户数4 000万，通过基金开户2 000万。这场股市盛宴号称"全民狂欢"：涵盖的人群从在校的学生到退休的妇女、从卖菜的小贩到布施的僧侣、从卖方炒股到代人炒股。无经验投资者都带有极高的乐观情绪和"贪婪"的投机心理，但几

⊖ 饶育蕾. 艺术品份额交易：肢解艺术，吹大泡沫［N］. 中国证券报，2011-05-20(A03).

乎都没有交易经验。他们的加入加剧了市场的投机狂潮，导致资产泡沫更为迅速地膨胀。

案例 9-2　　新增开户数与上证综指价格

不妨以 2007 年与 2015 年中国两次典型的资本市场泡沫为例来具体探究在资产泡沫形成、膨胀、破裂的过程中新投资者的涌入所扮演的角色。我们统计了 2004～2015 年上证综指与每月的新增投资者开户数量，左轴为上证综指，右轴为投资者新增开户数。

2007 年的资产泡沫开始于 2006 年 1 月，即国内股权分置改革的决胜之年，同期的投资者新增开户数量每月平均低于 100 万，而同期上证综指在 2006 年全年涨幅不足 20%。不难看出，资本市场的先知先觉者通常不会是交易新手，而是内幕消息者与机构大户。随着 2007 年 1 月股权分置改革进入尾声，上证综指进入快速上升阶段，更多的新投资者开始源源不断地涌入市场，2007 年 1 月～2007 年 10 月，资本市场新增开户数基本处于一个跳跃式上升的时期，1 月新增开户数突破 200 万，而 9 月已经达到 900 万。在短短 8 个月的时间内增加了 700 万，平均每个月增加 100 万。而同期的上证综指则从 2007 年 1 月突破 2 000 点飞升至 2007 年 10 月的 6 000 点，涨幅达到 200%。而在另一方面，当 2008 年 1 月以后，上证综指的迅速滑落也造成了新投资涌入的急速下降，新增投资者从 2007 年 9 月的 900 万下跌至 2008 年 7 月的 100 万。

同理，在 2015 年这场由中央政府、机构投资者共同推动的市场泡沫中，新投资者的表现与 2007 年有着惊人的相似度。2014 年 7 月，上证综指开始上升，新增投资者数量低于 100 万，此时推动资产价格上涨的多

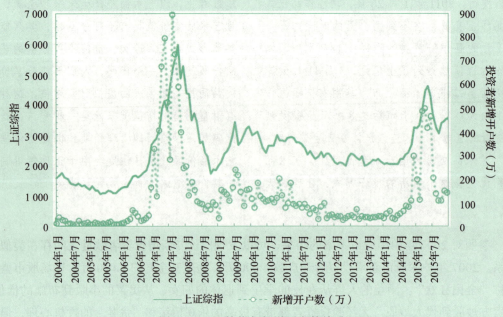

图 9-3　上证综指与新增开户数关系

数据来源：《中国证券登记结算有限责任公司统计年报》http://www.chinaclear.cn/zdjs/tjnb/center_list_one.shtml

是内幕消息者与机构投资者。自 2014 年 11 月以后，上证综指上升趋势加快，新增开户数量陡增至 300 万；2015 年 4 月，在新增开户数已经突破 500 万之后，上证综指于 5 月底突破 5 000 点指数关口，引起了新投资者的不断涌入。但 2015 年 7 月市场的崩盘却也造成新投资增加量出现断崖式的下降，由 2015 年 6 月的近 500 万跌至 2015 年 7 月的 200 万。

在这两次资产泡沫中，我们发现大量的新投资者永远是后知后觉者，他们因看到先知先觉者获得的财富而羡慕并加入这场游戏，而新投资者的突然增加也使得资产的价格迅速增加，从图 9-3 也容易看出两点：第一，新增开户数与股票价格指数相关性极高，二者走势基本一致。股票价格的上升吸引着新投资者的加入，而新投资者的涌入也推动了股价的上升。第二，新投资者开户数波动远大于上证综指的波动，这与新投资者作为无经验交易者更多地受到自身乐观、悲观等情绪因素影响有很大关联。

9.4　市场机制与制度缺陷的推动

投资者个体的非理性以及群体的系统性偏差是金融泡沫产生的微观基础，而真实世界中的各种制度安排，如代理投资以及金融中介的行为，也是推动金融泡沫加剧的不可忽略的因素。

9.4.1　代理冲突

Allen（2001）认为资产定价并非完全的风险分担（risk sharing）。在资本市场中，机构投资者具有双重身份，一个是代理人身份，另一个是投资者身份。就代理人而言，其所进行的投资是为委托人提供的一种金融服务。与全部使用自有资金投资不同，作为代理人的投资决策者可以享受资产价格上升带来的极大好处（upside return），但是对资产价格下跌的风险（downside risk）只承担有限责任，代理人可以通过申请破产保护等方式将超过一定限度的损失转嫁给委托人，这就是代理投资内生的风险转嫁（risk shifting）问题。委托代理关系中代理人的效用函数是一个严格的凸函数，资产风险越大，对代理人越有吸引力。当市场上很大比例的投资者是代理人时，其内生的风险转嫁机制会使风险资产的均衡价格超过基本价值，资产价格的泡沫就产生了。

事实上，委托代理关系会因信息不对称导致较大的道德风险。委托人因知识与专业局限而无法对代理人的投资行为做出评价，只能以收益率作为判断代理人投资好坏的唯一标准。而代理人则完全可以将在牛市行情所获的收益归功于自己的专业优势，将熊市遭受的损失归咎于经济环境。委托人监督约束的弱化造成代理人较强的自利心理，为获得更大的佣金收入，他们会利用手中巨额资金优势进行风险套利乃至与上市公司进行内幕交易与暗箱操纵。2000 年 6 月，《中国财经》杂志发表的《基金黑幕》一文直指基金经理进行"对倒""倒仓"甚至"与股东发起人联合坐庄""净值操纵"等不法行为，《中国财经》杂志认为基金经理根本没有起到稳定市场的作用，反而让委托人处于极大的风险之下。同时基金经理因承担较低的投资风险会产生较高的投机心理，因而有更高的风险偏好，刺激市场的乐观情绪并提高市场的风险溢价，进而推动金融市场泡沫的生成与膨胀。

案例 9-3 代理投资下资产价格泡沫是如何形成的

假设存在两种资产：无风险资产和风险资产，如表 9-3 所示，无风险资产的供给不受限制，期初价格为 1，期末价值为 1.5；风险资产的供给固定，期初价格为 P，期末价值不确定，有 25% 的概率为 6，75% 的概率为 1，那么风险资产期末价值的期望值为 2.25。假设所有的参与者都是风险中性的。

风险资产基本价值：由于投资者是风险中性的，当市场处于均衡状态时，投资于这两种资产的边际收益应相等，假设用 PF 代表投资者用自有资金投资时风险资产的价值，那么根据：$2.25/PF = 1.5/1$，可以解出 $PF = 1.5$，换言之，PF 即为风险资产的基本价值（均衡价格），而风险资产价格超过基本价值以上的部分就是泡沫。

如果存在代理投资的情况，假设代理人以 33% 的年回报率代理委托人的资金，那么在每 1 个单位资金投资一年结束时所获的收益中，有 1.33 个单位的资金归还委托人，剩下部分归代理人所有；若投资收益不足 1.33，则将投资所得全部支付委托人，代理人的收益为 0，此设定使代理人只承担了有限责任。代理人可以选择投资于无风险资产或风险资产，投资于后者使代理人自身有机会获得更高的剩余回报，但同时也使委托人承担一定的风险。如果委托人在期初不能观察到代理人究竟投资于无风险资产还是风险资产，那么，1.5 是否还是风险资产的均衡价格呢？

代理人将 1 单位资金投资于无风险资产的收益为：1.5 – 1.33 = 0.17，委托人收益为 1.33。若将资金投资于风险资产，假设风险资产的价格为 1.5，投资者在期初可以购买 1/1.5 个单位的风险资产，代理人投资风险资产的预期收益为：$0.25 \times (1/1.5 \times 6 - 1.33) + 0.75 \times 0 = 0.67$，委托人的投资收益：$0.25 \times 1.33 + 0.75 \times (1 \times 1/1.5) = 1.5 - 0.67 = 0.83$。

代理投资下的风险转嫁：当 $P = 1.5$ 时，对于代理人，风险资产的收益 0.67 远远大于无风险资产的收益 0.17，那么代理人将更倾向于投资风险资产，1.5 不再是风险资产的均衡价格。造成这一结果的根本原因就是委托代理关系内生的风险转嫁问题。1 个单位的无风险资产和 1/1.5 个单位的风险资产期末的预期价值都是 1.5，如果投资于无风险资产，代理人获得 0.17，委托人获得 1.33；如果投资于风险资产，代理人获得 0.67，而委托人获得 0.83。代理人的有限责任使 1.33 – 0.83 = 0.5 的预期价值从委托人转移给代理人，换言之，风险从代理人转移给了委托人。

那么，在代理投资下风险资产的均衡价格是多少呢？由于风险资产的供给是固定的，代理人对风险资产的偏好必然抬高风险

表 9-3 两类资产的基本描述

	供给	期初价格	期末价值	期末预期价值
无风险资产	可变	1	1.5	1.5
风险资产	固定	P	6（概率 25%） 1（概率 75%）	2.25

○ 陈国进，吴锋. 代理投资、金融危机与金融制度结构 [J]. 金融研究, 2002(8): 61-66.

资产的均衡价格，直到代理人对风险资产和无风险资产投资的收益相等。根据 0.25（1/P×6 − 1.33）+ 0.75 × 0 = 1.5 − 1.33，可得 P = 3，即风险资产的泡沫为：3 − 1.5 = 1.5。

如果风险资产的风险提高会怎样呢？假设风险资产期末价值为 9 的概率为 0.25，价值为 0 的概率为 0.75，该资产的预期价值仍然为 2.25，但是风险变得更大。根据 0.25（1/P×9 − 1.33）+ 0.75 × 0 = 1.5 − 1.33，可得风险资产的均衡价格为 P = 4.5。

由此可见，在代理投资下，资产风险越大，价格泡沫也就越大。

在金融市场中，这样的委托代理关系普遍存在，如公募基金、私募基金、银行的个人理财、证券公司的代客理财等，其共同特点是代理人的有限责任、报酬体系的不合理以及风险收益的不对称，其风险转嫁机制使代理人倾向于选择高风险的投资产品，最终可能导致市场泡沫的形成。

9.4.2 机构投资者的羊群行为

Scharfstein 和 Stein（1990）认为职业经理人通过赢得承认和尊重，维护自己的好声誉，能够获得长期利益。声誉效应的核心观点是，与一个另类而可能成功的策略相比，人们更愿意采取与大家相同的策略，哪怕可能成为群体失败中的一员，至少可以避免自己的声誉遭到破坏。声誉模型有助于解释羊群聚集与分散的现象，对代理人职业状态压力下的羊群效应做出了解释，这就是"共同承担责备效应"（blame sharing effect）：如果决策者逆流而动，一旦他失败了，通常会被视为是其能力不够并因此受到责备，但如果他的行为与大多数人一致，那么即使失败了，也会因与其他人的结果相同而不会受到责难。这样，决策者具有与别人趋同的愿望，以推卸自己承担决策错误的责任。

更重要的是，机构投资者的薪酬设计与其投资组合的收益密切相关。通常只有在投资收益率高于同行业机构的平均收益率或市场平均收益率时，机构投资者才能获得更高的绩效薪酬，投资经理为获得稳定的绩效薪酬而倾向于模仿基准投资者的选择。中国的基金经理薪酬分为固定薪酬与绩效薪酬，而绩效薪酬通常占有 40%～50% 的比重，基金经理为保证更高的报酬只有采用相似的投资策略。此外，基金经理的短期任期造成他为追求短期业绩与报酬，会选择更高风险的投资组合。这种冒险的投机行为可能导致金融市场泡沫的加速膨胀。

"羊群行为"者往往抛弃自己的私人信息追随别人，导致市场信息传递链的中断。投资行为的趋同性削弱了市场基本面因素对未来价格走势的作用。许多基金在同时买卖相同股票，买卖压力超过市场所能提供的流动性，这种股票的超额需求对股价变化具有重要影响，当基金净卖出股票时，这些股票的价格会出现一定的下跌，而净买入时，这些股票会出现大幅上涨，从而加剧了市场的不稳定性。

可见，对声誉与薪酬的追求导致了机构投资者的羊群行为，并导致金融泡沫的产生[⊖]。首先，基金管理人员的报酬标准单一化，导致了各种基金投资风格的趋同，使大部分基金在市

⊖ Sias R W. Institutional Herding [J]. Review of Financial Studies, 2004, 17(1): 165-206.

场行情上涨时采取增长型的投资策略，平衡型策略则没有立足之地。如果市场反转，这些策略相同的投资基金就会陷入极大的风险之中。其次，由于金融机构的收入水平与其所创造的虚拟财富相联系，市场越繁荣、虚拟经济总量的比重越高，其获得的收入就越高，因而，促使其产生强烈的动机进行虚拟财富的开发和创造，从而推动金融产品的过度交易。金融市场的过度虚拟化也会导致泡沫的产生。

案例 9-4　　华尔街巨额高薪的背后

美国次贷危机引发了全球金融危机，它不仅对美国经济造成了巨大的损害，而且对世界经济产生了巨大的冲击，使全球经济陷入低迷。然而，作为金融危机直接导火索的华尔街精英们却长期获取巨额高薪，在金融危机爆发后，陷入被政府救助境地的华尔街投资银行的高管仍然领取巨额薪酬，引起了人们的极度不满。

据统计，2002~2008年，华尔街五家最大的证券公司共发放了约1 900亿美元的奖金，在此期间这些公司共实现利润760亿美元。在金融危机全面爆发的2008年，这5家公司共计净亏损253亿美元，但它们仍向员工支付了约260亿美元奖金，其中美国国际集团（AIG）在金融危机的背景下仍向其高管发放了1.65亿美元奖金。

2008年2月4日，美国总统奥巴马宣布，得到政府资金救助的美国金融公司高管工资将受限制，最高年薪不得超过50万美元。然而，奥巴马的"限薪令"更像是一个安抚民众情绪的权宜之计，而非对整个金融业甚至经济发展的治本之策，难以达到规范和公平的目的。

作为一种报酬机制或激励约束机制的设计，薪酬安排是以个人的贡献程度或创造财富的水平为依据的。金融机构之所以能够支取高额薪酬，是以金融行业所创造的巨大虚拟财富为依据的。而这些虚拟财富以股票市场或房地产市场的泡沫化、金融创新产品的高度衍生化以及金融交易的高度杠杆化为代表。

房地产市场的泡沫化是美国经济过度虚拟化和金融危机产生的源头。而房地产次级抵押贷款以及资产证券化创新产品使信贷规模不断扩张，不断推动虚拟财富的增值。美国金融机构在抵押贷款基础上，将这些贷款资产证券化（MBS），加速现金的回流，并在MBS的基础上，重新打包做成担保债务凭证（CDO），满足不同风险和收益偏好的投资者需求；在CDO基础上又衍生出CDO2、CDO3、CDO4乃至信用违约互换（CDS）等担保合约，再用资产支持商业票据（ABCP）去抵押融资。虚拟化加快了金融资产的流动性、推动了虚拟性和泡沫的积累，同时也成就了高薪。

实际上，这些金融衍生品的交易离实体经济的财富创造越来越远了，它们仅仅是金融机构相互赚取利润的工具。其金融机构薪酬体系存在的制度缺陷是：与风险不匹配的稳定的高收入，且风险由其他投资者乃至社会民众承担。

以上案例表明，不对称的风险与报酬机制刺激了金融创新，也诱发了大额资金运作的高风险追求，在此激励机制下，投资银行的管理人员敢于通过高杠杆交易创造更大的利润并获取巨额奖金，债务融资能获得大额资金的交易，但公司财务风险则完全由股东承担。

因此，高额报酬是金融资产泡沫化、金融产品衍生化、金融交易杠杆化的产物，也推动了金融机构创造虚拟财富、构建泡沫的动机。由于金融机构的收入水平是与其所创造的虚拟财富相联系的，市场越繁荣，虚拟经济总量的比重越高，其获得的收入就越高，因而，促使其产生强烈的动机进行虚拟财富的开发和创造，推动金融产品的过度交易，推动金融市场的过度虚拟化。

9.4.3 机构投资套利的有限性

按照弗里德曼等人的观点[①]，如果理性交易者采用低买高卖的条例策略，那么非理性交易者（噪声交易者）则会采用高买低卖的策略，也正因如此，噪声交易者将招致一致性的亏损并迅速破产而退出市场。即便噪声交易者有可能使价格偏离基本价值，但是那些挣得正利润的理性投机者习惯于与较少理性或较少信息的投机者实行反向交易，这些套利必定能使价格趋于稳定。因此，机构投资者作为重要的理性交易者，其投机套利行为将有利于稳定资本市场。但是，Shleifer等（1991）[②]认为噪声交易者会因自身的情绪变化而造成交易风险，而理性交易者作为风险厌恶群体，会因为噪声交易者的情绪变化难以把握而不敢在这一风险上与噪声交易者打赌；噪声交易者因为承担了更高的风险而获得更大的风险溢价。更为重要的是，噪声交易者具有明显的正反馈交易机制，理性套利者完全可以通过提前买入等方法强化正反馈以获得更大的利润。因此，市场最终将为噪声交易者所主导，而理性交易者也将成为噪声交易者。此外，机构投资者作为代理人，其套利行为将造成委托人对代理人套利行为的约束，而资本市场卖空机制的限制也将造成对机构投资者套利行为的限制。因此，机构投资者的行为将无法消除噪声，也无法降低已偏离基础价值的资产价格，[③]从而造成由噪声交易者推动的资产泡沫无法消除。

9.4.4 机构投资者对资产价格的操纵

由于投资者与机构投资者的委托代理契约关系约束力较弱，因此，机构投资者会有很强的自利行为。机构投资者会依据其资金优势与专业优势操纵市场，"通过关联机构互相炒作，互相买卖，频繁交易，把价格炒上去或者说通过内部交易，由有关的上市公司放出利好消息，然后把股价拉升上去。当他们发现有中小投资者或局外的大投资人跟进的时候，就偷偷地跑掉，把后来跟进的人套住"。

总而言之，股市中的机构投资者，占尽资金、人力、信息、工具、舆论的优势，它能够主动地、积极地认识市场和进行操作，从而把自己控制的某种股票的价格拉起来，使这种股票价格远远高于它的合理价位，人为地制造"泡沫"，然后寻找合适的机会出货。主力的做庄过程大体上可以分为吸筹、洗盘、拉抬、整理、拔高、抛盘六个阶段，是一个相当长的过

---

① 韩士专. 噪声背景下的股市反馈机制研究[D]. 华南师范大学，2004.

② J. Bradford De Long, Andrei Shleifer, Lawrence H. Summers, et al. The Survival of Noise Traders in Financial Markets[J]. The Journal of Business, 1991, 64(1): 1-19.

③ Shleifer, A. and Vishny, R. W., 1997, "The Limits of Arbitrage", NBER Working Papers, 52(1): 35-55.

程。而之所以需要一个相当长的过程，是因为在股市中，股票价格的起伏波动，通常会使一部分人获利而另一部分人亏损，庄家（操纵者）所赚的钱正是通过和散户进行博弈得来的。庄家的特点是，主动利用"选美博弈"原理，诱使散户循着"羊群效应"的轨迹行动。庄家择一股票，在低价位时吸进所需要的筹码数量，然后再有计划地将题材传达给公众，当少数圈内人士获知这些题材时，股票的价格还在不断上升，得到信息并且买了股票的人（套利者）都赚到了钱，于是就形成了挣钱示范效应。当消息越传越广，跟风的人（散户）越来越多，主力庄家便得到了出货机会，完成了从吹大"泡沫"到把"泡沫"和希望留给散户，把财富留给自己的全过程。在做庄的过程中，庄家利用题材制造概念的过程，也正是按"选美博弈"规则编织美女幻影，诱发"羊群"对幻影产生丰富想象群起追逐的过程，这时候不论是网络概念、基因概念、高科技概念还是并购概念，都不过是庄家炒作的题材，庄家利用这些题材，制造了套牢羊群的陷阱[1]。

表 9-4　交易操纵过程与市场参与者行为描述

时期	特征	股价	操纵者行为	套利者行为	跟风者行为
1	吸筹期	小幅上升	买入	买入	卖出
2	拉抬期	加速上升	继续购买	卖出	大量买进
3	抛盘期	下降	大量抛售	卖出	继续买进

资料来源：彭文娟. 机构投资者交易视角下的股票交易操纵研究[D]. 西安工业大学，2011.

案例 9-5　　庄家"恶之花"[2]

康达尔—从"瘟鸡股"到高科技大牛股的转变

康达尔是一家养鸡公司，香港的活鸡市场大半是靠它供应，业务稳定且效益尚可，1994 年上市后一直不温不火。1997 年，香港突遭"禽流感"病毒袭击，全岛杀鸡禁鸡，康达尔业务全线瘫痪。股价从最高的 15.40 元一股猛跌到 7 元多，跌幅超过 50%。1998 年，吕梁与朱焕良联手做庄，炒作康达尔。他们通过在股市上建仓倒仓的方式拉升股价，与此同时，吕梁在报刊上频频发表文章，为股市的回暖大声唱好，顺带推销已经完成"重大重组"的康达尔。就在这样的时刻，两年来如懒熊瘫地一般的股市真的突然雄起。1999 年"5·19"行情，让吕梁的"中国第一股评家"声誉达到了顶峰。有了飙升的大势做掩护，吕梁拉抬康达尔股价的行动变得肆无忌惮，股价一路上扬，从接手时的 7 元多，到 7 月已经跃至 40 元。到 1999 年年底，康达尔在深市涨幅最大的前 20 只股票中名列 17，全年涨幅 111%，全然一只高科技大牛股的形象。为了操纵股价和玩更大的游戏，吕梁先后与国内 20 多个省市的 120 家证券营业部达成了融资关系，后者为了抢夺让人眼馋的交易量和中介代理费用，疯狂地为中科创业四处找钱，先后融资

---

[1] 戴园晨. 股市泡沫生成机理以及由大辩论引发的深层思考——兼论股市运行扭曲与庄股情绪[J]. 经济研究，2001, (4): 41-50.
[2] 吴晓波. 激荡三十年：中国企业 1978～2008（下）[M]. 北京：中信出版社，2008.

超过 54 亿元。就这样，围绕着中科创业形成了一条罪恶的庞大利益链。

股不在优，有德则名；价不畏高，有隆就灵

股权分置制度为庄家们的灰色运作提供了肥沃的"土壤"，唐万新通过购买法人股的方式，先后成为新疆屯河、沈阳合金和湘火炬三家上市公司的第一大股东，组成了德隆系所谓的"三驾马车"。为完成三家公司的并购重组，唐万新通过不断地释放利好消息和整合重组概念，将股价一步一步地抬高，然后从中倒手牟利。从1996年起，德隆旗下的"三驾马车"就撒开双蹄，股价日日上涨，到"5·19"行情来临时，德隆系更是"好风凭借力，送我上青云"，在中国股市上一路狂奔，创下让千万股民瞠目的飙涨纪录。到2001年3月，人们看到的事实是：湘火炬经过三次转配股，由1股变成4.7股，经复权后计算，每股股价从7.6元涨到85元，涨幅1 100%；合金股份经过4次转配股，复权后的股价从每股12元涨到186元，涨幅1 500%；新疆屯河也经数次送配股，复权后的股价为每股127元，涨幅1 100%。一个庄家控制的3只股票，在5年之内全数狂涨10倍以上，举国顾盼，再无一人，德隆因此创下"天下第一庄"的显赫名号。

经济过度虚拟化的过程也是财富再分配、财富转移和财富掠夺的过程。财富掠夺通过两种方式实现：一是经济虚拟化程度越高，操控市场获取巨额垄断超额利润的空间也越大；二是以合理合法的外表，依据所创造的虚拟财富提取巨额高薪。这两项制度安排的结果是：实体经济所创造的真实财富被泡沫化和虚拟化后在市场上得以放大，使整个社会财富在虚拟世界里不断增值，在财富幻觉的掩护下，金融机构通过高薪和操纵市场两种方式，将虚拟财富以真实货币的方式兑现并转移，留下的是严重失血和更加泡沫化的虚拟财富，直到泡沫破裂、虚拟财富蒸发，剩下的就是受到了彻底洗劫的实体经济和损失惨重的大众投资者。

9.5 社会环境因素的推动

投资者的互动和交易行为是引起资产价格变化的直接因素，而他们所处的社会环境以及彼此之间在市场外的互动（non-market interaction）也会对金融泡沫的形成产生影响。一项关于人类社会的基本观察是：那些定期进行沟通和交流的人，他们的想法往往会很相似，也就是说，社会互动是导致人们的思考方式相似的一个重要原因，其内在机理则是信息和情绪的传递。投资者通过各种社会关系和渠道获得决策依据，而个人行为反过来也对其他主体产生影响，形成社会互动。总体上来说，社会互动的信息传递方式可以分为口头信息传递和媒体信息传递两种，本节将分别分析这两种社会互动对金融泡沫的形成和推动作用。

9.5.1 口头信息传递

口头信息传递指信息在人与人之间的口头传递。在现代社会，除了面对面的交流外，还包括利用电话、电子邮件、短信息等媒介进行的信息传递。今天我们正面临着一场技术创新的大爆炸，这场以电子邮件、聊天室和交互式网站为主要内容的变革使人与人之间的交流更加便捷。这些用于交互式交流的新型传播方式也会扩大人际间消息互传的作用。在当今社会中，热门股票的买入机会、个人财产面临的直接威胁、经营某家公司的经历等话题都可能很快成为人人议论的对象。这些话题是比较生活化和易于传播的，相对而言，关于一些抽象问题的话题就不易于传播了，如金融数学、资产收益统计、退休储蓄的最佳水平等，也就是说，这种知识的传播是费劲的、不经常的和不完善的。Hong、Kubik 和 Stein[1]（2004）[2]等学者对一些社会关系，如邻里和社区关系、同学关系、同事关系等为代表的口头信息传播进行了前沿性的研究，发现社会互动对投资者参与股票市场交易的程度有着很大的影响。

| 案例 9-6 | IBM 要兼并莲花开发公司了[3] |

交易所中市场监督部门和证券交易委员会的工作充分说明了人与人之间口头交流的威力。他们的职责是监察内幕交易活动，为了达到这个目的，他们会极为仔细地跟踪个人投资者之间相互交流中所留下的蛛丝马迹。美国法院的文件中披露了这样一件事。1995 年 5 月，在 IBM 工作的一位叫劳伦·卡双乐的女秘书受人之托复印了一些文件，在这些文件中提到了 IBM 要兼并莲花开发公司。这个信息在当时还是绝密的，因为 IBM 计划要到那年的 6 月 5 日才宣布这一笔交易。然后一连串的口头交流就开始了。很显然这个秘书只把这件事告诉了她的丈夫罗伯特·卡双乐，一位寻呼机推销员。夫妇俩的收入仅满足日常生活开支，并不富裕，他们从来没有买卖过股票，也没有证券户头。由于不懂得如何从这个消息中牟利，6 月 2 日，罗伯特告诉了另外两个人：一个是他的同事，他的同事在得知消息的 18 分钟后就购买了 IBM 的股票；另一个是他的朋友，一个计算机技术人员，从这位计算机技术人员的朋友开始，一连串电话又打了出去。于是，在 6 月 5 日兼并宣布的时候，有 25 个与中心这几个人有联系的人根据这条消息投资了 50 万美元，这 25 个人中包括一个做比萨饼的厨师、一个电气工程师、一个银行经理、一个奶制品批发商、一个以前当过老师的人、一个妇科专家、一个律师和四个股票经纪人。在这些人中，大部分人是生平第一次购买证券，更没碰过股票期权。很明显，信息的口头交流速度可以非常快，并且能够在迥然不同的人群之间畅通无阻。

特别地，当股票市场越是处于非理性繁荣的阶段时，越是会被人们所关注和议论，其赚钱效应的强大诱惑力就会通过口头传播而成为人们仿效的驱动力，从而形成正反馈机制，推动股价的持续偏离。当大街小巷里到处都可以听到人们谈论股票、房地产的时候，就意味着

---

[1] Hong H, Kubik J D, Stein J C. Social Interaction and Stock-Market Participation [J]. Journal of Finance, 2004, 59(1): 137-163.
[2] Hong H, Kubik J D. Thy Neighbor's Portfolio: Word-of-Mouth Effects in the Holdings and Trades of Money Managers [J]. The Journal of Finance, 2005, 60(6):2801-2824.
[3] 希勒. 非理性繁荣 [M]. 3 版. 李心丹，等译. 北京：中国人民大学出版社，2016.

股市、楼市已经处于被过度关注的阶段，其价格也往往已经严重偏离正常的内在价值了。

9.5.2 媒体信息传递

希勒在《非理性繁荣》一书中谈到了新闻媒体在金融泡沫中所起的作用。金融泡沫的历史几乎是与报纸的产生同时开始的，虽然以报纸、杂志、广播、互联网等为载体的新闻媒体总是扮演着市场旁观者的角色，但它们却在市场的动荡起伏中成为不可或缺的一部分。当市场中的人们形成了某种一致的看法，新闻媒体就会成为强化这种一致观点并形成正反馈机制的重要传播工具。

媒体是一种特殊的中介，它不仅能够传递信息，而且能够通过对所传递的信息做出选择和处理影响投资者行为。主要表现在如下几个方面：首先，因为信息需要通过媒介的传播才能被投资者所关注和接受，媒体的信息传播使投资者的信息成本下降，从而降低其市场参与成本，因而人们对媒体信息具有高度依赖性。其次，媒体可能具有一定的自身利益，或受到自身发展的局限，或受到政府政策倾向的压力，或代表某个利益群体的立场，基于某些特定利益而释放的信息会具有某种特质性和局部性，从而导致媒体偏见的形成。再次，为吸引投资者的广泛关注，媒体可能采取一些信息加工措施，如过滤一些信息或强调一些信息，从而强化信息的新闻效果，因而，迎合投资者的信息需求使媒体存在某种特定的信息偏好。最后，经由媒体传播的信息具有公开性和公众性，因而具有一定的普及性和引导性，容易在投资者中形成一种共识，为投资者之间的策略互动提供信息平台。这就使投资者很容易受制那些受媒体过度关注的显眼信息者的诱导并投资于它们的股票。这一切使媒体不再局限于独立传播信息的中介或旁观者的立场上，而成为一个参与市场的当局者，甚至成为推动市场趋势形成的力量。

与此同时，一些市场主力机构可能利用人们对媒体信息的依赖，通过媒体信息传播来营造市场非理性繁荣或恐慌的氛围，影响信息不对称、信息层叠、缺乏专业知识的普通投资者的信念和判断，进而影响市场走势，达到操纵市场和从中获利的目的。我们常常可以看到，在股市出现大幅调整后，市场又遍布调整难以见底的种种说法，使个人投资者信心遍失，纷纷割肉离场，而机构主力又准备抄底进入。而在股市非理性繁荣期间，各种各样的乐观预期在市场中流传。媒体对乐观预期的新闻报道，成为投机性价格变化的主要宣传者，他们通过报道公众早已熟知的股价变动来提高公众对这些变化的关注程度，或者提醒公众注意过去市场上的繁荣表现和未来可以采取的交易策略。因此，媒体的参与能够强烈地推动价格趋势正反馈机制的形成，使过去的价格变化引起价格的进一步持续变化。

| 案例 9-7 | "繁荣的初期" |

自 2007 年 1 月 25 日国内各大财经媒体报道了国际投资大师罗杰斯称 A 股存在泡沫的消息之后，市场对于泡沫的担心骤然放大，导致了大盘的连续下挫。然而，2007 年 2 月 6 日，上海证券报市场版头条新闻标题为"十七家主流机构不认同泡沫论"，报

道的主要内容为:"对20家主流机构2007年度投资策略统计显示,绝大多数机构维持牛市看法,他们同时认为,市场价值回归过程已经基本完成,大体处于合理区域。此次统计的对象包括了11家券商研究机构和9家基金公司,基本反映了业内主流机构对市场的看法。其中17家机构均认为当前A股市场的整体估值水平在良好的基本面改善和充裕的流动性的双重支持下,长期来看,现在的A股市场仅是繁荣初期。"

此新闻在发布当天及接下来几天就迅速被多家媒体转载,包括传统媒体各大电视台、《金融投资报》等报纸以及网络媒体中国证券网、搜狐财经、新浪财经、第一财经、全景网等财经门户网站,还包括央视国际、凤凰网等知名网络媒体。并且,2007年2月7日已经是农历年的年底,当时的投资者都在关注着大盘下一年的走势,而且接下来的几天就是春节长假,可以说是一年之内新闻阅读和点击量最高的几天,因此,此条消息的受众范围极广。于是,这股股市的强心剂、新年的大利好就在媒体的作用下传遍了大江南北。这一报道之后上证综指的走势如图9-4所示。

从图9-4中可以很清晰地看到,新闻报道以后,上证综指从2007年2月7日的2 716点开始出现数月的持续上涨,在4 000点左右的平台上出现一些剧烈的震荡后,继续一路高歌最终于2007年10月达到历史顶点6 124点,在短短的8个月时间里上证综指翻了一番。然而,好景不长,指数从此开始了漫长的无休止的调整,最低跌到2008年10月28日的1 664点,跌幅高达73%。

回顾历史,所谓"繁荣的初期"实际就是股市泡沫开始急剧膨胀的初期,"繁荣"两个字给了投资者一个乐观的、长久的、可持续的景气表征,但随后的泡沫是说明了媒体或机构具有很强的预见性,还是说明媒体具有很强的诱惑力以及对泡沫的推动性?这实际上是很值得深思的。

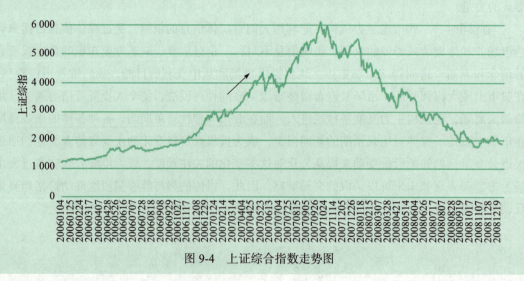

图9-4 上证综合指数走势图

9.5.3 社会情绪对金融泡沫的推动

索罗斯曾经说过:"市场在绝望中落底,在欢乐中升腾,在疯狂中毁灭。"这句话深刻地反映了情绪在市场变化中的作用。诺夫辛格(Nofsinger)的研究表明,投资者在社会接触中除了可以互相传递信息外,还会传递社会情绪,这种情绪同样影响着投资者的决策行为,从而产生系统性的决策行为偏差和资产定价偏差[⊖]。证券市场上存在着"情绪周期"(emotional cycle)。经济学家海曼·明斯基(Hyman Minsky)在其著作《稳定不稳定的经济:一种金融不稳定视角》中将经济泡沫由开始到最后破裂的过程分为五个时期:正向冲击(displacement)、乐观的繁荣(boom)、非理性疯狂(euphoria)、获利抛售(profit-taking)及大恐慌(panic)。他认为在经济状况良好的时候,投资者倾向于承担更多风险,随着经济向好的时间不断推移,投资者承受的风险水平越来越大,直到超过收支不平衡点而崩溃。大量的投机资产会在这一微妙时刻的前后被抽走,这就会引发资产价值崩溃时刻。这一时刻被称为"明斯基时刻"(Minsky Moment),即经济繁荣转为衰退的转折点,也就是人们对金融商品的追逐从狂热转变为恐慌,而资产价值崩溃的那一时刻。图 9-5 演示了金融市场的情绪周期和主宰每一时期情绪的特征。

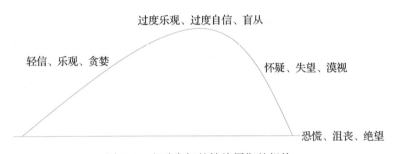

图 9-5 金融市场的情绪周期的规律

有趣的是,机构投资者也是这种市场情绪周期的助推者。在 20 世纪 90 年代初股市泡沫发生前,美林证券的广告画面是一位祖父带着孙子在钓鱼,广告词是:"要积累财富,你或许应该放长线钓大鱼。"但在 2000 年左右股市冲上顶峰时,投资者们显然对于近期的收益非常兴奋,美林证券的广告也发生了戏剧性的变化:一块计算机芯片被做成了公牛的模样,广告词则是"通电……涨啦"。股市调整以后,美林重新搬出了那对祖孙的广告,他们再次耐心地垂钓,广告词换成了"为一生准备收入"。

伴随着投资者情绪的高涨和跌落,证券市场的价格也经历着大幅度的波动。在繁荣的初期,市场处于上升情绪,投资者普遍持积极乐观的态度,证实偏差会使他们忽略不好的信息,轻信利好的信息,基于公共信息跟从媒体的推荐或模仿他人的行为,因而形成系统性的行为趋同。不断上涨的价格强化了投资者的初始判断,肯定了其初始决策,多方以胜利者的姿态出现,赚钱效应吸引更多的投资者加入。由于市场上有很多投资者,即使一批投资者认为价格过高,也总有另外一批投资者进入市场继续推高价格,或者是原来看空的投资者转变观点。在不同群体的投资者的推动下,价格会越来越高,泡沫形成。正是这种正反馈机制推动投资者情绪达到乐观的极端,这个时候投资者往往是过度自信的,他们相信市场会继续向好,忽略负面的信息,不断推动资产价格泡沫接近顶峰。当某种刺激泡沫破裂的因素出现

⊖ John R. Nofsinger. Social Mood and Financial Economics[J]. Journal of Behavioral Finance, 2005, 6(3): 144-160.

后,有时甚至并不存在某个特定的因素,价格会突然开始下跌,措手不及的投资者从怀疑到失望并进而陷入恐慌的情绪,恐慌中的大量抛售加速了泡沫的破裂,在情绪的最低端,投资者对市场已经完全失去了信心。

其根源在于普遍存在于人类个体行为模式中的心理偏差,这种个体行为偏差在不完全信息、制度缺陷和社会文化诱因的驱动下,演化成系统性的群体偏差,导致异常的市场表现。这种偏离轨道的市场行为通过正反馈机制反过来影响个体的信念、强化行为偏差、并透过市场情绪和社会传染引发非理性的市场狂热和恐慌,最终将金融市场上的局部偏离演化成系统的、全面的金融泡沫。

> **案例 9-8** 1929 年美国股市泡沫中的社会情绪
>
> 20 世纪 20 年代,在经历了第一次世界大战和死亡 2 000 万人的 1918 年全球大流感后,世界进入一段暂时的和平时期,人们开始享受灾难之后的平静;经过几年的调整,世界经济进入了一段繁荣时期。美国股市股价从 1924 年开始上涨,1926 年稍有回落,可能是对佛罗里达土地泡沫崩溃的反应,但 1927 年股价再度上升,从 1928 年春开始,股价开始飞速上涨。大量投资者涌入股市,股票成为人们每日必不可少的话题,对此,野口悠纪雄在《泡沫经济学》中进行了这样的描述:"医生发觉与患者除了市场之外没有别的可说的,剃头匠一边摆弄着热气腾腾的毛巾一边絮叨着股票的走势。当主妇们问道为什么没有将工资全额拿回家时,丈夫会理直气壮地回答说,今天早上刚刚买了股票。"在人们热情的推动下,股价扶摇直上,《纽约时报》工业指数从 1921 年的 66.24 点上升到 1929 年的 400 多点,在 9 月 3 日达到历史最高点 469.49 点,但是,很少有人公开声称股价已达最高点,其中包括著名的经济学家欧文·费雪,他在 10 月 17 日的报纸上这样说:"股价已经到达可以看得见永久高值的水平,在几个月内必将到达比现在高得多的水平。"但实际上,这时股价的上涨已经到了市场心理的极限,10 月 21 日抛售高达 600 多万股,10 月 24 日股价开始暴跌,10 月 29 日成为纽约证券交易所截至当时为止的 112 年历史中最具毁灭性的一天,当日收市时《纽约时报》指数下跌 41 点,道琼斯工业平均指数比周一又下跌 12%。至此之后,股市大暴跌一直持续到 1932 年,道琼斯工业平均指数累计下跌 89%。

海曼·明斯基认为,金融系统本质上有着不稳定的特质,过度投机、过度追逐最终会因为投资者收支不平衡而崩溃。经济由繁荣转为衰退转折的明斯基时刻必然会来到。由于在泡沫急剧膨胀的时期很多投资者为了追逐利润倾其所有甚至借贷资本投入股市,承担了过大的风险,因此价格的下跌导致他们的财务状况急剧恶化,极度恐慌的心理会使他们急于抛售手中的筹码,这就加剧了资产价格的下滑。因此,一般来说,泡沫破裂的速度会比形成和膨胀

⊖ 野口悠纪雄.泡沫经济学[M].金洪云,曾寅初,译.北京:生活.读书.新知三联书店,2005.

要快。

金融泡沫的形成与破裂，不仅使个人财产受到极大的损失，而且会对一个国家的经济带来巨大危害。资金是稀缺资源，金融市场本来就是为公司筹集资金提供便利的，而金融泡沫的危害就在于，它把本来已经稀缺的资金引导到错误的地方，从而造成资金的巨大浪费。金融泡沫的破裂往往会导致金融危机的爆发，并进而可能演变为经济危机乃至社会危机和政治危机。一方面，企业负债恶性膨胀，大量倒闭。另一方面，泡沫经济破灭后，由于居民实际收入减少，使消费需求不振，投资需求减少，进而引发通货紧缩和经济衰退。历史上大量的事实表明，在资产全面缩水的背景下，如果没有合理的应对金融危机的政策措施，其影响不仅会通过银行与消费信用体系蔓延到经济社会各个领域，而且会通过进出口贸易、投资等途径传播到世界各国。

关键概念

理性泡沫（rational bubble）
动物精神（animal spirit）
异质信念（difference opinion）
信息瀑布（information cascade）
正反馈交易（positive feedback trade）
信心乘数效应（confidence multiplier effect）

羊群行为（herding behavior）
代理投资（agency investment）
风险转嫁（risk shifting）
声誉效应（reputation effect）
社会互动（social interaction）
社会情绪（social sentiment）

本章小结

（1）历史上各种金融泡沫的产生、演变和发展表明，金融泡沫是普遍存在的，是人类贪婪与恐惧趋势的必然结果。

（2）在有限理性的前提下，个体的非理性是诱发金融泡沫的微观基础，而系统性群体行为偏差则是资产泡沫持续放大和膨胀的关键因素，金融市场参与主体的一致性偏差最终导致了金融泡沫的形成与快速破裂。

（3）委托代理关系的存在使金融机构倾向于投资风险资产并加剧其投机的行为，而这种风险转嫁机制使金融机构有动机推动虚拟财富创造和金融泡沫的产生。

（4）包括口头信息传递和媒体信息传递等在内的因素推动了整体市场情绪的演变和发展，形成非理性的繁荣与恐慌，助长了泡沫的形成、膨胀和破裂。

思考习题

1. 理性泡沫与非理性泡沫的区别是什么？
2. 推动资产泡沫形成的个体心理偏差有哪些，系统性群体偏差的因素有哪些，它们如何对资产泡沫的形成发生作用？
3. 个人、群体、机构、社会等因素如何相互作用，最终导致金融泡沫的形成？
4. 请思考如何能够更有效地减少非理性行为对金融泡沫产生和膨胀的影响？

案例讨论1：疯狂的普洱茶

一百多年前，在云南运输还以马帮为主的时代，茶商把一些劣质的或隔年报废的茶叶及茶碎末经渥堆发酵后压成饼，低价卖给贫困的马锅头使用。因为便宜而且紧密好带，这种茶叶饼很适合随身携带饮用。通过马锅头的传播，普洱茶被带到部分藏民地区，因为便宜，当地人用它来配酥油茶。后来人们渐渐发现它的颜色、味道等具有独特的优点，普洱茶的市场逐渐扩大。到了近代，随着马帮的消失，多数云南人已经不喝普洱茶了，它主要的市场是内地部分藏区、广东、香港地区及遍布粤籍华侨的东南亚地区。

2005年3月，普洱市茶叶节策划了被誉为"有关普洱茶的最大的行为艺术"的"马帮茶道·瑞贡京城"活动。云南的一些茶商披蓑戴笠、牵马驮垛，扮演成马锅头的样子，沿着旧时马帮进京的路线一路北上，声势浩大地率领120匹骡马驮着6吨优质普洱茶，于10月18日抵达北京。媒体对此争相报道，在全国引起极大轰动。在这种炒作行为的带动下，普洱茶价格一步步走高，并越发不可收拾。

2006年9月，在昆明首届中国普洱茶国际博览交易会上，一种双绿牌宫廷散茶的100克茶叶被以22万元的价格成功拍卖。

2007年3月，普洱茶价格开始增大飙升的力度，与2006年相比，猛涨了3～5倍。老牌"大益7542"从2006年的4 000多元一件涨至8 000多元，并很快升至12 000元、18 000元、22 000元，甚至上演了一天之内三次提价的盛况。收藏普洱茶的人越来越多，甚至有人卖掉宝马车并购普洱茶，一块七子茶饼拍出160万元的天价。茶叶市场形成了排山倒海的普洱热：普洱茶成了神话，普洱茶成了钞票印刷机！人们可以从各色人等、各种信息渠道听到令人耳热心动的财富说教：陈年普洱茶"比黄金还贵"，是"能喝的古董"；一块存放了50年的普洱茶饼，身价已经和本田车差不多；在香港的一些茶行里，不经意拿出的一片茶砖就能换来一辆奔驰车。

这期间，许多茶厂玩起了对倒游戏。他们以每公斤100元的价格，将普洱茶卖给经销商，经销商却并不主动推销这些产品，而是等待茶厂"回收"，回收的价格可能是200元、300元甚至500元。这样，在普通散户看来，普洱茶的价格似乎节节攀升，其实交易只是在庄家内部对倒而已，一些按捺不住的散户就会高价抢入。在普洱茶价格疯狂蹿升的日子里，一些大茶行的员工们需要做的事就是一天去昆明茶市看一次价格，彼此谁也不敢出手卖货，剩下的时间就是整天沉浸在发大财的美梦中不能自拔……在当时全国数千万的"普迷"心目中，普洱茶已经具备了和法国勃艮第葡萄酒之类的高档奢侈品一样的全球性名贵地位和身份特征，甚至有人产生了拜物教徒的幻觉。

面对价格疯涨的普洱茶，茶商们的"抢新"行动异常疯狂。4月是收春茶的季节，全国各地的茶商蜂拥到云南抢货，而云南本地各大茶厂也派人到茶山争抢原料"茶菁"。一大早，五六个采茶人同时爬上一棵茶树采摘，收茶人在树下或坐或站，焦急地等待春芽被摘下来。普洱茶市场疯狂的程度从买茶的方式可以略见一斑，那就是，茶叶还没有

⊖ 肖春飞.普洱茶"疯狂"蹿红，又一个"君子兰"？[N].新华每日电讯，2007-04-30（006）.经本书作者补充整理而得。

发芽的时候就已经付钱了。很多茶商冬天就跑到茶农家里并购茶叶，而这时的茶叶甚至还看不到一点新芽的踪影，收茶的人是用麻袋装着现金，睡在茶农家里，等待着树上的春芽。

2007年下半年，大崩盘开始了，普洱茶价格持续下滑，普洱茶毛茶价格从2007年4月的每吨6万多元跌到2008年的1万多元。据业内人士估算，价格的雪崩至少使国内的普洱茶市场价值蒸发了150亿元左右。普洱茶价格的下滑可以用"恐怖"来形容，一位茶商说，"跳水快得让人来不及反应，就3天时间，前一天还是22 000元一件的茶饼，第二天上午就跌到15 000元，下午就是12 000元，第三天刚睡醒就是9 500元了。"

今日，在昆明、西双版纳、普洱、宁洱等地，往日的过度喧嚣都已经终止。尽管外地游客每天还要被导游强制性地引导到大大小小的茶行购物，宣讲普洱茶的种种诱人之处，但那些人为附着在一种普通植物饮料身上的不着边际的大话、神话已经无人认同，它的基本消费品功能重回正位，投资品功能逐渐被世人淡忘。

问题：

（1）投资者个体和群体的买卖行为推动普洱茶泡沫产生的原理是什么，还有哪些社会因素对普洱茶泡沫的产生起到了推动作用？

（2）中国的普洱茶热潮与17世纪的荷兰的郁金香热潮相比有什么异同点？在这个过程中，个人、社会媒体、茶商等各自扮演了怎样的角色，他们对泡沫的形成起到了怎样的推动作用？

（3）在中国，类似于普洱茶的投资热潮还有兰花、冬虫夏草、和田玉等，请查阅相关的资料，分析各种热潮的形成和演变过程。

（4）怎样才能从制度安排、规则制定、社会诱导、认知教育等方面理性诱导人们对实物的投资？

案例讨论2："全民狂欢"——2007年中国股市的盛宴

2007年中国股市只可以用四个字形容："全民狂欢。"这是自1999年之后资本市场的又一场无度盛宴。自2006年上证综指突破2 000点之后，股市的复苏已成事实，曾经在2007年2月底出现过一次有预谋的大洗盘，紧接着便是一路高歌。在2007年4~9月的半年时间里，股指连连上攻，热点频繁转换，市场价值呈几何级膨胀，市盈率高达五六十倍，甚至成百上千倍的股票相当之多。在这段时间里，新开户股民每天达30万人，新涌进来的这些股民不仅有城市白领、理财老手，还有大学生、农民、小商贩、邻居的大妈们。

8月9日，沪深两市上市公司股票总市值达到21.147万亿元，超过2006年21.087万亿元的GDP总量，这意味着我国A股上市公司股票总市值首次超过GDP。如果把在香港地区上市的内地公司的市值计算在内，中国股市总市值已经超过日本，成为全球第二。8月23日上午，在万众期盼中，上证综指一跃突破5 000点大关，从而实现了中国股市的历史性跨越。在很多交易日，中国股市的成交额甚至超过亚洲其他市场的交易总和。随着资本市场进入历史最繁荣的时期，中国公司的市值达到了前所未有的高度。到8月，中国铝业的市值已经超过全球

○ 吴晓波.激荡三十年：中国企业1978~2008（下）[M].北京：中信出版社，2008。

最大的两家铝业公司市值的总和，深圳万科的市值竟比美国最大的4家房地产公司市值之和还要高出40%。10月16日，全球最大的金融信息提供商彭博社公布的数据显示，在全球市值最高的十大上市公司中，中国公司已和美国公司平分秋色，各占4席。其中中国石油排名第二，中国移动、工商银行和中国石化排名依次为第四、第五和第八。在这条新闻发布后的20天，中国公司再一次震惊世界商业界。11月5日，中国石油在上海证券交易所上市，股价高开，市值达到1.1万亿美元，不仅一举摘下"全球市值规模第一"的桂冠，而且将历史纪录整整扩大了一倍，高于紧随其后的埃克森美孚石油和通用电气的市值总和。对于这种高市值现象，国内业界表现出极其复杂的心情。中石油的表现进一步证明垄断的力量以及股市的巨大泡沫。有人将之与埃克森美孚比较发现，后者的营业收入是中国石油的4倍，而利润率只有中国石油的一半，显然，很难将中国石油的这种盈利优势归结为其竞争力的体现。

透过股市的狂欢，人们看到的是中国经济上升期所伴随的资本躁动，以及非理性的市场繁荣。这座由泡沫堆积的大厦终究还是在2008年的金融危机中轰然倒塌。

问题：

通过对2007年中国股市的分析，我们可以总结出股市泡沫经历了哪几个阶段？哪些因素推动着股票价格泡沫的形成和放大？泡沫的形成、积聚、演化和发展过程具有什么规律和特点？

推荐阅读

［1］Hirshleifer D A, Teoh S H. Thought and Behavior Contagion in Capital Markets［J］. Social Science Electronic Publishing, 2008: 1-46.

［2］Scharfstein D S, Stein J C. Herd Behavior and Investment［J］. American Economic Review, 1990, 80(3): 465-479.

［3］Long D, Bradford J, Shleifer A, et al. Noise Trade Risk in Financial Markets［J］. Journal of Political Economy 98-4.

［4］Sushil Bikhchandani, Sunil Sharma. Herd Behavior in Financial Markets［J］. IMF Staff Papers, 2000, 47(3): 279-310.

［5］希勒.非理性繁荣［M］.2版.李心丹，等译.北京：中国人民大学出版社，2008年.

［6］史莱佛.并非有效的市场：行为金融学导论［M］.赵英军，译.北京：中国人民大学出版社，2003.

［7］阿克洛夫，希勒.动物精神［M］.黄志强，译.北京：中信出版社，2015.

［8］塔勒布.黑天鹅：如何应对不可预知的未来（升级版）［M］.万丹，刘宁，译.北京：中信出版社，2011.

［9］古斯塔夫.乌合之众［M］.戴辉，译.北京：新世界出版社，2013.

行为公司金融

本章提要

本章分别介绍了管理者或非理性投资者如何影响企业的融资、投资及股利分配等公司金融决策。第一,在金融市场非有效的情形下,有限理性的管理者会利用市场的估值错误,做出迎合市场的非理性经营行为;第二,管理者受到有限认知、过度自信以及情绪等因素的影响,在企业投融资决策中会表现出某种程度的非理性。本章结合相关案例分析了行为背后的原因。

重点与难点

┆理解和掌握管理者将迎合非有效金融市场作为非理性经营决策的原理及相关的案例分析过程;

┆理解和掌握管理者的心理和行为偏差对企业投融资决策和并购行为的影响机制,及相关案例分析过程;

┆将投资者的个体和群体在决策过程中产生的心理和行为偏差用于分析企业管理者的公司投融资决策过程,这部分需要读者对公司财务的知识有全面的了解,具有一定的难度。

引导案例

美国在线并购时代华纳⊖

2000年1月,互联网服务供应商美国在线(American Online,AOL)宣布并购媒体集团时代华纳(Time Warner),其购买价格创造了并购史上的纪录,为价值1 650亿美元的AOL

⊖ 舍夫林.行为公司金融:创造价值的决策[M].郑晓蕾,译.北京:中国人民大学出版社,2007:273-279.

股票。AOL 和时代华纳合并后带来的协同效应似乎是巨大的。时代华纳可以通过互联网提供服务和宽带网络，合并后将为消费者提供媒体产品和电视网络，而 AOL 拥有专业的网络技术和庞大的客户群，合并后可以为消费者提供产品和服务的安装。

AOL 和时代华纳的合并正是发生在高科技股票泡沫的高峰时期。2000 年 1 月，AOL 的市场价值为 1 853 亿美元，是时代华纳 837 亿美元总市值的两倍。当时，美国《财富》杂志认为 AOL 高估了时代华纳的内在价值，因为当时市场对时代华纳折旧后收入的估计大大超过了公司在任何时期的数据。事实上，时代华纳的实际折旧后收入接近为零。在这期间，时代华纳的主要股东、CNN 的创立者特德·特纳（Ted Turner）对并购的态度也引起了人们的关注。三年前他通过将 CNN 卖给时代华纳获得了 1 亿美元的时代华纳股份，并随时对这些股票进行监视。他最初对这次并购持否定的态度："为什么我要放弃价值 250 亿美元的时代华纳股票，去换取一个小公司 AOL 的股票？"然而，他的财务顾问却非常相信市场价格，认为并购会增加他的财富，并最终劝说他支持这一并购。结果，合并后不久，特德·特纳的财富就增加了 40 亿美元。然而，在接下来的两年里，公司的价值出现下跌，他损失了 70 亿美元。特德·特纳开始后悔，并承认自己曾经过度乐观。2003 年 2 月，特德·特纳辞掉了 AOL 时代华纳董事会副主席的职务。

案例思考

该案例曾被称为并购史上最大的失败案例。在本案例中，公司的损失某种程度上来自管理者的错误预期。那么，管理者的哪些心理因素导致了错误预期出现，这些因素又是如何发挥作用的呢？本章将从行为金融的角度，对公司的不同决策行为进行系统的梳理。

随着行为金融研究的不断深入，学者把研究方向从金融市场扩展到了公司金融领域。传统的公司金融理论为我们找到了一条最优化的道路，但并非每个市场参与者都能完全理性地按照理论模型去行动。相反，人的非理性行为在公司理财决策中发挥着不容忽视的作用：管理者受过度自信、过度乐观、从众行为等心理因素的影响，往往会出现过度投资、盲目扩张、恶性增资等非理性行为。这种有偏的决策会严重损害公司价值，因而我们需要重新审视"人"在理财活动中的重要地位，将人的行为因素纳入公司财务理论分析中。

10.1 行为公司金融概述

"现代公司金融"（corporate finance）理论主要研究公司的资金筹集、投资、并购和股利分配等财务活动，在实践中体现为对公司的价值管理。1958 年弗兰科·莫迪利亚尼和默顿·米勒提出的 MM 理论，为公司金融理论发展提供了清晰的概念及框架。然而，在实际财务决策中，人们常常发现决策者的种种行为"异象"，例如，公司在失败的项目上投入比成功项目更多的资金，从而导致了更大的损失；过度自信的财务经理可能会选择一个高负债比率的资本结构，导致公司陷入财务困境；管理者会受到市场价格的影响而出现过度投资等。

财务活动本质上是人的活动，大量的实践观察和实证分析表明，人的不同素质和经历、不同的价值观念、不同的心理状况乃至个人的偏好，都会直接或间接地在财务活动中发挥作用。决策者的行为受社会环境的强烈影响,人并不是在真空中,而是在影响思维、情感和行动的社会背景中起作用的。因而我们需要重新审视人在理财活动中的重要地位,将人的行为因素纳入公司财务理论分析中。

20世纪90年代以来,随着行为金融学的兴起,传统公司金融理论的基本假设受到了质疑和挑战。行为金融学理论认为:人并不是完全理性的,他会有认知、情感、意志等偏差从而影响其做出正确的决策;市场并非完全有效,公司的市场价值会偏离基础价值;资本资产定价模型中的β系数并不能反映企业的风险,根据资本资产定价模型决定企业的内部收益率并不正确。以心理学和行为决策学为基础的行为金融学理论更加符合资本市场实际情况,也为公司金融研究带来了巨大冲击,越来越多的学者开始利用行为金融学的观点和方法来研究企业投融资、资本结构和股利政策等问题,推动了"行为公司金融"(behavioral corporate finance)的兴起和发展。

行为公司金融的起源可以追溯到林特纳(Lintner)在1956年提出的公司红利行为模型。他在对美国28家上市公司财务主管的红利政策进行访谈后发现,由于稳定支付现金红利的公司会受到投资者的欢迎,因此管理者会保持稳定的股利支付水平,而不轻易改变股利政策。进入21世纪以后,行为公司金融理论得到了进一步的快速发展。金融学家意识到公司的管理者和市场中的投资者一样,会受到情绪、情感、偏好等心理因素的影响,会产生各种行为偏差。Baker、Wurgler(2004)等在综述了相关学者研究的基础上,用模型化的方法分别讨论了投资者非理性和管理者非理性情况下公司的最优决策。迄今为止,行为公司金融的研究主要基于以下两个主要的理论框架。

(1)在非理性投资者和理性管理者框架下,证券市场的套利行为是不完全的,价格可能或高或低地偏离基本价值。管理者能够观察到错误定价并制定出相应决策,尽管他们的行为可能使公司的短期价值实现最大化,但是当价格得到纠正后可能导致长期价值比较低。在这里,假定公司的管理者是理性的,主要出于下面两个原因:第一,管理者对其所在的公司具有比较优越的信息来源并可以通过管理行为获得信息优势,这可以令管理者从交易中获得较高的超额收益。第二,与同样"聪明"的基金管理者相比,管理者受到的限制较少。当价值被高估时,公司管理者倾向扩大股票供给,而基金管理者却由于受卖空的限制不能采取类似行为。

理性的管理者将在三个目标中实现平衡。第一个目标是实现基本价值的最大化,即通过对投资行为和融资行为的选择增加经风险调整后的未来现金流。第二个目标是迎合,即实现当前股票价格的最大化。在完美的资本市场中,这两个目标是一致的,因为市场有效性意味着价格能够反映基本价值。但在投资者非理性的框架中,理性的管理者会迎合短期投资者的需求,通过这种迎合行为来影响短期的错误定价。例如,利用某些特定的投资项目或者对公司进行重组,来实现公司对投资者吸引力的最大化。第三个目标是市场时机的选择。管理者可以利用错误定价为长期投资者获取利润,这是通过融资策略来实现的,例如,在证券被高估时发行股票,在被低估时回购股票。这相当于将财富从新的外部投资者转移到内部长期投资者身上。

(2)在非理性管理者和理性投资者框架下,本章主要研究有效的资本市场中非理性管理者的行为。假定管理者是非理性的且存在行为偏差，那么他们的行为就会常常偏离理性预期和效用最大化理论；而如果假定投资者是理性的，那么他们对管理者的监督又是有限的。在这个框架中，公司管理者对资产价值和投资机会可能过度乐观，因而主要在两个目标中实现平衡，基于非理性判断的公司基本价值的最大化和资本成本的最小化。尽管管理者表现出具有多种形式的信念偏差和非理性行为，但是对管理者行为的研究还是主要集中在乐观主义和过度自信上。这是因为这些偏差比较显著和持久，被很多学者关注和研究，也比较容易被加入现有模型中进行分析。例如，乐观主义可以看作是对均值的高估，而过度自信则是对方差的低估。过度自信在管理者中非常普遍，即使最初管理者并不存在这种偏差，但自我归功偏差也会使成功的管理者变得过度自信。过度自信可能导致管理者承担过多的风险。

10.2 市场非有效对公司投融资行为的影响

市场中的投资者由于存在心理偏差而表现出非理性投资行为，进而导致市场的非有效，即公司股票的价格不能完全反映公司股票的内在价值。理性的经理层会利用市场的错误定价进行操作以获取相应的利益。本节将着重探讨经理层是如何利用定价错误进行财务决策的。

10.2.1 市场非有效下的经理层目标

市场中投资者的非理性会导致资本市场的非有效，即造成公司定价的错误。在实际的市场中，我们经常可以看到经理层在股票价格上升时发行股票，而在股票价格低迷时赎回，同时，许多经理层会在公司净利润为负值时仍然发放现金股利。为什么会出现这种情况，管理者的这些行为又会带来什么结果呢？

Baker、Ruback 和 Wurgler（2004）研究表明，当市场非有效即存在错误定价时，经理层主要通过衡量三个相互冲突的目标进行财务决策，第一个目标是获取最大化公司内在价值：

$$f(K)-K$$

其中 f 为 K 的增函数。第二个目标是最大化公司当前的股票价格。在完美的市场上，第一个目标和第二个目标是一致的，但由于投资者非理性的存在，导致市场并非有效，股票价格脱离股票内在价值，这两个目标就并不相同了。经理层可以通过更改公司名称、投资特殊项目等方式来迎合短期投资者的需求，以期实现这一目标，设当前市场的错误定价（股票价格和股票内在价值之差）为 δ。第三个目标是利用当前的错误定价为现有股东的长期利益服务，这主要通过市场时机选择来实现，即在股价高估时发行股票和股价低估时赎回股票。这些对原始股东有利的措施显然是以新股东的利益为代价实现的。设发行或赎回公司股份的比例为 e，则现有股东通过股票发行或赎回可获得的收益为 $e\delta$，将三个目标放在一起构建如下经理层最优化目标为：

$$\max \lambda \left[f(K) - K + e\delta \right] + (1-\lambda)\delta$$

式中，$0<\lambda<1$ 代表经理层的远见，当 $\lambda\to 0$ 时表明经理层短视，此时经理层将只关注最大化公司的股票价格，并可能采取迎合短期投资者需要的方式进行决策。当 $\lambda\to 1$ 时表明经

理层只关注为现有的长期股东创造利益，此时经理层将会一方面通过增发或赎回来进行市场时机选择，另一方面通过迎合短期投资者需要来提高股票价格，以最大化 $e\delta$，为长期股东获取最大利益。

从实际的角度来看，经理层主要通过市场时机选择和股利迎合实现其最优化目标。

10.2.2 错误定价时的融资时机选择

公司融资市场时机选择包括发行股票时机选择和股票赎回时机选择。当股价被高估时，发行股票能使长期投资的老股东获益，相反，当股价被低估时，赎回股票能维护股东的利益，即经理层可通过发行新股或回购股票来进行市场时机的选择。虽然对于市场时机选择的效果还没有定论，但相关调查显示管理者在发行股票时确实考虑了市场定价错误。

当投资者对未来证券市场的发展持乐观态度时，市场情绪高涨，推动股票价格上涨，公司可以以更高的溢价进行IPO，从而获得更多的融资额，也为原有股东获得财富的增值。故公司更愿意在资本市场行情火爆的时候发行股票，这种市场时机选择会导致证券发行中的"IPO热市"现象。Marsh（1982）检验了1959～1974年英国公司的权益和长期债务的选择情况，发现当近期的股票价格上升时，公司倾向于发行股权融资；Rajan（1997）的实证研究发现，当证券分析师系统性地对IPO的前景过度乐观时，会有更多的公司上市；同样地，Haan（2003）以1983～1997年荷兰的上市公司为样本的研究也发现，当股票价格上升后，公司会更多地采用股权融资。2007年，随着证券市场股票价格不断上涨，内地很多在香港地区上市的红筹公司纷纷回归内地A股市场发行股票，如中国远洋、中石油等，因为内地A股市场有着更高的溢价空间。在美国纳斯达克上市的全球最大生物科技公司Amgen的首席执行官说过："不管是否有需要融资的项目，只要市场可以接受，管理者就有发行新股的动机。"

相反，当投资者对证券市场发展持悲观情绪时，市场成交量将持续低迷，股票价格不断下跌，导致公司股票价格低于其内在价值，公司IPO的溢价也会降低，从而导致发行股票募集资金的行为大幅减少。当出现较好的投资机会时，公司迫于资金压力会在其他国家的证券市场发行股票或选择债务融资。研究发现，世界大多数股票市场总数的IPO量和股票市场价格波动是高度相关的，当股票指数下跌时，公司IPO数量也随之下降；格林汉姆和哈维在2001年的调查进一步表明，66.7%的CFO表示当股票价格被低估时，他们不愿意发行股票进行融资。

相比市场高估时的公司股票发行时机而言，市场低估是公司股票回购的市场时机。受市场投资者过度悲观情绪的影响，在某些时期内公司股票价格会低于其内在价值，公司常常在市场低估时回购公司股票，当股票价格逐渐上涨至与其内在价值相同后，回购的股权就能获得较高的投资回报。例如，假设某公司的市价被低估了25%，若用10亿元现金回购股票，由于其实际价值是12.5亿元，那么当公司市价回复到实际价值时就获得了25%的增值。所以管理者会在公司价值被市场低估的时候回购公司的股票，甚至因此而放弃投资新项目。

相关研究也发现在公司回购后有时存在异常的超额回报，这表明管理者成功地利用了这种时机进行融资决策。Ikenberry（1995）在研究了美国股票市场1980～1990年1 239个证券市场的回购公告后发现，在后面的4年中，公司平均回购的股票价格比具有相似规模和账面市场值比的公司高出 12%；与此相似，Ikenberry（2000）对加拿大公司的样本研究也发现了类似的结果：回购公司表现出明显的超额收益。格林汉姆和哈维等对 384 位公司 CFO 进行问卷调查，发现对回购问题的回答是：86.6% 的 CFO 认为他们会在股票价格相对于实际价值较低时进行回购，并会灵活地选择市场时机加速股票回购。因此，当市场低迷，股票价格被普遍低估时会形成公司股票回购的热潮。例如，中国证券市场在 2004～2005 年处于十分低迷的阶段时，包括华北高速、银基发展等多家上市公司在内的公司都进行了股票回购。

| 案例 10-1 | 银基发展的股票回购 |

沈阳银基发展股份有限公司的前身为沈阳市物资回收公司，成立于 1956 年，1998 年改制为股份有限公司，并更名为沈阳物资开发股份有限公司，向社会公开发售股票。进行资产置换后，公司于 1999 年 4 月更名为沈阳银基发展股份有限公司，注册资本为 12 988 万元。变更后公司主营业务为城市基础设施投资，以房地产开发销售为主，辅以物业管理、酒店经营。

2000 年 8 月，银基发展增发新股投资土地整理项目，得到了市场的广泛认同，股价一度于 2001 提 5 月 22 日达到每股 18.19 元的高位。伴随着中国证券市场长达 4 年的调整，银基发展的股价也经历了持续调整，2005 年 3 月 22 日，股价跌破公司每股净资产，2005 年 7 月 15 日，股价跌至历史低位每股 3.04 元。

银基发展 2005 年度第一次临时股东大会于 2005 年 8 月 20 日召开，审议批准了《关于回购社会公众股份的方案》，公司决定回购不超过 2 000 万股社会公众股份，回购比例约占公司总股本的 7.41%，占社会公众股总额的 11.2%，并将回购股份予以注销。回购股份的定价原则为：参照目前国内证券市场房地产类上市公司平均市盈率、市净率水平，结合公司经营状况和每股净资产值，以公司 2005 年中期每股净资产值的 85% 为基准，确定本次回购股份价格为不超过每股 3.65 元。回购期限为：自公司回购报告书公告之日起 12 个月内，公司将根据股东大会和董事会授权，在回购期限内根据市场情况自主决定购买时机。

经过股份回购后，银基发展公司股票的估值得以提升，对股价形成有力的支撑，维护了股东尤其是长期投资者的利益，增强了投资者信心，树立了公司良好的市场形象。

10.2.3 错误定价时的公司投资热潮

在有效市场假说下，公司的市场价值完全反映公司的基础价值，因此，企业追求公司价值最大化，便可以认为是在追求公司基础价值最大化或市场价值最大化。然而，由于资本市场上的投资者也并非完全理性，他们的非理性行为会导致股票被错误定价和资本市场非有效，因此，公司管理者的投资决策也会被相应影响。

㊀ 饶育蕾，蒋波.行为公司金融：公司财务决策的理性与非理性［M］.北京：高等教育出版社，2010.126-127.

投资者情绪导致的错误定价对公司的投资决策会产生重要影响。在公司的投资决策中，市场上的股价波动往往会影响到公司的实际投资，导致公司投资不足、投资过度或者资本配置不当。凯恩斯早在1936年就指出股票价格中包含着非理性因素，至少在某个时期内，短期投资者情绪是投资的决定因素。例如1952～1962年的电器股繁荣，1967～1968年的成长股，20世纪70年代早期的"漂亮50"股，1977～1978年的投机股，20世纪80年代的自然资源、高科技和生物技术股，20世纪90年代末的网络股等，这些股票价格的波动都直接影响到了公司相应的投资决策。对美国股票市场1927～2003年股票市场与公司投资行为的关系研究表明，公司的投资决策很大程度上依赖于当时整个股票市场的状况，而且越是股权依赖型的公司[一]，其投资受股票价格的影响越显著，表明投资者情绪对公司投资有巨大的影响[二]。

具体而言，在一个并非有效的资本市场中，投资者过度乐观或过度悲观的情绪会使股票价格偏离其内在价值，相应地导致公司的投资不足或投资过度：当投资者过分悲观，低估公司股价时，可能会使公司因股权融资成本太高而不得不放弃一些具有吸引力的投资机会，进而导致公司投资不足；但当投资者过度乐观高估公司股价时，管理者又会受这种乐观情绪的影响而对公司的基础面支持给予过于乐观的估计，因此可能会从事一些净现值为负的项目投资，导致公司投资过度。总之，价格被低估的公司倾向于投资不足，而价格被高估的公司则倾向于过度投资。

当投资者情绪过于乐观，导致股价高于其基本价值时，公司管理者倾向于进行更多的投资。例如，1987～1989年日本股票市场的泡沫推动了公司投资的大幅增长。研究发现，当股票市场出现价格泡沫时，公司管理者会发行更多的股票并提高企业的资本性支出[三]。进一步的研究表明，如果管理者把重心放在市场中的投资者的情绪上，那么投资者过度乐观的情绪也会影响公司投资：也许是因为管理者认为投资者知道一些他们不知道的信息，因此当投资者过度乐观时，管理者也会变得过度乐观，从而投资负现金流的项目[四]。而公司资本支出和研发费用（R&D）与股价高估的程度正相关，因此即使控制了影响投资的其他因素，股票价格高估与公司投资仍然存在较强的相关关系[五]。对中国的研究也同样表明，股票价格对公司的长期投资行为具有显著的正影响，除了股权依赖程度特别高的公司，对于其他公司来说，股权依赖性越大，公司的长期投资行为对其市场估价水平的敏感性越强；市场估价对高估公司的短期投资支出具有显著的正影响，且影响程度和显著性都高于其对非高估公司短期投资的影响[六]。

[一] 即那些资金主要来源于股权融资的公司。
[二] Owen A Lamont, Jeremy C Stein. Aggregate Short Interest and Market Valuations [J]. The American Economic Review, 2004, 94(2): 29-32.
[三] Gilchrist S, Himmelberg C P, Huberman G. Do Stock Price Bubbles Influence Corporate Investment? [J]. Social Science Electronic Publishing, 2005, 52(4): 805-827.
[四] Barberis N, Thaler R. Chapter 18 A Survey of Behavioral Finance [M]. Handbook of the Economics of Finance. Amsterdam: Elsevier, 2003: 1053-1128.
[五] Dong M, Hirshleifer D A, Teoh S H. Stock Market Misvaluation and Corporate Investment [J]. Siew Hong Teoh, 2007, 25(12): 3645-3683. http://mpra.ub.uni-muenchen.de/3109/01/MPRA_paper_3109.pdf.
[六] 刘端，陈收. 股票价格对中国上市公司投资行为的影响——基于不同股权依赖型公司的实证 [J]. 管理评论，2006, 18(1): 31-36.

当多家公司同时受到投资者过于乐观情绪的影响而进行投资时，就会形成投资热潮。例如，在股票市场青睐网络概念，网络类股票价格普遍很高时，许多公司都开始对网络公司进行投资。

如果管理者短视地以最大化公司股票短期价格为目标，在股价被高估时就会主动迎合投资者的情绪配置资本，甚至投资于负 NPV 项目。那么在短期内，这种策略可能会吸引投资者，从而推动公司股价进一步上涨，但从长期来看，这样的投资决策非常危险，会损害公司长期健康发展，因为没有正 NPV 项目支撑的股价会像泡沫一样破灭，最后破坏公司价值。因此，公司管理者在投资方面是以"市场导向"为导向的，当市场投资者情绪高涨时，公司管理层往往投其所好，增加所谓的"热点概念"投资。一个典型的例子是：20 世纪 90 年代末期，中国股票市场存在着强烈的"高科技"板块效应，凡是与高科技有关的股票价格涨幅惊人，当时有许多中国上市公司受投资者情绪的影响，纷纷上马高科技项目，但这些投资大部分都是亏损的。

此外，当市场投资者过度乐观导致公司股票价格严重背离公司基础价值时，投资者的这种非理性行为可能会导致公司管理者的进一步非理性投资行为，二者的心理偏差和错误预期可以互相影响和彼此传递，形成相互反馈的效应。例如，在网络股高潮时期，很多过度乐观的网络公司管理层并不认为自己的公司股票价格被高估，网络股票价格的高估诱导非理性的公司管理者进一步加剧过度乐观和自信，更加低估投资风险，高估投资价值，更积极地进行实际上高风险的投资扩张活动，给公司价值带来了巨大的危害。

我国上市公司管理层存在主动迎合股票市场短期投机交易偏好，资本配置短期化的行为。例如，有不少公司在上市后，其管理者不是致力于实业经营提高经营效率，而是以短期股票价格最大化为目标，热衷于短期投机性的资本运作，轻率地投资于股票市场青睐的热点行业。

10.3　非理性经理层的投融资行为

10.3.1　非理性投资行为

投资决策是公司理财决策中最重要的组成部分之一，也是实现企业财务目标的基本前提，它是指投资主体将其拥有或筹集的资金，选择恰当的项目进行资金投放和经营运转，以期产生一定的经济效益，从而使企业能够生存、持续并获得发展，最终实现企业的价值最大化。因此，投资决策的质量在很大程度上决定了公司的前景和公司发展的健康程度。

准确预计项目未来现金流量和项目平均资本是成本项目评估和投资决策的关键。但未来充满了不确定性，需求、成本、市场容量和竞争者反应等各方面的变化都可能导致现金流量的变化，从而影响对项目现金流的估算。然而，企业的管理者在某些特定的条件下会出现某些认知局限和心理偏差，从而影响到其对投资方案的评价。不确定因素的存在以及人们节省认知能源的认知吝啬鬼心理特征，使管理者面对复杂问题时会采用"启发法"或"拇指法则"，即管理者往往会依靠经验法则进行判断。在各种项目评估方法中，回收期法是最直观的，而 NPV 法则相对比较科学和复杂。尽管传统财务理论对于回收期法通常是很批判的，因为它不是基于价值的方法,但回收期法中潜在的主旨非常直接——项目现金流需要多久时间才能覆盖初始投资,而且回收期法非常简单和容易使用。因此,很多公司使用回收期法来对项目进行估值,甚至采用直观推断等启发式方法。但这种简捷的方案评价方法容易产生偏差,对未来的现金流不能做出准确的预测,高估或低估未来的现金流和风险,从而影响公司投资。

管理者还会表现出过度自信和过度乐观的心理。适度的自信有助于管理者保持乐观的态度,并积极承担一些风险适中的项目,有利于公司价值的提高。然而,自信与自负仅一线之隔,过度的自信就成了自负。过度自信和过度乐观会远远放大管理者的控制范围和能力。过度乐观是个体对未来事件发展的态度,当一个人过于肯定未来事件的良好结果时,就会产生乐观偏差(optimism bias)。对未来发展过度乐观使管理者难以客观、理性地分析市场的困难和不足,低估行业竞争的影响和市场风险,从而出现盲目投资,损害公司价值的行为。乐观偏差会导致成本超支、收益不足和延误项目时间等问题。"规划谬误"(planning fallacy)是指计划制定者受乐观偏差的影响,没有制订出一个详细的计划标准,从而低估了任务的完成时间。在现实经济活动中,这样的例子是很多的,例如,悉尼歌剧院项目的建设周期远远超过了计划时间表。在一项研究中,37名学生被要求估计他们完成毕业论文的时间,他们对完成论文的估计时间平均为33.9天,实际结果是,平均完成论文的时间为55.5天,只有约30%的学生根据他们之前的估计如期完成了论文。卡尼曼等人拓展了规划谬误的含义,即在进行项目投资时,管理者会产生"乐观错觉"(delusional optimism)[1],他们不是基于理性分析收益和损失情况进行决策,相反地,他们会高估项目收益、低估项目成本,追求一个不可能达到的预算结果。常常有一些管理者在取得初步成功后,对公司未来的发展提出不切实际的目标规划,从而陷入速度的陷阱。"成本超支"(cost overrun)或"预算超支"(budget overrun)是由于管理者对技术的估计不完善、不充分以及对项目预期的过度乐观,导致的对成本的预算不足。Flyvbjerg(2002)初步研究表明,有90%的项目存在成本超支。对IT项目的进一步研究发现,IT项目的平均成本超支43%,约71%的项目存在成本超支、时间超期和规模不足的问题,造成的总损失仅美国一个国家就估计达到每年550亿美元。"收益不足"(benefit shortfall)[2]被定义为当管理人过度乐观时高估项目的预期收益、低估项目成本,掉入收益不足的陷阱的现象。如软件类项目由于其技术的复杂性特点,人们不容易准确估计项目存在的技术风险、未来的经营和盈利状况,往往产生过度乐观的预测从而出现收益不足。

1. 对非最优项目的过度投资

"过度投资"(over investment)是指接受对公司价值而言并非最优的投资机会,尤其是净现值小于零的项目,从而降低资金配置效率的一种低效率投资决策行为。投资的一条最基本的法则是接受净现值大于零的项目,这样才能提高公司的价值。然而,许多公司会投资到那些净现值为负的项目上,这是管理者"过度自信"和"过度乐观"心理带来的结果。过度自

---

[1] 项目投资时,管理者因过于乐观而可能高估项目收益、低估项目的成本和风险,追求一个不可能达到的预算结果。
[2] 由于在投资项目评估时对项目的效益、成本和风险估计不足,以至于项目投资时的实际收益低于预期收益。

信和过度乐观的管理者会放大自己的控制范围和能力，过于依赖自己的激情和感觉，从而做出一些过于激进的决策。Glaser（2008）研究表明，有乐观管理者的公司投资更多，同时乐观管理者所在公司的投资对现金流依赖程度更高。具体来说，过度自信和过度乐观会导致公司产生过高的现金流敏感度，并可能导致公司过度的多元化投资、过大的规模以及过快的增长速度等问题。

（1）过高的投资现金流敏感度。"投资现金流敏感度"（investment-cash flow sensitivity）是投资对于现金流的变化所反映的变化程度。管理者的过度自信会影响现金流与投资的关系，因为要投资就必须有资金支持，一般内部资金总是有限，所以管理者们通常要通过向外发行股票或贷款来获得其所需资金。在市场有效的前提下，市场不会对管理者的项目表现出过度自信，不可能给管理者提供预期的那么多的资金，于是，管理者必须使用公司自己的内部资金，从而导致在管理者过度自信时，投资与公司自由现金流之间有较强的相关关系。因此，在外部市场机制和约束机制比较健全的情况下，过度自信会导致投资对现金流的高度敏感，即投资与现金流之间存在正相关关系，现金充裕的公司或公司在现金流量充裕的时候会投资过度，甚至投资于 NPV 为负的项目。

Malmendier（2005）研究发现，过度自信的管理者会高估项目的投资收益，更容易投资于净现值为负的项目；相对于理性的管理者来说，过度自信的管理者的投资对现金流敏感度更高，当公司有充足的现金流时，往往会出现过度投资，表明过度自信是导致企业投资行为的扭曲、并导致公司普遍存在的非最优投资决策的一个原因。对上市公司而言，即使公司的价值已被市场正确估价，过度自信和过度乐观的管理者也会认为公司价值被低估了，因而当公司拥有充裕现金时，他们乐于将现金投资于他们认为值得投资但实际可能 NPV 为负的项目。最典型的例子是风险投资决策，在风险投资决策中，过度自信的风险资本家会高估其所投资公司成功的可能性。Zacharakis（2001）对 51 位风险资本家的调查发现，96% 的风险资本家表现出明显的过度自信，这种过度自信会对风险资本家决策的准确性产生负面影响。过度自信的程度取决于信息的数量、信息的类型和风险资本家是否强烈地相信风险投资会成功。

（2）过度的多元化投资。过度自信的决策者会过高地估计自己的控制能力，形成"控制幻觉"(illusion of control)○；同时他们也会对自己的资金实力和融资能力深信不疑，这是导致他们进行多元化过度扩张的主要心理动因。

多元化本身并无好坏之分，多元化的尝试并不是不可行，问题在于如何避免多元化可能产生的陷阱。相关多元化的成功概率相对较高，而非相关多元化走向失败的概率就要大得多。所以，通常来说，多元化需要从自己熟悉的领域做起，通过慢慢积累相关经验，再进入相关领域。多元化能否成功的关键在于管理能力和资金实力：如果超越自身的管理能力，因为想追逐某个行业的高利润就进行盲目的多元化投资，就可能因为超越自己的管控能力而导致企业走向失败。同时，在多元化的背后，必须要有强大的自有资金的支撑，多元化是一件

○ 控制幻觉，它最早由埃伦·兰格（Ellen Langer）提出，指一个人对某件事可能成功的期望超过了实际结果的客观概率，即对成功抱有过高的期望。Langer E J. The illusion of control [J]. Journal of Personality & Social Psychology, 1975, 32(2): 311-328.

很奢侈的事情,只有在主业能够提供足够的现金流,或有实力雄厚的战略投资者支持的情形下,企业才能无后顾之忧地进行多元化。如果将多元化所需的资金建立在举债之上,这种多元化就犹如沙滩上的宫殿,很可能因为资金链条的断裂而导致最终的失败。麦肯锡通过对 412 家企业样本进行调查,分析了多元化经营和专业化经营之间的优劣。麦肯锡将其分为专业化经营、适度多元化经营、多元化经营三种情形[一]。结果是:专业化经营方式的股东回报率为 22%;适度多元化经营方式的股东回报率为 18%;多元化经营方式的股东回报率为 16%。据调查,在《财富》100 强的前十位企业中,只有 GE 是一家多元化发展的公司,其余的都是专业化的公司,多元化发展具有一定的条件,包括强大的技术能力、强大的企业文化和制度、众多的优秀人才、共同的管理方式等。

(3)过快的增长速度。企业经营是通过资金的周转循环来实现价值创造和价值增值的,而资金的周转循环有其客观必然性。因此,企业的有机成长过程有其内在的规律,即使通过收购兼并能够获得超常规的发展速度,也同样需要遵循有序的节奏和规律。所谓欲速则不达,追求过快的发展速度往往会使资金链条过于绷紧,或过于依赖外部融资,从而使企业的抗风险能力大大降低,企业一旦遇到经济周期过程的银根紧缩、行业不景气或竞争对手的恶性竞争等任何风吹草动,就可能因资金周转循环过程的链条发生断裂而立刻陷入困境。

企业决策者由于前述的"控制幻觉"的存在,会树立过于宏大的理想,给企业确立不切实际的发展目标,相信自己能够把握所有的市场机会,控制未来的发展进程,高估控制风险的能力和企业成功的可能性。这种控制意象会令企业付出惨重的代价。纵观一些盛极而衰的企业的运行轨迹,他们都在企业的鼎盛时期制定过超越发展极限的目标。顺驰房地产公司作为房地产行业的后起之秀,曾经获得了超乎寻常的发展,但也为其过快的发展速度付出了沉重的代价。

案例 10-2　　　　顺驰:速度的代价[二]

2006 年 9 月 5 日,创立 12 年之久的顺驰中国控股有限公司将 55% 的控股权转手香港路劲基建,12.8 亿元的交易价被外界普遍质疑为"超低价"。因为顺驰在全国 16 个城市拥有 42 个项目,建筑面积合计约 740 万平方米。在土地价格飙升的形势下,12.8 亿元甚至未必能够拿到一块地,却获得了顺驰 55% 的控股权。在房地产调控的宏观环境下,顺驰最终为快速扩张造就的奇迹付出了沉重代价。

顺驰 1994 年创立于天津,起初为房地产销售代理公司,后逐渐发展为房地产开发公司,1998 年更名为天津顺驰投资有限公司。

随着中国房地产市场逐渐升温,土地占有量的大小成为决定房地产开发商能否做

㊀ 他们将三者定义为:67% 的营业收入来自于一个事业部者为"专业化经营",至少 67% 的营业收入来自于两个事业部者为"适度多元化经营",少于 67% 的营业收入来自于两个事业部者则为"多元化经营"。
㊁ 参见户才和,孙宏斌.不再另类[J].互联网周刊,2006(2): 57-57.

大做强的关键，因此各地开发商纷纷开始圈地。面对激烈的竞争，公司在2002年拉开了高调进军全国的序幕，不惜一切代价在全国各地近乎疯狂地拿地。2003～2004年年初，顺驰集团在中国东北、华中、西南、长江三角洲各地的土地拍卖会上，以极强势的姿态拍卖土地。其中，2003年，顺驰以超过底价一倍、超过对手2亿元的9.05亿元天价夺得当年北京"地王"大兴黄村的600亩○项目。在石家庄，顺驰出价5.97亿拿地300亩，被业界普遍认为已经"严重背离了价值规律"。2004年顺驰收购的土地项目在上海、无锡、南京、苏州、石家庄、武汉、重庆、成都等在内的14个国内城市迅速扩张，进一步壮大了顺驰在全国的声势。2004年11月，随着"顺驰品牌周"活动在香港地区隆重开幕，顺驰品牌在全国范围内开始进行战略性拓展，先后针对天津、河北、山西、山东四地开展了品牌宣传活动。其战略目标是要做行业第一，做市场的领导者，力争将顺驰打造成中国房地产的第一品牌。

依托资金快速周转理论对现金流进行严厉的控制，这就是"顺驰模式"。顺驰用40亿元的现金去中和200亿元的开发成本，将这种"流动开发方式"用到了极致○。一时间，地产界有了"顺驰速度"这么一个新名词，顺驰也几乎成了"规模"和"速度"的代名词。它的战略是把有限资金的使用效率提高到极限，用短短几个月时间，完成从拿地、开发、售房、回款的整个过程。

首先是大幅度地缩短建造和交付的时间。选择付款条件好的土地，在拿地的时候，绕开行业灰色地带，通过高价竞拍的方式快速拿地，并且首选那些具备分期付款条件、付款期限较长的项目。然后，压缩建造周期，把一般需要1～2年的开盘周期缩短到6个月，再高调宣传运作，以最快的速度完成销售，快速收回资金。

再次是加快现金的流动和运用。在实施全国扩张战略后，顺驰的预算从半年调整一次缩短到每月一次，后来到了每周一次，还形成了以天为单位的现金流模式。公司建立了严格的考核指标体系，关注到每个项目的开工开盘时间、回款、现金调度，这一切均以天为单位，任何一个时间节点均不得有延误的借口。这种模式使顺驰以较少的资金快速地运转着一些庞大的项目，而且其在2004年的现金流总量中有78%是通过销售得到的预售款，只有10%和12%是来自银行和合作单位。

2003年，顺驰销售回款40亿元，规模直逼中国最大的地产公司深圳万科。万科以年均30%的增长率计，2004年销售额预计在60亿～70亿元间。而顺驰宣布将在2004年做到100亿元销售额。顺驰的这种每年200%的增长预期，是建立在市场环境、项目操作、资金回笼等一切均天遂人愿的假定之上的，但很显然，一旦这其中某个环节脱钩，在顺驰内部就可能带来一连串连锁反应。

不幸的是，2004年，国家推出了一系列严厉的调控措施。在国家的宏观调控下，顺驰布下重兵的上海及长江三角洲地区首当其冲，楼市应声回落。顺驰的若干项目陆续面临银行贷款放缓，销售回款不足的情

○ 1亩 = 666.6 平方米。
○ 通俗地说，"流动开发方式"就是锅和锅盖的游戏：有财务专家把现金比喻为锅盖，把现金需求比喻为锅。如果你有10个锅，8个锅盖，那么基本上你不用担心锅会盖不上——你可以很从容地在锅之间调配盖子。这是正常的情况。如果你是财务高手，能够使公司的现金高效地运转起来，那么即使只有6个盖子，也能够玩得起来。通常越是大公司，越是业务复杂的公司，其财务成本的分量就越重，财务管理也显得越重要，因为锅越多，调配盖子的难度就越大，而调配得越好，能够节省的财务成本也就越为可观。

况；政府严厉催收拖欠的土地出让金措施更使"顺驰模式"遭遇釜底抽薪；同时，前期粗放式快速开发潜伏的经营管理和楼盘质量等诸多问题，也逐渐浮出水面：在北京，"顺驰领海"小八期因为一直没有交土地出让金，所以一直没有获得土地证，而"顺驰蓝调"二期更因延迟交房遭到业主集体抗议；在天津，"顺驰太阳城"二期因起初规划红线未获得土地证，项目其他部分则停工达半年之久，顺驰资金链已极其紧张。2005年上半年，顺驰通过香港联交所聆讯准备上市，但因市盈率过低，基本无法实现募集资金的目的，公司最终放弃了上市计划，转而与摩根士丹利（Morgan Stanley）谈判，但最终对方认为顺驰利润率太低，谈判没有成功。2006年7月，顺驰的资金刚性缺口达5亿～6亿元，负债30多亿元。仅就天津市场而言，顺驰所有可售房屋已经全部售罄，但手中剩余的项目却迟迟没有能力启动，有些甚至连拆迁都没有钱。2006年9月，四面楚歌的顺驰终于与香港路劲基建公司签署了股权转让协议。

2. 对失败项目的恶性增资

恶性增资，是首先由Staw（1976）在经过大量的研究后提出的，因对沉没成本的眷顾导致管理者在投资决策失误时产生"承诺升级"或称"恶性增资"[①]（escalation of commitment）的现象。我们常常可以看到这样的现象：对于一个已经投入了一定的资金，但继续运行下去风险越来越大的项目，人们不是立刻终止项目，而是继续追加投资，企图用这种方式博取最后的成功。因为项目已经上马，投资已不可逆转，终止项目则意味着承认决策的错误，并且需要承担损失，而继续投资下去则存在一线成功的希望。这样做的结果往往是风险越积越大，亏空越来越大，越来越需要决策者用更大的努力去填补亏空，以至于除了用赌一把的心态进行高风险、高报酬的冒险以外，无法通过正常的投资渠道来弥补亏空，因而形成了一种"恶性增资"的现象，即一个项目在投入大量资源后发现完成该项目取得收益的可能性很小，在各种客观信息表明应放弃的情况下，管理者仍然继续投入额外的资源。同时，研究还表明，决策者对自己负有责任的项目，更具有一种要证明其决策的正确性的动机，并期望从对这个失败项目本身的追加投资中挽回之前的损失，这就是所谓的"承诺升级"。事实上，调查结果表明，人们往往对他们负责的失败项目比成功项目投入了更多的资金。

实验 10-1

拍卖实验

实验设计：

对100元现金进行拍卖，从10元起拍，出价最高者可拍得这笔钱，但实验规则还要求，不仅拍得者要支付其出价，所有竞拍者也都要支付其最后的叫价。

[①] Barry M. Staw. Knee-deep in the Big Muddy: a Study of Escalating Commitment to a Chosen Course of Action [J]. Organizational Behavior & Human Performance, 1976, 16(1): 27-44.

实验结果：

在实验的竞拍过程中，100元的标的被拍到了220元才成交。

实验结果分析：

理论上讲，为获得100元的标的，出价100元是盈亏平衡点，超过这个金额就会是一项净损失，理性的参与者应该在价格超过100元时就停止竞拍。但由于实验规则的设计，不管竞拍者在哪一个价位上停止，即使没有竞拍成功，都需要支付其叫价，而这项确定的损失只有拍到标的才能得到补偿，于是参与者选择继续竞拍。实验结果说明参与者的目标已经偏离了理性的价值尺度，继续竞拍的目的已经从获得一定的收益，转变为尽可能补偿已经出现的损失，因为只有赢得竞拍才能补偿损失。

面对进退两难困境，决策者往往会倾向于继续投入资源，提升原方案的承诺，而且随着投入资源的增加，决策者表现出越来越强的"自我坚持"（self-perpetuating）的行为倾向，从而导致更深的陷入，具体表现为当向一个项目投入大量资源（如资金和时间）后发现完成该项目取得收益的可能性很小，在明确而客观的信息表明应放弃该项目的情况下，管理者仍然会继续投入额外资源。

实验 10-2

医药投资计划实验

实验设计：

假设你是一家医药公司的老总，正在开发一种新的止痛药。据你所知，另外一家医药公司已经开发出了类似的止痛药，如果继续进行这个项目，公司有近90%的可能损失500万元，10%的可能盈利2 500万元。项目才刚刚启动，还没有什么花费，从现在起，项目需要耗资50万元，你是坚持开发还是放弃？

接下来，实验的设计者又进行了另外一个实验，具体的过程是这样的：

假设你是一家医药公司的老总，正在开发一种新的止痛药。据你所知，另外一家医药公司已经开发出了类似的止痛药，如果继续进行这个项目，公司有近90%的可能损失500万元，10%的可能盈利2 500万元。项目已经投入了600万元，还需再耗资50万元，你是继续开发还是现在放弃？

实验结果：

在第一种情况下，多数人选择"放弃"，因为盈利的机会只有10%，而且项目尚没有投入资金，他们很轻松地放弃了项目的实施。而在第二种情况下，多数人选择了"继续"。

实验结果分析：

其实对两个实验的决策者而言，他们面对的决策问题是一样的，都是投资50万元进行一项概率决策，唯一不同的是后者已经产生了600万元的沉没成本。与财务相关的教科书告诉我们，在进行投资决策时要忘掉沉没成本，但在现实中人们却不可避免地受到沉没成本的影响。这种对沉没成本的眷顾使管理者产生了投资决策的"恶性增资"。

"框定偏差"是造成恶性增资的一个心理因素：在已经失败的投资项目上，管理者往往追加投资试图扳回已经造成的损失，从而导致损失的进一步扩大。这在某种程度上是受到了框定的影响，人们对一个项目的后续决策会被初始决策的成败所框定，正面的信息会使人们在盈利范围内进行选择，使决策者倾向于风险厌恶，而负面信息会使人们在不同的损失之间进行决策，为了弥补已经产生的损失，管理者在决策时会倾向于风险寻求。

"证实偏差"也会影响经理层的投资决策，当人们在寻找支撑某个假设的证据时，有"证实"而不是"证伪"的倾向。管理者在投资决策过程中，进行决策信息的收集和判断时，倾向于接受支持自己观点的信息，而忽略不同于自己观点的信息，或排斥与自己意见相左的信息。一些企业的管理者常常对某一个投资项目存在良好的预期或特别热衷于某一个投资项目，甚至对某个项目情有独钟，这种情况下，如果管理者在公司内部具有一定的权威性，而公司又缺乏真正规范的、制度化的项目论证和决策程序，那么管理者的信念就会变成公司的目标，项目的论证过程就会流于形式，成为"证实"而不是"证伪"的过程，项目最终会按照管理者的意图进行。

在证实偏差的影响下，当项目在实施过程中出现一些与预期相违背的证据时，管理者可能并不认为是自己的信念或决策存在错误，而是认为是由于行动实施不到位等原因，才没有出现预想的结果。人们为一个项目付出得越多，就越会高估项目的价值，越有继续为此付出努力的动机。因此，管理者往往会坚持自己错误的信念，倾向于投入更多的时间、精力、资源到行动过程中，试图改变状况以便朝着自己预期的方向发展，从而证明自己当初的决策是正确的。

案例 10-3 先达制药公司的药品研制[一]

先达公司是一家 1944 年在巴拿马注册的制药公司，总部设在加州的帕洛阿尔托（Palo Alto）市，于 1995 年被瑞士的药业巨人罗士公司（Roche Holdings）接管。

1977 年，先达公司的加百利·加拉伊（Gabriel Garay）博士带领研究团队致力于开发一种叫作"恩前列素"（Enprostil）的新药物，这种药物用于中和胃酸、治疗胃溃疡。1978 年，先达公司获得了有关药物合成的专利。当时，全世界大约有 2 300 万人患有胃溃疡，恩前列素的市场潜力非常大。公司预计恩前列素每年将产生 5 000 万～1 亿美元销售收入，更为重要的是，对先达公司来说，这是一个很好的时机，因为这种新药的销售能帮助公司弥补一种主要产品"萘普生"（Naprosyn）专利到期的不利影响[二]。在 20 世纪 80 年代，一种新药从开始研制到临床应用平均需要 8 年的时间。

在对恩前列素的研发阶段投入大量资金后，加拉伊实验室的研究人员发现，恩前列素存在严重的副作用，它在实验中使人的血小板凝结成块，从而可能引起中风和心脏

[一] 舍夫林. 行为公司金融：创造价值的决策［M］. 郑晓蕾，译. 北京：中国人民大学出版社，2007：84-85.
[二] 萘普生是一种抗兴奋的药物，这项药物的专利在 1993 年 9 月到期，当时，萘普生占据了先达公司一半的销售收入和营运利润。

病。也就是说，恩前列素虽然可以治疗胃溃疡，但它可能引发新的疾病。同时，先达公司的一份内部备忘录显示：恩前列素会引发静脉中的血液凝固，这有可能是致命的。并且，公司之外的研究人员还发现：恩前列素会明显地增加由摄取酒精产生的损害。

1985年，先达公司向联邦食品及药物管理局申请一个运用恩前列素的计划，但一直没有得到批准。公司已经在恩前列素上投入了很多资金，并且还在继续投资。项目的最终负责人是约翰·弗雷德（John Fried），他不仅是加拉伊研究部门的主任，还是公司的副董事长。弗雷德将实验室中表明恩前列素有潜在问题的备忘录总结为具有煽动性、投机性和不相关，并命令重新撰写内部备忘录。

1986年，恩前列素的研究报告显示，在对恩前列素进行动物实验时，几条用于实验的狗死了。但弗雷德却认为狗的死亡不值得奇怪，可能是用药太急，而且在实验中用了其他的化学药物。1987年，研究者宣告已经发现了恩前列素造成患者血液凝结成块以及静脉和动脉抽搐的药理机制，这种机制增加了患者中风和心脏发病的危险。弗雷德对此的评论是：研究团队一直是在原地画圈，没有进一步努力对恩前列素进行研究，团队是在浪费联邦食品及药物管理局的时间。1988年2月，联邦食品及药物管理局告诉先达公司，由于恩前列素具有危险的副作用，它不可能作为一种治疗普通溃疡的药物获得市场准行。

对恩前列素项目的信念使弗雷德向公司投入了巨额资金进行研制，证实偏差和损失厌恶心理使他不愿接受现实而终止恩前列素项目，忽视了研究中出现的大量负面信息，无法理性、冷静地分析客观事实，并且向这个前景并不看好的项目继续追加资本，从而导致损失不断加大，在最终放弃恩前列素之前，公司还投入了1亿多美元试图解决副作用。

3. 竞争性项目的"赢者诅咒"

"赢者诅咒"（winner's curse）是经济学上一个著名的现象，在竞标、拍卖、并购等竞争性项目投资中比较常见，即赢得标之时即是诅咒的开始。最早提出赢者诅咒的是大西洋富田公司的三位工程师（Capen、Clapp and Campbell，1971）。他们观察到许多石油公司想要在拍卖中购买某块特定土地的开采权，由于特定土地的石油产量很难被准确估计，竞拍的各家公司给出的估值有高有低。在拍卖中，赢得拍卖的公司就是出价最高的公司。卡彭（Capen）等人发现，赢得拍卖的公司往往因为在竞拍中出价过高而遭遇巨大的损失，因而形象地称自己"被诅咒了"。因而，泰勒指出：明智的做法就是谨慎出价或者保守出价。李嘉诚在拍卖市场上的长胜哲学就是得益于对赢者诅咒的认识，对于无利可取的卖品会及时退出，用左手按住右手的方式遏制自己的举牌冲动，避免自己成为被诅咒的赢者。

在一些地产或投资项目的拍卖现场，我们常常可以看到，当竞价进入高潮的时候，投手很容易出现情绪化的现象，冲动之下，不管代价如何，都非得做赢家不可，以致叫价在几个竞拍者之间不断升级，直到最后的赢家可能以远远高出标底价或内在价值的价格成交，因而陷入赢者诅咒的困境。

并购过程中也常出现类似的赢者诅咒，从并购的历史数据来看，并购企业的融合和经营成功率并不高，志得意满的并购赢家可能变成了最后的投资输家。并购能否真正有效提高企业的盈利水平，被大量事实和实证结果证明是很值得怀疑的。美国《商业周刊》（1999年）的研究结果认为：75%的企业并购是完全失败的。正如洛温斯坦在他的《公司财务的理性与非理性》一书中所指出的："没有多少好的公司值得投资，如果用保留下来的并购公司数作为衡量并购成功与否的指标的话，我们发现1980年以前被并购的公司，到1987年为止，有53.4%被剥离或关闭。实际上这一结果属于保守计算，因为有很多失败被悄悄掩盖了[一]。"美国的麦肯锡咨询公司曾对《财富》500强和《金融时报》250强企业在1998年以前进行的116项并购做过统计：其中23%的企业通过并购获得了效益，61%的企业失败，还有16%并购企业成败未定；同时，企业并购的规模越大，扩大经营面越广，其成功的可能性越小。

对我国上市公司并购绩效的实证研究也表明，公司并购后1～3年内，大多数并购公司股东遭受了显著的财富损失，并购未能为并购公司股东创造价值，而且无论是混合并购还是同行业并购的并购公司，长期都给股东带来了显著的财富损失[二]。也有研究表明，中国上市公司股权并购后的会计业绩和业绩变动均与并购前所持有的自由现金流呈显著负相关，说明大多数上市公司实施的股权并购受自由现金流的驱动，是投资过度的一种体现[三]。

研究发现，除了诸如效率论、多元化经营论等传统并购理论中公司基本面的因素外，并购行为还与实施并购战略的管理者行为有着密切的关系。在并购决策中，过度自信使管理者忽视大量公司并购失败的案例，低估并购以后将面临的各种困难。

一方面，并购方的管理者一般对目标公司缺乏充分的了解，但却会自认为对市场、行业发展趋势以及对目标公司的实际情况都有比较透彻了解，因而不再进行实地的深入考察，造成对目标公司内在价值的评估高于其真实值；另一方面，管理者对协同效应的估计过于乐观。并购方在寻找并购目标及确定交易价格时，把协同效应的大小作为确定支付溢价的重要依据。然而，影响协同效应实现的因素非常多，且具有很大的不确定性，而并购方的管理者可能对自己的管理技术和掌控能力过于乐观，忽视了企业合并后可能产生的负面协同效应，过高地估计了并购方运用目标公司资源的能力，从而人为地使交易价格上限超出了实际价值。

杰克·韦尔奇认为，代价太高是并购普遍存在的几大陷阱之一，这种过度支付不是指比目标公司的内在价值多出几个百分点，而是高得令企业无法通过正常的经营方式进行弥补。韦尔奇列举的过度支付最为恶劣的例子是时代华纳和美国在线的合并："一个媒体巨人，拥有无数有真实价值的资产和产品，却多花了数十亿美元，去并购销售渠道和不明显的竞争收益。更让人惊愕的是，当时的人们对于这个虚幻的所谓聚合效应的说法有如此高的热情，几乎每个人都参与了鼓吹……当然，在2000年时，每个人都为了这一切支付了过高的价格[四]。"相关学者回顾过去几十年间的英美并购案例，发现并购的交易价格平均为被并购公司市场价格的150%左右，也就是说平均来看交易价格中含有高达50%的并购溢价。正如英国《金融

[一] 洛温斯坦.公司财务的理性与非理性［M］.张蓓，译.上海：上海远东出版社，1999.15.

[二] 李善民，朱滔.中国上市公司并购的长期绩效：基于证券市场的研究［J］.中山大学学报（社会科学版），2005，45(5)：80-86.

[三] 曾亚敏，张俊生.中国上市公司股权收购动因研究：构建内部资本市场抑或滥用自由现金流［J］.世界经济，2005，2：60-68.

[四] 韦尔奇.赢［M］.余江，译.北京：中信出版社，2005：217.

时报》所说:"证据显示大部分并购并没有能够使股东长期获益。公司的估值和并购溢价往往都被定得过高,从而使得各项预定的并购指标无法在交易完成后得以实现。"对此,管理学界戏称为:"花了天鹅价,买到癞蛤蟆。"1990年美国电话电报公司(AT&T)并购美国现金出纳机公司(NCR)就是因为管理者过度自信和过度乐观导致过度支付的典型案例之一。

| 案例 10-4 | 美国电话电报公司并购美国现金出纳机公司 |

1990年12月2日,美国电话电报公司宣布将并购当时为美国第五大计算机制造商的美国现金出纳机公司。时任美国电话电报公司总裁的罗伯特·埃伦(Robert Allen)这样描述了美国电话电报公司与美国现金出纳机公司之间的合并:"在全球范围内,我们的通信服务、网络技能同他们的交易服务运营之间是一个天作之合。"

然而,华尔街对此持怀疑态度。分析师们指出,最近几年中以技术为主的公司之间的并购几乎全部失败。虽然高科技公司合并成功的案例几乎没有,但美国电话电报公司的管理者仍然相信,虽然别人失败了,但他们是能够成功的。在被问到并购可能存在的风险时,埃伦回答说,"这不是一个安全的世界,我们也不是来寻求安全的。选择容易的途径不会让我们满意,因为它不会让我们成功"。

埃伦认为,"同美国现金出纳机公司的这笔交易是美国电话电报公司提高核心电信业务和进入刚兴起的网络合作性电脑业务的唯一机会"。这种自信以及对电脑行业的乐观估计,严重主导了他对目标公司的估值,在美国现金出纳机公司计算机业务1985~1990年亏损20多亿美元的情况下,美国电话电报公司最终以75亿美元并购了美国现金出纳机公司,其中,向美国现金出纳机公司的股东支付了42亿美元的溢价,溢价支付率高达125%。

1991年9月,美国现金出纳机公司正式成为美国电话电报公司的一部分,并改名为全球信息服务(Global Information Services,GIS)公司。然而,并购之后,美国电话电报公司与美国现金出纳机公司的整合并没有产生预想的天作之合的效果:并购前的美国现金出纳机公司是个充满希望的计算机公司,它拥有值得自豪的,致力于创新的管理层。并购后,富有进取心的美国现金出纳机公司与美国电话电报公司专横的作风之间出现了文化冲突,最后美国现金出纳机公司的关键管理人员几乎都离开了全球信息服务公司,由于发展战略的改变,原来美国现金出纳机公司的长期客户感到自己被抛弃了。此后,公司开始走下坡路,利润远远低于预期水平,在1993~1996年,全球信息服务公司损失了30多亿美元。1995年7月,美国电话电报公司宣布对全球信息服务公司进行裁员。同年9月,美国电话电报公司被一分为三:电信业务部分仍然称为美国电话电报公司,电话设备制造业务部分被命名为朗讯(Lucent Technologies),计算机业务部分被重新称为美国现金出纳机公司。从并购美国现金出纳机公司到最后将全球信息服务公司分出,美国电话电报公司总共在这一投资上损失了70亿美元。

㊀ 舍夫林.行为公司金融:创造价值的决策[M].郑晓蕾,译.北京:中国人民大学出版社,2007:263-264.

10.3.2 非理性融资行为

融资是企业的一项基本财务活动,是企业根据其生产经营、对外投资和调整资本结构等需要,通过金融市场和其他融资渠道,运用各种融资方式进行的,有效的筹措资本的活动。

传统融资理论是建立在理性人假设和资本市场有效性假说前提下来探讨企业的融资决策和资本结构的,即假定管理者和投资者都是追求效用最大化的理性决策者,并假定市场总是完美和理性的,股票价格能够正确反映公司的内在价值,管理者能够根据各种信息,以公司价值最大化为准则进行资本配置,是理性的管理者在面对有效的市场时进行的最优融资决策。然而,现实中融资活动本身和外部环境都是复杂的,研究表明,管理者资本结构决策的主要考虑因素是股权稀释、市场时机、财务灵活性等,而不是传统理论中考虑的税收、融资成本、信息不对称等。从行为的视角看,管理者与其他行为人一样,由于各种认知和心理偏差的影响而导致非理性的融资决策。例如,管理者不是通过确定一个目标资本结构或依据加权平均成本最小原则来制定相应的融资政策,而是依据启发式方法,即经验法则来决定资本结构,他们更注重公司的财务弹性(financial flexibility)[⊖],也就是更多地依据未来现金流量的波动、潜在投资机会的不确定性、资本市场情况等因素进行融资决策。其他影响融资决策的心理偏差有过度自信、从众行为等。

1. 扩张冲动与融资结构

过度自信的管理者常常表现出扩张的冲动。当扩张比较适度时,其所需资金可以通过提高总资产净利率、增加留存收益以及适当负债来满足;如果企业管理者存在快速扩张的冲动,例如,实现销售收入翻一番的速度增长,那么这将带来巨大的资金缺口。作为特定行业内的企业,其销售净利率和资产周转率的提升空间是有限的。在通常情况下,随着企业规模的扩张,管理幅度加大,各种资源的配置、协调和管理难度大大增加,会导致盈利能力和周转能力的下降。在这种情况下,高速扩张所需要的资金很大程度上就需要依赖负债,并且扩张速度越快,企业的资产负债率就会以越快的速度急剧上升。负债率计算如式(10-1)所示:

$$\text{扩张后的资产负债率} = 1 - \text{总资产净利率} \times (1 - \text{股利支付率}) - \frac{1 - \text{基期资产负债率}}{1 + g}$$

即:

$$\frac{D_{t+1}}{A_{t+1}} = 1 - ROA_{t+1} \times (1-q) - \frac{1 - \frac{D_t}{A_t}}{1+g} \quad (10-1)$$

根据以上公式,以制造业行业平均数据为起始值,对不同扩张速度下企业资本结构的演化过程进行模拟。以制造业的行业平均资产负债率为53.55%,总资产周转率为3.96%为计算依据,假设股利支付率为30%。以此为依据,假设某公司分别以10%、15%、30%和100%的速度扩张,公司扩张所需要的资金通过留存收益和负债两个部分来满足,那么,扩张会带来负债率的上升,资本结构将随着时间的演进而变化,如图10-1所示。

⊖ 财务弹性是指企业适应经济环境变化和利用投资机会的能力,具体是指公司动用闲置资金和剩余负债的能力,应对可能发生的或无法预见的紧急情况,以及把握未来投资机会的能力,是公司筹资对内外环境的反应能力、适应程度及调整的余地。财务弹性包括以下几个指标:现金股利保障倍数、资本购置比率、全部现金流量比率、再投资现金比率等。

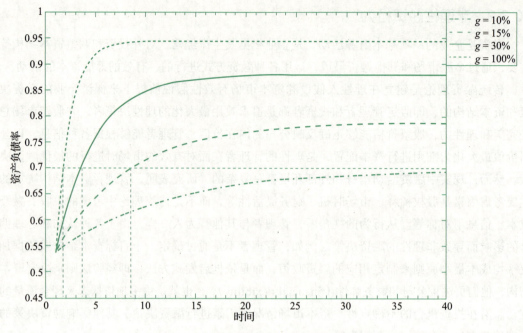

图 10-1　不同扩张速度下资本结构的演化规律

从图 10-1 中可以看出，在一个确定的总资产净利率和股利支付率水平下，如果企业以某一个固定的速度扩张，那么，随着时间的推进，企业的资产负债率将逐渐升高，资本结构逐渐恶化，并在一定时期后稳定在某个值上。扩张速度越快，资本结构恶化的速度就越快，趋于稳定的负债率也越高。

上市、增发、配股等股权融资通常是企业获取资金的首选，因为股权融资不需要归还本金，在市场行情好的时候进行股权融资，常常可以获得很高的发行溢价，募集到比股本高出许多倍的资金。同时，上市公司的股利支付仅是一种软约束，相对于以高溢价发行募集的资金而言，其融资成本是十分低廉的。正因为这样，企业热衷于上市融资，或上市以后热衷于再融资。假设企业可以通过股权融资获取外延发展所需要的资金。仍以上述制造业企业为例，假设企业在扩张初期可以进行一次性股权融资，融资金额为原有资产的 50%，以 2007 年制造业企业相关数据的行业均值为基准。分别给定不同的扩张速度：$g = 10\%$、15%、30% 和 100%，根据式 10-1 模拟一次性股权融资后企业资产负债率的演化规律，如图 10-2 所示。

从图 10-2 可知，在股权融资的当年，资产负债率会下降到一个较低的水平，但随后资产负债率将持续升高。我们同样观察当企业以有机增长和高速增长的速度扩张时，负债率达到 70% 需要的时间。由此可见，扩张速度越快，最后达到的稳定的负债率越高，企业潜在的财务危机也越大。因此企业需要权衡自身的盈利能力、融资能力与目标资本结构，以确定合适的扩张速度。在盈利能力不能相应提高的情况下保持高速扩张，不可避免地会导致资本结构的急剧恶化，最终使企业陷入财务危机。

特别值得注意的是，在图 10-1 中，资本结构演化的几条曲线最后都稳定在某一个确定的值上。其前提是假设公司在持续规模扩张下保持盈利能力不变。而在现实中，随着规模的扩张，一方面因为规模经济效应，公司的盈利能力逐渐增强，而另一方面，超越极限有机增长速度的过快发展则会因为管理难度的加大、融资成本的增加、外部不确定性风险的增加等因素而使公司的盈利能力反而下降。我们假设 15% 是公司的极限有机增长速度，极限之内的增长速度存在规模经济，而超过这个速度就可能产生效率的下降，根据式 10-1 模拟扩张过程中代表盈利能力的 ROA 发生变化时，资产负债率的演化规律，如图 10-3 所示。

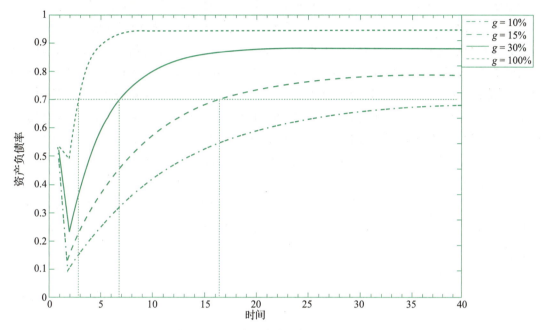

图 10-2　股权融资对资本结构演化规律的影响

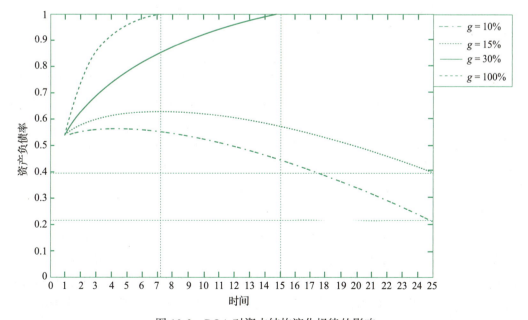

图 10-3　ROA 对资本结构演化规律的影响

如图 10-3 所示，当公司增长速度比较适度，属于有机增长时，因规模效应而使 ROA 增长，依靠内存收益不仅可以获得相应的成长，而且还能够改善公司的资本结构，使负债率逐渐下降,在增长速度为10%和15%时,负债率逐年下降;与此相反,当扩张速度过快时,如图中的30%和100%,因ROA下降而导致公司的自身有机增长能力下降,对外部负债的依赖越来越强,负债率迅速上升,甚至在一定年限后负债率会突破100%,即进入资不抵债的状况。

可见这种高速扩张会给企业带来巨大的风险:第一,由于严重依赖外部融资的高速扩张,其资金链条是极其脆弱的,一旦出现经济或行业景气周期的下滑或者公司内部经营出现一些不可预料的障碍导致业务受阻,就会立即导致资金周转困难,而银行等外部资金供应者一旦意识到企业高速发展、极度繁荣背后的资金困境,就会下调企业的信用评级,终止对企业的继续放款,于是被企业高速发展和繁荣的外延增长所掩盖的各种矛盾和问题就都会暴露出来,加剧公司的财务困境,形成恶性循环;第二,这种快速扩张存在对资金的极度渴求,当正常的融资渠道越来越难以满足企业的需求时,决策者可能会铤而走险,用非正常的渠道获取资金,例如,挪用上市公司或其他金融机构的资金、违规从二级市场套取资金、非法集资等。这些非法融资手段无疑给企业的可持续发展埋下了随时可能被引爆的定时炸弹。

2. 扩张导致激进的融资结构

由于管理者倾向于追求企业的外延发展,从而产生对资金的渴求,他们会迫使企业进行大量外部融资。这些管理者往往高估自己对财务结果的影响,相信自己有足够的外部筹集能力,低估融资成本给公司经营带来的压力以及融资风险的存在,具体表现为过度外部融资、过度负债融资和过度短期融资等特征。

(1)过度负债融资。一定的债务融资由于杠杆效应而有助于提高公司价值,但过高的负债会大幅增加公司的财务风险。财务杠杆就像是一把"双刃剑",既可能给企业带来税盾的好处及借鸡下蛋的经济利益,也可能带来因资金周转困难而陷入财务困境的风险。偏好比较激进的债务融资政策加上乐观的情绪导致管理者对风险的忽视,使公司暴露在毫无节制的债务风险之下。

迈尔斯等在2002年的融资优序理论认为管理者的融资决策表现出一定的行为优序融资(behavioral pecking-order)偏好:先内部融资后外部融资,在外部融资中,先债务融资后股票融资。法玛等在2002年的研究表明,优序融资偏好与管理者的乐观情绪有关。然而,融资优序理论的解释是信息不对称,因为管理者掌握了公司经营状况或未来投资项目的信息,而外部股东需要通过管理者的财务决策行为来做出相应的判断,那么债务融资传递的信号是管理者对项目的未来现金流很有信心,因为债务融资是需要偿还本金和利息的,相反股权融资则传递的是管理者对项目未来现金流没有信心的信号,为此管理者会倾向于用债务融资方式来传递积极的信号。

过度自信从另一个角度解释了管理者对债务融资的偏好。在西方资本市场条件下,过度自信的管理者会认为市场投资者低估了其公司的股票价格,由于发行新股就会给现有股东带来损失,因此管理者不愿意通过发行股票进行融资;另外,在资本市场有效性程度比较高的情况下,股权融资往往要支付比债务融资更高的成本,因此管理者会更倾向于通过债权进行融资,从而导致公司较高的资产负债率。舍夫林认为过度自信或乐观的管理者会对未来收益过高估计,从而导致管理者不愿意与新股东分享公司的未来收益,因而他们更愿意发行债务而不是发行股票进行融资,因此,过度自信可能导致管理者采取激进的负债行为。

另一方面，过度自信和乐观的管理者有过度投资的冲动，并因此通过债务融资进行过度投资。Heaton（2002）的研究表明，由于过度乐观和自信的管理者会比外部投资者对其公司的投资项目持更乐观的态度，从而高估其投资项目的净现值（NPV），低估其投资项目收益的波动幅度和风险，因此，他们也更容易认为股票市场低估了公司内在价值，以及因为股票融资成本太高而不愿意通过外部融资支持投资，更可能选择债务融资。

案例 10-5　　猴王集团的债务王国

过度自信是猴王集团创始人易继纯的个性特征之一。他被别人称为"易大胆"，什么人的钱他都敢借，多大的钱他都敢借。猴王集团早期举债扩张取得的成功强化了易继纯在投资策略上的冒进行为，他开始雄心勃勃地推出"三百"方针：建100个企业，开100家商店，搞100个公司，甚至声称要将宜昌市的企业全部兼并，以致当地人开玩笑说，干脆把宜昌市叫作"猴王市"。

20世纪90年代初期，猴王集团迎来事业发展高峰，连续数年保持全国焊材行业龙头地位，先后进入全国512家重点企业、全国120家试点企业集团行列，并于1993年在深交所上市，在骄人的业绩面前，易继纯萌生了创办"巨无霸"企业的想法，在"一业为主，多业并举"的方针指导下，为了构造企业超常发展的未来支柱产业，集团公司进行了一系列高风险、高举债、高投资、高成本的资本扩张，发展成了跨行业、跨部门的大集团，猴王集团进行了大量的融资，其主要的融资渠道如下。

（1）通过组建城市信用社直接融资或者通过下属企业融资。早期，猴王集团的融资渠道主要是通过集团下属的猴王城市信用社吸收存款，通过武汉证券交易中心拆借资金。猴王集团于1993年与其他两家法人单位合办宜昌市猴王城市信用合作社，猴王集团通过信用社席位融到了大量资金。到了1995年年底，由于该信用社债务越来越多，有关部门对其进行了清理。猴王集团和某私人企业负责人私刻该信用社公章，在当时的武汉证券交易中心开设席位，进行融资活动，资金主要被用于猴王集团和个人炒股。

（2）高息融资。猴王集团于1993年制定了融资奖励办法，鼓励单位和个人利用各种渠道，采取一切手段进行融资活动，以融资额向单位和个人进行奖励。据审计汇总，截止1999年年底，审计核实猴王集团公司借款和债券负债22.14亿元，总负债33.13亿元。这些负债还不包括猴王集团在外地一家联营分厂的亏损1.44亿元和以联营厂名义在当地金融机构的贷款2.62亿元。

（3）通过股份公司融资。1997年集团公司成为股份公司大股东后，猴王集团各投资项目所需资金几乎全部从股份公司融得。猴王股份在1993年年底发行新股融资1.1亿元，第二年就推出配股方案，并在1995年成功实施配股资金募集1.3亿元。2000年6月15日，猴王股份公司公布的一份报告显示，猴王股份公司对猴王集团的应收账款至少有8.9亿元，为猴王集团提供的贷款担保至少有3亿元。

⊖　卢晓利. 猴王变脸 地方利益主导的破产案［J］. 新财富，2001(4): 56-58.

不断扩张、不断借钱，如此循环反复，猴王集团终于债台高筑。截至 2000 年 12 月底，猴王集团资产总额 3.7 亿元，负债 23.6 亿元，累计亏损 25 亿元以上，其中以集团名义在银行的贷款本金达 14.18 亿元，资产负债率高达 645.53%。

（2）过高的短期债务比例。就负债融资本身而言，应该建立一个恰当的期限结构。长期负债的特点是期限比较长，因而融资风险比较低，但相应的融资成本也高，短期融资的特点则是低成本高风险。过高比例的短期债务会带来过大的还本付息压力，但过度自信的管理者倾向于忽略这种风险的存在，并高估项目投资收益。尽管长期贷款可以缓和各期的还贷压力，因而管理者更愿意选择融资成本较低的短期负债；他们对项目的投资回收期估计得比较乐观，认为很快就可以收回投资，因而愿意用短期负债与较短的投资回收期匹配。Landier（2009）通过对法国新创立的 39 000 家企业的实证检验，发现过度自信的企业家更易受乐观偏差的影响，因而选择短期负债以获得更大的收益。Hackbarth（2008）的研究表明，过度自信的管理者不仅会选择较高的债务融资，而且会以很高的频率发行新债，导致债务的期限结构更短。余明桂等（2005）国内学者在控制了其他可能影响债务融资的因素以后，通过实证分析发现中国上市公司管理者的过度自信与资产负债率尤其是短期负债率呈现显著正相关，与债务期限结构也呈现显著正相关，表明管理者的过度自信是影响企业债务融资的一个重要因素。

10.4 公司股利分配的行为特征

10.4.1 迎合市场的股利政策

股利政策在完美的市场中是与公司价值无关的，米勒股利无关定理表明，如果不存在税收、无交易成本和信息不对称，同时公司的投融资政策不变，那么，公司的股利政策就和公司价值无关。但是，真实的市场远远比模型复杂得多，税收和交易成本的存在使现金股利和股票股利存在差异，股利政策的选择会对公司的价值造成影响。

投资者常常以是否发放股利对公司进行分类：支付现金股利的公司和不支付现金股利的公司。投资者对这两类公司的兴趣及股利政策偏好的变化会对股票价格产生影响。经理层通常迎合投资者的偏好而制定股利政策，迎合的最终目的在于获得股利溢价。当投资者倾向于风险回避时，他们可能偏好支付现金股利的股票，因为他们认为这类公司风险小，于是对支付现金股利的股票给予溢价，管理者也会因此支付现金股利。当投资者偏好不支付现金股利的股票时，经理层就会选择不支付现金股利，以求实现股利的溢价。

马尔科姆·贝克和杰弗里·沃格勒在 2004 年通过研究 1963～2000 年股利溢价的时间变化，发现经理层在制定股利政策时会迎合非理性投资者的需求，其研究成果如图 10-4 所示，他们用市场上支付股利公司和不支付股利公司的平均市值与账面价值比的差异来衡量股利溢价。他们考察了支付股利与否的决定是不是和这一溢价的时间变化相关，发现股利溢价能预测上市公司支付股利的比例，股利溢价的上升表明投资者对支付股利公司的偏好上升，支付股利公司的比例也随之上升。另一方面，股利溢价的下降则反映了投资者对支付股利公司的偏好降低，支付股利公司的比例也降低。

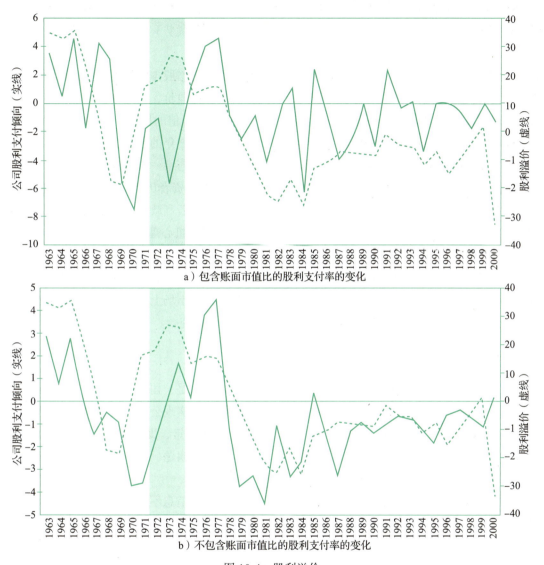

图 10-4　股利溢价

资料来源：Baker M, Wurgler J. Appearing and disappearing dividends: The link to catering incentives [J]. Journal of Financial Economics, 2003, 73(2): 271-288.

在图 10-4 中，虚线代表了股利溢价，实线代表了公司股利支付的倾向，图 10-4a、图 10-4b 分别展示了 1963～2000 年公司股利支付倾向变动和股利溢价的变动，其中，图 10-4a 的股利支付倾向的衡量中包括了公司的账面市值比（M/B），图 10-4b 则是将这一因素剔除之后的结果。当股利支付倾向小于 0 时，经理层倾向不支付股利；大于 0 时，经理层则倾向支付股利。图中有四个不同的股利支付阶段：第一阶段为 1963～1968 年，经理层倾向支付股利；第二阶段为 1969 年，股利支付倾向变为负数；第三阶段为 1970～1977 年，股利支付开始倾向上升至正数；第四阶段是 1978 年及以后，股利一直下降并持续到分红消失。值得注意的是，股利支付倾向的变化伴随着与股利溢价相同的的波动。贝克和沃格勒最终将该种现象解释为经理层对非理性投资者的迎合而非对理性投资者的需求适应，原因在于，一是理性投资者的需求应该更相关于股利的总支付量，而非支付股利公司的比例，二是影响股利支付实际回报率的税收政策变化（股利收益相比于资本收益的税收优势）似乎对股利溢价并无实际影响。

陈小悦等对中国证券市场上广泛存在的送股和公积金转增股本的行为动机进行的分析表明，公司管理者会利用投资者的价格幻觉，通过送转股降低股价，诱导分析能力较差的投资者购买股票，促使该股票价格上涨，从而实现提升公司市场价值的目的[①]。国内还有学者采用超额收益率的事件研究法，利用深圳证券交易所 1995～2002 年的数据，证实中国市场股利支付政策的制定与公司管理层迎合市场和投资者需求有关：若某一时期市场对某种股利政策感兴趣，则投资者倾向于该种股利政策，具体表现在中国投资者历年对股利政策反应不一；而许多管理层为了迎合投资者需要，根据市场情况制定相应股利政策，导致该年度某种股利政策占市场主导地位[②]。研究也表明，由于我国个人投资者投机心理较为严重，更关注于资本利得而非现金股利，因而投资者愿意对不支付股利的公司支付较高的股价，而对支付股利的公司支付较低的股价，即投资者对现金股利需求的股利进行折价，正是这种投资者对现金股利需求的折价使得公司管理者倾向于不支付现金股利，资本市场上不支付现金股利的公司占较大比例，现金股利的支付表现为对投资者现金股利需求的迎合。

10.4.2 平稳乐观的股利政策

股利分配作为现代公司财务管理活动的核心内容之一，是公司融资决策和投资决策的逻辑延续。股利分配的目标应该与公司财务目标保持一致，即实现公司价值最大化。股利政策是对公司收益进行分配或留存用于再投资二者之间比例的决策，即公司是否应该发放股利、发放多少股利、以什么方式来发放、股利的增长率为多少等问题，它可以通过各种途径直接或间接影响到企业的竞争能力和公司价值。

传统的股利分配理论认为当存在股东偏好、代理成本和信息不对称等因素时，公司股利分配政策会影响公司价值。换言之，在现实环境下股利政策与公司价值是相关的，如果忽略以上影响因素，股利政策很可能会导致公司偏离价值最大化。这些理论从不同的视角，在一定程度上解释了投资者对股利的预期以及股利政策对公司价值的影响。然而，行为金融学研究表明，由于管理者的非理性，还存在一些特定的心理偏好和偏差在决定或影响着股利政策。

管理者在制定公司股利政策时，往往会基于其经验法则确定股利目标，即运用启发法进行股利分配决策，包括对股利的稳定性、现金流情况、未来盈利情况等因素的经验判断。公司的增长机会或现金流状况也是影响公司股利政策的重要因素。

林特纳[③]最早于 1956 年对 28 家成长性较好的公司财务执行官就如何制定公司股利政策

---

① 何涛，陈小悦. 中国上市公司送股、转赠行为动机初探 [J]. 金融研究，2003, (9): 44-56.
② 陈炜. 中国股票市场股利政策和市场效率演变分析 [J]. 第二届实证会计研讨会论文集，2003, (12): 386-392.
③ Lintner J. Distributions of Incomes of Corporations Among Dividends, Retained Earnings, and Taxes [C]. the American Economic Review. 1956: 97-118.

进行调查和访谈，结果发现：①管理者倾向于把盈余的某一比例作为股利支付目标；②股利变化的首要决定因素是近期的收益和过去支付股利的情况；③对股利支付水平进行局部调整，以达到期望的股利支付率。公司 CFO 认为，支付稳定现金股利的公司将受到投资者的欢迎，该类公司存在现金红利溢价，而且投资者对公司增加和减少现金股利的态度具有不对称性，即减少现金股利所带来投资者的不满程度比增加股利带来的积极反应强烈得多。因此，管理者在制定公司股利政策时，会建立长期目标支付比率、短期平稳的股利政策，以保持股利支付的稳定性，不轻易提高或降低股利。

在最近的财务经理调查中，格林汉姆等[一]对美国 384 位财务主管进行了调查，结果表明，由于复杂性和选择决策过程的高覆盖性，财务主管仍然倾向于简化其股利政策。调查发现，财务主管为了保持投资者对股利支付强度和支付形式的预期，因而不能与竞争者背离太远，需要保持一个良好的信用评级，因而不会减少股利的支付。调查中有 84% 的财务主管认为，制定股利政策的主要考虑因素是与公司历史股利政策保持一致，超过 2/3 的财务主管表示未来收益的稳定性是影响股利政策的重要因素。与此相似的 1971 年的一项调查结果表明：管理者在股利决策中主要考虑收益和现金流、股利支付的规律性和股利支付率的稳定性等因素；贝克等人在 1985 年的调查也发现：公司股利政策的最重要决定因素是未来收益的预期水平、过去的股利发放模式和现金的可得性等[二]。

所以，保持股利平稳性似乎是管理者制定股利政策的核心要素。格林汉姆等通过调查进一步发现，财务主管表现出对如下说法的强烈认同：①我们试图避免减少每股股利（94% 的财务主管表示认同）；②我们试图保持每年平稳的股利现金（90% 的财务主管认同）；③我们考虑最近季度支付股利的水平（88% 的财务主管认同）；④我们不愿意做出可能使得未来股利政策逆转的变化（78% 的财务主管认同）；⑤我们考虑每股股利的变化或增长（2/3 的财务主管认同）。

以公司价值最大化为目标，管理者在制定股利政策时需要对各种复杂的内部因素与外部环境因素进行认真的分析和研究，公司股利政策应该与公司长远目标保持一致。但财务主管在制定股利政策时运用启发法，并存在"路径依赖"（path dependent），他们会参考公司过去的股利政策，或受锚定的影响，以公司盈余的某一比例作为股利支付目标，在以后年度制定股利政策时会围绕这一比例上下调整。

此外，管理者在制定股利政策时，还会面临原有习惯行为和信息的挑战，这是与传统的"理性行为假设"相矛盾的。正如莫迪利亚尼在考察了股利发展史后得出的结论一样，公司股利政策是一种文化现象，受到习惯、信念、规章、公众意见、经济形势和其他许多因素的影响。这些因素不断变化，对不同的公司影响也不同。习惯是基于以往经验的非随机行为，它比理性经济行为更能反映社会和人文因素的影响。管理者在制定公司股利政策时，常常受常规习惯和定式习惯的影响，例如，持续发放股利的行为既有维持投资者预期稳定需要的影响，也有难以改变长期以来所形成习惯的因素的影响。

[一] Graham J R, Kumar A. Do Dividend Clienteles Exist? Evidence on Dividend Preferences of Retail Investors [J]. Journal of Finance, 2006, 61(3): 1305-1336.

[二] Baker H R, Farrelly G H. A Survey of Management Views on Dividend Policy [J]. Financial Management, 1985, 22: 78～84。

管理者的过度乐观和自信不但会对公司的投融资决策产生影响，而且会直接影响到公司股利政策的制定。从公司价值最大化的角度出发，管理者在制定股利政策时需要考虑公司现金流量的波动性，必须在满足内部资金需求与外部股东的股利需求之间进行权衡。一方面，过度自信和过度乐观的管理者对公司未来现金流和资产价值的预测比外部投资者更为乐观，相信公司会在最近几年中得到快速发展，相信公司在任何情况下都能承受稳定的股利支付，因此倾向于每年都支付较高的现金股利。事实上，管理者的这种乐观可能是不切实际的，公司可能并没有得到预期的快速发展，每年支付的高额现金股利减少了公司的留存利润和现金流，从而不利于公司长期的经营发展。Deangelo（1996）通过调查145家在纽约证券交易所上市的公司的股利情况，发现68.3%的样本公司在收益下降后却提高了股利支付水平。其中绝大多数管理者都对未来盈利预期非常乐观，然而没有任何证据表明这些公司的盈利状况能达到较高的水平。

另一方面，也有证据表明，过度自信的管理者如果存在过度投资的倾向，那么他们会将公司大部分的盈余用于投资新的项目，从而倾向于支付较低的股利。特别是在高成长型的行业和公司的管理者更倾向于留存更多的利润作为内源融资，因为内源融资相对便捷和低成本，并且能减少由于外部融资所增加的外部监督。Malmendier（2007）研究发现过度自信的管理者更偏好使用内部融资而不是外部融资的方式进行投资，所以会采用较低的股利支付政策。Deshmukh（2013）进一步的实证研究也表明，相比理性的管理者，过度自信的管理者会支付较低的股利，同时，过度自信的管理者对公司现金流的反应更强烈，因此更有可能调整股利支付政策。

关键概念

行为公司金融（behavioral corporate finance）　　投资决策（investment behavior）
市场非有效（market inefficiency）　　企业并购（acquisition behavior）
管理者非理性（irrational managers）　　股利分配政策（dividend distribution behavior）
融资决策（financing behavior）

本章小结

（1）管理者在做企业财务决策时，通常会利用资本市场的错误定价，在公司股票发行与赎回、股利政策的实施等决策中，采取迎合金融市场的财务决策行为；

（2）管理者的过度自信、从众行为、证实偏差、损失厌恶等心理和行为偏差，会对企业的投融资和股利政策等财务决策产生影响，引致企业的非理性财务决策。

思考习题

1. 在市场非有效的前提下，管理者财务决策的目标是什么，如何采取相应的财务策略应对金融市场的非理性需求？
2. 管理者过度自信的表现有哪些，其会导致怎样的非理性财务决策行为?

3. 促使管理者产生从众行为的因素有哪些,它们对企业的投资与并购会产生什么样的影响?

4. 管理者的证实偏差和损失厌恶如何共同对企业的投资行为产生影响,可能存在什么危害?

案例讨论:康柏公司的系统开发

20世纪80年代早期,大型计算机公司康柏(CompuSys)公司制造部着手开发一种称为"Config"的专用系统,用于帮助公司的销售代表在提供报价之前产生无误差的配置,因为配置差错一直是销售代表面临的主要问题。Config项目的负责人汤姆·琼斯(Tom Jones)和乔治·史密斯(George Smith)对此寄予了很高的期望,他们计划将该系统的开发建立在之前已经成功完成的"检验者"(Verifier)项目之上。

琼斯和史密斯邀请销售代表参与项目开发,销售代表使用了系统原型并提出了很多不满,指出Config系统与销售代表一贯用来报价的操作系统不兼容,而且速度很慢,界面也不友好。

琼斯和史密斯承诺会采纳这些建议改进系统,并争取在1983年让系统在销售部门使用。1982年,项目团队对系统的现金流折现分析认为:在1982～1986年5年期内,按20%的折现率计算项目的NPV为4 390万美元,而项目运作和开发成本为1 040万美元。显然,项目是可行的。

但到1983年年底,系统仍未能在销售部门使用。参与项目的销售代表抱怨研发工程师没有吸纳他们所提出的意见。然而工程师们对这一项目却仍然热情高涨,继续该项目的研发,并提出全盘落实系统目标。1985年,项目工程师终于将系统与销售代表使用的报价系统兼容,然而销售人员却发现它进行报价的速度更慢,还不如不用。

而1985年,对项目的第二次财务分析认为:在1985～1989年五年内,预计该项目的NPV为5 570万美元,项目的评价结果仍是可行的。

康柏管理者事后这样描述琼斯和史密斯的行为:"当我们对Config项目里的工作人员进行调研时,我们得到的信息并不是琼斯和史密斯想要的,他们反应是:'错误答案,我们不喜欢那些答案。'他们从不听取负面的反馈信息。史密斯对这一领域的负面反馈信息十分抵触,说:'这是谣言。'于是我们不得不离开去进行另外的调查。有时他让我们回头对同样的群体再次进行调研,即使反馈信息仍然是负面的,琼斯和史密斯还是认为这个项目有着积极的方面。"

1987年,项目团队对项目进行了第三次财务分析,结果表明:在1987～1991年的5年中,预计该项目的NPV至少为4 110万美元。

到1990年,Config系统已经开始强制在销售部门使用。然而,许多制造部门以外的管理者都对此提出了质疑,他们认为应该放弃该项目,不同的意见包括:"我写了三份报告申请终止项目,寄给了三位副总经理,却仍然无法阻止它,这是一个多么神圣的项目""如果康柏在这个项目上已经花费了几百万美元,那么我们实在是错误的,我认为我们必须立即停止这个项目""开发Config系统就像是在自寻死路,我们现在已经有充足证据表明Config没有成功而是已

㊀ 舍夫林.行为公司金融:创造价值的决策[M].郑晓蕾,译.北京:中国人民大学出版社,2007:91-93.

经悲惨地失败了,问题在于没有人愿意结束它。"但项目仍然在推进着。

1992年,琼斯去世,史密斯离开了康柏公司。公司一位新的副总裁对Config系统项目进行评估并得出结论:"我们到底在干什么?我们正在把大量的钱花在一个没有人真正想要的项目上,结束吧!"于是,项目终于停止了。

问题:

(1)康柏公司管理者在Config系统项目开发中,存在哪些心理和行为偏差,他们对该项目的失败产生了哪些影响?

(2)试想,我们应该如何避免康柏公司这样的失败?

推荐阅读

[1] 史莱佛. 并非有效的市场：行为金融学导论[M]. 越英军,等译. 北京: 中国人民大学出版社. 2003.

[2] 舍夫林. 行为公司金融：创造价值的决策[M]. 郑晓蕾,译. 北京: 中国人民大学出版社, 2007.

[3] 饶育蕾, 蒋波. 行为公司金融：公司财务决策的理性与非理性[M]. 北京: 高等教育出版社, 2010.

[4] Thaler R H. Advances in Behavioral Finance [J]. Russell Sage Fondant, 1993.

[5] Montier J. Behavioral Finance: Insights into Irrational Minds and Markets [M]. New Jersey: John Wiley & Sons, 2002.

[6] James Montier. Behavioral Investing: a Practitioner's Guide to Applying Behavioral Finance [M]. New Jersey: John Wiley & Sons, 2007.

第11章

行为投资策略与管理

本章提要

在并非有效的市场中，被动投资策略因不能战胜市场而不为投资者所青睐；价值投资与趋势投资两大积极型投资策略更为投资者所偏爱。本章着眼于价值投资与趋势投资两大积极型投资策略，基于投资者决策过程的心理特征分析，探讨了基本面分析方法和技术分析方法的意义及其存在的缺陷。理论分析表明，在投资决策过程中，投资者的心理和行为偏差对其证券分析与选择，以及买卖时机的确定都会产生影响，从而使投资者的行为呈现一定的非理性特征。通过理论研究与案例分析，针对投资行为的非理性和市场的非有效，建立行为投资策略和相关的管理措施。

重点与难点

│ 了解人们在技术分析方法和基本面分析方法中各自的心理学基础以及存在的认知与心理局限；

│ 理解投资者在投资过程中存在的各种认知与心理偏差以及克服这些偏差的心理学依据；

│ 掌握基于行为金融学原理的各种证券投资策略；

│ 基于投资者心理和行为偏差对投资决策产生影响的心理学分析，掌握基于行为金融学原理的行为投资策略。

引导案例

涨停的诱惑[一]

在中国股票价格走势的技术图形中，有一种在触碰涨停板以后会呈现不断下滑态势，形

[一] 本案例改编自网络材料《行为金融学案例分析》原网址：https://wenku.baidu.com/view/e4c94742866fb84ae55c8d17.html。

如流星一般的"流星线"图形（见图11-1）。其特征是开盘时迅速上拉，大多直接拉到涨停位置，然后全天逐波下跌。这种"倒垂"的K线图形如果处在顶部区域，并且伴随着很大的成交量，则常常意味着反转的开始，即该股票在未来一段时间内会进入调整周期，而当天的涨停价会成为短期内的最高价位。很多机构或者资金大户常常采用这种方式把股价拉高然后慢慢派发。大部分个人投资者却会继续持有这只股票，甚至在这个过程中买入，以期价格能够超越涨停的价位，然而事与愿违的是，股价却进入了调整期，投资者也会越来越不愿卖掉持有的这只股票。

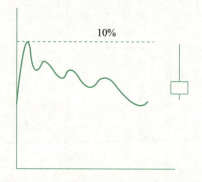

图 11-1 触碰涨停板以后的"流星线"

由于开盘时参与的投资者相对较少，因此，机构或资金大户很容易将股票拉至涨停位置。这使投资者产生了一个心理预期，即涨停价一方面作为卖出参考价深深地烙在该股票持有者的心中，造成惜售现象；另一方面，涨停的表现吸引了未参与该股票买卖的投资者的注意，并且成为目标价深深烙印在他们的心中，使他们在股价下调过程中买入该股票。涨停的诱惑正是资金大户巧妙地利用人性的弱点，成功地卖出他们在低位买入的股票的经典例子。

案例思考：

为什么投资者会在涨停以后期待更高的价格表现，因而继续持有甚至买入该股票呢？涨停的价位对投资者的决策产生了怎样的影响？如果以某个价格作为参考点，股票价格向上或者向下两种走势分别会对投资者产生怎样的心理影响，他们对此分别会有怎样的风险态度，并做出怎样的买卖决策行为？

在一个大多数市场参与者都是有限理性的资本市场中，怎样才能战胜市场从而获得超额收益呢？在积极投资策略中，投资者通常使用基本面分析法和技术分析法来确定投资对象与交易时点。基本面分析法以公司内在价值为依据，认为资产价值是公司未来现金流的贴现值，通过对比资产当前价格与实际价值的大小则可确定资产价格走向；而技术分析法认为任何商品或服务的市场价值都是由供给和需求的相互作用决定的⊖，资产价格的趋势会根据供求关系变化而变动，当市场中投资者对资产的需求心理趋于稳定时，资产价格的趋势也随之确定。

基于行为金融学的投资分析方法从投资者行为的视角提供了新的投资理念与组合设计。如前面章节内容所述，证券市场中的诸多异象与投资者行为偏差密切相关，因而可以从投资者心理偏差的角度出发分析其行为偏差，进而指导投资者有效避免决策中可能出现的错误。通过对投资者心理与资产收益率之间关系的研究，进一步洞察影响资产定价的因素，基于市场非有效性制定相应的投资策略。

按照以上思路，本章将在阐述基本面分析与技术分析的基础上，基于行为金融学原理，在识别交易行为偏差的基础上分析投资者应如何基于市场的非有效性制定相应的投资策略，

⊖ 布朗，赖利.投资分析与组合管理（上）[M].8版.李伟平，译.北京：中国人民大学出版社，2011：715.

达到"战胜"市场的目的。

11.1 基本面分析 VS 技术分析

基本面分析与技术分析究竟哪个更有效？这与 20 世纪科学家争论光是波还是粒子是一样的道理，实际上光既是波也是粒子，也就是光具有波粒二象性。基本面分析与技术分析从不同的角度对股价的波动给出推测，二者既有自己独特的优势，又在某些方面具有不足。比如，系统全面的基本面分析可以帮助投资者判断公司的长期估值，进而判断公司股价是被低估还是高估，从而有利于获得投资获利的机会以及稳定投资心态。然而，价值分析对公司信息的真实性、及时性要求很高，而且在瞬息万变的市场中，由于基本面分析没有考虑其他投资者的交易行为对股价的影响，因而导致的投资机会错失、投资失误等现象比比皆是。同理反观技术分析，通过技术分析能够获得较好的买卖点，快速反应市场中其他交易者的投资情绪，但也容易被主力资金故意制造出诸如"假空头""假多头"等形态的诱导，从而出现患得患失、不利心态稳定等交易弊端。本节将详细介绍基本面分析与技术分析，并在之后讨论如何对两种分析法进行优势互补，强化投资效率与收益。

11.1.1 基本面分析常犯的错误

基本面分析方法是对决定证券价值及价格的基本要素进行分析，评估证券的投资价值，进而判断证券的合理价位，并提出相应投资建议的一种分析方法。技术分析在 20 世纪 30 年代之前的美国股票市场十分盛行，而 30 年代以后取而代之的是基本面分析方法[一]。如果市场达到半强式有效，则表明股票价格已经反映了公司所有的公开信息，那么通过基本面分析是无法获得超额收益的。然而，在现实市场中，大量投资者运用基本面分析方法来判断公司的内在价值，从而投资获得超额利润，这说明市场并没有达到半强式有效，市场的非有效性仍然存在。

基本面分析法是以长期投资为目标的投资分析工具，它从股票的内在价值入手，注重公司的内在潜力与长期发展前景。基本面分析法的理念是对股票价格过去的运行模式不关心，但总是试图确定股票的适当价值[二]。这些价值的确定依赖于公司的盈利和股利的预期增长率、市场利率水平以及风险。通过估算公司未来增长率等基本因素，投资者可以估测公司的内在价值。如果这种价值高于股票的价格，那么就买入该公司股票，反之则卖出。他们认为，市场最终会准确地反映股票价格。

在一个并非有效的市场中，基本面分析方法通常能够获得超常的收益，然而，在基本面分析中人们同样会产生一定的偏差。

<ol>
<li>美国股票市场在 20 世纪 30 年代之前是非常繁荣并且混乱的，操纵市场、违规操作、虚假陈述等行为十分普遍，市场有效性程度低，导致了 1929 年的股市崩溃，并引发了持续 10 年的经济大萧条。1933 年和 1934 年美国分别出台的《证券法》和《证券交易法》可以说是美国股票市场的镇市之宝，对股票市场的规范起到了决定性的作用。经历过 30 年代经济大萧条和 40 年代的战争洗礼，50 年代的股票市场的理性程度和有效性程度均大大提高。</li>
<li>威廉姆斯（1938）认为，股票的价值等于它所有未来股利的现值，基本现值公式为：$P_0 = \sum_{t=1,\cdots,n} D_t/r(t)^t$，式中，分子为股利之和，分母 $r(t)$ 为从第 t 期收益折现到第 0 期的无风险收益率。</li>
</ol>

1. 受到公司的框定诱导

人们试图透过复杂的表现形式认清上市公司的本质,并对其做出准确的估算,但却往往会不由自主地受到表面现象的干扰,特别是当上市公司为了掩盖自身经营中存在的问题而进行一些"框定诱导"时,这种干扰就会更明显。所谓框定诱导,是指上市公司利用框定效应来诱导人们对事件的判断从而影响人们所做的选择。具体而言,上市公司常常运用错综复杂的业务结构、频繁的并购活动和令人眼花缭乱的财务表现形式,来误导投资者对公司的判断,在这种情况下,投资者要对公司的真实基本面做出正确的判断是非常困难的。

| 案例 11-1 | 扑朔迷离的安然公司 |

安然公司的扑朔迷离是框定诱导的典型例子,其错综复杂的财务表现形式使投资者对其认知过程产生了严重偏差。

2001年10月,全美最大的能源公司安然(Enron)公布了其季度财务报告,其利润由2000年的10亿美元突降到亏损6.38亿美元。不久,美国证券交易委员会(SEC)介入调查安然事件。安然公司被迫承认其做假账、虚报盈利近6亿美元。安然陷入破产边缘,股价由10美元跌至36美分,公司的债信评级连降六级成为"垃圾债券"。一个曾经的能源贸易帝国,就这样迅速坠入破产深渊,成为美国历史上最大的破产企业。

20世纪90年代的10年间,安然公司从一家天然气、石油传输公司变成一个类似美林、高盛的华尔街公司。20世纪90年代中期以后,安然公司不断地使用和完善其金融重组技巧,建立复杂的公司体系;常用的做法是利用"金字塔"式多层控股链来实现以最少的资金控制最多公司的目标,形成包含3 000多家关联企业的"金字塔"式企业集团。安然利用与这些关联企业的关联交易进行复杂的业务操作和财务操纵,制造概念吸引投资者,通过关联企业间的"对倒"交易不断创造出超常的利润,并掩盖其巨额债务、隐藏风险。

作为华尔街多年的宠儿,安然公司通过以上种种复杂的金融工具将公司收入和业务的稳定性与其股价表现紧紧联系在一起。股价的表现取决于公司每个季度的盈利能否达到华尔街的盈利预测。由于太多地使用自己的股票提供担保,安然公司有着强烈的动机铤而走险,想方设法地制造利润,以推动股价。

事实上,没有人能搞得清安然公司是怎样实现盈利的。原因是安然历来以"防范竞争对手"为理由拒绝提供任何收入或利润细节,把这些细节以商业秘密名义保护起来。而其提供的财务数据又通常过于烦琐和混乱不清,连标准普尔公司负责财务分析的专业人员都无法弄清数据的来由。无论是极力推荐安然的卖方分析师(sell-side analyst),还是想证明安然不值得投资的买方分析师(buy-side analyst),

---

⊖ 余志勇. 安然公司破产的原因及启示 [D]. 电子科技大学, 2002.
⊖ 美国资本市场上对上市公司进行研究的人员主要有两类,一类是华尔街投资银行的职业分析师,但由于他们是投资银行雇员,而投资银行的收入主要来自承销、推销股票或者买卖股票的佣金,因此这些证券分析师与其所推荐的股票间有明显的利益关系,这些职业者被称作"卖方分析师"。另一类是机构投资公司、基金管理公司和对冲基金公司的证券分析师与基金经理,以及为投资者和这些基金公司提供分析报告,但不靠股票交易本身挣钱的独立证券分析师,他们都被通称为"买方分析师"。

都无法打开安然这只黑箱。相对而言，买方分析师因其最终收入取决于其分析报告的准确程度，而更有激情和动机对上市公司作客观的分析。而财经媒体有着与买方分析师相近的激励结构：即新闻报道的可信度与准确性也决定着他们在行业中的地位。安然内幕的揭示过程正是买方分析师与财经媒体在与公司错综复杂的操作、会计师事务所的掩盖、卖方分析师的错误推断等各种力量的博弈下，最终还原公司本来面目的过程。

巴菲特在他 2002 年的投资报告中有这样的告诫："你之所以无法看懂年报信息，是因为这家公司的 CEO 本来就不想让你知道这些内容。"为此，他提出三个建议："首先，要小心警惕财务方面已经出现过问题的公司。当这个公司已经有高管走上了歪路，那么在他后面常常还会有后继者。其次，如果公司信息公布中有很多让人难以理解的注脚和解释，那么通常就暗示着公司管理者也是让人难以信任的。最后，对那些预测自己利润和收入将飞快增长的公司要抱有戒心和疑问。公司的运转和发展很少完全以人们意志为转移，而当他们的数字准确地变成现实后，这种疑虑就更加深重。因为那些经常承诺会达到某个数字的管理者，可能也会在最后时刻捏造数字。"

2. 受到错误定价的干扰

基本面分析试图针对特定股票、商品或金融工具考虑所有可能影响供给与需求之间相对平衡或失衡的变量。该类分析主要利用数学模型评估各种因素，以预测未来某一时点的价格。这种使用模型进行分析的方法存在一个问题，就是很少把交易者当成变量来考虑。在现实市场中，根据自己的信念和对未来的期望进行买卖并造成价格波动的是人，而非模型。事实上，在很多情况下，能够造成价格向任何方向剧烈波动的交易员通常却根本不知道影响价格的基本供需因素；大部分时候，交易行为都是针对情感因素所做的反应，然而这些情感因素却完全没有纳入基本面分析模型的参数中。例如，在市场走向过度繁荣的情况下，人们会无视公司内在价值的约束，过于乐观地估计公司价值，从而形成正反馈机制不断推高股价；而在系统性的恐慌情绪笼罩下，人们也会因为过度的悲观情绪而无法以内在价值抵挡股价不断下滑的趋势。在系统性偏离情况下，基本面分析方法会经受严峻的考验：在非理性繁荣趋势下，价值投资缺乏高成长性的光彩；在非理性恐慌趋势下，价值投资也抵挡不了人们恐慌情绪下的抛售压力。这就告诉我们，基于基本面分析方法的价值投资理念也需要结合当前经济变化的大环境进行分析与应用，以便使其更具适应性与灵活性，并最终取得战胜市场的回报。

11.1.2 技术分析的本质是市场情绪分析

由于人们的有限理性，个人的投资决策不仅仅是选择一项资产进行投资，然后安静地期待这个公司的未来资本增值，并获得股利增长带来的分红回报，它还包括对什么时间买入和卖出、以什么价格买入和卖出等具体内容的决策以及通过推测市场上其他投资者态度和行为来决定自己未来的投资方向[⊖]。

⊖ 凯恩斯认为股票交易正如一场"选美博弈"，关键不在于自己认为哪一个参选者更漂亮，而在于大多数人认为哪一个参选者更漂亮。因此，唯有了解市场上其他投资者的想法，才能决定究竟是"顺势"还是"逆势而动"。

技术分析从投资者的心理层面去研究交易行为，进而利用投资者在过去的交易行为中形成的价格走势，预测股票价格的未来走势，并最终发现最佳的买卖时机。在一个有效市场中，股票价格的未来走势应该是呈现随机游走的态势，人们无法预测，投资者也不能通过历史信息而获利。但现实中人们通过分析证券市场过去和现在的市场行为（成交量、成交价、价格变化的时间和空间），来预测证券价格未来的变化趋势。既然历史信息能够推断股票价格的走势，说明市场普遍地没有达到弱式有效，市场的非有效性是普遍存在的。

技术分析是以统计学为技术基础，通过图表或技术指标的记录，研究市场过去和现在的行为反应，以推测未来价格的变动趋势。它包括指标技术分析和形态技术分析，但无论是指标技术分析还是形态技术分析，其目的都是预测市场未来发展趋势，同时表明这种趋势处于哪个阶段。技术分析的具体方法包括：K线图表、道氏理论、趋势理论、反转形态、持续形态、移动平均线、波浪理论、成交量理论等。

技术分析更多地考虑市场买卖双方投资者的博弈心理、行为与力量，从而判断股票价格可能的趋势与均衡，是一种基于群体博弈，特别是买卖双方博弈的可能结果而判读下一步投资方向的分析方法。股票市场指数不仅取决于命题条件下的标准估值，也受到市场参与者心理、情绪的影响。技术图形和技术指标正是对市场上各种力量博弈的均衡结果的描述，因此技术分析实际上是分析市场上投资者决策行为及其行为背后的心理博弈过程。技术图形的信号反映了市场上当天、本周或者本月投资者资金的去向，并且反映出投资者情绪波动的变化及其心理思维过程。

每一天的K线图都是买卖双方力量博弈的结果，而当K线图日复一日地向后排列时，就形成了连贯的运动轨迹，也就形成了形态、趋势、周期等要素。因而，单纯地分析K线图的形态可以大致预测短期内的未来趋势，适合于短线交易者；而对于热衷做中线交易的投资者来说，技术分析中的趋势分析才是适合他们的方法。在市场已经处于非理性状态时，投资者会通过分析市场趋势、利用群体的心理偏差来战胜市场。

在特别的情况下，人们对市场的认识会高度一致。例如，产生非理性的繁荣和非理性的恐慌。之所以认为这种繁荣是非理性的，是因为那时候，人们高度一致地完全忽略基本面的情况，在繁荣情况下因过度乐观而表现得十分贪婪，在低迷情况下因过度悲观而表现得十分恐惧。所以，技术分析是基于股价波动中人们普遍的心理反应而对由群体的非理性行为推动的股价走势做出的判断。投资者通过技术图形寻找交易价格的底部信号和顶部信号，形成一个买入和卖出的不带任何情绪的操作法则。技术图形使投资者得以判断出什么时候有人开始买入某个股票，而不必知道这种买入为什么会发生，他们只需要关注哪些股票会涨、哪些股票会跌即可。

另外，技术分析法同样面临一些挑战与质疑。在扣除交易费用之后，大多数的技术分析法则都无法获得超过市场收益的利润，而剩下的交易规则大都难以被有效检验。更为重要的是，技术分析法则难以复制。当一个技术分析方法获得成功时，会引来很多跟风的投资者，而如果这种技术分析法则越来越受欢迎并且跟风的人越来越多，那么，它的作用就会越来越弱直至完全失效。因此，在应用技术分析法投资时，投资者必须时刻调整技术分析法则以适应当下的市场环境，这无疑加大了技术分析法的应用成本。

11.1.3 你的理性分为几步

市场的客观规律使偏离的市场价格在某种极端情况下会出现理性回归,而当理性回归时,内在价值就会成为市场价格表现的决定因素。因而在投资决策中,既要保持自己的理性,也要理解市场的非有效性,既要进行基于价值分析的投资选择,也要基于技术分析解析市场上投资者的情绪以及市场价格的未来趋势,在这两者之间寻找一种平衡和节奏。

在金融市场上,假定投资者都是理性的,则股票价格会在公司内在价值上实现均衡,投资者基于价值分析,低买高卖就可以跑赢市场。然而,在一个大多数市场参与者都是有限理性的资本市场中,怎样才能战胜市场?市场参与者会依据私人信念形成对股价未来的预期,从而造成股价的波动。因此我们更需要考虑市场投资者买卖双方的博弈心理、行为与力量,利用技术分析,判断股价可能的走势,基于群体博弈,特别是买卖双方博弈的可能结果而采取相应的投资策略。

实验 11-1

选美博弈实验⊖

实验设计:

从 1~100 之间随意选取一个数字,写在纸条上交给实验者。规则是,将每个人写出的数字进行统计,计算出平均数,再将该平均数乘以 1/2,获得标准值。参与游戏的人中谁写的数字越接近于这个标准值,就越能够获得相应的奖励,其中最接近者将会得到最高奖励。

实验结果及分析:

实验数字分布范围比较宽,从最小的 1 到最大的 85,平均数 26.8,获得的标准值是 13.4,最接近这个标准值的获奖者数字是 13。

假设实验参与者非常理性,他会认为每个参与者都填写了最大数 100,那么标准值就为 50,这意味着要想使自己的答案接近于标准值,就不能填超过 50 的数字;然而,考虑到大家都有着跟自己一样的思路,如果大家都不填超过 50 的数,那么标准值就不会超过 25;接下来,如果大家都推断到了这一步,就都不会填写超过 25 的数,于是标准值就将会低于 12.5……如果这样的推断无限制地延续下去,那么最后的均衡值就应该是 0。

我们分三种类型来分析实验参与者的答案:

第一类:答案大于 50 的,属于盲目的实验参与者,他们或者没有明白实验规则,或者对问题没有进行深入的思考和分析,糊里糊涂地蒙了一个答案。因为稍作分析就可以发现,大于 50 的数字是不可能正确的,因为即使大家都填最高数 100,标准值(平均数的 1/2)也将是 50,50 就是标准值可能出现的最高值,所以超过 50 的答案肯定是错误的。

第二类:答案在 10 以内,有极少数人的答案甚至为 1 或 0,他们属于非常理性的实验参

⊖ 凯莫勒. 行为博弈[M]. 贺京同, 译. 北京: 中国人民大学出版社, 2006.

与者，进行了非常深刻的推断，这种推断是一个博弈思考过程，他们不仅自己进行着理性的分析，而且认为其他参与者也与自己一样，是完全理性的。但遗憾的是，他们并没有因理性的推断而获得成功，因为他们的成功与否不仅取决于自身的判断，还取决于其他参与者的整体判断，他们显然过高地估计了其他参与者的理性程度，于是他们的理性答案就偏离了标准值，因而无缘获得成功。

第三类：大多数参与者，他们的理性程度大约是两步。大部分的答案分布在20～40之间，这就意味着人们在上述推断过程中只进行了一两步就停止了，也就是说人们的理性程度是有限的，而由此我们可以得出一个重要的启示：要想在一个有限理性的博弈中取胜，既要比大家的理性多半步，又要对完全理性有所保留，要"留一半清醒，留一半醉"。

实验结果对金融市场投资的启示是：完全的理性人和完全的盲目者都可能在市场博弈中失败。想要取得成功，既要知道股票的客观均衡值，即公司的内在价值是多少，又要知道市场上参与者的理性只有有限的几步，这种规则在投资策略上则表现为价值投资理念和技术分析的结合。

我们经常看到价值学派和技术学派之间依据对市场的判断得出完全不同的策略，但奇怪的是两者往往都有战胜市场的业绩。巴菲特是价值学派的典型代表，他通过一定的价值分析原则选取股票进行投资并长期持有，以获取公司成长的资本增值收益；江恩的波浪理论和K线图则是技术学派的极致，技术学派分析股票市场以及个股的市场波动趋势特征，并根据图形特征进行投资的波段操作，从而获得超额收益。

基本面分析是通过对个股内在价值分析判断其投资价值，但前提是投资者必须获知上市公司未来每一年的股利增长率。但是对于投资者来说，公司未来增长如何是一个极其不确定的问题。因此，即使股票内在价值的公式是正确的，投资者也无法利用该公式判断个股价格估值是过高还是过低。此外，股票价格除了取决于公司的内在价值以外，还会受到市场上投资者情绪的影响，也就是说会受到市场上千千万万的买者和卖者的心理和判断的影响。趋势图形之所以能够对市场的未来走势有一定的预测功能，在很大程度上是因为人们固有的贪婪与恐惧心理决定了投资者的买卖行为，并继而影响股票价格的未来走势。例如，当价格被市场低估时，人们并非如巴菲特一般理性挖掘被低估的内在价值而采取买入行为，而是因恐惧价格继续下跌产生的损失厌恶心理而采取卖出行为，而卖出行为又进一步加剧了股票价格的下跌。相反，当股票价格被高估时，人们的贪婪心理又可能推动股票价格自我强化式地不断上涨。所以我们会发现，熊市与牛市都与公司的基本面没有太强的关联，当市场处于低潮时，所有公司股票的价格都会下跌，而当市场处于牛市时，即使是垃圾股也会与泡沫共舞。

从长期来看，市场功能能够修复短期内人们产生的系统性偏差，也就是说大涨过后必会大跌、大跌过后必会大涨。所以，对于长期投资者而言，基本面分析是其长期投资决策的基础。

案例 11-2 网络热潮中的巴菲特：留一半清醒留一半醉

巴菲特是有史以来最伟大的投资家。观其投资策略，平实而又简单：坚持价值分析、集中投资、长期持有。他一再强调："投资者绝对应该好好守住几种看好的股票，而不应朝秦暮楚，在一群质地欠佳的股票里抢进抢出。""不熟不做，不懂不买"是巴菲特重要的投资原则，巴菲特把自己投资的目标限定在自己能够理解并熟悉的范围内，购买那些业务简单、有长期经营历史而且自己熟悉的企业，依靠企业的优异成长来获利。而对于业务不熟悉的企业，他的投资则十分谨慎。比如在1987年，伯克希尔的持股总值首次超过20亿美元，但令人吃惊的是，巴菲特把20多亿美元的投资全部集中在了美国广播公司、GEICO、《华盛顿邮报》三家公司的股票上，事后证明，巴菲特的集中投资策略取得了巨大的成功，为公司赢得了颇为丰厚的投资利润。

与对投资于传统行业的热情相比，巴菲特对科技股则明显冷淡。在20世纪90年代的科技网络股热潮中，巴菲特坚持自己的投资原则，承认自己无法了解这一产业，缺乏涉足这个领域的能力，认为谁也没有把握哪几家公司最后会脱颖而出，因此在这种情况下，与其涉入高风险的投资，不如稳扎稳打地投资自己所熟悉的领域，所以他没有将资金投资于网络公司的股票上。巴菲特对自己投资原则的坚持也给他带来了不小的麻烦：伯克希尔-哈撒韦公司1999年的净利润从1998年的28亿美元骤降到15.6亿美元，这主要是因为巴菲特的重仓股表现差劲：Dairy Queen（美国最大的乳制品公司之一）、Geico Insurance（保险公司）、可口可乐、迪士尼和美国运通。在科技股疯涨100%的年代，这些股票在1999年的表现只能用"恶心"来形容。1999年年初，伯克希尔-哈撒韦的股价曾到达80 300美元，到了2000年年初却只有50 900美元，下跌近40%。2000年3月11日，即纳斯达克到达其历史最高点的第二天，有"奥马哈的圣人"和"股神"之称的沃伦·巴菲特给股东们写了一封信，承认自己作为伯克希尔-哈撒韦公司CEO的业绩不甚理想，他在这封一年一度的信中自我批评道："我唯一的功课是资本配置（capital allocation），而1999年我这门功课的成绩是'D'。"1999年夏天，《时代周刊》也公然在封面羞辱巴菲特："沃伦，究竟是哪儿出了问题？"

现在并没有充分的事实证明巴菲特当时是否心存悔悟，打算改弦更张，与网络股共舞。但戏剧性的是，就在他承认错误的下一个星期一，纳斯达克综合指数的表现就掉头向下。2000年3月17日，大崩溃来临，没人有闲心嘲笑巴菲特了，因为他们急于抛售科技股以自保。巴菲特的坚持让他熬到了日出时分，这一轮科技股泡沫让纳斯达克综合指数下跌了大约50%，很多投资者损失惨重，而巴菲特管理的公司却仍然在一片哀号中保持稳健的收益，令人印象十分深刻。《华尔街日报》和《时代周刊》重新开始将巴菲特奉为股神，而且这一次大家都心悦诚服地认为再也没有什么能够摧毁这位老股神的一世英名了。

○《伯克希尔-哈撒韦公司2009年年报》原网址：http://www.berkshirehathaway.com/annual.html "巴菲特与索罗斯在网络股泡沫中的相反命运"http://www.360doc.com/content/15/0517/11/53574 9_471178494.shtml.

11.2 如何管理好自己的投资行为

现代资产组合理论认为，投资是为实现"一定风险条件下的收益最大化"与"一定收益条件下的风险最小化"。但在资本市场中，个人投资者却因交易过程中的行为偏差而使投资结果不尽如人意。我们看到：投资者因过早卖出盈利股票，持有亏损股票而导致收益降低与损失增加；投资者因过度自信引发的频繁交易而增加了波动风险；注意力的驱动使投资者错失"优质"股票；情绪的驱动导致投资者冲动的交易行为；投资结构的不充分分散而使组合的非系统性风险难以有效消除。这些行为偏差的出现一方面是因投资者认知上的局限使其无法分辨信息的真假，股票的优劣；另一方面是因投资者情绪或情感的波动导致了各种各样的心理偏差。

综上所述，投资者行为偏差损害了其金融幸福程度（financial well-being），是否可以通过设计有效的管理方法，使投资者可以抑制行为偏差的不良影响，最终改善投资绩效？行为管理是希望通过不同的方式降低投资者有限认知与心理偏差的负面作用。本小节将以个人管理的不同层次为视角，分别从简易投资原则与个人情绪管理、专业人士以及金融科技四个方面构建投资者错误行为管理框架。

11.2.1 设定简易的投资原则

投资原则是由交易历史上众多成功者与失败者共同总结的经验，若个人投资者不愿投入更多的时间在降低个人的投资认知局限与心理偏差上，则直接应用成熟的投资原则就是最为快捷简便的方法。这些投资原则可以帮助个人投资者确定其应该投资的股票，以及这些股票应该卖出的时间点，应该投入的比重，从而大大降低投资者出现行为偏差的概率。

1. 长期持有，价值投资

巴菲特曾说："如果你不打算持有一只股票10年，那么也不要持有它10分钟。"持有股票的时间越长，代表市场中的个股信息越完全，股票的波动风险越低。此外，当持股时间较长时，收益将形成复利累积效应。因此，长期投资意味着收益的稳定性。而价值投资的关键在于获知股票的准确价值，基本面分析的理论家认为"股票的价值等于投资者预期从股票中获得回报的现值"。《漫步华尔街》的作者马尔基尔将以上的观点解释为，"当公司的股息增长率越高，增长的持续期越长，股利支付越多，股票风险和市场利率水平越低时，证券的基本价值就会越高"。由此可见，价值投资青睐于经营时间足够长，平均营业利率也较高但股价却较低的公司。

2. 确定属于你的资产结构

现代资产组合理论认为：第一，当资产之间的相关性越低时，资产组合的协方差就越低，即组合的整体风险越低；第二，当资产组合内的资产种类增加时，组合的协方差也将降低。由此可见，个人投资者在确定自己的投资组合结构时，要按照充分分散的原则，增加组合中个股的数量，降低资产组合的整体风险。同时，要降低个股之间的收益相关性，避免在同一行业，同一板块重复选股，使投资组合具有国际化、行业多样化的特征。

案例 11-3　伯克希尔-哈撒韦公司的投资绩效

1964 年，巴菲特接管伯克希尔-哈撒韦公司，将他的价值投资理念淋漓尽致地体现在了公司的每一笔投资决策上。50 多年以来，公司已由最初的濒临破产转变为世界 500 强排名第 8 的企业（2017 年），在 2017 年全球最赚钱企业排行榜发布时，伯克希尔-哈撒韦公司名列第三。

巴菲特在其 2018 年致股东的信中提到，2017 年年底伯克希尔-哈撒韦公司的 2017 年增长净值为 653 亿美元，A 类股和 B 类股的每股账面价值增加了 23%。在过去的 53 年中，伯克希尔-哈撒韦公司的 A 类股每股账面价值从 19 美元升至 21.175 万美元，年复合增长率达到 19.1%。整体增幅达到 10 880 倍，而同期的标准普尔 500 指数整体增幅为 155 倍。

表 11-1　伯克希尔-哈撒韦公司的绩效表现

年份	年均涨幅（%）		
	伯克希尔-哈撒韦公司账面价值变化	伯克希尔-哈撒韦公司市场价值变化	标准普尔 500 指数增幅（含红利）
1965	23.8	49.5	10.0
1966	20.3	-3.4	-11.7
1967	11.0	13.3	30.9
1968	19.0	77.8	11.0
1969	16.2	19.4	-8.4
1970	12.0	-4.6	3.9
……	……	……	……
2009	19.8	2.7	26.5
2010	13.0	21.4	15.1
2011	4.6	-4.7	2.1
2012	14.4	16.8	16.0
2013	18.2	32.7	32.4
2014	8.3	27.0	13.7
2015	6.4	-12.5	1.4
2016	10.7	23.4	12.0
2017	23.0	21.9	21.8
1965～2017 复合增长率	19.1	20.9	9.9
1965～2017 整体增幅	10 880.3	24 047.5	155.1

另一方面，除了要保证股票投资组合的分散化以外，同样要保证整体投资结构的分散化，确定合理的股票、债券、现金的投资比例。生命周期理论认为，不同性别、不同年龄的个人投资者会有不同的风险承受水平，而这将会影响他们对不同资产的偏好与投资期限。据此，投资者必须先通过风险测评来估计个人的风险态度，并根据对应的风险态度来确定资产组合中不同资产种类的比例与投资期限，具体的分类资产配置情况如表 11-2 所示。

㊀ 案例改编自 http://www.sohu.com/a/223915672_465598。

表 11-2 不同年龄段的资产配置情况

年龄阶段	股票或股票型基金	债券	现金（货币基金或短期债券型基金）	房地产投资信托组合	风险特征
25~35	65%（2/3 国内成长股，1/3 国外新兴市场股）	20%	5%	10%	节奏快，收入稳定，风险承受能力强
35~45	60%（2/3 国内成长股，1/4 国外新兴市场股）	25%	5%	10%	中年危机，子女教育压力大，收入达到生命周期中的峰值
45~65	50%（2/3 国内成长股，1/5 国外新兴市场股）	32.5%	5%	12.5%	面临退休压力，考虑收入保障问题
65 以上	35%（2/3 国内成长股，1/6 国外新兴市场股）	40%	10%	15%	退休，无收入来源，风险承担能力低

资料来源：https://xueqiu.com/6035548142/84 087375

3. 不要忘记"黑天鹅"

不能忘记的一件事就是投资是对未来的决策，未来的不确定性说明除非未来已成为现实，否则没有人可以确定究竟会发生什么。人类的知识是对已有经验的积累，而对已有经验的积累不足以估计不确定事件的发生概率。现有金融理论中对收益期望与风险的估计都是基于历史交易数据所得出的，正因如此，《华尔街的幽灵》中所描述的思想者"幽灵"才强调投资者在投资过程中，必须为这种无法改变的突发事件做好计划和准备，否则一次"黑天鹅"事件的发生就会使投资绩效完全崩塌。

案例 11-4 塔勒布：逢灾必赚的"黑天鹅"投资逻辑

1987 年美国股灾时，道琼斯股指狂泻 29.2%，塔勒布在不经意间狂赚了 4 000 万美元；在 2001 年"9·11"事件后，由于事前大量买入行权价格很低、无价值的认沽权证，他用一种独特的方式做空美国股市，一夜暴富；在互联网泡沫、俄罗斯金融危机、2008 年次贷危机中，每次他的做空策略都"击中靶心"。

塔勒布的观点是："市场频繁交易看似能够不断攫取小利，不过一旦'黑天鹅'事件来袭，小利的累加可能还及不上损失的 1/10。次贷危机后的美国银行业、股市都证明了这一点。"

塔勒布称，他推崇的投资配比——80%～90% 的零风险投资和 10%～20% 的高风险投资，放弃低效的中等收益投资。因为零风险投资让你保值，而高风险投资则能利用"黑天鹅"事件让你"一夜暴富"。由于概率统计依赖于经验数据，因此，因为极端事件发生的概率极低，所以导致投资者普遍低估甚至忽略极端事件发生的可能，一旦发生该类极端事件，市场的波动就将极大。

资料来源：http://gold.jrj.com.cn/2014/12/08084318489934-c.shtml。

11.2.2 设定严格的交易规则

严格的交易规则是帮助投资者在交易过程中避免过度交易与"处置效应"的最直接有效的方法,交易规则通过建立定量的交易标准,使投资者得以直接通过标准来判断是否应该买入股票或卖出股票。

1. 设定你的止损点

无论是价值投资还是趋势投资,双方都赞同个人投资者必须在交易前设定好一个止损点,股票投资的损失一旦达到这个止损点,就必须立刻卖出股票以避免损失继续扩大,《华尔街的幽灵》中将这一规则引申为"交易是失败者的游戏",历史的经验证明,大部分的交易都是错误的,因此不要等到市场证明你是错误的时候才卖出,而是要对正在交易的股票不断地调整持有量。

2. 在正确的时间对盈利的股票加仓[一]

投资是为了获得收益,要使收益最大化就必须学会提高盈利股票的投资比例,降低亏损股票的投资比例,从而使投资组合的整体收益达到最大化。这正与存在"处置效应"(持有亏损股票而卖出盈利股票)偏差的投资者的行为相反。但必须强调的是,规则要求的是在正确的时间加仓,而不是说股票一旦实现盈利就加仓。因此,在交易的一开始,对股票的买入比例必然不能过高,而是应通过逐步的市场观察找到盈利的股票,并在合适的价格位置增加筹码。

3. 其他经验法则[二]

市场同样还存在一些其他的零散投资原则,譬如:不要购买低价股,不要频繁地查看股票行情,别被社交论坛的言论影响等。这些经验规则或帮助个人投资者筛选股票,或帮助投资者避免心理偏差与认知偏差的影响。

11.2.3 管理好自己的情绪

上述两节提出了个人投资者可以直接应用的投资原则与交易规则,从而帮助投资者抑制因认知或情绪偏差导致的投资失误。然而,上述原则要产生效果却存在一个重要的前提,即个人投资者会坚定地完全地按照已有的投资经验去决策。但这个前提在现实中并不总是成立,当投资者在具体应用上述的交易原则时,总会因一两次的意外导致原则并不能帮助投资者取得预期的收益。这会使投资者产生极大的情绪波动,认为交易原则无效而放弃使用。相反,当应用该类原则取得超出预期的收益时,投资者会产生过度自信,低估市场风险而高估自我的认知能力,并最终在偏离投资原则与交易规则的边界。类似情境的发生会造成投资者的情绪大起大落,进而引发不合理性的投资现象。

[一] 辛普森.华尔街的幽灵(典藏版)[M].张志浩,关磊,译.北京:中国社会科学出版社,2012:29.
[二] 诺夫辛格.投资心理学[M].郑磊,译.北京:机械工业出版社,2013:155.
孙恩棣.巴菲特76条投资准则[M].北京:中国宇航出版社,2015.

因此，我们认为，仅依赖于已有的投资准则不足以实现有效的投资者行为管理，投资者自身情绪的不可控使其不能很好地遵循准则的边界。所以，投资者有必要通过一定的行为习惯来控制自我的情绪变化，以提高行为管理的有效性。

1. 坏的经历总有价值

已有研究证明，投资经验越丰富的投资者，其投资决策越趋于理性（Feng 和 Seasholes，2005）[一]。但是，投资者总会因为一次的投资失误而变得更加风险厌恶（Strahilevitz 等，2011）[二]。因此，投资者不能很好地面对负面的投资经历，在投资决策的过程中会选择性地遗忘负面经历而更多地回想正面经历，易引发过度乐观情绪。"幽灵"认为，投资者若要正确地面对负面经历，就必须先接受一个前提，"假设你的投资是错误的"[三]，在这个前提下，交易就是一场失败者的游戏。当你的投资遭遇损失时，代表你被市场证明是错误的；当你的投资盈利时，代表你只是暂时未被证明是错误的。在这样的前提下，个人投资者才能根据投资经验总结教训，并且能够以开放的心态来不断地纠错，进而稳定个人的情绪变化。

2. 注意你情绪的变化

辛普森在其编著的《华尔街的幽灵》一书中提到："如果你因为手中的仓位而耳热心跳，寝食难安。那么，请立刻清仓，不要让情绪主导你的投资。"在交易过程中，个人投资者常常会因为一个价格的变动，天气的变化，甚至一场比赛的结果而出现情绪的变化。为此，投资者必须时刻警惕交易过程中自我行为的变化，"幽灵"将此总结成一段精彩的论断："如果你燥热到不得不解开你衬衫最上面的纽扣时，你就最好清仓；如果电话铃声让你心烦意乱，你就最好清仓；如果你已经超过了合理的时间，还持有没有被证明正确的仓位，你也最好清仓。"

3. 自我控制训练

针对不可控的情绪变化，可以尝试通过一些外在行为的训练以提高个人对情绪的自我意识，从而抑制情绪对个人行为的影响。譬如通过日记记录每天的情绪变化过程，培养自省习惯，找到影响个人交易行为的情绪波动。此外，约翰·卡廷的研究表明，大脑有分工，中间区域处理与自身相关的情绪信息，其他部分处理周围世界的模式。当一个脑半球被激活，另一个就会受到刺激。这将使投资者陷入极其情绪化的状态中，难以识别和相应执行市场模式。通过潜心于如沉思、自我催眠或者重复弹手指等非情绪化的处理，就可以抑制情绪化的处理方式。这会建立起控制感，并强化你内省，进而抑制焦虑、自我怀疑和过度热情等感觉[四]。最后，学会控制你的投资环境，尝试以等间隔的方式查看投资组合，例如，每隔一周或一个月查看股票交易情况[五]。

[一] Feng L, Seasholes M S. Do Investor Sophistication and Trading Experience Eliminate Behavioral Biases in Financial Markets?［J］. Social Science Electronic Publishing, 2005, 9(3): 305-351.

[二] Odean T, Strahilevitz M A, Barber B M. Once Burned, Twice Shy: How Naïve Learning, Counterfactuals, and Regret Affect the Repurchase of Stocks Previously Sold［J］. Social Science Electronic Publishing, 2005, 48(47).

[三] 辛普森. 华尔街的幽灵（典藏版）［M］. 张志浩, 关磊, 译. 北京：中国社会科学出版社, 2012：23

[四] 斯蒂恩博格. 投资交易心理分析［M］. 廖洪跃, 顾奎, 译. 北京：机械工业出版社, 2013.

[五] 诺夫辛格. 投资心理学［M］. 郑磊, 译. 北京：机械工业出版社, 2013：155.

11.2.4 信任比你更专业的人

情绪管理方法试图通过令投资者采取内生性学习的方式来降低心理偏差所引发的投资负面作用,但是情绪管理并不能进一步解决投资者认知局限性造成的投资谬误。投资者受制于教育水平、学习能力的有限性而不能有效地分析市场中的信息,也难以准确识别投资交易中的风险。而当下互联网信息时代的高速发展无疑更加放大了投资者的认知局限。在此局面下,投资者唯有寻求更专业的代理人来帮助自己投资决策。

1. 咨询投资顾问与专业投资者

个体投资者作为"业余"投资者无法控制自己的认知错误与情绪偏差,因此必须寻求更为专业的投资者或投资顾问的帮助。然而,由于投资顾问与专业投资者同样是人,因此也会存在认知与情绪的偏差。同时,因委托代理矛盾引发的利益冲突导致投资者总带着怀疑的态度去寻求分析师或投资顾问的意见(Bhattacharya 等,2012)[一]。虽然并没有充足的证据证明专业投资者会获得比个体投资者更高的收益,但却有证据表明机构投资者有更优的投资组合,即充分分散化与多样化资产。因此,在同等条件下,个人投资者有必要咨询投资顾问与专业投资者的意见以降低投资者因认知偏差产生的决策失误。

案例 11-5 2017 年 A 股市场机构大丰收[二]

历史序列显示,中国 A 股市场正处于从极端散户化向机构化过渡的时期,2009 年之后的慢熊是 A 股去散户化最显著的时期。截止到 2017 年中报,A 股散户投资者持股比重为 54.91%,机构投资者持股比重为 45.09%(其中包括 3.01% 的基金、2.17% 的保险资金、0.76% 的企业部门持股和 0.41% 的社保资金)。

2017 年机构投资者投资收益明显高于散户投资者,以公募为例,一方面,公募重仓 1210 只股票,占剔除新股后的所有 A 股数量的 37.85%;而在剔除新股后涨幅前 300 的股票中,公募命中 160 只,命中率为 53.3%。另一方面,在今年"指数涨而个股欠佳"的环境下,取得正收益的个股只有 22.45%,但 88.60% 的主动偏股型基金取得正收益;跑赢大盘的个股只有 17.56%,但跑赢大盘的主动偏股型基金却达到 65.74%。据《中国证券报》报道,2017 年上半年亏损股民比例高达 66%,更是有一半的股民亏损幅度超过 5%。盈利股民只有 34%。

由中国 A 股市场的证据可推知,机构投资者仍然比散户投资者更具优势,机构投资者有更高的概率获得超额收益。

2. 被动投资法:选择指数基金

学术界很多证据表明股票市场是相当有效的。对于大多数积极管理者(甚至包括大多数

[一] Bhattacharya U, Hackethal A, Kaesler S, et al. Is Unbiased Financial Advice to Retail Investors Sufficient? Answers From a Large Field Study [J]. The Review of Financial Studies, 2012, 25(4): 975-1032.

[二] http://finance.sina.com.cn/stock/marketresearch/2017-12-29/doc-ifyqcwaq5679239.shtml.

的机构投资者）来说，他们的业绩超越指数收益的部分很难弥补搭建积极管理组合的成本。标准普尔 500 指数的年收益率通常会超越大多数股权共同基金的年收益率。在机构投资者业绩并不能显著优于市场指数的背景下，投资者可以选择直接购买跟踪指数的相关指数基金，例如 EFT 开放型指数基金。被动投资法以充分分散化的思想按照不同的权重将股票纳入投资组合中，机构投资经理也无须为此做更多的操作。因此，投资者可以不用过多担心机构投资者的行为偏差。可见，被动投资法一方面充分地发挥了机构投资者的专业优势，一方面也以市场指数基准来限制机构投资者的投资行为。从而有利于更有效地管理投资者认知与心理偏差。

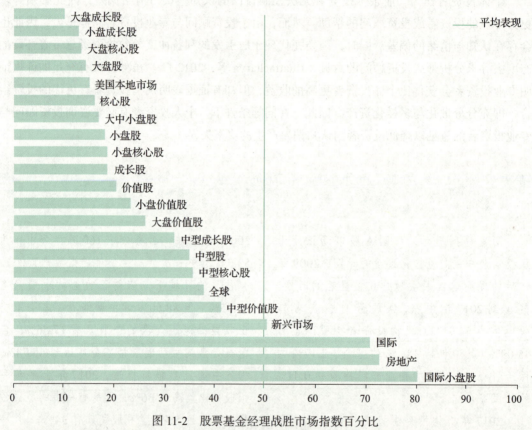

图 11-2 股票基金经理战胜市场指数百分比

资料来源：S&P Dow Jones Indices, eVestment Alliance, CRSP。数据更新至 2015 年 12 月 31 日。其中，"全球"类别覆盖全球市场大盘股，"国际"类别覆盖欧洲、大洋洲与远东地区大部分成熟市场大盘股，"国际小盘股"类别覆盖同等地区小盘股，其他专指美国市场。

| 案例 11-6 | 先锋集团的懒人投资策略 |

在应用被动投资法进行投资的公司中，美国最著名的公司叫先锋集团（Vanguard Group），先锋是全球第二大资产管理公司，管理着超过 5 万亿美元的资产。它的创始人

㊀ 参见"经济学家夏春的投资必修课"第 64 课。

约翰·博格（John Bogle），在美国投资界备受尊重，人们称他为"指数基金之王"。

博格最重要的投资策略为"懒人策略"：在美国股票市场中令指数基金占比40%，在国际股票市场中令指数基金占比20%，在美国债券市场中令指数基金占比40%。这个策略懒就懒在，投资者只需要在每年年初做一次再平衡，让指数基金在各大市场中的占比回到这个比重就可以了。

比较博格的"懒人策略"和美国800多家大学捐赠基金的业绩表现，就会发现在过去3年、5年、10年的投资期限中，懒人策略扣除通货膨胀之后的实际年化回报率，不仅比大学捐赠基金的平均回报率高出1%以上，而且超过了业绩排在前25%的大学基金，尽管在3年、5年期落后于业绩排在前10%的大学基金回报率0.1%～0.2%，但懒人策略在10年期仍然跑赢了排在前10%的大学基金回报率0.4%，具体业绩对比如表11-3所示。

表 11-3　"懒人策略"与大学捐赠基金业绩表现对照表　　　（%）

期限	"懒人策略"回报率	大学捐赠基金平均回报率	前25%大学捐赠基金回报率	前10%大学捐赠基金回报率
3年	6.40	5.20	6.30	6.60
5年	6.50	5.40	6.20	6.60
10年	6.00	5.00	5.30	5.40

11.2.5　自动化交易克服人性弱点

虽然专业投资者具有高于业余投资者的知识优势，但他们同样受制于人类固有的信息处理能力的局限。同时，专业投资者同样也容易受到认知偏差以及根深蒂固的思维习惯的影响。所以，专业投资者在纠正个人投资者的认知与心理偏差上仍然存在局限，不能最大化投资收益。是否有一种方法，既可以发挥类似于专业投资者的知识与信息处理优势，又能够像懒人策略一样降低专业投资者的心理偏差？近年来，随着大数据技术逐渐扩展到金融领域，依靠人工智能以及大数据处理软件的优势，量化投资公司与智能投顾系统先后兴起。二者可以通过应用人工智能发挥更强的信息处理优势，而程序化交易系统又可以克服专业投资者固有的认知与心理偏差，因此，这几种方式的结合可以对投资者行为偏差的管理发挥最大的效力。

1. 选择量化投资基金

量化投资与传统投资相比，最大的优势在于程序化的交易系统。由于其交易系统的程序化，投资会具有极强的纪律性、系统性、及时性、准确性与分散性。程序因严格执行量化投资模型给出的投资建议而不是随着投资者情绪的变化而随意更改，可以很好地克服认知与行为偏差。从而更有效地帮助个人投资者管理行为偏差。可见，投资者完全可以通过购买优质的量化投资基金而实现更高的投资绩效。但是，另一方面，量化投资最大的劣势则是它的输入参数。量化投资策略的效果严重依赖于模型中因子的有效性与参数的准确性，然而这些因子因为是根据已有的历史数据总结而来的，所以不可避免地带有局限性。不能否认，模型不能对某些极端事件做出有效的反应，因此也造成量化投资策略的收益存在较大分歧。一个简单的量化投资策略与传统投资策略的对比如表11-4所示。

表11-4 量化投资策略与传统投资策略的对比

投资策略	指数化策略	结构化策略	高度风险控制主动策略	主动量化策略	分散化策略	专业化主动策略
选股方法[一]	复制指数	量化选股	量化选股	量化选股	基本面选股	基本面选股
年跟踪误差	0.2%	1%～2%	2%～3%	3%～4%	3%～4%	大于4%
与基准组合的差异	无差异	个股有限差异	个股温和差异、行业有限差异	个股温和差异、行业有限差异、规模/风格有限差异	规模/风格温和差异、择时无/有限差异	无约束

数据来源：Vanguard Investment Counseling & Research.

案例 11-7 | 荷银资产管理公司（ABN Amro）的自动化操作系统[二]

荷银资产管理公司（ABN Amro）是荷兰银行下属的基金管理公司，是最早在欧洲和亚洲推行行为投资策略的基金公司，截至2005年12月31日，公司共管理着价值超过1 762亿欧元的基金。荷银投资基金（ABN Amro Investment Funds）自1995年开始研究有关行为金融学的理论，并基于心理偏差发展出有关投资策略的计算机系统，推出两只以行为金融投资为主题的基金：价值比率投资基金（Value Ratio Invest Fund）和行为金融（日本）基金（Behavioral Finance Japan Fund）。

价值比率投资基金成立于1999年4月6日，为了避免基金经理跟其他投资者犯一样的错误，选股的过程被设置为自动化，充分利用计算机模型进行投资，并根据形象效应、对新闻的过度反应、对基本信息的反应不足和过度自信四项原则来挑选被错误定价的股票。在开始的两年中，价值比率投资基金取得了26%的年收益率，相比市场指数高出8%。

行为金融（日本）基金成立于2001年2月12日，是荷银资产管理公司在亚洲推出的第一只以行为金融学理念为指导思想的基金，其目标是通过投资公司的可转换权益证券获得长期的资本增值。在他们看来，人类的投资行为并不会因为地区的不同而有太大的差异。他们认为，投资是一个持续决策过程，这个过程除了理性的动机以外，还受到感情和心理因素的影响，所以在选择所投资的公司时，该基金会集中在那些由于情绪或行为原因而在股票市场上暂时被低估的公司。有别于一般传统基金，该基金属于积极管理型的基金，它的投资策略集自下而上、均衡及行为投资风格于一身。与价值比率投资基金相似，该基金主要依赖于计算机模型，使用同样的自动化的代理系统进行操作。

[一] 标有量化选股的为量化投资策略，其他为传统投资策略。
[二] 行为心理基金案例，http://blog.sina.com.cn/s/blog_803036720101a15g.html.

2. 寻找智能投顾

智能投顾又称机器人理财，可以理解为是利用人工智能的优势，结合投资者的风险水平、预期收益以及市场动态，通过算法和模型完成以往由人工提供的理财顾问服务。它将量化投资理念与财富管理业务相结合，为投资者提供长期的配置建议与便捷的交易形式。与量化投资相类似，智能投顾同样极度依赖于输入的投资策略、选股模型的准确性，策略与模型的准确性将直接影响智能投顾提供投资建议的效果。可见，虽然量化投资和智能投顾都可以很好地解决投资者的认知偏差与心理偏差，但是在处理具有不确定性的问题上，二者却并未表现出突出的优势。

案例 11-8　　　　智能投顾有效吗？[①]

近两年，国内智能投顾呈现爆发式增长。2016年，以招商银行、广发证券为代表的银行和券商等金融机构开始入局智能投顾。比如，长江证券推出"iVatarGO"，光大证券上线"智投魔方"，广发证券发布"贝塔牛"等。还有工行上线智能投顾"AI投"、招行推出"摩羯智投"、浦发银行推出"财智机器人"、广发银行上线"广发智投"、兴业银行推出"兴业智投"等。到2017年，又有更多券商上线了智能投顾应用。华泰证券发布了"涨乐财富通"APP，提出"让专业世界更简单"的投资理念；中泰齐富通APP提出要打造智能投顾生态圈+全程O2O（线上到线下）服务；银河证券发布"智能交易"APP新版本，新增智能客服功能。

然而，智能投顾真的能够帮助投资者战胜市场吗？

2018年1月15日，哈工大社会计算与信息检索研究中心（HIT-SCIR）称，将于即日起开始推出"智能荐股"公众号，通过对股市信息的智能分析，每日推荐若干只国内A股市场的股票，并给出每日收益情况以及一段时间内的累计收益情况总结。但是，《中国经济周刊》的记者却观察到，在这一公众号运行的两周里，第一周的前3天这一公众号所推荐的股票跑赢了上证指数、深证成指和沪深300，但在最后一日却跑输三大指数，这4天的累计收益率为2.97%，总体跑赢三大指数；而第二周除了有一天其所推荐股票跑赢三大指数外，其余4天都表现一般，5天的累计收益率为0.66%，而同期的三大指数累计收益率分别为2.38%、2.36%和2.63%。

因此，从现有的证据来看，智能投顾的优势并不突出，人工智能要想更有效地帮助投资者改进投资绩效还有更多的工作要做……

11.3　利用市场非有效的投资策略

行为金融学不仅是对传统金融学的补充，也是对传统投资决策范式的挑战。它认为人类的行为有理性的一面，同时也存在着许多非理性的因素。行为金融学理论基于人们的实

[①] https://finance.qq.com/a/20180213/014107.htm.

际决策并不能遵从最优决策模型的观点，将心理学融入金融学之中，从微观个体的行为、心理和社会动因来了解和研究证券市场中的问题，在此基础上，提出一套更加符合金融市场实际情况的投资行为模型和投资策略。行为投资策略，就是利用投资者因系统的认知偏差造成市场的非有效性来制定的投资策略。也就是利用股票价格的错误定价，在大多数投资者意识到自己的错误之前，投资那些价格有偏差的品种，并在价格定位合理后，平仓获利。心理学的研究已经证实，人类的心理决策特征是在长期演化过程中逐渐形成的，具有相当的稳定性，在较长的时间内都不会有明显的变异，因此投资管理者可以充分利用人们的行为偏差而长期获利。

证券市场上的各种异象以及非理性繁荣或恐慌，既反映了市场的非有效性，也为投资者提供了战胜市场的投资策略。行为金融实践家巴菲特、索罗斯、泰勒等利用市场运行的特点和投资者普遍的心理特征，各自形成了独特的投资理念和投资策略，并因此拥有了战胜市场的秘密武器。

随着行为金融学理论的发展，行为投资策略越来越为一些职业投资管理人所运用。具体而言，目前的行为投资策略主要有小盘股投资策略（small company investment strategy）、逆向投资策略（contrarian investment strategy）、惯性投资策略（momentum investment strategy）等。随着人们对市场认识的不断深入，许多基金和投资公司已开始在其业务中运用行为金融学的投资策略来指导他们的投资活动，据估计，美国有超过 700 亿美元的投资资金都是运用行为投资策略进行投资的，甚至连主流的基金管理者也开始采用这种策略。此外，行为金融理论传播迅速，以行为投资理论为指导的证券投资基金已经从欧美地区流行到亚洲地区，这些基金公司为避免非理性投资行为，通过计算机动态数量分析模型，为投资者构建资产组合，以避免受到投资者非理性的干扰，追求资本的长期增值。

11.3.1 小盘股投资策略

小盘股投资策略是指利用规模效应与账面市值比效应进行投资的一种策略。即投资于规模较小、账面市值比较高的股票可以获得超额收益，从而战胜市场。事实上，小盘股可分小盘价值股和小盘成长股。Fama 和 French（1993）的研究表明，小盘股效应很可能是由小盘价值股引起的。该策略指出投资者先可以找到具有投资价值的小盘股，然后当预期小盘股的实际价值与将来股票价格的变动有较大的差距时，就可以考虑选择该种股票。另外，由于小盘股流通盘较小，因此市场上投资者所犯的系统性错误对其股价波动的影响就会更大，从而为掌握该种投资策略的投资者带来超额投资收益。

11.3.2 逆向投资策略与惯性投资策略

"逆向投资策略"是行为金融最为成熟也是最受关注的应用之一。简单地说，逆向投资策略就是利用市场上存在的"赢者输者效应"（winner-loser effect）⊖，买入过去表现差的股票而卖出过去表现好的股票来进行套利的投资方法。投资者在投资决策中，往往过分注重上市

⊖ 指由过去业绩好的公司所构建的投资组合（赢者组合）在未来一定时期表现出较低的收益，而由过去业绩差的公司所构建的投资组合（输者组合）在未来一定时期内表现出很高的收益。

公司近期表现,并根据公司的近期表现对其未来进行预测,导致对公司近期业绩做出持续过度反应,形成对业绩较差公司的股价过分低估和对业绩较好公司的股价过分高估的现象,这就为投资者利用逆向投资策略进行套利提供了机会。De Bondt 和 Thaler(1985)的研究表明这种投资策略每年可获得大约 8% 的超常收益。尽管这个发现已经有十几年的历史,但这种超常收益在许多市场上仍然存在。当然,对这种超常收益的源泉也存在着争论:Merton(1987)认为,这个超常收益是幻觉,是方法和度量误差的产物;而 Fama(1991)则认为,这个超常收益可能是真实的,但是它是对随时间变化的风险的理性补偿。

案例 11-9 富勒—泰勒资产管理公司

2017 年诺贝尔经济学奖得主泰勒与同为行为金融学大师的富勒(Fuller)于 1993 年在加州圣马提欧共同创办了一家资产管理公司:富勒—泰勒资产管理公司(Fuller &Thaler Asset Management)。该公司管理着 28 亿美元资产,其投资方法是利用投资者对信息的错误加工所导致的市场非有效性来获取投资回报,采用自下而上的投资策略。他们认为投资者所犯的许多错误似乎源于他们对投资的启发式认知过程:人们往往以狭隘的观念来判断投资,投资者的认知偏差使股票价格不能正确反映公司的价值,从而导致市场定价的偏差,而他们的公司就是针对市场的非有效性进行投资策划而获利的。该公司的资产主要投资于美国的中小盘价值股和成长股。其投资的资产构成情况见表 11-5。

从表中可以看出,该资产管理公司的大部分投资集中在小盘股上,包括微型小盘股、小盘价值股和中小盘股,只有一小部分投资在大盘股,可见小盘股投资策略是该基金的核心投资策略。该公司在实施小盘股策略时,选择公司的思路是:由于受到一些负面信息的影响,导致某些公司的股价长期处于低迷状态,且投资者对这些公司的管理失去信心,将当下公司业绩不好的表现推断到未来,预期公司将有更多的坏消息,由于投资者对公司经营情况做出了过于悲观的估计,因此也就忽略了公司经营情况将得到改善的积极信号。富勒—泰勒基金管理公司通过研究以下几个方面来决定是否买入该种股

表 11-5 富勒—泰勒资产管理公司主要资产构成(截至 2009 年 3 月 31 日)

资产构成	资产(百万美元)	占公司总资产的百分比
微型小盘股	86	10%
小盘价值股	35	4%
中小盘成长股	278	31%
中小盘价值股	194	22%
大盘市场中性股	82	9%

○ 案例资料来源:http://www.fullerthaler.com。
○ 自下而上的投资策略是指,投资者主要关注对单个股票的分析而不重视宏观经济和市场周期,使用基本面分析方法选取一个可能购买的股票的集合。与此相反的是自上而下的策略,指投资者由评价宏观经济环境和预测近期前景开始,根据对宏观经济前景的行业分析、公司分析和市场分析,选择出那些能相对获取最高收益的市场区域、产业和具体的公司。

票：公司价值改进信息的可靠性和质量、管理层乐观预期的合理理由、导致结果改善的潜在的外在因素（如宏观经济形势）等。

该基金旗下拥有UBRLX（Undiscovered Managers Behavioral Growth Fund）和UBVLX（Undiscovered Managers Behavioral Value Fund）两个行为金融基金。

UBRLX基金成立于1997年12月29日，是美国第一只运用行为金融学理念进行投资的基金。该基金65%以上的资产投资于国内成长性较好的中小盘成长股，属于中小盘成长型基金。基金管理者主要利用市场对持续正面消息的反应不足，投资于那些由于市场参与者对公司现状的错误锚定而被低估价值的公司。其投资组合中共有30～50只股票，主要投资的行业包括电子仪器、医疗、计算机软件、消费服务、消费品等。该基金所构建的股票组合与市场指数之间的相关性较低。

UBVLX基金成立于1998年12月28日，主要投资于小盘价值股，即资本市场上市值5 000万～20亿美元的股票，属于小资产混合型基金。该基金的管理者认为：由于投资者的认知偏差使市场对公司过去的负面信息反应过度，而对公司新的正面信息反应不足，从而导致部分股票的市场价值被低估。为了充分利用这些认知偏差，管理者努力寻找那些P/E值低于行业平均水平或价值被低估的公司。其投资组合中共有40～50只股票，主要投资的行业包括金融、医疗、计算机软件、工业原料、消费服务、商务服务等。与UBRLX基金相似：该基金的股票组合与市场指数的相关性也比较低。

这一策略最初由美国的投资管理人戴维·德瑞曼（David Dreman）提出和实际运用，他也因此被华尔街和新闻媒体称为逆向投资之父。德瑞曼研究了投资者在股市中的过度反应，根据市场反转效应现象实施逆向投资策略，主要是购买过去2～5年中表现糟糕的股票，并卖出同期表现出色的股票。他对逆向投资理论进行了深入研究，在他的专著《逆向投资策略》一书中，他根据逆向投资原理重点介绍了四种选择股票的策略，主要包括低P/E策略、低P/CF策略、低P/B策略和低P/D策略[⊖]。由于投资者大都具有明显的羊群行为，因此市场存在系统性的定价错误，在特定阶段不被市场看好的某一类股票，价值往往会过于低估，当市场对该类股票的价值重新定位时，其表现会相对比较优异。由德瑞曼经营的投资公司自1988年成立以来，因为采用逆向投资策略而获得了很好的经营业绩，一直位居利普分析中心208个同类基金的榜首。

与逆向投资策略相反的是"惯性投资策略"，也称动量交易策略，或"相对强度交易策略"（relative strength trading strategy），它是利用动量效应所表现的股票在一定时期内的价格黏性，预测价格的持续走势从而进行投资操作的策略。也就是买入开始上涨，并且由于价格黏性和人们对信息的反应速度比较慢，而预期将会在一定时期内持续上涨的股票，卖出已经开始下跌而由于同样的原因预期将会继续下跌的股票。

⊖ P/E即市盈率，P表示市场价格，E表示每股盈余；P/CF即价格现金流比，CF表示每股现金流量；M/B即市值账面比，B表示每股账面净值，或用B/M账面市值比来表示；P/D即价格股利比，D表示每股股利分红。

在实践中，惯性投资策略已经有所应用，如利用美国的"价值线排名"（Value Line Rankings）系统构建的惯性投资策略，主要就是用于捕捉拥有快速增长利润和股价的公司。那些排名最好的公司是那些盈利超过分析师预期的公司，而且分析师通常会忙着增加对这些公司的盈利估计，当公司的价值得到提升时，由于市场的反应不足或反应速度缓慢，投资者就可以及时买入，并利用股价的持续上涨获利。

案例 11-10　LSV 资产管理公司的逆向投资策略

LSV 资产管理公司由兰考尼肖科（Lakonishok）、史莱佛和维什尼（Vishny）于 1994 年在芝加哥创立，并以他们名字的首字母命名。该公司致力于为机构投资者进行价值权益管理，提供包括全球价值管理、特殊价值管理、美国大盘价值股管理、中盘股管理等多种类型在内的资产管理业务，该公司旗下的 LSVEX（LSV Value Equity Fund）是一个行为金融基金。

LSVEX 基金成立于 1999 年 3 月 31 日。该基金将 65% 以上的资产投资于美国大盘股或中盘股，以追求长期资本增值，属于大盘价值型基金，为了保持资金的流动性，该基金也将一定比例的资产投资于货币市场或期货市场。截至 2017 年 2 月 18 日，该基金的总资产值为 19.20 亿美元。

LSVEX 基金的管理者努力寻求那些不被市场看好，但股票价值被低估的公司。他们认为：大部分投资者在决策中倾向于用很久以前获得的信息来预测股票未来的价格，或者容易凭直觉分析和判断公司。这种认知偏差会导致股票价格在某段时间内偏离其内在价值，于是基金管理者就可以利用这种偏离进行投资获利。该基金采用严格的数量分析模型对股票进行详尽分析，并根据分析结果对股票分级，买入级别高的股票，卖出级别低的股票。

11.3.3　基于情绪指数的投资策略

人们天生是趋利避害、厌恶风险的，当市场上涨时，人们的投资情绪和投资比重被激发出来，投资者变得贪婪，从而助长了上涨趋势，这种正反馈效应使股市节节攀升，形成股市高估。反过来，当市场下跌时，投资者情绪低落形成恐慌心理，从而对投资失去信心，纷纷卖出股票，这种反应也会影响股市，造成股市低估。因此，很多投资大师认为，心理情绪造就 90% 的行情，即趋势等于资金 + 心理（丁鹏，2014）。如本书第 8 章中所述，市场情绪能够显著预测股票收益。既然市场受情绪的影响，那么依据市场情绪的波动将能够对投资进行指导。诺贝尔经济学奖得主希勒在《非理性繁荣》中将投资者情绪归为推动 20 世纪 90 年代美国牛市的主要动力之一，而且经济学家们也发现良好的天气或者重大赛事胜利所产生的乐观情绪能为股市带来超额收益。

利用投资者情绪指导股市投资，首先需要找到代理情绪的合理指标。市场中反映情绪的

㊀ 资料来源：http://lsvasset.com/value-equity-fund/.

指标比较多，单个指标无法全面反映真实的市场情绪。Baker 和 Wurgler（2006）首先采用主成分分析的方法将这些指标组合成一个综合情绪指标用以反映市场情绪，其基本的构建过程由以下几个步骤组成：

首先，在特定的市场选取几个单一的情绪指标。例如，闫伟（2012）就针对我国股票市场的情况指出，情绪指标往往选取当期与前期的股市成交量（VOL_t、VOL_{t-1}）、封闭基金折价率（DIS_t、DIS_{t-1}）、新增投资者数量（INV_t、INV_{t-1}）、提前 1 期与 2 期的沪深 300 指数（HSI_{t-1}、HSI_{t-2}）、中国基金总指数（FUD_{t-1}、FUD_{t-2}）等 10 个变量作为情绪代理变量㊀。

其次，对选取的变量进行主成分分析，选取第一主成分作为情绪指标 $S0$。

再次，计算选取的情绪指标变量与情绪指标 $S0$ 之间的相关性；

最后，挑选情绪变量中与 $S0$ 相关性最高的变量作为最终变量，重新进行主成分分析，而此时第一主成分将作为最终的情绪指标 S。图 11-3 为东北证券利用我国股票市场 2012 年 1 月初～2016 年 8 月的数据构建的我国股票市场情绪指标。

对于情绪指标的构建，除了上述利用多只情绪代理指标组合形成复合情绪指标之外，学界与业界也在通过其他的方式构建更加多元化的情绪指标，如利用大数据挖掘技术分析文本中的情绪信息，获得用户在论坛等社交网站中发表的评论信息等来构建情绪指标。

图 11-3　我国股票市场情绪指标

数据来源：行为金融，来自情绪面的择时与选股，东北证券研究报告——策略研究报告，2016.08.03.㊁

根据情绪指标的特点，可以有一种择时策略：长期看区域和短期看变化，即在大周期内，情绪指标能够明显地反映股票水平所处的历史阶段，在低风险（情绪低迷）区域买入股票，在高风险区（情绪高涨）卖出股票，反情绪周期操作。尽管恐慌和贪婪情绪会对市场造成很大的影响，但是无法改变市场的大趋势，从大周期看，情绪低迷时股市被低估，情绪高涨时

㊀ 闫伟. 基于投资者情绪的行为资产定价研究［D］. 华南理工大学，2012.
㊁ 东北证券研究所. 行为金融，来自情绪面的择时的选股［R/OL］.（2016-08-03）［2018-07-01］.

股市被高估。彼得·林奇的鸡尾酒会理论①也反映了这个现象。虽然在长期预测股市的拐点很难，但是通过情绪指标的一倍标准差能够将市场分为几个明显的区域，投资决策就变得简单了。以一倍标准差作为分界线，在"上界"以上区域是高风险区，作为长期投资应该谨慎；在"下界"以下为安全区，投资者大胆介入能将获得较高的安全边际和收益。

情绪指标对于板块的选择也有一定的指导意义。Baker 和 Wurgler（2006）发现投资者情绪对不同板块股价的影响有着显著的差别。如果将投资者情绪定义为投机的倾向，那么投资者情绪的上升会拉动更多投机性股票的需求。而如果将投资者情绪定义为对股市的悲观或者乐观的态度，情绪依然会对不同类型的股票产生不同的影响，因为投机性的股票自身独有的风险更大，更难对冲掉持有的风险，卖空的渠道也更少，因此当投资者情绪上升时，因为缺乏卖空势力，投机性股票的涨幅也将更大。

案例 11-11 ｜ 号脉投资情绪——天弘基金打造全球首只大数据情绪指标②

2015 年 11 月 5 日，天弘基金正式发布了全球首只大数据情绪指标——余额宝入市意愿情绪指标（以下简称"余额宝情绪指标"）。余额宝情绪指标是天弘基金通过对余额宝资金流入股市的数据进行挖掘，从而用于刻画散户入市意愿的指标。

自余额宝 2013 年 6 月 13 日上线至今的 2 年多时间里，余额宝积累了海量客户数据，截至 2015 年 6 月，余额宝用户数量达到 2.26 亿，相当于每 6 个中国人当中就有一个余额宝用户，客户群体基本覆盖了全国的各个民族、各个地域、各个职业、各年龄阶段。那么，是否可以利用这些海量数据来为投资者提供有价值的参考？余额宝情绪指标正是天弘基金在开始大数据实际应用探索后的一个有益的成果。天弘基金根据余额宝用户转出行为的数据挖掘，量化出用户参与股市的情绪变化指标，具体来说该指标的编制方法是基于余额宝的业务场景，将交易行为细分，筛选出用户直接或间接进入股市的资金，在剥离 IPO、节假日、收益影响后，对数据进行标准化指数构建后得到的，集海量数据真实反映 2 亿用户的入市意愿。

余额宝情绪指标反映了余额宝用户参与股市的意愿，为普通投资者提供了新视角，能够帮助散户更全面地认识市场。经过测算，该指数点位与银证转入新增资金的相关系数高达 0.9，可见该指数对于全市场入市资金量变动的反映都具有较高的准确性。对投资者来说，通过情绪指标可以更为全面地认识市场变化，为自己的投资行为提供参考。比如，在情绪指标发布会上，天弘基金大数据中心负责人周卫国发现用户情绪指标

---

① 鸡尾酒会理论是彼得·林奇从自己参加鸡尾酒会的经历中总结出的可以判断股市走势的四个阶段：①当人们宁可与牙医聊天也不愿意与他探讨股票问题时，股市基本处于探底阶段；②当人们愿意与自己交谈上两三句，但反应依旧比较平淡的时候，股市应处于即将反弹阶段；③当人们纷纷聚拢在他身边，不停地询问他哪只股票更好时，股市应已达到阶段性高点；④当人们已经不满足于向他询问股票行情，而是纷纷向他推销自己看中的股票时，股市就将再次进入下跌震荡阶段。

② 案例资料来源："号脉投资情绪天弘基金打造全球首只大数据情绪指标"，http://funds.hexun.com/2015-11-05/180374924.html?from=rss。

"在股市达到 4 000 点以后,每逢大跌,散户就会抄底"的规律,认为用户可以根据情绪指标的变化及其反映出的规律进行更为科学的投资决策。

11.3.4 基于投资者关注度的投资策略

在本书第 2 章的引导案例中描述了这样一个市场行为:同一项科研成果(EntreMed 公司研制出的新抗癌药物)早在五个星期之前就已经公开发表在《自然》杂志上,但那时市场却没有对该消息做出反应;而几星期后,《纽约时报》报道的却导致该公司的股价从 12 美元迅速上涨到 52 美元并且在接下来的三周内一直稳定在 30 美元以上。由于投资者关注几乎无法捕捉到有关上市公司前景的信息,而热门财经媒体的再次报道引起了投资者的热烈关注,因而导致了市场的强烈反应,甚至带动了整个医药行业的股价上涨。

在我国股票市场,由投资者注意力所诱发的股票市场波动和炒作现象比比皆是。正如本书第 8 章中提到的谷歌搜索量与 IPO 首日收益率间的关系,宋双杰等(2011)用我国股市的数据也发现了类似的结果:他们检验了 2005 年 1 月 1 日~2011 年 3 月 28 日在 A 股市场进行 IPO 的公司,使用谷歌搜索量来衡量投资者对 IPO 公司的关注度,结果发现在 IPO 前拥有高谷歌搜索量的公司 IPO 首日的收益率(122.91%)比低谷歌搜索量的公司收益率(48.82%)高出近 80%。

投资者的注意力对金融市场的影响已经得到学术界的普遍关注和认可,如何利用投资者关注来指导投资成了一个热门话题,相关的利用百度搜索指数、谷歌搜索指数等新兴工具的投资策略应运而生,它们在投资者关注(搜索量)上升的领域买入股票,进行投资;而在投资者关注减弱的领域卖出股票。

案例 11-12　指数基金将嵌入百度搜索大数据

大数据、社交网络、搜索引擎、云计算等互联网技术的广泛应用在悄然改变人们生活的同时,也正逐渐深入到传统金融业务的核心中。2014 年,百度金融中心联合中证指数公司、广发基金在上海发布了中证百发 100 指数,这是目前国内真正利用大数据挖掘技术开发的首款互联网金融产品。与常规指标不同的是,该指标在选样过程中,引入了百度金融搜索和用户行为大数据,能够更加准确地捕捉投资者行为对股票价格变化产生的影响。

具体来说,该指标以中证全指为样本空间,对样本空间的股票按其综合财务因子、综合动量因子和搜索因子计算的综合评分降序排列,选取排名前 100 名的股票作为中证百度百发 100 指数成分股。其中搜索因子是对样本空间的股票分别计算最近一个月的搜索总量和搜索增量,分别记为总量因子和增量因子;对搜索总量因子和增量因子构建因子分析模型,计算每期个股的综合

案例资料来源:指数基金将嵌入百度搜索大数据,http://www.ce.cn/culture/gd/201407/15/t20140715_3158798.shtml。

得分，记为搜索因子，该指标用来衡量用户关注度。

相比市场主流指数，百发100指数自发布以来取得了突出的表现。累计收益方面，百发100指数2009年1月1日～9月18日已经取得了807.79%的涨幅，远高于同期沪深300的累计涨幅，更高于上证综指12%的累计收益，也远远战胜了全市场业绩基准中证全指56%的累计收益。该指数自2014年年初～2014年9月18日，涨幅达42.85%。从历史走势来看，百发100指数能够显著战胜市场所有主流宽基指数，是一条良好的被动投资标的。

关键概念

技术分析（technical analysis）
基本面分析（fundamental analysis）
行为投资策略（behavioral investment strategy）
逆向投资策略（contrarian investment strategy）
惯性投资策略（momentum investment strategy）
小盘股投资策略（small company investment strategy）
情绪指数投资策略（sentiment index investment strategy）
基于投资者关注度的投资策略（based on investor's attention investment strategy）

本章小结

（1）心理学实验表明，人们的理性是有限的，因而在证券投资中基本面分析方法和技术分析方法都有其用武之地。基本面分析是基于投资者对证券市场的理性分析而选择的方法，技术分析则以对市场上投资者的购买能力及投资者情绪分析为依据，两种方法各有其实用性和局限性。

（2）基于对投资者的非理性分析和对异象的挖掘，可以制定出行为投资策略，包括：小盘股投资策略、逆向投资策略与惯性投资策略、情绪指数投资策略等。这些投资策略的设计思想是利用市场存在的系统性定价偏差而构建投资策略，从而形成实用的投资理念。

（3）由于存在认知和心理偏差，投资者在选股、选时、持有和卖出等投资过程中常常会出现特定的行为特征，从而导致决策失误。为避免投资决策失误，需要对投资过程的每个环节常出现的心理偏差有清晰的认识并加以克服。

思考习题

1. 为什么技术分析法和基本面分析法通常都是有用的？对于有效性程度不同的市场，两种方法的适用性各自有什么不同？
2. 在基本面分析方法中可能存在哪些偏差？
3. 技术分析法的依据是什么，这一分析方法具有什么优势与局限性？
4. 各种行为投资策略进行投资选择的依据分别是什么，它们为什么存在战胜市场的优势？

5. 基于对异象的挖掘和对非理性投资行为的认识，是否可以寻找和设计出更多的行为投资策略？

6. 投资过程有哪些环节，每个环节可能存在哪些不同的心理偏差与决策错误？

7. 从心理过程分析为什么人们常常觉得出售比购买要难得多？

 案例讨论："好教授"与"忙碌先生"

郝教授是德高望重的物理学教授，因性格温和、为人友善被称为"好教授"，他的好朋友刘满禄是一位金融从业人员，对股票投资操作颇有经验，因为其性格比较急躁、做事雷厉风行而被朋友用其名字的谐音称为"忙碌先生"。

在股市充满诱惑力的 2006 年，郝教授也想拿点资金出来分享股市红利，但他完全不知道如何进行投资操作，他的好朋友刘满禄很愿意帮忙，他让郝教授在开户以后把证券账户的用户名和密码告诉他，由他捎带着在账户里直接帮着买卖操作就行了。刘满禄对自己的炒股水平非常自信，他每天投入很多精力研究上市公司的估值，他选股很精准，常常能选出有潜力的个股，获得不错的收益。郝教授所做的事情就是每天打开账户看一眼账户里的股票有什么变化，市值增加了多少。久而久之，郝教授也能跟刘满禄谈论股票了。刘满禄的股票操作还真是很"忙碌"，郝教授发现自己账户里的股票经常在变动，刘满禄的投资策略是比较短线的，他特别注意挖掘上市公司的动态信息：哪个公司有重组的预期、哪个公司投资了一个有前景的项目、哪个公司的控股公司即将上市等，他根据这些信息算出股票的目标价格，果断买入股票，再等待这个信息被市场所挖掘和认同，股价被大幅拉升，股票达到他的目标价格后卖出。这种策略总体来讲很成功，但也有很多次失误，问题不在他对股票的选择，而在持有和卖出上，他没有足够的

耐心和信心，常常是当买入股票后，股价长时间没有动静，但当他终于对其失去信心而卖出时，股票价格却开始上扬。这种情况发生过很多次，令他不仅无比沮丧而且还很没有面子。最典型的一次是，他选中并买入的一只股票阴跌了半个多月，于是他终于按捺不住在某一天上午把它卖了，极具讽刺意味的是，这只股票当天下午就以涨停报收，并在随后的几天里经历连续多个涨停。郝教授看在眼里急在心中，努力装作无所谓，只是有时会拿这件事情开开刘满禄的玩笑。但刘满禄却感受着加倍的懊恼，因为他在自己的账户里用更多的资金进行了同样的操作，眼睁睁地看着自己与盈利失之交臂。刘满禄越来越感到自己帮朋友理财承受了太大的压力，终于有一天，他提出不再帮郝教授管理股票账户了。不需要任何移交手续，他构建了一个股票组合后就告诉郝教授他不再进这个账户了。

郝教授只好自己来管理，他所做的事与以前相比没有任何差别，他不看财经新闻，不看公告信息，不看财务报表，甚至不看其他的股票，只看自己的股票账户每天的市值是多少。他还经常向刘满禄通报自己账户的信息，告诉他今天挣了多少钱，或今天亏了多少钱。刘满禄常常给他一些建议：股票涨得好的时候，刘满禄建议他可以卖了，郝教授不同意，他说："股票还在涨呢，怎么就要卖呢？"股票又回跌的时候，刘满禄又建议他赶快卖掉股票守住利润，郝教授还是不

同意,他说:"更高的价格都没卖,跌下来了还怎么卖呢?"于是,自从他接手以后,账户里的股票组合和仓位就再也没变过。但他每天会去看,每天都感受着赚钱的乐趣或亏钱的失落。刘满禄告诉他不要在乎每天的涨跌,既然不操作就不要天天去看了,做长期投资吧。但他依然每天都看。

问题:

(1)刘满禄的投资策略是属于技术投资还是价值投资?他是否已经形成了自己独特的投资策略?这种策略有什么可取和不足之处?

(2)刘满禄的投资策略是否值得总结和发扬,是什么心理阻碍了他赚取更丰厚的报酬?作为个人投资者应该如何克服这种心理?如果他是基金公司的操作人员,那么这种个人的心理是否也同样会影响公司的决策?公司是否可以设计一些制度来避免因个人心理因素所导致的决策错误?

(3)郝教授为什么会产生这种"交易惰性"?如果没有刘满禄当时给他构建的股票组合,他可能会怎样买卖股票?是什么心理使他每天都看股票市值的结果,并对从没有兑现过的盈亏产生情绪波动?你会对郝教授提出怎样的建议?

(4)在现实投资实践中,你属于"好教授"类型还是"忙碌先生"类型?你如何在这两者之间寻找到恰当的投资理念和策略?

推荐阅读

[1] Eisner R, Nadiri M I. Investment Behavior and Neo-Classical Theory [J]. Review of Economics & Statistics, 1968, 50(3): 369-382.

[2] 马尔基尔. 漫步华尔街 [M]. 张伟, 译. 北京: 机械工业出版社, 2008.

[3] 莫布森. 魔鬼投资学 [M]. 刘寅龙, 译. 广州: 广东经济出版社, 2007.

[4] 巴菲特, 坎宁安. 巴菲特致股东的信: 股份公司教程 [M]. 蒋旭峰, 王丽萍, 译. 北京: 机械工业出版社, 2007.

[5] 忻海. 解读量化投资 [M]. 北京: 机械工业出版社, 2010.

[6] 爱德华. 股市趋势技术分析 [M]. 8版. 程鹏, 等译. 北京: 中国发展出版社, 2004.

[7] 格雷厄姆, 多德. 证券分析: 投资者的圣经 [M]. 邱巍, 译. 海口: 海南出版社, 2004.

第12章

行为金融学新进展与研究展望

本章提要

本章介绍了行为金融学的最新发展趋势。首先,从社交媒体与大数据金融、家庭金融、微型金融与普惠金融以及文化金融等几个方面介绍了行为金融学应用新进展。其次,从实验室实验、实地实验、行为博弈论、神经科学、眼动科学、计算金融等方面展示了行为金融学新的研究方法。

重点与难点

- 了解行为金融学扩展的新领域和应用的新进展;
- 了解实验室实验、实地实验、行为博弈论、神经科学、眼动科学、计算金融等行为金融学研究的新视角与新方法;
- 把握行为金融学的前沿动态所展示的发展趋势以及该学科发展的内涵与外延界定。

在过去的20多年里,行为金融学取得了举世瞩目的成就,行为金融学研究在一系列心理学实验的基础上,跳出传统理论的"经济人"假设,借助心理偏差和有限套利两块重要基石,对有效市场假说和金融学的其他经典模型发出了重大挑战。经过十几年的发展,行为金融学在诸多新的研究领域中广泛应用的同时,也不断涌现出新的研究方法。本章将首先对行为金融学应用的新领域进行介绍,包括行为金融学在社交媒体与大数据金融、家庭金融、微型金融与普惠金融、文化金融等领域的拓展与应用。然后,对行为金融学新的视角和研究方法进行介绍,包括实验室实验、实地实验、行为博弈论、神经科学、眼动科学、计算金融等方面的新动态。

12.1 行为金融学应用领域的拓展

随着自身的不断发展和完善以及新的研究领域的出现,行为金融学在更多的领域中得到了应用,这使得行为金融学理论体系得以丰富和完善;社交媒体与大数据的发展为投资者情绪的研究提供了新的契机;家庭金融与普惠金融等领域在近些年自然而然地开始受到行为金融学者的关注;从文化视角对金融决策的理解丰富了行为金融学的研究视角。

12.1.1　社交媒体与大数据金融

在社会关系越来越趋向于网络化的时代,人的行为不仅受到个人心理偏差与偏好的影响,还会越来越多地受到社会关系的影响,人的行为结果也都越来越以大数据的方式得以呈现,并提供了用大数据及相关技术手段分析人的行为规律的行为金融新视角。大数据,是指由于数据的规模和复杂程度限制,无法用传统的软件管理工具进行处理的数据集合。以牛津大学教授维克托·迈尔-舍恩伯格和肯尼斯·库克耶编写的畅销书《大数据时代:生活、工作与思维的大变革》的出版为标志,与大数据相关的研究方法迅速渗透到学术界,并成为研究投资者社交行为的重要手段。早在2014年,美国的社交网站推特的每月活跃用户数量就已超过2亿人,目前推特用户平均每天的发帖量就超过了4亿条。而在中国,截止到2017年9月,新浪微博的每月活跃用户数量已经高达3.76亿[○],并且仍然处于持续增长中。

借助社交平台所提供的开放性数据,研究者比较容易获得与用户行为相关的个人数据,如年龄、地区、性格、爱好等。社交媒体大数据的存在,使学术界将研究范围从原来的抽样调查升级至总体。从研究样本转化为研究全体,避免了抽样调查的随机性带来的取样偏差。同时,相对于传统的调查方法,利用社交数据进行分析得出的用户行为特征与偏好也更加真实可靠。由此可见,社交媒体是理解社会行为的绝佳数据库,因而越来越多的学者将社交媒体数据视为社会复杂行为的代理变量。除了社交媒体提供的相关数据之外,通常也把搜索引擎(例如谷歌、百度等)的查询数据作为大数据的来源。

大数据通常具有3V特点,即规模性(high-volume)、实时性(high-velocity)和多样性(high-variety)。那么,为了得到和分析关于用户数据的相关信息,人们必须深入探究数据挖掘(data-mining)、机器学习(machine-learning)等技术。利用这些技术将社交平台上的数据由定性(qualitative nature)转换为定量(quantitative nature),再应用于计量模型中。行为金融学的研究表明,许多因素都会导致市场波动,产生违反有效市场假说的异象。例如,Shiller(1984)提出的动物精神,Nofsinger(2005)提出的社会情绪(social mood),Baker和Wurgler(2007)使用的投资者情绪(investor sentiment)变量,Fenzl和Pelzmann(2012)提出的心理因素(psychological factors)等。由于在实证过程中对这些因素的直接测度存在着困难,因此之前的研究大多采用调查问卷或者将因素简化为对行情看涨或看跌的代理变量,例如封闭式基金折价率、消费者信心指数、天气情况等。社交媒体大数据则提供了在总体层面收集有关这些因素具体数据的机会。

目前的研究较多聚焦在如何用大数据研究投资者情绪,国外的研究主要集中在探讨Facebook(脸书)、Twitter(推特)、Google(谷歌)这三个社交平台或搜索引擎所包含的投资者情绪,主要有三种构建投资者情绪指标的方法。

(1)通过微博上用户的活跃度或搜索引擎中的搜索条数等信息,衍生出投资者的关注度

○ 数据来源:《微博2017年第三季度财报》。

指标。2004年，Antweiler和Frank（2004）研究发现网络消息留言板的活跃程度与股票波动率、交易数量等指标之间存在相关关系。Da等（2011）提出对股票代码的搜索量可被视为对投资者关注度的测量方式，研究发现，搜索量上升后的两个星期内股票价格会有所上升，但一年之内会出现价格反转现象。而Joseph等（2012）却认为，股票代码的搜索量代表的是投资者情绪，搜索量的上升代表了"买"的信号强烈，因为卖方早已有所持股票的相关信息了。

（2）通过语义分析提取关键词分析情绪。如Bollen（2011）提取了约1 000万条推特文本并对其进行语义分析，构建了6个代表社会情绪的维度，发现"冷静"情绪对道琼斯工业平均指数涨跌的预测准确度高达87.6%。Zhang等（2011）搜集了6个月的推特文本，将其所包含的语义划分为积极和消极两类，结果发现，推特上的情绪对道琼斯工业平均指数具有一定的预测作用，当推特上的情绪表达比较强烈，如展现出大量的希望、担心等情绪因素时，第二天的道琼斯工业平均指数会下降。Sprenger等（2014）研究了推特上专门讨论股票市场的论坛，提取关键词分别对个股和公司重大事项进行深入研究，结果发现，推文的情绪与股票收益率、交易量之间存在着相关性。

（3）构建情绪代理指标。Gilbert和Karahalios（2010）研究了Live Journal网站上超过2 000万条的发帖，构建了美国国家情绪指数，并称之为焦虑指数（anxiety index）。研究发现，当焦虑指数急速上升时，收盘时的标准500普尔指数在当天会略微低于预期。Karabulut（2013）将脸书上的全国"幸福指数"（gross national happiness index，FGNHI）作为投资者情绪的代理指标，研究发现，FGHNI可以预测美国股票市场日收益的变化，Siganos等（1990）将FGNHI指标扩展运用到全球的20个市场中，得出了相似的结果。Da（2015）挖掘了与家庭问题相关的搜索条数，用来反映市场层面的情绪，构建了"金融经济态度搜索指数"（financial and economic attitudes revealed by search，FEARS）指标。该指标可以预测短期的收益反转、暂时性的波动增加以及共同基金在股票型基金和债券型基金之间的资金流动。

随着各种形式的社交媒体的不断涌现，如何利用这些社交媒体中的海量信息开展行为金融研究，开始被学术界广泛关注，目前已有研究发现，社交媒体平台不仅蕴含着关于股票市场的大量的信息碎片，而且囊括了投资者的噪声及其他的非理性因素。如何对这些不同形式的信息进行区分，信息如何传递和扩散，这些问题将是未来研究的重点。与此同时，这些社交网络平台以及其所构建的虚拟社会网络环境，也为学者用实地实验方法研究人们的决策行为规律提供了重要的现实平台。

12.1.2　家庭金融

近年来家庭金融作为一个独立的金融研究分支，正日益受到研究者的关注。微观层面的金融研究沿两条主线展开。一条主线在传统的理性人假设基础上，采用更广泛的样本，进一步考虑多种因素的影响（比如多种导致不确定性存在的原因），改进数学上的评估方法。例如，研究收入的不确定性对家庭储蓄决策产生的影响，家庭的人力资本和各类资产禀赋、投资环境对投资决策和资产组合行为产生的影响等，但是不同的模型和数据所得出的结论仍存在很大的分歧。更受瞩目的另一条主线是基于行为金融学的理论和方法展开研究，例如，从个体角度分析家庭在消费金融决策上不同于传统理论预测的行为及其心理根源，讨论如何帮助家庭更好地配置资源，研究表明，股票市场中存在在家庭投资中会出现的有限理性行为，如处置效应、本地偏好、不完全分散化投资等，家庭借贷和储蓄的有限理性行为也陆续被现场实验或自然实验揭示出来，各种不同于传统公共政策的"助推"行为的有效性逐步得到论证。从目前的研究来看，有限理性角度的家庭金融研究比传统理论更有说服力，虽然这方面的研究还相对匮乏，且缺乏一个统一的理论框架，但它将是未来对家庭金融行为进行分析的重要方向。黄纯纯（2015）对这一领域的研究进行了详细的综述[①]。

针对家庭金融中信用卡贷款消费行为，多项研究均检验了持卡人的有限理性问题。Ausubel（1991）指出，消费者会对用于促销的优惠利率过于敏感，但对随后的正常利率却不敏感，这导致了信用卡利率的"黏性"特征。Agarwal 等（2006）观察了一家美国大型银行的信用卡客户行为后发现，在有年费但利率低和没有年费但利率高的两种信用卡合约面前，有 40% 的持卡人没有做出最优的选择。Shui 和 Ausubel（2004）也有类似发现，在他们的实验中，银行向 60 万名信用记录比较好的潜在客户随机邮寄 6 种信用卡中的一种。6 种信用卡有不同的优惠期限与优惠期利率，具体如表 12-1 所示，优惠期之后的正常利率都在 16%左右。

表 12-1　6 种信用卡的优惠期限与优惠利率

信用卡类型	A	B	C	D	E	F
优惠期限（月）	6	6	6	6	9	12
优惠期利率（%）	4.9	5.9	6.9	7.9	6.9	7.9

实验发现，开通 A 类型信用卡的客户数量高于开通 E 和 F 类型信用卡的客户，并且其中 60% 的开卡客户在优惠期之后都会继续使用该银行卡，即使在开卡之后的 24 个月中，他们每月的信用卡负债余额也都大致保持不变。对于这些客户来说，选择优惠期尽可能长的卡，或者在低优惠利率卡的优惠期结束后，改用其他的卡，才是最优的选择，但他们却没有这么做。Ponce 等（2014）利用墨西哥征信局和前三大银行的数据，研究了墨西哥 10 万名信用卡持卡人的消费信贷行为，发现在拥有两张除了利率存在差异之外其他方面都相同的信用卡的持卡人中，平均 21% 的负债被错配，导致融资成本比最低融资成本高出了 31%。也就是说，很多持卡人并没有能够在两张信用卡中进行套利，或者说他们经常使用利率高的信用卡而未使用利率低的信用卡，从而未能实现融资成本的最小化，且这种现象普遍存在。

负债规模的选择是家庭风险管理的重要环节，次贷危机更使这一主题成为家庭金融讨论的热点。传统理论认为家庭会基于自身风险偏好选择最优的负债规模，收入等特征是考察家庭贷款规模可控程度的主要因素，例如"每月应偿债金额/每月收入"是常用的度量指标。不过，大量实证研究发现，即使考虑了这些因素，家庭对负债规模的选择仍然千差万别。行为研究认为，还需要从个人的认知和自我控制能力方面寻找原因。

首先，在心理方面。传统经济学假定理性消费者能够对自身的负债程度做出客观的评价，因此也就不存在心理压力的问题。而新近的研究则表明，相同的负债水平会给不同消费者带来不同的心理压力，如女性和失业者的心理压力会比较大（Routzahn 和 Hansen，2014；

[①] 黄纯纯. 家庭金融行为研究的新近发展评述［J］. 南方经济，2015，(9): 98-111.

Keese，2012），这种压力会约束家庭的负债水平。而且，家庭的负债情况不仅受个人因素决定，也受社会网络的刺激和影响。例如，当电视刚开始出现时，电视节目提高了消费者对新商品接触的可能性，进而影响家庭对消费品的购买欲望，家庭可能会更加努力工作以购买更多消费品，如果短期内无法调整劳动供给，则会通过借款去获得当期消费（Baker 和 George，2010）。Georgarakos 等（2014）通过对荷兰 1 861 个家庭的调查发现，同辈的平均收入会对家庭负债产生影响，尤其是对于那些收入水平低于同龄人的人来说，这种影响较大，因为他们会通过负债来赶上周边"朋友圈"的消费水平。他们的研究支持了社会网络对行为影响的理论，也是社会网络在家庭负债需求领域的少数应用之一。

其次，在自我控制机制方面。理性的消费者不存在自我控制问题，因为他不存在冲动。但行为研究发现，一些信贷工具会让消费者有过度消费的冲动，例如，信用卡是一种需要不断做出负债数量决策的消费贷款工具。为了避免过度透支，持卡人在刷卡消费时需要控制住冲动，而这是需要付出心理成本的。为了减少这种心理成本，持卡人可能会进行预先的自我控制（Gul 和 Pesendorfer，2001），如申请适当的而不是过高的信用额度、对持有的不同信用卡划分不同的用途等。

最后，在认知与决策能力方面。消费金融决策是一种复杂的决策，并且由于很多决策不会频繁做出，例如，对于住房抵押贷款这样的决策，难以通过经验来改进决策结果，在这种情况下，教育的作用则凸显了出来（Dynan 和 Kohn，2007）。Brown 等（2013）采用事件研究法，发现数学和金融教育会减少负债的负面结果，并降低年轻人负债的可能性和负债规模。年轻人在首次购房时，其所受过的数学和金融学教育会使其推迟购房时间，而经济学教育则会提高其负债的可能性以及负债规模。Disney 和 Gathergood（2013）通过对英国家庭的调查发现，金融教育水平较低的借款人会持有更多高成本的借款，他们在理解信贷条款时更加缺乏自信，并且较少参加能够增进其金融知识和对信贷市场的了解的活动。在生命周期假说中，储蓄行为主要受到风险态度和时间偏好的影响，其中的时间偏好在整个生命周期中保持一致，当事人据此做出最优储蓄选择。然而，Jones 和 Mahajan（2011）的实验研究却表明，低收入人群存在当前偏向的偏好。这可能会导致消费者当前消费过多、储蓄过少，并在将来对当前的行为产生后悔情绪（Strotz，1995；Laibson，1997）。当前的行为研究开始关注到由于有限认知和有限自我控制原因导致的储蓄过少现象，并通过各种助推实验来检验新的公共政策的有效性。

美国居民储蓄率普遍较低，很多居民已经出现了养老金不足的情况。为此，企业和政府都在寻求可以促进居民参与退休储蓄计划（401（k）计划）的措施。研究者以企业员工为被试进行实验来探讨各种措施的有效性。Madrian 和 Shea（2001）通过观察一家上市的大型医疗保险企业中雇员的储蓄行为发现，如果在 401（k）计划方案中推行自动登记的做法，那么即使不改变原有方案，雇员的参与率也会大幅度提高。Choi 等（2012）以美国一家大型技术公司的员工作为被试发现，当对投入 401（k）计划的储蓄金额提供不同的锚点时，员工会对应地增加或减少储蓄。Clark 等（2014）以一家大型金融机构的新员工作为被试，随机向部分新员工发放印有 401（k）计划和交纳金额的简单信息的传单，发现这种简单的信息干预就能够助推雇员参与到退休储蓄计划中。这些实验表明，要克服决策复杂性给储蓄带来的阻力,很小的助推行为就能够起到良好的促进作用。不过,即使消费者能够制定正确的储蓄决策,但可能由于其自我控制能力存在问题,而依然导致储蓄过少。Thaler 和 Benartzi(2004)讨论如何减轻自我控制中出现的问题。他们在以 3 家不同类型的企业的员工作为被试的 3 次实验中发现,通过理财顾问或邮件来邀请员工加入储蓄计划,并辅以执行的措施,都能够有效地提高储蓄水平,帮助有储蓄意愿但存在自我控制能力问题的员工达到其储蓄目标。

关于家庭借贷、储蓄及投资的新近研究发现,家庭金融行为存在着大量的有限理性现象难以用传统理论进行全面解释,使行为经济学和行为金融学的研究视角成为一个合理途径,也成为未来可持续发展的研究领域。

12.1.3 微型金融与普惠金融

"普惠金融"(inclusive finance)这一概念由联合国在 2005 年提出,以可负担的成本为有金融服务需求的社会各阶层群体提供适当、有效的金融服务,小微企业、农民、城镇低收入人群等弱势群体是其重点服务对象。"微型金融"(micro finance)则是专门针对贫困、低收入人口和微型企业而建立的金融服务体系,它包括小额信贷、储蓄、汇款和小额保险等。

由于贷款对象的特殊性,微型金融与普惠金融中的贷款信用与违约机制一直是一个难题。借助于实地实验,行为金融学为该问题的解决提供了无限可能,在最近的研究中,诸如社会互动、信任、社会角色的行为因素被尝试用来解决微型金融与普惠金融中的违约问题。

Karlan(2007)通过与秘鲁的一个微型贷款机构 FINCA 合作,利用准自然实验研究发现,在成员的地缘和种族差异程度不同的联保贷款小组中,社会同质性(social homogeneity)越强的联保小组拥有越高的还款率和储蓄率。证据显示,高的还款率很大程度上是因为同质小组成员之间更好的监督、更高的组织承诺以及对违约者更多的同情和援助所致。更有说服力的证据来自于 Feigenberg 等(2013)在印度开展的实地实验,研究发现,在个体责任契约下不同水平的社会资本会导致不同的还款率。在实验研究中,他们对两个借款小组分别设立每周一次和每月一次的借款会议制度,发现高频会议小组在再贷款中的违约率比低频小组要低 2/3,而且小组成员之间平时的联系和接触更频繁,互助性更强。以上实验证据表明,在小额借款过程中产生的社会互动发挥了连带责任契约的风险分担和"社会保险"(social insurance)功能,De Quidt 等(2014)将之称为隐性连带责任。

Karlan(2007)、Feigenberg 等(2013)设计的实地实验主要关注社会因素在事后还款中所起的作用,而 Karlan(2005)则讨论了信任在内生性的组员选择中所起的作用。卡尔兰(Karlan)与秘鲁的微型贷款机构合作,通过经典的信任博弈实验来测算参与者的"信任"(trusting)与"值得信任"(trustworthy)的程度,发现"值得信任"程度更高的参与者拥有更高的还款率。

Cassar、Crowley 和 Weick(2007)在南非和亚美尼亚使用实地实验研究了社会资本对群体借贷偿还情况的影响。他们使用个体间的私人信任和群体内部的社会同质性作为社会资本的指标,发现两者对群体借贷的表现都有显著的正面影响,而简单的认识或是以问卷反映的社会普通信任水平对群组表现影响很小。随着网络科技的飞速发展,行为金融学在微型金融与普惠金融中的作用越来越突出。例如,对于没有贷款记录的用户,可以通过其社交网络数据对其信用水平进行评级。InVenture 公司通过用户移动手机的活动，分析超过 1 万个数据点来建立可靠的信用评分，从而在肯尼亚开展信贷业务。借助这样的评级，InVenture 公司无须从银行获得信用评分就能独立提供贷款。InVenture 的创始人和 CEO ShivaniSiroya 写道："自从去年春天在肯尼亚推出我们的应用以来，我们已经向数万客户贷出了上百万美元。我们的还款率超过 85%，有超过 90% 的借款人会回来借第二次、第三次、第四次甚至第五次。"因此，社交网络和大数据的技术如何服务于微型金融和普惠金融，也是行为金融学能够发挥作用的领域之一。

12.1.4 文化金融

文化是塑造个体和群体行为的重要因素之一。在传统的金融学研究中，文化一直作为给定的外生变量出现（Jones，1995），直到 20 世纪 80 年代，文化这一"非经济因素"才开始回归到经济学家们的视野。发生这一转变的关键原因在于新古典经济学和信息经济学在解释真实行为和实证结果上存在局限性。因此，从广义上讲，文化金融也可以算作行为金融学的一个分支。

近些年来，文化金融的研究发展势头良好。早期最具代表性的是霍夫斯泰德（Hofstede）的研究。Hofstede（1991）将国家文化划分为 5 个维度：①个人主义/集体主义；②权力距离；③不确定性规避；④男性气概/阴柔气质；⑤长期取向/短期取向。这种分类方式被后续的基于国家间文化差异的金融比较研究所广泛采用。Wang Mei（2017）在全球 53 个国家进行了标准化的调查，其中包括了霍夫斯泰德关于文化维度的调查问题和关于损失厌恶的问题。结果表明，个人主义、权力距离和男性气概如预期的那样增加了损失厌恶，而避免不确定性的影响则不显著。除了类似于霍夫斯泰德的文化维度的分类方式外，文化金融还研究宗教、语言等在一定程度上代表一个国家和地区文化特征的变量如何影响金融行为和决策。Acemoglu（2009）认为宗教文化可以被诠释为一种非正式的制度安排，能对个体的经济金融行为产生导向性作用。宗教及其文化有可能会通过影响个体和家庭的效用函数等方式影响行为主体的内在特性，从而影响经济行为的改变。具有某种宗教信仰的家庭，可能会更有耐心，更能克制短期的利益诱惑从而从更长远的角度做经济决策。

Keith Chen（2013）将全球分成了 72 个不同的宗教团体，通过对 14 亿家庭的调查，发现不同语言时态上的差异会影响人们对时间的态度，进而影响储蓄。例如像英语这种严格区分时态的语言，在谈论未来或过去的事件时，就已经在思维里严格区分了时间段，对于这类语言环境下的人而言，未来和过去两者之间有本质的不一样。于是，人们对未来和过去的感知也会不一样，"未来"看起来比"现在"更加遥远，当然存钱也就相对困难了。但是像中文这种语言，就没有区分时态，它对现在和未来的语法表达都一样，这点细微的差别会让人们感觉未来就在眼前，此时，存钱也就会是当务之急了。各国的储蓄率情况如图 12-1 所示。

从图 12-1 可知，相比那些在语言中区分将来时态的国家，没有区分时态的国家的储蓄率更高。平均的差值占各国每年 GDP 的 5%，并且这种差别持续了 25 年，对国家总体财富有着长远的影响。在进一步对 14 亿家庭的研究中发现，那些在语言中没有区分将来时态的国家的人，在任何给定年份中储蓄的比例都要高 30%。并且这种差异还具有累积效应，当他们退休的时候，在语言中没有区分将来时态的国家的人，在收入稳定不变的情况下，要比区分将来时态的国家的人多 25% 的储蓄。

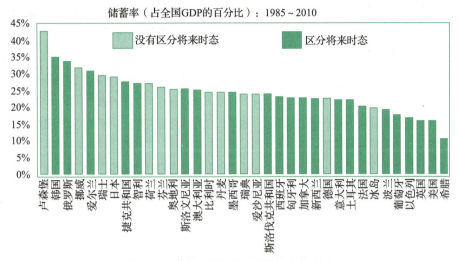

图 12-1　语言时态对各国储蓄率的影响

资料来源：Chen M K. The effect of language on economic behavior: Evidence from savings rates, health behaviors, and retirement assets [J]. American Economic Review, 2013, 103(2): 690-731.

对文化如何影响公司金融行为的研究也不断兴起。例如，金融学顶级期刊《金融经济学》就在 2015 年出了一期专刊，刊载对文化与公司金融之间关系的相关研究。Zingales（2015）在介绍该特刊时指出，"一个公司就是一个微型社会，公司可以通过公司行为塑造公司文化，而这些公司形式的微型社会已经成为现代社会的主体，甚至有望成为超越国家形式的存在。因此，研究这些金融组织中的文化就显得至关重要。本期特刊中的研究主题涵盖了不道德行为：欺诈（Biggerstaff 等，2015）、腐败（Mironov，2015）、信任（Pevzner 等，2015）等诸多行为因素"。

值得一提的是，除了在国家之间进行文化金融的相关研究之外，由于我国地域辽阔、历史悠久，是一个多民族国家，因此在我国存在着各种形式的亚文化，这也为文化金融的研究提供了良好的样本。例如，Du（2015）研究发现儒家文化能够显著降低大股东以及管理层对中小股东的利益侵占，表明儒家文化能够起到缓解上市公司委托—代理冲突的作用。针对我国区域亚文化与金融决策之间关系的研究目前还处于起步阶段，可以预期，未来将会有更多的相关研究出现。

12.2　行为金融学研究方法新进展

随着行为金融学的飞速发展，其研究方法也不断更新和发展。较早应用于行为金融学的典型研究方法包括实验室实验和行为博弈论等，这些研究方法在行为金融研究中仍然扮演着重要的角色并被不断完善。实地实验作为实验室实验的扩展，在行为金融学的研究中起到越来越重要的作用；神经科学、眼动科学与计算科学等方法则成了行为金融学研究方法的新生力量。本节将对以上这些研究方法的新进展进行介绍。

12.2.1 实验室实验

早在 1948 年，爱德华·张伯伦（Edwards Chamberlin）在课堂上以学生为被试，进行了供给和需求的实验，"实验经济学"（experimental economics）初步萌芽。Vernon Smith（1962）设计了一个相对完善的实验环境，验证了竞争市场均衡理论，标志着实验经济学的开端。近年来，随着计算机技术的发展，实验室实验（Lab experiment）的熟练运用使复杂的实验设计成为可能，实验方法逐渐被更多的金融学者所运用。与以往纯心理学实验不同的是，实验室实验（Lab experiment）将金融情景引入实验室，为研究现实金融市场和契约关系提供可控环境，有效解决了实证研究中代理变量和因素控制的难题。因此，实验方法被广泛用于对金融理论模型的检验和投资者现实心理和行为的考察。

其中最有影响力的当属 Fehr 和 Schmidt（2000）进行的一系列委托－代理实验，这些实验被用于研究社会偏好对激励契约设计的影响，由于诸如公平、信任等社会偏好在传统的研究方法下很难进行有效度量，Fehr 和 Schmidt（2000）的实验验证了这些社会偏好的存在，从而能够在激励契约设计中将这些因素考虑进去。Porter 和 Smith（2003）将资本市场情境再现于实验室以研究资产泡沫的形成机理，对关于股票市场泡沫的实验室研究的 72 个实验的结果进行了回顾和评述，描述了该领域研究的将近 20 年的发展演变过程，总结股票市场泡沫实验室研究的重大突破与成果，并对该领域未来的研究进行了展望。

另外，多位学者利用实验方法对金融理论模型进行了检验，包括 Bossaerts（2002）[1]利用实验数据深入分析了传统的投资组合理论和资本资产定价模型，Celen 和 Kariv(2004)[2]、Ciprian 和 Guarino（2005）[3]等设计实验对早期的羊群行为模型进行重新检验，Cipriani 和 Guarino（2009）、Park 和 Sgroi(2012)等设计实验深入研究金融市场中的羊群行为等。Moulin(1986)、Ho 等（1998）、Kelley 和 Friedman（2002）、Hommes 等（2007）、Bernasconi 等（2009）用实验方法对有限理性预期形成的原因进行了深入探究。Bogan 等（2013）在群体决策环境下研究投资组合，通过改变团队里男性的数量、控制股票的回报率来探索团队的性别数量差异是否影响风险厌恶和损失厌恶，进而影响投资组合决策，结果表明，风险寻求行为与群体中性别数量并不是单调的函数关系，群体决策与个人决策是有明显差异的，这些研究结论对群体决策有一定的指导意义。

采用实验室实验的方法，研究者首先具有了独立性，可完全按照自己提出的假设来决定变量的选择、设计变量的属性和取值等，较之于实证方法，不用拘泥于样本的限制与约束；其次，从时序角度来看，实验室方法是序贯式研究，实验在一段时期内进行，按多个时刻进行测量，得以对变量的动态变化进行研究，而其他研究方法大多只能测量某一时刻的变量值，不能直接观测出一段时期内的变化；再次，实验室研究的结果清晰可信，可重复验证，这正是研究者所渴望应用的一种科学研究方法。

---

[1] Bossaerts P and Plott. The CAPM in the Experimental Financial Markets［J］. Journal of Economic Dynamics and Control, 2002, 26(7): P1093-1112.

[2] Celen B and Kariv. Distinguishing Informational Cascades from Herd Behavior in the Laboratory［J］. American Economic Review, 2004, 94(3): P484-498.

[3] Cipriani M and Guarino. Herd Behavior in a Laboratory Financial Market［J］. American EconomicReview, 2005, 95(5): 1427-1443.

12.2.2 实地实验

在加入金融情景的实验越来越普遍的同时,也有不少研究者将目光跳出实验室实验,转向更贴近现实的实地实验方法来研究金融问题。传统的实验室实验由于是在实验室环境中,因此被试非常清楚地意识到自己在做实验,从而可能存在某种暗示效应影响被试的决策,他们有可能帮助或阻碍实验人员,这大大减弱了实验结果的真实性,而实地实验恰好弥补了这个缺点。

2004年Harrison和List(2004)[①]在其经典论文《实地实验》中,根据实地实验6大要素:被试池性质、被试参与任务的信息、交易商品的性质、任务的性质、标的物的属性、实验环境等,进一步按实验接近自然的程度将实验分为5种层次:在第一层,也是最基础的"实验室实验"中,被试是标准的大学生,信息、交易商品之类的信息都是抽象的,没有生动具体经济情境,是最标准的实验;第二层是"人工实地实验"(artefactual field),除被试不再是标准的大学生以外其余条件都一致;第三层是"框定的实地实验"(framed field experiment),在人工实地实验的基础上,实验要素又进一步放松条件,被试所掌握的信息包括商品任务等,都有具体情境;第四层是"自然实地实验"(natural field experiment),它在第三层基础上,更强调环境自然,被试完全不知道他们完成任务实际是一种实验过程;第五层是"自然实验"(natural experiment),它已经不是纯粹意义上的实验,而是在现实中实实在在发生的一切经济决策。

Floyd和List(2016)以介绍如何在会计和金融方面进行实地实验为例集中阐述了什么是实地实验、如何进行实地实验、怎样分析实地实验数据。通过引入实地实验使实验不再局限于实验室或者已有的文档记录数据。

在甄别社会偏好的实验研究中,实地实验与实验室实验的结果并非完全相同,由于情境的现实化,实地实验总能发现影响社会偏好的其他原因,Carpenter等(2006)[②]对日本渔业的实验发现不同行业的竞争程度会影响合作程度。Fehr等(2004)[③]在研究信任偏好时,发现以CEO为对象的实地实验与以学生为对象的实验室实验结果相异,学生喜欢威胁对手,而大多数CEO则不愿这样,他们认为CEO长期的工作经历使他们更能意识到相互信任的重要意义,从而表现出更强的信任度。Kosfeld和Rustagi(2015)在埃塞俄比亚森林公园进行了领导人的人工实地实验,旨在解决不同领导风格是如何影响团体行为的。研究发现,注重促进平等和效率的领导比不经深思熟虑而实施惩罚的领导更容易为团体带来好的结果。

由于在揭示行为人决策过程真实性方面显示的巨大优势,实地实验在行为金融的研究中发挥着越来越重要的作用。它将从现实中抽象出的行为金融学理论置于实验环境中进行检验,为行为金融学理论的发展提供了最直接的证据。

---

① Harrison G W, List J A. Field Experiments [J]. Journal of Economic Literature, 2004, 42(4): 1009-1055.
② Carpenter and Seki E. Competitive Work Environments and Social Preferences: Field Experimental Evidence from a Japanese Fishing Community [J]. B.E. Journal of Economic Analysis & Policy, 2006, 5(2): Contributions Article 2.
③ Ernst Fehr, John A. List. The Hidden Costs and Returns of Incentives-Trust and Trustworthiness Among CEOs [J]. Journal of the European Economic Association, 2004, 2(5): 743-771.

12.2.3 行为博弈论

从冯·诺依曼和摩根斯坦1944年合作的《博弈论与经济行为》一书的出版，到50年后的1994年，纳什、泽尔滕（Selten）和海萨尼（Harsanyi）因为博弈论的研究成果而获得诺贝尔奖，虽然前后的研究内容已经大相径庭，但是始终和金融学研究紧紧相扣。无论是"合作博弈"（Cooperative Game），还是"非合作博弈"（Non-cooperative Game），其终极是达到纳什均衡态。纳什均衡的立足点是博弈双方或多方寻求价值最大化的一种均衡态，指的是由所有参与者的最优策略组成的一种均衡，其命题的假设和出发点来自于传统的"经济人"假设，即博弈参与方追求效用最大化。

经典的博弈论假设参与人是理性且完全关注自身利益的。但心理学和行为科学的研究发现人们也有很多与此假设相背的行为，如公平、互惠心理倾向。为此，博弈论科学家试图结合心理学和行为科学的研究成果，重新将个人的社会偏好等行为因素引入博弈论，改造经典博弈论的理论传统，通过在经典的博弈论中引入非理性决策主体，产生了行为博弈理论。作为行为博弈论的先驱之一，2001年克拉克奖获得者Rabin[①]（1993）将"公平"引入博弈论和经济学，无疑弥补了纳什均衡的不足，为行为金融和博弈论的结合提出了一个有价值的思路。也就是说，博弈的参与方带有明显的行为特征，他们追求公平超过追求效用最大化。人们对于较多的收益可能倾向于纳什均衡，而对于较小的收益或者损失，可能更多的是倾向于公平。显然，这个公平的"均衡"来自于博弈参与方的心理因素，甚至与"前景理论"有异曲同工之妙。这提示我们，把博弈论与行为金融学的研究紧密结合，对开创行为金融学研究的新视角有着积极意义。事实上，凯莫勒的著作《行为博弈论》对于填补理性条件下的博弈与人们在现实中的博弈之间的鸿沟打下了坚实的基础。凯莫勒运用心理学原理和大量的实验成果发展了人们关于"互惠"（reciprocity）、有限策略计划和学习等数学原理，用以预测人们或者公司在一定策略状态下的行为，提出了行为博弈论的三个主要理论，一是用数学理论分析道德义务和报复心理如何影响人们讨价还价和互相信任；二是人们在思考"我认为他认为……"的推理过程中，现实中人的大脑的局限性是如何限制了原本可以无限推断下去的步伐；三是人们是如何从经验中学习使其策略变得更好。

凯莫勒的著作为行为金融学与博弈论的结合构建了重要的研究原理和框架，但具体到金融投资中人们的博弈过程的规律和特点，还有待进一步研究。无论如何，正像博弈论是传统经济学和金融学的标准分析工具一样，行为博弈论必将成为行为经济学和行为金融学的重要理论基础和分析工具之一，用来对行为金融学理论进行阐释，并通过实验方式为行为金融学提供经验证据。

12.2.4 神经科学

在过去的50多年里，由于标准的理性人假设无法解释个人决策的非理性行为，因此一群综合了生物学、医学、脑神经学和金融学的研究者开始向学科交叉方向探索，他们相信决定人的行为不仅仅是后天的社会性，更重要的是某种人类的机体物质在起作用，通过研究人

[①] Rabin, Matthew. Incorporating Fairness into Game Theory and Economics [J]. American Economic Review, 1993, L33(5): 1281-1302.

在行为决策时大脑的活动，更深入地理解人们在金融决策中的选择，如情感和风险会影响金融决策吗，风险会不会影响人们的判断，人究竟如何面对不确定性，神经经济学家对这些问题的研究弥补了标准理性人假设的非现实性缺陷，开创了经济学与金融学中的新领域——脑神经金融学，为行为金融学研究提供了大量令人耳目一新的成果。

主导脑神经金融学的重要工具是功能性磁共振成像技术（fMRI），这种技术是用来观察脑部神经物质变化的，通过观察被试在自己经济行为中的脑（成像）物质变化，来发掘这其中的生物学基础，动物性本能（分泌的物质）是如何透过后天的文化伦理和社会机制面纱影响人的决策行为。在行为金融的研究中主要集中于风险决策、情感、社会偏好三个方面。

第一，风险决策方面的研究。期望效用理论的理性人假设认为，人们在做决策时总是理性的，不会受到个人情绪的影响，总是会选择期望效用最大的策略。现实中，不同的人对待风险的态度不同，同一个人甚至会同时有不同的风险态度，有的人会玩老虎机，有的人会买保险，而既玩老虎机又买保险的人也屡见不鲜，这些在传统理论看来自相矛盾的态度是如何形成的呢？Kahneman 和 Tversky（1979）发现，损失给人们带来的负效用是等量收益带来的正效用的 2.5 倍，称为损失厌恶。而现代脑科学对损失厌恶开展了较为深入的研究。Kuhnen 和 Knutson（2005）、De Martino 等（2010）以及 Brooks 和 Berns（2013）等通过 fMRI 研究发现，人们对风险寻求与风险厌恶的态度实际上是由大脑的两个独立式神经回路控制的，即"伏隔核"（nucleus accumbens，NAcc）和"前丘脑"（anterior insula），这两个区域分别代表预期的积极和消极影响。当在积极预期时，伏隔核的皮质下区域就会变得活跃，这一区域有丰富的多巴胺，它是一种既与货币报酬的积极作用有关又与致瘾药物的使用有关的物质。这一区域只有在积极预期（盈利预期）的时候是活跃的，这表明前景理论中认为人们对盈利和损失感受不同是合理的。但 Fudenberg（2006）提出了质疑。他认为，这种行为偏好与脑区的相关关系并不能代表它们之间存在着必然的因果关系。而"脑刺激"（brain stimulation）技术的发展，提供了神经科学家们观察某一脑区接受刺激后导致的人们行为偏好的改变，从而推断行为偏好与脑区之间的因果关系（Ruff 等，2013）。

包括"杏仁核"（amygdala）在内的"边缘系统"（limbic system）通常被认为是产生损失厌恶的重要脑区。杏仁核可以产生焦虑、恐惧、厌恶等多种负面情绪，在人体受到伤害后，杏仁核的特定区域会对这些伤害所引起的负面情绪产生长期记忆。Breiter 等（2001）发现，风险决策者在面对损失时更多地调用了与情绪相关的脑区，如杏仁核和"眶回"（orbital gyrus）区域。De Martino 等（2010）研究发现，杏仁核受损者比正常被试更愿意冒险，更不担心潜在的损失。Sokol-Hessner 等（2012）通过 fMRI 技术对以上结果进行了验证，发现个体在风险决策中的损失厌恶确实与杏仁核的活动高度相关。

Canessa 等（2013）研究发现，损失厌恶是由杏仁核-丘脑-纹状体的神经网络所共同决定的。除杏仁核以外，纹状体（striatum）也被认为是影响风险决策的脑区。纹状体由"尾核"（caudatenucleus）"壳核"（putamen）和伏隔核构成。Knutson 等（2001）研究发现，预期收益的增加会激活伏隔核，而预期损失的增加则不会。Kuhnen 和 Knutson（2005）、Krawczyk 和 Dawczyk（2013）通过 fMRI 技术观察发现，当被试做出冒险选择时，伏隔核会被显著激活；而当被试做出保守选择时，则下丘脑更为活跃。偏好和厌恶的信号会在不同的脑区被反应，"眶额皮层"（orbitofrontal cortex）的中心、伏隔核的中心以及"腹侧被盖区"（ventral tegmental area）的背部会对偏好类信号做出反应，眶额皮层的两侧、伏隔核的外壳以及腹侧被盖区的腹部会对厌恶类信号做出反应（Brooks 和 Berns，2013）。

而最近兴起的"功能性近红外成像"（functional near-infrared spectroscopy，fNIRS）技术则通过检测大脑血氧浓度来探测大脑皮层的功能激活情况。Lin 等（2014）利用 fNIRS 发现，被试在进行积极的风险决策时，"背外侧前额叶皮层"（dorsolateral prefrontal cortex）被显著激活。但当风险程度不同时，背外侧前额叶皮层激活的程度有显著差别（Bembich 等，2014）。Holper 等（2014）将被试分成风险偏好和风险规避两组，发现风险偏好的被试在面对高风险决策时，背外侧前额叶皮层的反应会增强，而风险规避者则会减弱。

神经金融学在投资决策的跨期选择的研究上也有所建树，其研究主要集中在探讨大脑如何对即时收益与未来收益进行区别化编码上。目前关于这一问题的研究主要有两种观点：一种观点认为，大脑对即时收益与未来收益进行价值评估的过程被编码为两条独立的神经回路，大脑通过对两类收益所进行的价值评估进行整合判断，最终做出决策选择（McClure 等，2004，2007）。另一种观点则认为大脑实际上只存在一条价值评估的编码过程，大脑对延期价值的评估并不是独立的神经运作过程（Kable 和 Glimcher，2007，2010；Glimcher，2013）。在 Laibson（1997）提出的"准双曲贴现模型"（quasi-hyperbolic discounting）中，投资者对收益的评估受当前贴现率参数 β 以及评估未来收益的贴现率参数 δ 的影响。McClure 等 2004，2007）运用 fMRI，观察被试在较小数额的当前收益与较大数额的延迟收益中选择时的脑部活动情况。结果发现，在被试主要受参数 β 影响时，其大脑控制情绪的"边缘系统"（limbic system）如"内侧前额叶皮质"（medial prefrontal cortex）"腹侧纹状体"（ventral striatum）、后扣带会被显著地激活。而在被试主要受参数 δ 的影响时，大脑的被激活区域则出现了显著的变化，控制理性决策的系统包括背外侧前额叶皮层、眶额叶外侧皮层（orbital frontal cortex）均被显著地激活。Kable 和 Glimcher（2007，2010）发现，内侧前额叶皮质、腹侧纹状体、后扣带在延期收益的价值评估过程中仍然被显著激活，故而他们认为，大脑对当期和延期的价值评估依赖于同一套神经系统。他们的推断也被后来的研究者所支持，如 Ballard 和 Kuntson（2009）、Sellitto 等（2010，2011）等。

第二，"情感"（emotion）方面的研究。行为金融学是对有效资本市场假说的质疑，也引发了对一系列行为偏差的讨论研究，如过度自信、过度反应、损失厌恶、羊群效应、心理账户、后悔厌恶等非理性行为，这些非理性偏差往往结合贪婪、恐惧以及价格波动引起个人财富剧变产生的情感，构建了一个个心理陷阱，导演出一场场非理性投资决策的生死抉择，如希勒所言，"超越贪婪与恐惧"是投资者战胜非理性的一个必备法典。而影响人决策的情绪不仅仅是贪婪与恐惧这么简单，情绪的形成过程错综复杂，而脑神经学在金融决策中情绪方面的最新研究为它揭开了神秘的面纱。

早在 2002 年，Lo 和 Repin（2002）[⊖]通过实验发现了金融市场情感因素影响投资者的交

[⊖] Lo, Andrew, Repin, Dmitry, Steenbarger, Brett. Fear and Greed in Financial Markets: A Clinical Study of Day-Traders [C]. National Bureau of Economic Research Copyright. National Bureau of Economic Research, Inc, 2006: 352-359(8).

易表现。他们招募了 80 个志愿者,接受期货交易培训,并进行在线交易。他们要求被试每天根据盈利和损失情况,记录自己的情绪,如"高兴、满足、郁闷、疲倦、羞愧……",以表明投资者的 8 种情感状态,如"愉悦、痛苦、兴奋、压抑……",那些对于盈利和损失反应更强烈的投资者,交易表现比平常心态的投资者差。实验中设置了 8 类金融市场事件,包括价格偏差、传播误差、回报偏差、趋势反转、趋势动量、价格波动、收益波动等,监测内容包括专业投资者的皮肤导电性、呼吸频率、心率、血流量、脉搏、体温等,经过对监测数据的分析发现,在经历股价波动剧烈等大事件后,投资者情绪状态更高,其中皮肤导电性和心率等指标值更高,投资者的确受到贪婪与恐惧的影响,但是他们并没有揭开情绪加工的关键官能组织。

随后的脑神经研究发现,痛苦、压抑与前丘脑的活动水平有关,由此揭示了前丘脑在负面情绪中的作用。Kenning(2006)①在研究本土偏差时,发现人们在对国外基金和国内基金进行选择时,选择国内基金的人,大脑皮层中负面情绪(如害怕)的区域相对活跃,正是这些每个人都会体会得到的情绪,使理性的人做出一个个令人惊讶的决策。情绪甚至还会对框定效应产生影响,De Martino 等(2006)②发现框定效应的敏感性与边缘系统中扁桃腺(amygdala)的活动程度有关,并且当与认知功能有关的前额皮质(prefrontal cortex)越活跃时,越不易受框定效应的影响。Sharot 和 Mauricio(2004)③发现情绪能加强人的记忆,对于能引起人情绪的事件,人们的记忆总是更清晰生动,指出人的偏好受情绪比受推理的影响更大,这对于资产定价或许有着不同寻常的启示。美国麻省理工学院的研究人员根据实验中动物脑细胞的不同反应研究发现,失败的经历几乎对大脑不起作用,脑细胞只会从成功的经验中学到更多的东西,或许这可以从大脑的工作模式上解释过度自信和自我归因的形成机理。Kuhnen 和 Knutson(2005)发现,大脑中的"边缘系统"(limbic system)是情绪处理的活动部位,而投资者如果能控制情绪加工的边缘系统,就能在决策时不再受到情绪的干扰,而做出更加理性的决定。

第三,社会偏好方面的研究。公平、利他、信任等偏好与自利人的假设背道而驰,大量的实验证据表明,影响行为决策的正是这些看似非理性的偏好,同时在整个金融市场上这些偏好并非是人人相同的。换言之,投资者的偏好是异质性的,而在资本市场上的异质性偏好会导致投资者风险态度的截然不同,从而在面对同一决策会产生大相径庭的表现。Kevin McCabe(2007)④教授在互联网上开展的一个有趣研究揭示了人们偏好的异质性,研究主题是合作后的双赢和分配,他把"最后通牒游戏"置换进一个新的"变更的环境"中,这个游戏的过程是这样的:某个玩家获得 10 块钱,他同其他的玩家是通过互联网联系的,事前他们对对方一无所知。如果他将钱寄送过去,数额在 10 元以内,那么当钱被成功投送给另

---

① Kenning, Peter;Mohr, Peter;Erk, Susanne;Walter, Henrik;Plassmann, Hilke (2006). The role of fear in home-biased decision making: first insights from neuroeconomics. Working paper:MPRA Paper No. 1076.
② De Martino B, Kumaran O, Seymour B, et al. Frames, Biases, and Rational Decision-Making in the Human Brain [J]. Science, 2006, 313(5787): 684-687.
③ Sharot T D, Mauricio R, Phelps, Elizabeth A. How emotion enhance the feeling of remembering [J]. Nat. Neurosci, 2004, 7: 1376-1380.
④ Krueger F, McCabe K, Moll J, Kriegeskorte N, Zahn R, Strenziok M, Heinecke A. &Grafman J. Neural correlates of trust[J]. Natl Acad. Sci USA, 2007, 104, 20084-20089.

外一个人时，金额将变成原来数额的 3 倍，也就是说，如果将 5 块钱寄送过去，那么对方将得到 15 元。这个游戏的关键是接下来的部分，获得 15 元的那个家伙要做点什么？他会不会寄送钱来，甚至超过 5 元，来表达对这个陌生人的赞许和感激呢？试验的结果是大部分受惠者都做出了回报，尽管他们不认识这个陌生人，尽管他们也可以不进行任何回报。按照标准的理论，受惠者不会把钱回寄过去，因为根据理性的假设，受惠者没有必要和动力去做出回报的举动。但实验结果是 75% 的玩家回报都超过 5 元，他们想和这个陌生人一起分享共同的成果。凯文·麦克凯（Kevin McCabe）教授测试了被试血液中 8 种不同的激素水平发现，在决定是否寄送钱过去时，对那个主动合作者来说，激素不显示差异，但是，受惠者在反馈自己的感谢时，他们的激素水平会随着自己接收到的钱的多少而升高或减少。这是一个正向的激励，主动信任触发了激素的分泌，而激素又反过来引起了对这种信任的嘉奖。

脑神经学与金融的交叉研究还处于萌芽阶段，还需要进一步挖掘大脑在风险报酬以及情绪方面的作用机理，现在就将脑神经技术推广于金融市场的投资决策中为时过早，但是我们不难想象它的巨大应用价值。

12.2.5　眼动科学

眼动追踪技术是指追踪参与者的眼部活动，包括眼球注视点位置和时间长度的一类技术。近年来，随着计算机技术的发展，眼动追踪技术也取得了飞速进步，眼动追踪设备目前已经更新至第四代。从有创的埋置眼动测定线圈或者使用微电极描记眼动电图，到无创的利用数字视频并结合瞳孔/角膜反射测量法，眼动实验对研究者来说也逐渐成为他们能承担得起的一种实验方法。目前，包括微软、谷歌、雅虎、宝洁等在内的公司会定期使用眼动追踪技术来支持和评估公司的广告宣传、网站策划、包装和货架的摆放安置等。而随着网络摄像头的普及，利用眼动技术的记录已经不仅仅限于实验室实验了，通过广告牌、报刊亭、智能电视以及智能手机实现的眼动应用都会成为可能。

眼动追踪技术除了可以应用于营销学等领域外，同样也可以应用于经济与金融领域的相关研究。如 Knoepfle 等（2009）利用眼动仪研究被试信息接收与学习能力，发现眼动数据与已有的学习模型有较好的兼容性，并认为该技术对于理解信息接收及复杂策略行为有重要作用。Wang 等（2010）在"发送与接收游戏"（sender-receiver game）中引入眼动追踪技术，发现被试眼动轨迹能够较好地预测其经济欺骗行为。Lahey 和 Oxley（2016）对眼动技术应用于经济与金融研究的前景进行了展望，其中重点指出了眼动技术对歧视行为研究的重要作用。而事实上，一些行为金融学中的重要概念，如有限关注、损失厌恶、羊群效应等，都可以利用眼动技术更好地理解其背后的原因与规律。

12.2.6　计算金融

用计算机来模拟自适应的主体（agent）参与的金融市场，开拓行为金融学"计算金融"（computational finance）的新据点，这种新方法正在以日新月异的速度展示它的优势。在金融市场中活动的主体都具备自我调节和学习的能力，基于主体的计算模型将互动和学习纳入模拟基础中，从而刻画出价格和市场信息的形成机理。虽然异质性主体这个概念并不是金融理论中的新生儿，建立基于主体的理性预期模型一直是金融研究的热点方向，但是为了更加贴近现实生活中的主体，计算机模拟的主体所处的环境往往设置得更加真实复杂，它们能对过去的表现进行调整。

"基于agent的计算经济学"（agent-based computational economics，ACE）是从经济系统的基本构造元素——微观主体出发，让大量自适应的agent生成一个人工经济系统，并通过仿真来建立多主体之间相互交流的统计模型，最后利用人工经济系统中的涌现属性来揭示现实中的经济规律。

ACE模型中的agent可以是生产者、消费者、政府或者中介机构，甚至也可以是土地、天气等环境因素。在系统的初始状态中，对每个agent赋予不同的"禀赋"；在系统运转过程中，每个agent都具有有限理性、学习能力、归纳能力和自适应能力；最终，所有agent相互竞争、相互影响、共同演化，形成一个复杂的动态演化系统。

早在1997年阿瑟（Arthur）[1]等就对股票市场进行了模拟，在模拟的市场中，主体对无风险债券和随机分配股利的股票进行资产组合，他们可以利用任何公开的信息，也可以完全忽略这些信息进行随机决策，随着时间的推移，阿瑟等可以观察到主体间互动对价格的影响，完全再现了股票市场的价格形成机制。随后这个模拟被其他研究不断加以修改，以实现不同机制下的金融市场价格形成。

这些模拟模型十分复杂，不但难以区分到底哪些模拟部分是必需的，而且可能会因其复杂性而影响其数据的解释力。而古勒梅（Ghoulmie）等[2]对股票市场的模拟则是一个简化的过程，在他的金融市场模拟中，只有一种金融资产和不同偏好禀赋的异质性主体，模拟正反馈机制对资产价格造成的影响，当异质性和正反馈二者结合在一起时，就会对资产的波动产生推波助澜的作用，在模拟结果中资产的价格将永无休止的振荡，波动率显示出均值反转的行为。除此之外，许多学者都在"人工股票市场"（artificial stock market，ASM）领域做出了贡献，共同建立并推进了计算金融学的发展。Arthur（1994）提出将有限理性的思想应用到金融市场中，建立了最初的人工股票市场模型。LeBaron等（1999）分析了市场内部收益的时间序列特性。Boswijk（2007）利用1871～2003年每年度的美国股票交易价格数据，结合异质性有限理性代理人模型来研究股票价格波动。在该模型的发展中，还逐渐融入了"遗传算法"（genetic algorithm，GA）来实现预测规则的进化更新，例如，托普（Topol）在模拟人工股票市场时，对交易者引入了模仿感染行为，使得交易者彼此之间的交易行为存在一定的趋向性，结果产生了股票市场中常见的泡沫和波动现象。

此外，金融模拟所采用分析方法也越来越丰富，Alfarano（2005）[3]突破了一般模拟采用蒙特卡罗分析的局限性，他采用"最低限度模型"（minimalist model），使模型更加简化，刻

---

[1] Arthur W. Brian, Holland, John H, LeBaron, Blake, et al. Asset Pricing Under Endogenous Expectations in an Artificial Stock Market [J]. Social Science Electronic Publishing, 1997, 23(9): 1487-1516.

[2] Ghoulmie F. Heterogeneity and feedback in an agent-based market model [J]. Journal of Physics Condensed Matter, 2004, 17(17): S1259.

[3] Simone A, Thomas L and Friedrich W. Estimation of agent-based models: the case of an asymmetric herding model. [J]. Comput, Econ, 2005, 26: 19-49.

画了基本面交易者与噪声交易者之间的互动,对羊群效应进行演化模拟。简化出的模拟模型可以对价格和收益的特征进行条件统计或非条件统计方法分析,同时能直接估计模型的参数,这在金融模拟的研究方法中为后续研究提供了新的借鉴方法。

特别值得一提的是,随着网络技术的飞速发展,数据规模出现了前所未有的增长速度,大数据也为计算金融方法提供了更广泛的研究思路。机器学习是人工智能的一个重要分支,也可以说是人工智能的代名词,人工神经网络是最重要的机器学习方法之一。深度学习则是近几年取得重大突破的一种人工神经网络方法,对海量数据的学习有较强的应用作用,未来必将成为计算金融的一个核心发展方向,而与之相适应的 Python 语言也将在该领域得到更为广泛的应用,并推动计算金融的更好发展。

金融模拟的设计者在构建一个基于主体的计算金融模型时面临着许许多多的问题,其中,有三个最重要的问题是必须首先解决的。主体类型应该怎样设计以及异质性是如何体现的?价格是怎样决定的,随着时间的推移价格将如何变化?主体之间在进化的过程中如何实现彼此交流?基于主体计算金融的突出意义在于它能比较各种交易机制的结果,从而为政策制定者提供参考,确定采用何种机制才能使得政策更加有效。在难以达到均衡的市场中,其现实意义十分重大,它可以影响一国乃至全球的经济发展。因此,基于主体的计算金融值得进行更为深入的研究和探索。

 关键概念

实验室实验(laboratory experiment)
实地实验(field experiment)
行为博弈论(behavioral game theory)
神经科学(neuro science)
眼动科学(eye-tracking)
计算金融(computational finance)
社交媒体与大数据金融(social media and big data)
家庭金融(household finance)
微型金融(micro-finance)
普惠金融(inclusive finance)
文化金融(culture finance)

 本章小结

(1)由于行为金融学的持续发展,其在社交媒体与大数据金融、家庭金融、微型金融与普惠金融以及文化金融等领域的应用中取得了重要进展。

(2)由于从心理与行为角度研究金融问题很难运用系统的逻辑演绎范式,因此行为金融学需要借助更多样化的研究方法,如实验室实验、实地实验、行为博弈论、神经科学、眼动科学、计算金融等,因而行为金融学研究在方法上有了越来越多的创新。

 思考习题

1. 实验室实验对于金融市场非有效性和人的决策非理性研究有哪些优势?
2. 实地实验有哪几个层次,分别有什么特点?
3. 行为博弈论与传统博弈论有哪些区别和联系,金融市场中存在哪些博弈行为?试分析金融博弈中存在的非理性行为,并且判断它们是否可以用行为博弈的方法进行研究？

4. 请思考社交媒体、大数据、移动互联网能够为行为金融学研究带来哪些机遇？

5. 请列举生活实例说明文化因素对投资者决策的影响，并进一步思考如何从文化视角研究投资者的行为规律。

推荐阅读

[1] Smith V L, Porter D. Stock Market Bubbles in the Laboratory [M]. Bargaining and market behavior. Cambridge : Cambridge University Press, 2011: 111-128.

[2] Harrison G W, List J A. Field Experiments [J]. Journal of Economic Literature, 2004, 42(4): 1009-1055.

[3] Floyd E, List J A. Using Field Experiments in Accounting and Finance [J]. Journal of Accounting Research, 2016, 54(2): 437-475.

[4] Rabin, Matthew. Incorporating Fairness into Game Theory and Economics [J]. American Economic Review, 1993, L33(5): 1281-1302.

[5] Camerer C, Ho T, Chong K. Behavioral Game Theory: Thinking, Learning and Teaching [J]. Social Science Electronic Publishing, 2002, 19: 7-42.

[6] Camerer C, Cohen J, Fehr E, et al. Neuroeconomics [J]. Handbook of Experimental Economics, 2016, 2.

[7] Zingales L. The "Cultural Revolution" in Finance [J]. Journal of Financial Economics, 2015, 117(1): 1-4.

术 语 表

A

abnormal returns 超额收益(率) 投资者在承担相同的预期风险时，获取实际报酬超过预期报酬的部分，即实际报酬减去预期报酬的差额。

adjustment 调整 由于受锚定、认识失调或其他一些偏差影响，当出现的信息与投资者的观念相反时，投资者只会在一定程度上调整其判断而无法做出充分的调整，以至于仍然会做出错误的判断与决策。参见锚定的相关概念。

affection 情感 情绪和情感的总称。经济学家认为情绪和情感是区别于认知的两种感情性的心理活动的形式。其中，情感是对过程的感受和体验，一般是稳定的；情绪是这一体验和感受状态的过程，一般不稳定。

affect heuristic 情感启发法 依赖于直觉和本能对不确定性事件进行判断与决策的倾向。

Alpha (α) α系数 资本资产定价模型认为超额收益只能由波动（风险）或β系数来解释。对大多数股票来说，α很小且很稳定。

Algorithm 算法 对一类特定问题提供正确解法的程序。算法与启发法相对应，作为解决问题的一种严密的方法，它把所有的可能性都考虑到，以求最后找到正确的答案。

Allais paradox 阿莱悖论 法国经济学家、诺贝尔经济学奖获得者阿莱通过实验得出了挑战期望效用理论的人类行为规律，证明人们的选择行为违背了建立在公理化假设上的期望效用理论。

ambiguity aversion 模糊厌恶 指人们在确定的事情和不确定的事情之间更喜欢确定的事情，而回避不确定的事情。

anchor/Anchoring 锚定 当人们需要对某个事件做定量估测时，会将某些特定数值作为起始参考值，起始值像锚一样制约着估测值。

anchoring effect 锚定效应 在判断过程中，最初的参考点会影响人们对事件的估计。人们通常以一个初始值为开端进行估计和调整，以获得问题答案。调整通常是不充分的，不同的初始值会产生不同的估计，这就会导致估计值的偏离。

anomalies 异象 由于行为偏差造成收益与有效市场假说模型得出的结果不同。市场表现不能用任何已知的资产定价模型描述，这就表现为市场的异象。异象常被表述为异常收益率或错误定价。异象可以是偶然或暂时的，并通过交易者的套利交易消除，但也可能反复、持续。现实中异象处处存在，因此可以认为有效市场假说描述的是理想的、几乎无法实现的特例，它只能在一定程度上解释市场。

arbitrage 套利 在一个市场上即期买进某种商品或资产，而在另一市场卖出该商品或资产，以期在价差中赚取利润的经济行为。套利是消除价差的重要力量，它可使市场更有效地发挥功能。

arbitrage pricing theory /APT 套利定价理论 套利定价理论的基本原理是市场上不存在无风险的套利机会。也就是说，如果两种资产具有完全相同的未来收益现金流，则它们就应当有相同的当期价格。套利定价理论认为风险资产的收益不仅与单一因素，而且与多种因素之间有线性关系，从而从单因素模型发展到多因素模型。

attention 注意 注意是心理活动对一定对象的指向和集中。指向性和集中性是注意的两个基本特征。

attention-driven trading 注意力驱动交易 投资者的注意力是有限的，这种特性会使得投资者倾向于交易那些有"显著性"特征的股票。

attention biases 注意力偏差 在同时做两件以上的事情时，由于注意力分散或注意力被一些不相关的信息所影响，决策者很容易忽视、误解一些重要的信息。注意力偏差与认知过载有关，请参见认知过载的相关解释。

attribution bias 归因偏差 指没有做出深入的分析之前，就不准确地把责任归因于他人或自己的行为倾向。人们一般存在"自我归因"的偏差，即把好的结果归结为自己的主观努力，而把不好的结果归结为客观条件。参见自我归因的相关解释。

availability heuristics 可得性启发法 通过记忆中相关例证的可获得性来判断各事件频率。其特征是没有挖掘更多的信息，只以迅速出现的可利用信息（如通过公众媒体直接获得的信息或者以大脑中的联想）作为基础来估计可能性并做出决策的一种经验法则。

B

bandwagon 热点 在证券投资中，大家看好的或者受到追捧的板块和股票。

bandwagon effect 板块效应 当某个板块龙头股价格由于利好/利空的原因而上升或下跌时，会引起相关板块的股票价格上升或下跌。

bayesian probabilities 贝叶斯概率 也称条件概率（conditional probabilities）或贝叶斯学习（Bayesian learning），是考虑新情况后的修正概率。即人们根据新事件或信息修正其对事物的判断后得出的最终概率。

bayes law 贝叶斯法则 亦称贝叶斯定理（Bayes theorem）或贝叶斯规则、贝叶斯理性。对于A，B两个随机事件，在事件B已经发生的条件下，事件A发生的概率，称为事件A发生的条件概率，记为$P(A|B)$。

behavioral corporate finance 行为公司金融 是将"行为金融学"与"公司理财"结合的一门新兴学科，它广泛吸取心理学、实验经济学、社会学、人类学，尤其是行为决策研究的成果，从人的角度解释了公司财务决策行为，充分考虑了企业经理人和市场参与者心理因素的作用，注重决策者的认知、感情、态度等心理特征对公司各项财务决策的影响。

behavioral economics 行为经济学 是伴随着实验经济学、经济心理学、认知心理学而产生，运用心理学、社会学、决策科学等理论和方法研究个人或群体的经济行为规律的科学。行为经济学研究人或机构是如何进行经济决策的，以及个人与集体偏差、认知与情绪偏差是如何影响决策的。它不仅局限于研究市场决策偏差所导致的经济异象，而且研究公共选择等其他经济决策中存在的偏差和异象。

behavioral finance 行为金融学 行为金融学是心理学在金融学中的应用。理论上它研究行为偏差对金融市场的作用，如价格和回报率异常及市场的非有效等，试图解释市场价格和回报率为什么和如何与有效市场假说模型不一致。实践上行为金融学试图检验和认识这些偏差和异象，并且利用这些偏差和异象进行投资决策。

belief 信念 信念，指对人、事、物及对某种思想观念是非真假的认识，通常是以对某事某物的相信和怀疑的方式表现于外而以观念的形式存在于人们的头脑之中。信念往往是高于价值并影响价值的，它为人们判断和决策提供了基本的依据。但在现实生活中，信念又常常受价值的调节和影响。信念（主要是共同信念）通过影响人们的决策而影响经济或金融。

belief perseverance 信念坚持 指人们一旦形成某种看法，往往就死死坚持它 (too tightly and too long)，即使在相反的证据面前依然坚持自己的信念的倾向。

beta β系数 是以波动的相互作用为基础的函数，是对证券市场风险程度的度量，是资本资产定价模型的重要参数。

bias 偏差 一种按某一特定方向变动而导致差异的趋势。有可能是市场偏差，但也可能是心理偏差。比如对于一个心理测量工具，个体的得分有持续高于或者低于本应得到的分数的倾向，或者相对于其他群体，该测量工具对一个群体更为有利，那么该心理测量工具就带有偏差。

bounded rationality 有限理性 Simon 有限理性认为，第一，知识的局限使人们处理新信息及与他们相关的关系的能力有限；第二，人们对不确定条件下的成本—收益分析的能力有限；第三，情绪的作用可能使人们忽略一些因素从而陷入认知不协调。因此人们的理性是受到局限的，也就是有限理性。

book-to-market ratio effect 账面市值比效应 证券市场上存在的一种实证现象，账面市值比高的股票组合相对于账面市值比低的股票组合具有更高的收益率，账面市值比在一定程度上能解释股票收益率的变化。

bubble 泡沫 指由于过度投资导致金融资产经历连续的上涨，市场价格越来越偏离内在价值，群体的贪婪和恐惧导致市场的非理性繁荣。这种过度膨胀的市场泡沫由于缺乏内在价值的支撑而最终会走向破裂，并对社会和经济发展带来巨大的负面影响。

buy-and-hold strategy 买入—持有策略 一种消极的投资策略，指一旦某投资组合建立，投资者就会在一段时间内一直持有而不进行股票交易。

C

calendar effect 日历效应 股票在不同的时间段表现出不同的趋势，包括1月效应、每年内特殊月份效应、每周内特殊日期效应和节假日效应等反常现象。

capital assets pricing model/ CAPM 资本资产定价模型 一个由有效市场假说推导出的著名公式，建立在资产选择的均值方差理论基础上的均衡理论。是一个描述风险和预期收益率之间关系的经济理论，通常用作风险证券的定价模型。CAPM 认为，理性投资者定价时仅仅考虑了系统性风险，因为这种风险无法通过证券组合多样化的方法消除。CAPM 还认为，证券或投资组合的预期收益率等于无风险证券的收益率加上风险溢价。

cascade, cascading 层叠，跟风 指一系列的内外部的自我加强信息。如价格的一次随机上升可能被认为是表示一次新的上涨即将出现的乐观信息，从而吸引了其他投资者的注意力并使牛市趋势加强。

category boundary effect 类别边际效应 用来描述决策权重函数的性质，即表明在决策权重函数中从不可能事件到可能事件或者从可能事件到确定性事件的变化所产生的作用大于从可能性事件到可能性事件的同等变化而产生的作用。

certainty effect 确定性效应 指加重被认为是确定性结果的倾向或趋势（这里的确定性结果

仅仅是相对于不确定性或可能性结果而言的）。确定效应可通过概率权重函数进行解释。一般情况下，对小概率的评价值高于它们的客观值，对中等概率的评价值低于它们的客观值。

closed-end mutual fund puzzle 封闭式基金之谜 由 Zweig(1973) 提出的，指封闭式基金单位份额交易的价格不等于其净资产现值的现象。实证表明，封闭式基金折价 10%～20% 已经成为一种普遍的现象。

cognition 认知 ①认知与认识是同义词，是全部认识过程的总称。包括知觉、注意、记忆、想象、思维、语言等一系列心理活动。②现代认知心理学术语，指人脑计算机式的信息加工过程，即个体接受、贮存、提取和运用信息的过程。

cognitive bias 认知偏差 认知偏差是人们对决策问题在理解上的扭曲，导致这种扭曲的原因有：由于缺乏注意力或认知过载而对信息的收集与辨认不完善；由于信息处理过程中框定、代表性、赌徒谬误、小数定律、逻辑谬误等原因而导致的对信息的理解错误；由于知识不充分导致的不正确的学习和失败的记忆过程等。

cognitive dissonance 认知失调 认知不一致会导致拒绝与现存或过去观念相反的事实。当个体同时拥有两种心理上矛盾的认知（如信念或态度）时就会出现认知失调。

cognitive misers 认知吝啬鬼 人们总是在竭力节省认知资源。考虑到我们有限的信息加工能力，我们总是试图采用把复杂问题简化的策略。我们常用以下几种方式实现这个目的：①通过忽略一部分信息以减少我们的认知负担；②过度使用某些信息以避免寻找更多的信息；③接受一个不尽完美的选择，并认为这已经足够好了。

cognitive psychology 认知心理学 广义泛指一切以认知过程为对象的心理学研究，可分为三种形态：一是发生认识论，亦称结构主义认知心理学；二是行为主义盛行时期仍然坚持对意识现象、特别是认知过程进行研究的心理学，又称心灵主义认知心理学，特别是指社会心理学中的认知一致性研究传统；三是信息加工认知心理学，又被称为现代认知心理学。狭义专指信息加工认知心理学，即当代西文用信息加工观点和方法认知过程的一种新思潮和研究取向。

commitment effect 承诺效应 ①如果某人从事某件事（如投资于某一股票），他通常会觉得有责任一直盯住它（持有它）或追踪它（买入更多）。这种效应可能会被用于操纵技巧中，诱导人们的跟庄行为。②如果投资者投资于某物花费了巨大的精力、时间或金钱，那么他在放弃该物时就会觉得很内疚。这是情感损失厌恶的类型之一。

computational finance 计算金融 是利用新的数学方法和先进的计算机手段来研究金融复杂性的方法的统称。该领域包括的内容十分丰富，涵盖仿真、随机过程和统计分析、人工神经网络、模拟退火技术、混沌动力学、随机复杂性等多个方面。

confidence multiplier effect 信心乘数效应 信心的变化会导致价格和下一轮信心的变化，而每一轮变化都会进一步影响未来各轮的价格和信心。

confirmation bias 证实偏差 一旦我们建立了一个信念，我们就会以一种有偏的眼光看待随后的证据，以求尽可能地证明这个信念是正确的。即人们有一种寻找支持某个信念的证据的倾向。

consensus(vs contrarians) 一致（与反转） 是指全体或几乎是全体一致的意见和认识。这种一致既可能由于互相交换信息和观点，使判断更加可靠；也可能受到社会认知和情绪偏差的影响，由于模仿、从众等因素而使判断产生错误。在金融市场上，当分析家或交易者对整个市场或某一股票的涨跌判断达到 80% 的一致时，一方面会因缺乏反方向的接盘而导致没有继续走势的动能；另一方面人们对走势可能反转的预期也会增加，所以这种接近于全体一致的认同可以被看作是反转趋势的信号。

conservative bias 保守性偏差 指个体由于锚定效应的存在而调整不充分，以至于相对于已有信息趋向于低估新信息，在信念转变上过于保守。

contrarian investment strategy 逆向投资策略 进行逆向操作的投资者与大多数的投资者持有相反的意见，他们买入过去表现差的股票而卖出过去表现好的股票来进行投资。与此策略相对应的投资者称为"逆向投资者"（contrarian manager）逆向投资者和价值型投资者明显不是一个概念。

crowd behavior 群体行为 人群情感具有不遵从理性，放松个人控制和思考，而采取与集体一致的极端行为的倾向⊖在股票市场，大多数投资者倾向于采取跟大家一样的行动，这种行动加剧了集体的贪婪与恐惧，导致的结果可能是股票市场戏剧性地过度反应或反应不足，并导致股市的泡沫或崩溃。

D

day-of-the-week effect/weekend effect 周末效应 一种经验性的规律，股票收益在周一要比在其余各日低。

decision weight 决策权重 在采取不确定性决策时，事件发生的概率可分为客观概率和主观概率两类。客观概率基于对事件的物理特性的分析，主观概率则仅存于人的头脑中，它是人对事件的客观概率的判断。由于存在选择偏好，人们对客观概率赋予了不同的重要性。

diffusion 扩散 与有效市场假说相反，通常信息的传播或投资者对价格的反应是逐渐扩散的，而不是在瞬间完成的。

diversification 分散化，多样化 向资产组合中增加证券以降低组合的非系统性风险并从而减少其总体风险的过程。

dividend puzzle 股利之谜 多年来公司发放红利的现象一直让经济学家们迷惑不解，公司是发放股利还是把更多的利润留在企业中用于再投资，一直是一个困扰企业的问题。从理性决策来说，投资者在资本利得和红利之间应该没有偏好，但投资者却更加偏好股利，这是标准金融理论无法解释的异象之一。

dominance 优势性 如果期望 A 至少在一个方面优于期望 B 并且在其他方面都不亚于 B，那么 A 优于 B，这就是优势性。

dual-processing system 双信息加工系统 爱波斯坦首先提出个体在信息加工中存在经验系统和理性系统。前者主要依赖于直觉，不需要或者仅需要占用较少的心理资源，加工速度较快；后者更多地依赖于理性，需要占用较多的心理资源，加工速度较慢。卡尼曼也认为大脑有"快"与"慢"两种决策系统。

E

economical psychology 经济心理学 研究经济活动领域中人的心理现象及其规律的科学。是经济学和心理学融合的一门边缘学科。

efficient market hypothesis/EMH 有效市场假说 该假说认为市场是有效的。在有效市场中，如果没有新信息的出现，价格将会达到稳定的均衡。市场对某一资产的定价被认为是对该资产最好的价值评估，能真实完整地反映所有可用信息，并能够在新信息出现时迅速准确地做出调整。该假说可分为强式有效、半强式有效和弱式有效三个类型。

elicitation effect 诱导效应 指运用框定效应来诱导人们决策的现象。诱导选择的方式能影响人们所做的选择。人们经常缺乏一个稳定的偏好顺序，框定依赖的心理特征影响人们对事件的认同度，并影响其决策。

⊖ 参见 herd behaviors 从众行为/羊群效应。

emotions 情绪 广义包括情感，或看作情感的同义词，是人对客观事物是否符合其需要的态度体验。情绪是由重要事件诱发的感觉状态，一般认为包含有意识的感觉、生理变化、意义评估和动作准备等。

emotional bias 情绪偏差 情绪偏差或情绪推理（emotional reasoning）是指人们在决策或争论某个事情的时候依据的是感觉而不是事实。情绪并不总是产生偏差，有一些情绪有它自己的理性，即使人们存在经济理性，物质目标或自利也不是人们生活中唯一的价值动因。对投资者而言，对决策影响最大也是最广为人知的情绪就是"贪婪与恐惧"（greed and fear），除此之外，从憎恶到羡慕之间还有无数的情绪。情绪有可能是个人的，也有可能是群体的，群体比起单个人来更容易情绪化。

endowment effect 禀赋效应 指人们放弃一项资产的痛苦程度大于得到一项资产的喜悦程度，因而人们偏爱维持现状，不愿意放弃现有资产。在使用自己的财产时，人们会变得过度小心，为了规避损失风险，宁可放弃获利机会，而在使用他人财产时则更愿冒风险。

equity premium puzzle 股权溢价之谜 从历史来看，股权投资的历史平均收益率相对于债券投资高出很多，如此高的溢价是新古典金融学的"风险溢价"所无法解释的困惑。因为虽然从短期看，股权投资比债券投资的风险大，但从长期看投资于股票市场的长期风险很小。

escalation of commitment 承诺升级/恶性增资 当向一个项目投入大量资源（如资金和时间）后发现完成该项目取得收益的可能性很小，在明确而客观的信息表明应放弃该项目的情况下，管理者仍然继续投入额外资源。

excess return 超额回报 从证券中得到的回报与从无风险资产中得到的回报的差额。

expected utility model 期望效用模型 期望效用这一概念的引入通常归功于丹尼尔·伯努利（Danil Bernoulli，1738），他在解决圣·彼得堡悖论时提出了此概念。这是经济学中最传统的概念，总体来讲，经济决策中的期望效用是期望的财富值和该财富实现的概率两个因素的乘积。期望效用模型的基本内涵是，在风险情境下的最终效用水平是通过决策主体对各种可能出现的结果的加权估价后获得的，决策者谋求的是加权估价后所形成的期望效用的最大化。

experimental economics 实验经济学 是在可控的条件下，针对某一现象，通过设计和模拟实验环境，观察决策者行为并分析实验结果，检验、比较和探求经济行为的因果机制，验证经济理论或帮助政府制定经济政策。

F

fairness equilibria 公平均衡 通过把公平的定义具体化为一种心理互动，拉宾成功地把公平问题同博弈模型结合并求得均衡。

feedback 反馈 在生物体或机器操作的系统中，将输出端的信息经过某种处理后送回输入端的过程。反馈有正负之分，若反馈信息的效果抑制控制部分的活动，或与控制信息的作用方向相反，则称为负反馈（negative feedback）；若反馈信息的效果可以促进和加强控制部分的活动则称为正反馈（positive feedback）。

feeling 情感 人对客观事物是否符合其需要所产生的态度体验。广义上与情绪相同，狭义是指与人的社会性需要相联系的一种复杂而稳定的态度体验，亦即具有稳定而深刻社会内涵的高级感情。

filter theory 过滤器理论 一种有关注意的理论，认为没有被注意到的刺激是完全被认知系统过滤并排除在外的。

focus investment 集中投资 指选择少数几种可以在长期拉锯战中产生高于平均收益的股票，并将大部分资本集中在这些股票上，不管股市短期跌升如何，坚持持股。

frame 框定 指背景对似然估计的影响。一些决策的制定可能会受问题或信息的措辞或表达方式的影响。由于大部分人都属于框定依赖型，因此他们容易局限于某一角度，只选择一种快速明显的方式来定义他们自己提出的问题，从而限制了对问题答案的发现。特沃斯基指出，选择的可能性不是依赖于事件本身，而是依赖于对事件描述的明确性。

framing effect 框定效应 指通过改变对结果的描述来改变参考点，继而影响人们的偏好选择的情形。

framing dependence 框定依赖 指人们在做决策的过程中会因情景和问题的陈述与表达不同而有不同的选择的现象。亦即当人们面对同一问题的不同表达方式时，可能做出不同甚至相反的选择。与框定依赖相近的一个词是"背景依赖"（context dependence）。与框定依赖相反的是"框定独立"（framing independence），即不受框定的影响。

fundamental analysis（FA）基本分析 基本分析试图计算出某一股票的正确价格。为此，它综合分析宏观环境、公司当前的基础情况。正确价格是以公司的未来期望现金流或预测期末时的资产价值为基础，用一个利用风险溢价进行调整的收益率来进行贴现。有效市场假说认为市场能系统地提出正确的价格，会考虑各种可能的信息，不存在套利的机会，使基本分析不具使用价值。

G

gambler/gambling 赌徒/赌博 在赌博中，一个人即使在结果对他十分不利的情况下也会进行赌博。这有可能是无意识的（由于认知偏差、嗜好、冲动等），也有可能是有意识的享乐主义（如进行赌博是为了保持精神或打发无聊的时间），在一些情况下也有可能是由于自暴自弃。

gambler's fallacy 赌徒谬误 指认为最近的结果会预示下一个结果，从而出现在一次上涨或下跌之后会向反方向发展的均值回归现象。该论断忘记了统计数据表明相似的结果在短期内是不会出现的。其相反的偏差是认为短期状态会不变地持续下去，从而导致过度跟随或动量交易。

game theory 博弈论 主要研究公式化了的激励结构间的相互作用，是研究具有斗争或竞争性质现象的数学理论和方法。博弈论考虑游戏中的个体的预测行为和实际行为，并研究它们的优化策略。人们在博弈中并非是完全理性的。把人的非理性因素融入博弈论研究中，通过现实中人在博弈过程中的心理与行为分析，建立"公平博弈"（fairness game）"行为博弈"（behavioral game）等理论与模型，是博弈论研究的一个新的动向。

greed and fear 贪婪与恐惧 贪婪、恐惧是导致价格高估或低估的主要情感。一些人种学家把贪婪看作是一种源于物资或财富匮乏的学习行为，它的反面是恐惧。

group behavior 群体行为 就像群体思想一样，个人受群体的影响。他们可能放松自己个人的意志，而附和群体行为。

H

heterogeneous belief 异质信念 指投资者之间由于知识、信息、能力等存在较大差异，因此在进行投资判断时往往对资产价格预期持有不同认识，并在市场上展现出异质信念。

herd behaviors 从众行为/羊群效应 指个体在真实的或臆想的群体压力下，在认知上或行动上以多数人或权威人物的行为为准则，进而在行为上努力与之趋向一致的现象。在股票市场中指投资者在交易过程中存在学习与模仿他人的行为现象，从而导致他们在某段时期内买卖相同的股票。

heuristic 启发法 与算法相对一种解决问题的程序和策略，一种发现、探究和直观推断的方法。它根据某些原理和个人经验，利用有关的信息而不必进行大量的尝试或系统的算法解决问题。这是解决日常情境中的问题或推理的经验法则。

heuristic bias 启发式偏差 由于不可能收集和综合所有的因素和现象，即存在认知过载，投资者通常使用简单的或有限的启发法则来做出决定。如果遗失的因素是重要的，那么信息缺损就会导致判断与估计的严重偏差，包括可得性偏差、代表性偏差、锚定与调整偏差等。

hindsight bias 事后聪明偏差 该偏差认为人们会忘记自己最初所做出的估计。当结果出来时，人们更倾向于把结果锚定起来，并认为自己可以在事先就预见它。

holiday effect 节假日效应 股票平均回报在全国假日的前一天不正常地升高或降低的现象。

home bias 本土偏差 指投资组合里过分倚重本地证券，从而未将组合的回报和风险设在最优处（optimal）的现象。

homo economics 经济人 经济人的含义是：①人是理性的。每个人都是自己利益的最好判断者，在各项利益的比较过程中选择自我的最大利益——"他只想以最小的牺牲来满足自己的最大需要"。②利己是人的本能，人们在从事经济活动时，追求的是个人利益，通常没有促进社会利益的动机。③个人利益的最大化，只有在与他人利益的协调中才能实现。交换是在经济人的本性驱使下自然而然地发生的。

homogeneous expectation 同质期望 指所有的投资者对资产和未来的经济形势都具有相同的预期。

house money effect 赌场资金效应 如果使用的不是自己的钱（虽然有时可能有其他的原因），或如果资金是人们突然得到或靠运气得到的，那么人们在使用这些资金进行投资时就会变得更不小心。

hyperbolic discount function 双曲线贴现函数 贴现效应函数，其中当下的今天和明天的跨期替代率要高于将来的今明两天的跨期替代率。

I

illusion of validity 有效性幻觉 幻觉是对客观事物不正确的知觉。有效性幻觉是由证实偏差而导致的心理倾向。心理学家 Hillel Einhorn 和 Robin Hogarth（1978）曾对此进行过研究，并认为，人们热衷于寻求肯定性证据，而不是反向证据。其结果是，他们不仅会持有谬误的观点，而且还会导致过度自信。㊀

immediacy effect 即时效应 它表明的是在时间维上人们的偏好，即与一段时间后发生的事件相比，决策者更偏好立即发生的事件。

implied volatility 隐含波动率 隐含波动率是将市场上的期权或权证交易价格代入权证理论价格模型（Black-Scholes 模型）算出来的波动率数值，它反映了投资者对未来标的证券波动率的预期。

independence 独立性 从理论上讲，股票市场上的价格、收益率等数据的分布应该是随机的，不会互相影响，也就是它们是相互独立的。独立性不仅与基础信息有关，而且与投资者的心理与行为有关。现实中股票市场数据分布并不完全符合心理学条件下的独立性，因为投资者倾向于在决策中互相影响。

inductive effect 诱导效应 运用框定效应来诱导人们决策的现象。㊁

inefficiency 非有效 行为金融学着重对市场非有效性进行了探索。和有效市场假说的观点不同，行为金融学认为行为偏差会造成市场的异

㊀ 参见证实偏差概念。
㊁ 参见 elicitation effects 诱导效应

常或非有效。

information cascade 信息层叠 也称信息瀑布，是指人们忽略自己对信息的收集和加工整理，不是基于对信息的判断，而是通过观察别人的行动做出决策。这也是导致羊群效应的主要原因。

information processing theory 信息加工理论 亦称"信息加工观点"，是将人脑与计算机进行类比，用计算机处理信息的过程模拟并说明人类学习和人脑加工外界刺激的过程的理论。

information processing psychology 信息加工心理学 把人看作是一个信息加工的系统，以计算机信息加工的观点来研究人的心理活动。认为认知过程就是信息加工过程，它包括感觉输入的变换、简约、加工、存储和使用的全过程。按照这一观点，认知可以分解为一系列阶段，每个阶段是一个对输入的信息进行某些特定操作的单元，而反应则是这一系列阶段和操作的产物。信息加工系统的各个组成部分之间都以某种方式相互联系着。

information traders 信息交易者 信息交易者是严格按标准 CAPM 行事的理性投资者，他们不会受认知偏差的影响，只关注组合的均值方差，而且通过套利使资产价格趋于理性价值，因此也称之为理性交易者或套利交易者。

invariance 恒定性 各个期望的优先顺序不依赖于它们的描述方式，或者说同一个决策问题即使在不同的表达方式下也将产生同样的选择。

investment benchmark 投资基准 是指机构或者个人投资者为总体资产和各资产类别设立的投资目标和业绩考核标准。

investor sentiment 投资者情绪 投资者对未来的预期带有系统性偏差，而这种带有偏差的预期就称为投资者情绪。

irrational，irrationality 非理性 广义的非理性行为包括处于极端情形的怠惰行为和冲动行为。经济学中的非理性指的是对效用最大化的偏离。

isolation effect 孤立效应 在真实的选择中，人们通常忽略各选项共有的部分而集中于它们之间相互有区别的部分。这一选择问题的方式可能引起不一致的偏好。

J

january effect 1月效应 一种经验性的规律，即股票回报率在1月显得比其他月份要高一些。

L

law of small numbers 小数定律 指在诸如赌博或抛银币时存在的一种系统性偏差。即使在小样本中，人们也想看到整体上的平均概率水平。在现实中人们存在着过于依赖小样本做出判断的倾向。

learning social 社会学习 一些行为是人天生固有的，而其他一些则可从社会接触中学习到。换句话说，人们总可能受其他因素的影响，并无法完全按自己的意志作决定。学习也可能在分析时产生习惯，从而当情形改变时使人变得保守。

limited attention 有限注意 有限注意是指个体的注意力资源是有限的。个体要在不同的事物上分配认知资源，分配在一件事物上的注意力增加必然会导致个体对于另一事物的注意减少。

liquidity premium 流动性溢价 Amihud 和 Mendelson(1986) 最早提出这一概念。资产的流动性是资产定价的一个重要影响因素，流动性低的资产其预期收益较高，而流动性高的资产其预期收益较低。

liquidity trap 流动性陷阱 如果所有的投资者突然同时卖出，而市场又没有买入的需求，那么此时市场就突然失去了流动性；相反地，当太多人追求稀缺资产，并且无法在一个充分稳定的基础上达到一个均衡价格时，就会产生向上的漏斗效应（funnel effect）。

Loss aversion　损失厌恶　指当人们面对同样数量的收益和损失时，其所面对的损失的数量更加令他们难以忍受。体现在金融市场上则是人们通常在资产组合中更愿意卖出盈利头寸，而非损失头寸。投资者不喜欢卖出正在损失的股票，而是倾向于继续持有它，从而承担价格下跌的风险。

M

margin of safety　安全边际　指在评估待投资资产时必须预留的错误空间。投资者在建立投资组合、选择股票或债券时都应该有所保留，防止出错或出现意料之外的情况。

market timing　市场时机选择　一种积极的管理形式，即投资者依据对近期前景的判断而将其所管理的资金在市场证券组合及无风险的证券间转换。

mass behavior　大众行为　在人群聚集的场合下，不受现有社会规范的控制，无明确目的和行动计划的多数人的行为，也被称为集体行为。

maximization of utility　效用最大化　效用体现的是人的一种主观满足感，其评价主体是人本身。经济学是以理性人为其最基本的前提假设，而理性人则要追求约束条件下的效用最大化。

mean regression　均值回归　当人们对信息反应过头而忽视了长期变化趋势时，随着时间推移就会出现向平均值回归的现象。均值回归可能把胜者变为一个输者，也可能把一个输者变为一个胜者。

mental accounts　心理账户　人们根据资金的来源、资金的所在和资金的用途等因素在心理上对资金进行归类，对不同类别的资金有不同的期望回报和不同的风险态度。与认为人们越有钱就越愿意承担更多风险的期望效用理论相反，行为金融学认为在许多情况下人们做出的金融决策与其现有的财务（资产）状况无关。

minimal account　最小账户　人们在进行选择时，如果仅仅考虑不同方案总体上的差异（各个方案可以分解成若干个小项，且不同方案中相对应的小项的收益一般是不一样的），而不去考虑各个方案细节上的共性，那么人们仅仅考虑的这部分差异就是最小账户。

minsky moment　明斯基时刻　是由经济学家海曼·明斯基所提出的理论，指经济由繁荣转为衰退的那一刻，也就是当投资者对金融商品的狂热转变为恐慌的那一刻。海曼·明斯基认为金融系统本质上有着不稳定的特质，他将经济泡沫由开始到最后破裂分为五个时期：正向冲击、乐观的繁荣、非理性疯狂、获利抛售及大恐慌。

mispricing　错误定价　真实股票价格和用基础数据经模型算出的所谓潜在价值之间的差距。

MM 理论　1958 年 6 月，美国学者莫迪利亚尼和米勒发表了著名论文《资本成本、公司财务与投资理论》。这篇论文通过深入考察企业资本结构与企业价值的关系，提出了在完善的市场中，企业资本结构与企业的市场价值无关。换言之，企业选择什么样的资本结构均不会影响企业的市场价值。这一论断简单、深刻，在理论界引起了很大的影响，并被后人命名为 MM 理论。自 MM 理论提出后，几乎各种资本结构理论均是围绕该模型的假设与理论进行的。

momentum effect　动量效应　指在证券市场存在的一种实证现象，即在较短时间内表现好的股票将会持续其好的表现，而表现不好的股票也将会持续其不好的表现。

momentum investment strategy　惯性投资策略

买入赢家/输家组合，同时卖空输家/赢家组合的交易策略。

momentum trading 动量交易 当资产价格正处于某一趋势，或某一趋势已经开始时，在短期内该趋势更有可能继续下去。利用这种趋势进行的交易策略动量投资。相反的偏见是赌徒谬误。

monday effect 周一效应 一种经验性规律，即周一的平均股票回报比其他交易日低得多。

money illusion 货币幻觉 指人们在经济决策中对通货膨胀率没有做出足够的调整，对于名义价值和真实价值产生了混淆。

myopic loss aversion 短视的损失厌恶 指投资者不愿意承受短期损失的现象。为避免因短期损失带来的痛苦，投资者可能选择波动平稳但长期收益较低的资产。

N

nash equilibria 纳什均衡 是指博弈论中的一种均衡。如果给出每个其他参与人的策略，那么在此均衡下，所有参与人都没有理由改变他自己的策略。即当其他参与人的策略既定时，没有任何一个参与人能改善其策略。也就是说，给定参与人 A 的策略，参与人 B 无法做得更好；而给定参与人 B 的策略，参与人 A 也不能做得更好。

noise trader 噪声交易者 根据 Black（1986）的定义，噪声交易者是把噪声当成信息而进行交易的投资者。噪声交易者为金融市场提供了必要的流动性，但在提供流动性的同时，他们也在制造噪声。

noise trade risk 噪声交易者风险 即噪声交易者使得价格在短时期内进一步偏离内在价值的风险。当某证券价格下跌时，理性套利者会认为，这只是暂时现象，不久将出现反弹，因而大量买进该证券。但当噪声交易者持非常悲观的态度时，就可能使理性套利者蒙受损失。因此，理性套利者可能会"理性地"忽视对基础信息的分析，而是转向预测噪声交易者的行为，从而利用噪声交易者的反应赚取"机智钱"，这就会使价格的波动加大。

non wealth-maximizing behavior 非财富最大化行为 经济学家的理性人行为观点假设，投资者的行为目标是追求他们投资组合的预期价值最大化。而现实中，投资者可能把最大化某些其他因素看得比财富更重要。

O

optimism bias 乐观偏差 指人们对未来行为的结果倾向于过度乐观所导致的决策偏差。

option smile 期权微笑 由于价外期权（out of money）和价内期权（in the money）的波动率高于在价期权（at the money）的波动率，使波动率曲线呈现出中间低两边高的向上半月形，像是微笑的嘴形，因此叫作期权微笑。

overconfidence 过度自信 过度自信指投资者会高估他们所拥有的信息、知识和他们的能力，每个人都认为自己可以击败市场。

over-optimism 过度乐观 指人们高估获得好结果的概率，低估得到坏结果概率的心理倾向。

over-reaction 过度反应 指在 3～5 年的较长时期内，证券价格会对一直指向同方向的信息的突然变化有过度强烈的反应。具体可以理解为在一系列利好消息后，投资者对未来仍会有利好消息充满乐观估计，以致将证券价格推到不正常的高度。然而随后出现的消息可能正好相反，证券价格急剧下降，收益也相应走低。

over-/under-pricing 定价过高或过低 资产价格过分高于或者低于内在价值的现象。虽然理论上，资产价格应该迅速达到均衡状态，但价格过高或过低的情况可能在很长时间里持续下去，有时还会扩大。

over/under-reaction　过度反应/反应不足　通常情况下，投资者会对导致价格变化的消息反应不足，他们认为这些信息很平常，并由于锚定、认知偏差等而忽视它们。当信息扩散开来之后，调整就不可避免。而当最后信息被证实时，投资者又会做出过度反应。

overtrading　过度交易　许多投资者或基金经理在缺乏有价值的信息的情况下，进行频繁的股票交易，导致了高股票交易换手率。这种交易通常会导致损失，包括支付过度的交易佣金。

P

panic　恐慌　当金融市场泡沫由于缺乏内在价值的支撑而最终走向破裂时，对资产价格下跌和财富缩水的预期使人们产生极度的恐惧。在恐慌之下人们纷纷抛售手中资产的行为将对维护市场的稳定带来巨大的冲击。

path dependent　路径依赖　一旦人们做了某种选择，就好比走上了一条不归之路，惯性的力量会使这一选择不断自我强化。第一个明确提出"路径依赖"理论的是美国经济学家道格拉斯·诺思。

perception　感知　通过感知获得知识、再认识和理解的精神过程。

ponzi scheme　庞氏骗局　指一种欺诈性的投资运作，它以不正常的短期高额回报来骗取投资者加入。投资者的回报并非来自真实的商业业务产生的利润，而是来自新加入的投资者所支付的金钱。

possession effect　拥有效应　与禀赋效应同义。指这样一种心理倾向：对于同样一个东西，如果是我们本来就拥有的，那么卖价会较高；如果我们本来就没有，那我们愿意支付的价钱会较低。

posterior probability　后验概率　通过观察对先验概率进行修正以后产生的概率 $P(A|B)$。它反映的是决策者通过进一步的观察或试验之后对事件 A 发生的可能性大小所产生的"新认识"。

post-earnings announcement drift（PEAD）　盈余公告后漂移　指当公司的盈利公告公布之后，根据信息类型的不同，公司的超额收益率向上或向下漂移。这种漂移意味着市场不能对信息做出及时的反应，同时也意味着对公告信息存在收益率的可预测性。

preference　偏好　人们对不同方案或事件状态进行价值与效用上的辨优而形成的个性化倾向。

preference for wealth　财富偏好　投资者不但通过享受其消费品，而且通过占有财富得到效用。因而在财富偏好的模型中，除了消费之外，投资者的财富也是效用函数中的变量。

preference reversal　偏好反转　人们在决策与定价中表现出的偏好不一致现象。

primacy effect　首因效应　人们对听到或看到的第一条信息印象极为深刻的现象。与此相对应的是近因效应（recency effect）。

prior probability　先验概率　由经验或以往统计资料得到的事件 A 的概率 $P(A)$ 称为先验概率。例如，一个投资者进行投资决策，由于目前的市场是不完全市场，那么他在做决策时不可能有一个较客观的环境，只能根据自己所掌握的所要投资的公司的所有资料，主观地确定一个概率，这个概率就是先验概率。

probability insurance　概率性保险　在这种类型的保险中，你付正常保费的一半，当损失发生时，你有50%的机会付另一半保费，保险公司赔偿全部损失；有50%的机会重新得到付出的保费，自己承担全部损失。

procrastination　拖延习惯　将要做的正确事情不断推迟的心理倾向。

prospect theory　前景理论　前景理论是期望效用理论的替代理论。卡尼曼和特沃斯基的心理学证据表明，有效的主观价值载体是财富的变化而非最终状态，前景理论提出了价值函数与决策权重函数，以替代期望效用函数。价值函数是指决策者能主观感受所形成的价值，决策权重是一种概率评价性的单调递增函数。卡尼曼和特沃斯基把这些模式归因于决策者的两种缺点。第一，决策者的感情经常破坏对理性决策来说必不可少的自我控制能力。第二，决策者经常无法完全理解他们所遇到的问题。

(investor/trader)psychology （投资者或交易者）心理 指投资个体的心理特征。一些心理学家试图根据"金钱个性"（money personalities）和"投资风格"来对人进行分类。但对这些现象的认识并不足以让投资者避免偏差，他们还需要一些规则来约束自己面对金钱时的心理与行为。

pseudo-certainty effect 伪确定效应 在两阶段游戏中，人们往往忽略游戏的第一阶段，而将第二阶段中概率为1的事件臆断为确定的，这种现象称为"伪确定效应"。

Q

Quantitative analysis 定量分析 通过使用考虑预期收益、利息和风险溢价等因素的数学模型计算出的资产价值。

R

random walk 随机游走 是指随机变量的值的变化是随机的，且具有完全相同的分布的状况。当其运用于普通股时，则是指证券价格变化是独立的，证券价格从一时期到另一时期的变化可看作是由轮盘的转动决定的。

random walk hypothesis 随机游走假说 一个和有效市场假说相关的概念，它认为价格和收益是按新事件和信息的出现随机分布的，风险收益也是随机变动的。价格是无法预测的，也不存在套利的机会。

reference point 参考点 现实决策很大程度上依赖于我们对参考点的选择。参考点即是评价一种前景的主观标准和前景理论中效用水平的评价基准。

reflection effect 反射效应 指对一个问题来说，损失预期的偏好顺序恰好同收益预期相反，就如同收益预期偏好情况的镜面图像。

reflexivity 反射性 反射性是指在金融市场中，不仅基本面会影响股票价格，当前的股票价格也会反过来影响未来的股票价格，也就是说股票价格也会影响基本面。例如，价格高的公司更容易融到更多的资金，从而形成一种良性的正反馈机制。

regret aversion 后悔厌恶 指当人们做出错误的决策时，会对自己的行为感到痛苦。这种认为自己没有做出正确决策的情绪就是后悔。后悔比受到损失更加痛苦，因为这种痛苦让人觉得自己要为损失承担责任。

reputation effect 声誉效应 声誉效应指职业经理人通过赢得承认和尊重，维护自己的好声誉，进而能够获得长期利益。

reverse effect 反转效应 指在证券市场上存在的一种实证现象，即在一段较长的时间后，表现差的股票有强烈的趋势在其后的一段时间内经历相当大的逆转，表现好的股票则倾向于在其后的时间内出现差的表现。

representativeness heuristic 代表性启发法 一种用于似然性估计的经验法则，即人们根据某个事物与一个典型事物的相似程度而对它进行归类，是解决问题的一种捷径。

risk attitude 风险态度 用来测量人们通过支付成本来降低风险的意愿。一般来说，人们是风险厌恶的，风险厌恶的程度因个人、群体、国家，也因时间（快乐期或悲观期）的不同而不同。风险态度包括三种类型：风险厌恶型、风险中立型、风险寻求型。

risk shifting 风险转嫁 在代理投资中，作为代理人的投资决策者可以享受到资产价格上升带来的全部好处，但是对资产价格下跌的风险却只承担有限责任。投资代理人可以通过申请破产保护等方式将超过一定限度的损失转嫁给投资委托人——资金的贷出方，这就是代理投资内生的风险转嫁。

rule of thumb　经验法则/拇指法则　一种用于判断与决策中的经验法则，是思维的捷径。如人们根据某个事物与一个典型事物的相似程度而判别它的特征，或根据历史的走势图形来推断其未来的表现等。

S

self attribution　自我归因　交易者倾向于把成功归因于自己的技术水平，而把失败归因于外界的影响。

semi-strong form　半强式有效性　如果某资本市场中所有与资产定价有关的公开信息，包括历史信息以及投资者从其他渠道获得的公司财务报告、竞争性公司报告、宏观经济状况通告等，对资产价格变动没有任何影响，那么这类市场就归属于半强式有效市场。对处于半强式有效市场的投资者来说，任何已公开信息都不具备获利价值。

sentiment　市场情绪　在投资者之间流行的对未来市场价值的心理预期。在金融市场中，投资者的总体错误反映在证券价格中。个人投资者的错误会通过表征推断和过度自信等形成市场情绪，市场情绪通常是渐进的，会形成群体性的贪婪与恐惧等。

size effect　规模效应　一种说明股票收益随股本规模而异的实证规律。具体是指在较长时间内，在风险调整的基础上，小盘股的表现要比大盘股的表现好，因此也称为小公司效应（small firm effect）。

small company investment strategy　小盘股投资策略　主要是充分利用投资者的认知和行为偏差，对小盘股进行投资以获取其高成长性收益的一种投资策略。

social preference　社会偏好　是指对他人利益的考虑以及对非物质利益的追求，包括不公平厌恶的公平偏好、信任偏好以及利他偏好。

social psychology　社会心理学　心理学的一个分支，主要研究社会集团或人群之间的相互作用。由于市场受买者或卖者心理影响，所以一些具体的社会心理学概念已被证明对行为金融学十分有用。

St. Petersburg paradox　圣·彼得堡悖论　圣·彼得堡悖论涉及一场猜硬币直到出现正面的赌博。该悖论是指为什么一场理论上是"公平"的赌博，实际上只有傻瓜才会愿意出任意高价而参加。

sticky prices　价格黏性　由于市场的不完全性、工资的黏性、菜单成本和受合同限制等因素的存在，价格并不能完全随需求变化而变化。

strong form　强式有效性　强式有效性是市场有效性的最高层次。它表明所有与资产定价有关的信息，不管是已公开的还是未公开的信息，都已经充分及时地包含在资产价格中。即价格反映了历史的、当前的、内幕的所有信息。在上述市场水平中投资者无法利用相应信息集获得超常利润。

SVI　搜索量指数　以互联网用户行为数据为基础的数据分享平台，向用户展示某个关键词在谷歌的搜索规模、一段时间内的涨跌态势以及相关的新闻舆论变化，同时提供关注相关词汇的网民特征，如网民分布、用户搜索词汇等信息。

systematic mental mistakes　系统性的心理错误　启发式偏差以及其他认知偏差会导致投资者因犯系统性的心理错误，而对所获信息做出错误的处理。在做出某个决策之前投资者认为他们已经正确地理解和加工了信息，并以其预期财富最大化自己的行为，但在行为之后他们可能才发现自己在认知上存在错误，不过，他们通常也根本意识不到这种错误。

T

time preference 时间偏好 人的偏好在时间变量上是不一致的。心理学实验发现人们是按照双曲线而不是指数曲线来贴现将来预测的效用值的，人们对近期增加的时差要比远期增加的时差的贴现值更大一些。

topical account 局部账户 指人们在决策时使用了这样的一个账户：把各个方案的最终结果与某个参考水平联系起来考虑，而这个参考水平由其自身背景所决定。这时若两个方案的参考水平不一样，那么即使最终结果一样，这两个方案在人们的期望中也不是等价的。

transitive reasoning, transitivity 传递性 在传递性推理中，如果 A 包含 B，B 包含 C，那么 A 包含 C。如果 A 不包含 C，那么就缺乏传递性。

trend (as fashion, fad) 趋势 股票价格存在上涨或下跌间长期的交替。动量交易认为当某一趋势开始时，在未来短时期里该趋势更有可能继续下去。

twin-securities 孪生证券 拥有同一现金流，但在不同地方交易的两种证券称为孪生证券。对于有效市场而言，孪生证券之间的价格应该相等或具有确定的比例，并且随着基础信息的变化，两种证券的价格变动具有联动性（co-movement），否则就会产生套利的机会，套利行为将使价格回复均衡。但大量事实表明孪生证券之间的价格背离长期存在，这也成为有效市场假说无法解释的异象之一。

U

under-reaction 反应不足 指证券价格对影响公司价值的基本面消息没有做出充分的、及时的反应。反应不足在证券价格的变动上表现为，当利好消息到来后，证券价格会在最初价格正向反应的基础上逐步向上调整到其应有的水平；当利空消息到来后，证券价格则在最初逆向调整后逐步向下移动至其应有水平。

utility maximization 效用最大化 如果人们能够在几个不同的经济选择间做决定，他们会选择可以使期望效用最大化的那一个。实际上，人们通常会选择符合偏好的而不是选择数学期望最高的。⊖

V

validity 有效性 指测验在多大程度上测量了它要测量的东西。它表示测验控制误差，特别是控制系统误差的能力的强弱。亦即测量中与测量目的无关的有效异数在总变异数中所占的比例。

value function 价值函数 前景理论中的一个重要概念。价值函数具有三个特征：①以对参照点的偏离程度定义，向参照点的收益与损失两个方向偏离的反射性的 S 形状；②对收益呈凹性，体现风险回避，即在确定性收益与非确定性收益中偏好前者；对损失呈凸性，体现风险寻求，即在确定性损失与非确定性损失中偏好后者；③收益变化的斜率小于损失变化的斜率，即个体对同等收益与损失的风险偏好程度是前者小于后者。

volatility 波动性 波动性是金融中用于表示资产回报率的标准差的术语，通常和风险相联系，它表示了对未来期望结果和股票价格的不确定性，是某一给定时期收益或价格的统计标准差。

W

weak form 弱式有效性 它是最低层次的市场

⊖ 参见 expected utility model 期望效用

有效性。在弱式有效市场中，资产价格充分及时地反映与资产价格变动有关的历史信息，例如历史价格水平、价格波动性、交易量、短期利率等。因此，对任何投资者而言，无论他们借助何种分析工具，都无法就历史信息赚取超常收益。

weighting function　权重函数　在前景理论中，每个结果的价值大小或者说它对整个决策的贡献都是用决策权重函数来表示的。权重函数衡量了每个结果对最终期望的影响，它是相应的结果的概率函数，受很多其他因素比如模糊程度的影响。

winner-loser effect　赢者输者效应　一种实证现象，累积收益率较低的股票组合（输者组合）在形成期后表现出很高的收益，而累积收益率较高的股票组合（赢者组合）则表现出较低的收益。

winner's curse　赢者诅咒　在拍卖、兼并、首次发行中的成功者，通常会发现他们为胜利付出太多，从而陷入困境。

参考文献

英文部分

［1］ Abel, Andrew B. Asset Prices Under Habit Formation and Catching Up with the Joneses［J］. American Economic Review Papers and Proceedings, 1990, 80: 38-42.

［2］ Acemoglu D. Introduction to Modern Economic Growth［M］. New Jersey: Princeton University Press, 2008.

［3］ Ackert L, Deaves R. Behavioral Finance: Psychology, Decision-making, and Markets［M］. Boston: Cengage Learning, 2009.

［4］ Akerlof G A. The Market for'Lemons［J］. Journal of Economics, 1970, 7(16): 1372.

［5］ Alfarano S, Lux T, Wagner F. Estimation of Agent-based Models: The Case of an Asymmetric Herding Model［J］. Computational Economics, 2005, 26(1): 19-49.

［6］ Allen F, and Gale D, Bubbles and Crises［J］. Economic Journal, 2005, 1108.

［7］ Allais M. Le Comportement de L'homme Rationnel Devant le Risque: Critique des Postulats et Axiomes de L'ecole Americaine［J］. Econometrica, 1953, 21(4): 503-546.

［8］ Angelo H L, Skinner D J. Reversal of fortune: Dividend Signaling and the Disappearance of Sustained Earnings Growth［J］. Journal of Financial Economics, 1996, 40: 341-371.

［9］ Antweiler W, Frank M Z. Is All that Talk Just Noise? The Information Content of Internet Stock Message Boards［J］. The Journal of Finance, 2004, 59(3): 1259-1294.

［10］ Arthur W. Asset Pricing Under Endogenous Expectations in an Artificial Stock Market［J］. The Economy as an Evolving Complex Systems, 1997, 15-44.

［11］ Ausubel L M. The Failure of Competition in the Credit Card Market［J］. The American Economic Review, 1991, 50-81.

［12］ Bachelier L. Théorie de la Spéculation［J］. Annales Scientifiques de lÉcole Normale Supérieure, 1900, 3: 21-86.

［13］ Baker M, Wurgler J. Investor Sentiment and the Cross-Section of Stock Returns［J］. Economic Management Journal, 2006, 61(4): 1645-1680.

［14］ Baker M, Wurgler J. Investor Sentiment in the Stock Market［J］. Journal of Economic Perspectives, 2007, 21: 129-151.

［15］ Baker M, Richard S R, Wurgler J. Behavioral Corporate Finance: A Survey［R/OL］. http://www.hber.org/papers/wl0863, 2004-11/2017-10.

［16］ Baker M, Wurgler J. Market Timing and Capital Structure［J］. Journal of Finance, 2002, 57: 1-32.

[17] Baker M, Wurgler J. A Catering Theory of Dividends [J]. Journal of Finance, 2004, 59(3): 1125-1165.

[18] Baker M, Wurgler J. Appearing and Disappearing Dividends: The Link to Catering Incentives [J]. Journal of Financial Economics, 2003, 73(2):271-288.

[19] Baker M, Stein J C, Wurgler J. When Does the Market Matter? Stock Prices and the Investment of Equity-Dependent Firms [J]. Social Science Electronic Publishing, 2003, 118(3):969-1005.

[20] Banz R W. The Relationship Between Return and Market Value of Common Stocks [J]. Journal of Fractal Economics, 1981, 9 (1): 3-18.

[21] Barberis N and Xiong W. What Drives the Disposition Effect? An Analysis of a Long-standing Preference-Based Explanation [J]. The Journal of Finance, 2009, 64(2): 751-784.

[22] Barber B M, Odean T. Boys will be boys: Gender, Overconfidence, and Common Stock Investment [J]. The Quarterly Journal of Economics, 2000, 116(1):261-292.

[23] Barber B M, Odean T. All That Glitters: The Effect of Attention and News on the Buying Behavior of Individual and Institutional Investors [J]. The Review of Financial Studies, 2008, 785-818.

[24] Barber B M, Odean T. The Courage of Misguided Convictions [J]. Financial Analysts Journal. 1999,55(6) (November/December): 41-55.

[25] Barber B M, Odean T. Too Many Cooks Spoil the Profits: The Performance of Investment Clubs [J]. Financial Analyst Journal, 2000, 56(1), 17-25.

[26] Barber B M, Odean T. Trading Is Hazardous to Your Wealth: The Common Stock Investment Performance of Individual Investors [J]. Journal of Finance, 2000, 55(2):773-806.

[27] Barber B M, Odean T and Zheng L. The Behavior of Mutual Fund Investors [M]. Anjan V, Thakor, Arnoud W A.Handbook of Financial Intermediation and Banking. Amsterdam：Elsevier, 2008: 259-283.

[28] Barberis N, Huang M, Santos T. Prospect Theory and Asset Prices [J]. The Quarterly Journal of Economics, 2001, 116(1): 1-53.

[29] Barberis N, Thaler R. A Survey of Behavioral Finance [M]. Constantinides GM, Harris and Stulz R(ed) .Handbook of the Economics of Finance.Amsterdam, Boston: Elsevier，2003: 1053-1128.

[30] Barberis N, Shleifer A, Vishny R. A model of Investor Sentiment 1 [J]. Journal of Financial Economics, 1998, 49(3):307-343.

[31] Barberis N, Shleifer A. Style Investing [J]. Journal of Financial Economics, 2000, 68(2):161-199.

[32] Barberis N, Shleifer A, Wurgler J. Comovement [J]. Journal of Financial Economics, 2005, 75(2):283-317.

[33] Barberis N. Thirty Years of Prospect Theory in Economics: A Review and Assessment [J]. Journal of Economic Perspectives, 2013, 27(1):173-96.

[34] Benartzi S, Thaler R H. Myopic Loss Aversion and the Equity Premium Puzzle [J]. The Quarterly Journal of Economics, 1995,110(1): 73-92.

[35] Bell D E. Regret in Decision Making under Uncertainty [J]. Operations Research, 1982, 30(5): 961-981.

［36］ Benartzi S, Thaler R H. Risk Aversion or Myopia? Choices in Repeated Gambles and Retirement Investments ［J］. Management Science, 1999, 45(3): 364-381.

［37］ Bernard V L. Stock Price Reactions to Earnings Announcements: a Summary of Recent Anomalous Evidence and Possible Explanations ［R/OL］. https://deepblue.lib.umich.edu/bitstream/handle/2027.42/35405/bl658141.0001.001.pdf?sequence=2&isAllowed=y.

［38］ Benartzi S, Thaler R H. Naive Diversification Strategies in Defined Contribution Saving Plans ［J］.American Economic Review, 2001, 91(1): 79-98.

［39］ Bhattacharya S and Pfleiderer P. Delegated Portfolio Management ［J］.Journal of Economic Theory, 1985,36: 1-25.

［40］ Bikcha B S. Herd Behavior in Financial Markets: A Review ［J］. IMF Staff Papers, 2000, 47(3): 279-310.

［41］ Bikhchandani S, Hirshleifer D, Welch I. A Theory of Fads, Fashion, and Cultural Change as Information Cascades ［J］. Social Science Electronic Publishing, 1992, 100(5): 992-1026.

［42］ Bollen J, Mao H, Zeng X. Twitter Mood Predicts the Stock Market ［J］. Journal of Computational Science, 2011, 2(1):1-8.

［43］ Bossaerts P, Plott C. The CAPM in Thin Experimental Financial Markets ［J］. Journal of Economic Dynamics and Control,2003, 26(7): 1093-1112.

［44］ Barber B M, Odean T. All that Glitters: The Effect of Attention and News on the Buying Behavior of Individual and Institutional Investors ［J］. The Review of Financial Studies,2008,21(2): 785-818.

［45］ Brown R, Sarma N. CEO Overconfidence, CEO Dominance and Corporate Acquisitions ［J］. Journal of Economics and Business, 2007, 59(5): 358-379.

［46］ Calvet L E, Campbell J Y, Sodini P. Measuring the Financial Sophistication of Households ［J］. American Economic Review, 2009, 99(2): 393-98.

［47］ Camerer C, Thaler R H. Anomalies: Ultimatums, Dictators and Manners ［J］. The Journal of EconomicPerspectives, 1995, 9(2): 209-219.

［48］ Camerer C. Behavioral Game Theory: Experiments in Strategic Interaction ［M］. New Jersey: Princeton University Press, 2003.

［49］ Campbell J Y, Shiller R J. Stock Prices, Earnings, and Expected Dividends ［J］. The Journal of Finance, 2012, 43(3): 661-676.

［50］ Campbell J Y, Cochrane J H. By Force of Habit: A Consumption-Based Explanation of Aggregate Stock Market Behavior ［J］. Journal of Political Economy, 1999, 107(2): 205-251.

［51］ Carpenter J P, Seki E. Competitive Work Environments and Social Preferences: Field Experimental Evidence from a Japanese Fishing Community ［J］. Contributions in Economic Analysis & Policy, 2005, 5(2): 1460-1460.

［52］ Cassar A, Crowley L, Wydick B. The Effect of Social Capital on Group Loan Repayment: Evidence From Field Experiments ［J］. The Economic Journal, 2010, 117(517): F85-F106.

［53］ Çelen B, Kariv S. Distinguishing Informational Cascades from Herd Behavior in the Laboratory ［J］.

The American Economic Review, 2004, 94(3): 484-498.

[54] Chan L K, Karceski J, Lakonishok J. New Paradigm or Same old Hype in Equity Investing [J]. Financial Analysts Journal, 2000, 56: 23-36.

[55] Chan L K, Jegadeesh N and Lakonishok J. Momentum Strategies [J]. Journal of Finance, 1996, 51: 1681-1713.

[56] Chen M K. The Effect of Language on Economic Behavior: Evidence From Savings Rates, Health Behaviors, and Retirement Assets [J]. American Economic Review, 2013, 103(2): 690-731.

[57] Chew S H, MacCrimmon K R. Alpha-Nu Choice Theory: A Generalization of Expected Utility Theory [M]. Vancouver: University of British Columbia press, 1979.

[58] Choi J J, Haisley E, Kurkoski J, et al. Small Cues Change Savings Choices [J]. Journal of Economic Behavior & Organization, 2017.

[59] Chong R, Hudson R, Keasey K, et al. Pre-Holiday Effects: International Evidence on the Decline and Reversal of a Stock Market Anomaly [J]. Journal of International Money & Finance, 2005, 24(8): 1226-1236.

[60] Clark R L, Maki J A, Morrill M S. Can Simple Informational Nudges Increase Employee Participation in a 401(k) Plan? [J]. Southern Economic Journal, 2014, 80(3):677-701.

[61] Cohen L, Frazzini A. Economic Links and Predictable Returns [J]. The Journal of Finance, 2008, 63(4): 1977-2011.

[62] Cohen L, Frazzini A, Malloy C. Sell-Side School Ties [J]. Journal of Finance, 2010, 65(4): 1409-1437.

[63] Cooper M J, Arnold C, Dunkelberg W C, Woo C Y Y. Optimists and Pessimists: 2994 Entrepreneurs and Their Perceived Chances for Success [M].Washington D. C: ERIC Cleaning house, 1986.

[64] Cooper M J, Dimitrov O, Rau P R. A Rose.com by Any Other Name [J]. The Journal of Finance, 2001, 56(6): 2371-2388.

[65] Cornell B, Liu Q. The Parent Company Puzzle: When is the Whole Worth Less than One of the Parts [J]. Journal of Corporate Finance, 2001, 7: 341-366.

[66] Cutler D M, Poterba J M, Summers L H. Speculative Dynamics [J]. Review of Economic Studies, 1991, 58(3):529-546.

[67] Zhi D, Engelberg J, Gao P. In Search of Attention [J]. Journal of Finance, 2011, 66(5): 1461-1499.

[68] Daniel K, Hirshleifer D, Subrahmanyam A. Investor Psychology and Security Market under and Overreactions [J]. Journal of Finance, 2010, 53(6): 1839-1885.

[69] Lee C M C, Mucklow B, Ready M J. Spreads, Depths, and the Impact of Earnings Information: An Interaday Analysis [J].Review of Financial Studies, 1993, 6(2): 345-374

[70] Daniel K, Titman S. Evidence on the Characteristics of Cross Sectional Variation in Stock Returns [J]. Journal of Finance, 1997, 52 (1), 1-33.

[71] Darlow A L, Sloman S A. Two Systems of Reasoning: Architecture and Relation to Emotion [J]. Wiley Interdisciplinary Reviews: Cognitive Science, 2010, 1(3): 382-392.

[72] Da S, Rosa R, Durand R B. The Role of Salience in Portfolio Formation [J]. Pacific-Basin Finance Journal, 2008, 16(1): 78-94.

[73] Zhi D, Engelberg J, Gao P. In Search of Attention [J]. Journal of Finance, 2011, 66(5): 1461-1499.

[74] Deangelo H, Deangelo L, Skinner D J. Reversal of Fortune Dividend Signaling and The Disappearance of Sustained Earnings Growth [J]. Journal of Financial Economics, 1996, 40(3): 341-371.

[75] Bondt W F M D, Thaler R. Does the Stock Market Overreact? [J]. Journal of Finance, 2012, 40(3): 793-805.

[76] Dellavigna S, Pollet J M. Investor Inattention, Firm Reaction, and Friday Earnings Announcements [J]. Nber Working Papers, 2005, 64(2): 709-749.

[77] DeLong J B, Shleifer A, Summers L H, et al. The Survival of Noise Traders in Financial Markets [J]. The Journal of Business, 1988, 64: 123.

[78] DeLong J B, Shleifer A, Summers L H, Waldman R J. Noise Trader Risk in Financial Markets [J]. Journal of Political Economy, 1990, 98: 703-38.

[79] Delong J B, Shleifer A, Summers L H, et al. Positive Feedback Investment Strategies and Destabilizing Rational Speculation [J]. Journal of Finance, 1990, 45(2): 379-395.

[80] DeLong J B, Magin K. The US Equity Return Premium: Past, Present, and Future [J]. The Journal of Economic Perspectives, 2009, 23(1): 193-208.

[81] De Martino B, Kumaran O, Seymour B, et al. Frames, Biases, and Rational Decision-Making in the Human Brain [J]. Science, 2006, 313(5787): 684-687.

[82] Deshmukh S, Howe K M. CEO Overconfidence and Dividend policy [C]. Federal Reserve Bank of Chicago, 2009: 440-463.

[83] Dey M K. Turnover and Return in Global stock markets [J]. Emerging Markets Review, 2005, 6(1): 45-67.

[84] De G E G, Post T. Loss Aversion with a State-Dependent Reference Point [J]. Management Science, 2011, 57(6): 1094-1110.

[85] Dichev I D. Is the Risk of Bankruptcy a Systematic Risk [J]. Journal of Finance, 1998, 53: 1131-1147.

[86] D'avolio G. The Market for Borrowing stock [J]. Journal of Financial Economics, 2002, 66(2): 271-306.

[87] Eagles J M. The Relationship Between Mood and Daily Hours of Sunlight in Rapid Cycling Bipolar Illness [J]. Biological Psychiatry, 1994, 36(6): 422.

[88] Edmans A, Garcia D, Norli. Sports Sentiment and Stock Returns [J]. The Journal of Finance, 2007, 62(4): 1967-1998.

[89] Saunders E M. Stock Prices and Wall Street Weather [J]. American Economic Review, 1993, 83(5): 1337-1345.

[90] Edwards K D. Prospect Theory: A Literature Review [J]. International Review of Financial

Analysis, 1996, 5(1): 19-38.

[91] Eleswarapu V R, Reinganum M R. The Seasonal Behavior of the Liquidity Premium in Asset Pricing [J]. Journal of Financial Economics, 1993, 34: 373-386.

[92] Ellsberg, Daniel. Risk, Ambiguity, and the Savage Axioms: Reply [J]. The Quarterly Journal of Economics, 1963, 77(2): 336-342.

[93] Epstein S. Integration of the Cognitive and the Psychodynamic Unconscious [J]. American Psychologist, 1994, 49(8): 709.

[94] Evans J S B. Dual-processing Accounts of Reasoning, Judgment, and Social Cognition [J]. Annual Review of Psychology. 2008, 59: 255-278.

[95] Fama E F, Blume M E. Filter Rules and Stock-Market Trading [J]. Journal of Business, 1966, 39(1): 226-241.

[96] Fama E F, Fisher L, Jensen M C, et al. The Adjustment of Stock Prices to New Information [J]. International Economic Review, 1969, 10(1): 1-21.

[97] Fama E F. Efficient Capital Markets: II [J]. The Journal of Finance, 2012, 46(5): 1575-1617.

[98] Fama E F. The Behavior of Stock-Market Prices [J]. Journal of Business, 1965, 38(1): 34-105.

[99] Fama E F, French K R. The Cross-Section of Expected Stock Returns [J]. Journal of Finance, 1992, 47(2): 427-465.

[100] Fama E F. Market Efficiency, Long-Term Returns, and Behavioral Finance [J]. Journal of Financial Economics. 1998.

[101] Fama E F, Kenneth R F. Common Risk Factors in the Returns on Stocks and Bonds [J]. Journal of Financial Economics, 1993, 33 (1): 3-56.

[102] Fama E F and Kenneth R F. Testing Tradeoff and Pecking Order Predictions about Dividends and Debt [J]. Review of Financial Studies, 2002, 15: 1-37.

[103] Fehr E, Schmidt K M. Fairness, Incentives, and Contractual Choices, European Economic Review [J]. 2000, 44: 1057-1068.

[104] Fehr E, List J A. The Hidden Costs and Returns of Incentives-Trust and Trust Worthiness among CEOs [J]. Journal of the European Economic Association, 2004, 2(5): 743-771.

[105] Feigenberg B, Field E, Pande R. The Economic Returns to Social Interaction: Experimental Evidence From Microfinance [J]. Review of Economic Studies, 2013, 80(4): 1459-1483.

[106] Fenzl T, Pelzmann L. Psychological and Social Forces Behind Aggregate Financial Market Behavior [J]. Journal of Behavioral Finance, 2002, 13(1): 56-65.

[107] Fischhoff B. Hindsight Is Not Foresight: The Effect of Outcome Knowledge on Judgment under Uncertainty [J]. Journal of Experimental Psychology: Human Perception and Performance, 1975, 1: 288-299.

[108] Flyvbjerg B, Holm S, Buhl S. Underestimating Costs in Public Works Projects: Error or Lie [J]. Journal of the American Planning Association, 2002, 68(3): 279-295.

[109] Ueda K. Are Japanese Stock Prices Too High? [J]. Journal of the Japanese & International

Economies, 2005, 4(4): 351-370.

[110] French K R, Poterba J M. Investor diversification and International Equity markets [J]. National American Economic Review, 1991, 81(2): 222-226.

[111] Froot K A, Obstfeld M. Exchange-rate Dynamics under Stochastic Regime Shifts: A Unified Approach [J]. Journal of International Economics, 1991,31(3-4): 203-229.

[112] Froot, K A, Dabora E M. How Is Stock Prices Affected by the Location of Trade [J]. Journal of Financial Economics, 1999, 53 (2): 189-216.

[113] Genesove D, Mayer C. Loss Aversion and Seller Behavior: Evidence from the Housing Market [J]. The Quarterly Journal of Economics, 2001, 116(4): 1233-1260.

[114] Akerlof G, Shiller R. Animal Spirits: How Human Psychology Drives the Economy, and Why It Matters for Global Capitalism [M]. New York: Princeton Press, 2009.

[115] Ghoulmie F. Heterogeneity and Feedback in An Agent-based Market Model [J]. Journal of Physics Condensed Matter, 2004, 17(17): S1259.

[116] Gilbert E, Karahalios K. Widespread Worry and the Stock Market [C]. 2010, ICWSM: 59-65.

[117] Glaser M, Schäfers P, Weber, M. Managerial Optimism and Corporate Investment: Is the CEO alone Responsible for the Relation?[R/OL]. https: //ssrn.com/abstract = 967649, 2008-03-05/2017-12-01.

[118] Goetzmann W N, Kumar A. Equity Portfolio Diversification [J]. Review of Finance, 2008, 433-463.

[119] Gervais S and Odean T. Learning to be Overconfident [J].Review of Financial Studies.2001, 14: 1-27.

[120] Grinblatt M, Keloharju M. Sensation Seeking, Overconfidence, and Trading Activity [J]. The Journal of Finance, 2009, 64(2): 549-578.

[121] Grinblatt M, Keloharju M. The Investment Behavior and Performance of Various Investor Types: a Study of Finland's Unique Data Set [J]. Journal of financial economics, 2000,55(1): 43-67.

[122] Grinblatt M, and Matti K. What Makes Investors Trade? [J].The Journal of Finance, 2001, 51(2): 589-616.

[123] Grinblatt M, Moskowitz T J. Predicting Stock Price Movements From Past Returns: the Role of Consistency and Tax-loss Selling [J]. Journal of Financial Economics, 2004, 71 (3): 541-579.

[124] Guarino A. Herd Behavior in a Laboratory Financial Market [J]. The American Economic Review, 2005, 95(5): 1427-1443.

[125] Gur H. Familiarity Breeds Investment [J]. The Review of Financial Studies, 2001,14(3):659-680.

[126] Hackbarth D. Managerial Traits and Capital Structure Decisions [J]. Journal of Financial and Quanti-tative Analysis, 2008, 43(04): 843-881.

[127] Harrison G W, List J A. Field Experiments [J]. Journal of Economic Literature, 2004,42(4):1009-1055.

[128] Harrison J M, Kreps D M. Speculative Investor Behavior in a Stock Market With Heterogeneous Expectations [J]. The Quarterly Journal of Economics,1978, 92(2): 323-336.

[129] Haug M, Hirschey M. The January Effect [J]. Financial Analysts Journal, 2006,62(5): 78-88.

[130] Heaton. Managerial Optimism and Corporate Finance [J]. Financial Management, 2002, 31(2):33-45.

[131] Hong H, Stein J C. A Unified Theory of Underreaction, Momentum Trading, and Overreaction in Asset Markets [J]. Journal of Finance, 1999,54(6): 2143-2184.

[132] Hirshleifer D. Investor Psychology and Asset Pricing [J]. Journal of Finance, 2001, 56:1533-1598.

[133] Hirshleifer D. Good Day Sunshine: Stock Returns and the Weather [J]. The Journal of Finance, 2003, 58(3): 1009-1032.

[134] Hirshleifer D, Subrahmanyam A, Titman S. Feedback and the Success of Irrational Investors [J]. Journal of Financial Economics, 2006,81(2): 311-338.

[135] Hirshleifer D, Lim S S and Teoh S H. Driven to Distraction Extraneous Events and Under reaction to Earnings News [J].The Journal of Finance, 2009, 64(5): 2289-2325.

[136] Hofstede G. Culture and organizations [J]. International Studies of Management & Organization, 1980, 10(4):15-41.

[137] Holden K, Thompson J, Ruangrit Y. The Asian Crisis and Calendar Effects on Stock Returns in Thailand [J]. European Journal of Operational Research, 2005,163 (1):242-252.

[138] Hong H, Stein J C. A Unified Theory of Under Reaction, Momentum Trading, and Overreaction in Asset Markets [J].The Journal of finance, 54(6): 2143-2184.

[139] Hong H, Kubik J D, Stein J C. Social Interaction and Stock-Market Participation [J]. Journal of Finance, 2004, 59(1):137-163.

[140] Hong H, Kubik J D, Stein J C. Thy Neighbor's Portfolio: Word-of-Mouth Effects in the Holdings and Trades of Money Managers [J]. The Journal of Finance, 2005, 60(6): 2801-2824.

[141] Hong H, Torous W, Valkanov R. Do industries lead stock markets? [J]. Journal of Financial Economics, 2007, 83(2):367-396.

[142] Horowitz J L, Loughran T, Savin N E. The Disappearing Size Effect [J]. Research in Economics, 2000, 54(1):83-100.

[143] Hou K. Industry Information Diffusion and the Lead-lag Effect in Stock Returns [J]. Review of Financial Studies, 2006:1113-1138.

[144] Hou K, Xiong W, Peng, L. A Tale of Two Anomalies: The Implications of Investor Attention for Price and Earnings Momentum [R/OL]. https: //ssrn.com/abstract = 976394, 2009-03-16/2017-12-01.

[145] Huberman G, Regev T. Contagious Speculation and a Cure for Cancer [J]. Journal of Finance, 2001, 56(1):387-396.

[146] Ikenberry D, Lakonishok J, Vermaelen T. Market under Reaction to Open Market Share Repurchases [J]. Journal of Financial Economics, 1995, 39(2): 181-208.

[147] Ikenberry D, Lakonishok J, Vermaelen T. Stock Repurchases in Canada: Performance and Strategic Trading [J].The Journal of Finance, 2000, 55(5):2373-2397.

[148] Jain A K, Gupta S. Some Evidence on "Herding" Behavior of US banks [J]. Journal of Money,

Credit and Banking, 1987, 19(1):78-89.

[149] Jegadeesh N, Titman S. Returns to Buying Winners and Selling Losers: Implications for Stock Market Efficiency [J]. Journal of Finance, 1993, 48(1): 65-91.

[150] Jones D, Mahajan A. Time-inconsistency and Saving: Experimental Evidence from Low-income Tax Filers [J]. Social Science Electronic Publishing, 2015, W21272.

[151] Kahneman D, Tversky A. On the Psychology of Prediction [J]. Psychological Review,1973, 80(4): 237-251.

[152] Kahneman D, Tversky A. Prospect Theory: An Analysis of Decision Under Risk [J]. Econometrica, 1979, 47(2):263-291.

[153] Kahneman D, Tversky A. The Psychology of Preferences [J]. Scientific American, 1982, 246(1): 160-173.

[154] Kahneman D. Experimental Tests of the Endowment Effect and the Coase Theorem [C]. Proceedings of the 2007 International Conference on Convergence Information Technology. IEEE Computer Society, 2007:125-128.

[155] Kahneman D, Riepe M W. Aspects of Investor Psychology [J]. Journal of Portfolio Management, 1998,24(4): 52.

[156] Kahneman. D, Slovic P and Tversky A. Judgement Under Uncertainty: Heuristics and Biases [M]. New York: Cambridge University Press, 1982.

[157] Kahneman D, Tversky A. Advances in Prospect Theory: Cumulative Representation of Uncertainty [J]. Journal of Risk and Uncertainty, 1992, 5(4):297-323.

[158] Kahneman D, Slovic P and Tversky A. Choices, Values, and Frames. Cambridge [M]. England: Cambridge University Press, 2000.

[159] Karlan D S. Using Experimental Economics to Measure Social Capital and Predict Financial Decisions [J]. American Economic Review, 2005, 95(5):1688-1699.

[160] Karlan D S. Social Connections and Group Banking [J]. The Economic Journal, 2007, 117:517.

[161] Karmarkar U S. Subjectively Weighted Utility: A Descriptive Extension of the Expected Utility Model [J]. Organizational Behavior & Human Performance, 1978, 21(1):61-72.

[162] Kendall M G, Stuart A, Ord J K. The Advanced Theory of Statistics [M]. London: C. Griffin Press, 1948.

[163] Kenning P, Mohr P, Erk S, Walter H, Plassmann H The Role of Fear in Home-Biased Decision Making: First Insights From Neuroeconomics [J]. MPRA Paper, 2006.

[164] Daniel K and Titaman S. Evidence on the Characteristics of Cross-Sectional Variation in Stock Returns [J]. The Journal of Finance, 1997, 52: 1-33.

[165] Daniel K, Hirshleifer D and Subrahmanyam A. Investor Psychology and Security Market Under- and Overreactions [J]. Journal of Finance, 1998, 53(6): 1839-1885.

[166] Korniotis G M, Kumar A. Do Portfolio Distortions Reflect Superior Information or Psychological Biases? [J]. Social Science Electronic Publishing, 2009, 48(1): 1-45.

［167］ Krueger F, McCabe K, Moll J, et al. Neural correlates of trust ［J］. Proceedings of the National Academy of Sciences, 2007, 104(50): 20084-20089.

［168］ Laibson D. Hyperbolic Discounting and Golden Eggs ［J］. Quarterly Journal of Economics, 1997, 112(2):443-477.

［169］ Laibson, David, Repetto, Andrea, Tobacman, Jeremy. Estimating Discount Functions with Consumption Choices Over the Lifecycle ［J］. Documentos De Trabajo, 2007.

［170］ Lakonishok J, Smidt S. Are Seasonal Anomalies real? A Ninety-year Perspective ［J］. Review of Financial Studies, 1988, 1(4): 403-425.

［171］ Lakonishok J, Shleifer A and Vishny W R. The Impact of Institutional Trading on Stock Prices ［J］.Journal of Financial Economics, 1992, 82: 23-43.

［172］ Lakonishok J, Shleifer A and Vishny W R. Contrarian Investment, Extrapolation and Risk ［J］. Journal of Finance, 1994,49: 1541-1578.

［173］ Lamont O A, Thaler R H. Anomalies: The Law of One Price in Financial Markets ［J］. Journal of Economic Perspectives, 2003, 17(4): 191-202.

［174］ Augustin J and Thesmar D. Financial Contracting with Optimistic Entrepreneurs ［J］.The Review of Financial Studies, 2009, 22(1): 117-150.

［175］ Charles L M C, Shleifer A and Thaler R H. Investor Sentiment and The Close-End Fund Puzzle ［J］. The Journal of Finance, 1991, 46(1): 75-109.

［176］ Lichtenstein, Sarah, Slovic, Paul. Reversals of Preference between Bids and Choices in Gambling Decisions ［J］. Journal of Experimental Psychology, 1971, 89(89):46-55.

［177］ Lo, Andrew, Repin, Dmitry, Steenbarger, Brett. Fear and Greed in Financial Markets: A Clinical Study of Day-Traders ［R/OL］. https: //ssrn.com/abstract = 690501, 2005-03/2017-12.

［178］ Loewenstein G, Prelec D. Negative Time Preference ［J］. The American Economic Review, 1991, 81(2):347-352.

［179］ Loewenstein G. The Fall and Rise of Psychological Explanations in the Economics of Intertemporal Choice［M］. Lowenstein G and Elster J (ed). Choice over Time. New York: Russell Sage Foundation, 1992

［180］ Loomes G, R Sugden. Regret Theory: An Alternative Theory of Rational Choice Under Uncertainty ［J］.The Economic Journal, 1983, 92: 805-824.

［181］ Lopes L L. Between hope and fear: Psychology of risk ［J］. Advaces in Experimental Social Psychology, 1987, 20.

［182］ Loughran T, Ritter J R. The new issues puzzle. The Journal of finance ［J］. 1995, 50(1): 23-51.

［183］ Luce, Duncan R. Utility of Gains and Losses ［M］. New Jersey: Lawrence Erlbaum Associates, 1982.

［184］ Maccrimmon K R, Larsson S. Utility Theory: Axioms Versus 'Paradoxes' ［M］. Expected Utility Hypotheses and the Allais Paradox.Berlin: Springer Netherlands, 1979:333-409.

［185］ Machina M J. "Expected Utility" Analysis Without the Independence Axiom ［J］. Econometrica:

Journal of the Econometric Society, 1982,277-323.

［186］ Madrian B C, Shea D F. The Power of Suggestion: Inertia in 401(k) Participation and Savings Behavior ［J］. Nber Working Papers, 2001, 116(4):1149-1187.

［187］ Malkiel B G. The Efficient Market Hypothesis and Its Critics ［J］. The Journal of Economic Perspectives, 2003, 17(1):59-82.

［188］ Malkiel B G. The Efficient Market Hypothesis and Its Critics ［J］. Jouranl of Economic Perspectives, 2003, 17(1): 59-82.

［189］ Malmendier U, Tate G. CEO Overconfidence and Corporate Investment ［J］. The Journal of Finance, 2005, 60(6):2661-2700.

［190］ Malmendier U, Tate G, Yan J. Corporate Financial Policies With Overconfident Managers ［R/OL］. https://ssrn com/abstrat = 69021, 2005-11-05/2017-12-01.

［191］ Malmendier U, Tate G. CEO Overconfidence and Corporate Investment ［J］. The Journal of Finance, 2005, 60(6):2661-2700.

［192］ Malmendier U, Tate G. Who Makes Acquisitions? CEO Overconfidence and the Market's Reaction ［J］. Journal of Financial Economics, 2008, 89(1):20-43.

［193］ Malmendier U, Nagel S. Learning from Inflation Experiences ［J］. The Quarterly Journal of Economics, 2015, 131(1): 53-87.

［194］ Mandelbrot B. The Variation of Certain Speculative Prices ［J］. The Journal of Business, 1963, 36(4): 394-419.

［195］ Mankiw N G, Zeldes S P. The Consumption of Stockholders and Nonstockholders ［J］. Journal of financial Economics, 1991, 29(1), 97-112.

［196］ March J G, Shapira Z. Managerial Perspectives on Risk and Risk Taking ［J］. Management Science, 1987, 33(11): 1404-1418.

［197］ Seasholes M S, Wu G J. Predictable Behavior, Profits, and Attention ［J］. Journal of Empirical Finance, 2007, 14: 590-610.

［198］ Markowitz H M. Portfolio Selection ［J］. Journal of Finance, 2012, 7(1):77-91.

［199］ Markowitz H M. The Early History of Portfolio Theory: 1600-1960 ［J］. Financial Analysts Journal, 2006, 55(4):5-16.

［200］ Marsh P. The Choice Between Equity and Debt: An Empirical Study ［J］. Journal of Finance, 1982, 37(1):121-144.

［201］ Mazumdar T, Raj S P, Sinha I. Reference Price Research: Review and Propositions ［J］. Journal of marketing, 2005, 69(4):84-102.

［202］ Mehra R, Prescott E C. The Equity Premium: A Puzzle ［J］. Journal of Monetary Economics, 2010, 15(2):145-161.

［203］ Mehra R, Prescott E C. The Equity Premium in Retrospect ［J］. Social Science Electronic Publishing, 2003, 1, part 2(03):889-938.

［204］ Marsh P R (ed). Handbook of the Equity Risk Premium ［M］. North-Holland: ini, 2006.

［205］ Merton R C. A Simple Model of Capital Market Equilibrium with Incomplete Information［J］. Journal of Finance, 1987, 42(3):483-510.

［206］ Dowling M, Lucey B M. Weather, Biorhythms, Beliefs and Stock Returns-Some Preliminary Irish Evidence［J］. Social Science Electronic Publishing, 2005, 14(3):337-355.

［207］ Michael M. Pompian. Behavioral Finance and Wealth Management［M］. New Jersey: John Wiley & Sons, 2006.

［208］ Miller E M. Risk, Uncertainty, and Divergence of Opinion［J］. The Journal of Finance, 1977,32(4): 1151-1168.

［209］ Mullainathan S, Thaler R H. Behavioral Economics［J］. International Encyclopedia of the social & Behavioral sciecies, 2001, 76(7948): 1094-1100.

［210］ Munro A, Sugden R. On the Theory of Reference-Dependent Preferences［J］. Journal of Economic Behavior & Organization, 2003, 50(4):407-428.

［211］ Myers S and Majluf N. Corporate Financing and Investment Decisions When Firms Have Information that Investors Do not Have［J］. Journal of Financial Economics, 1984, 13:187-222.

［212］ Barberis N, Thaler R H. A Survey of Behavioral Finance［J］. Handbook of the Economics of Finance, 2003, 1: 1053-1128.

［213］ Barberis N, Shleifer A, Wurgler J. Comovement［J］. Journal of Financial Economics, 2005, 75(2): 283-317.

［214］ Nisbett R E, Ross L. Human Inference: Strategies and Shortcomings of Social Judgment.［J］. Journal of Social & Biological Structures, 1982, 5(2): 200-202.

［215］ Nofsinger R J. Social Mood and Financial Economics［J］. Journal of Behavioral Finance, 2005,6(3): 144-160.

［216］ Norman D A. Twelve Issues for Cognitive Science［J］. Cognitive Science, 1980, 4(1):1-32.

［217］ Odean T. Are Investors Reluctant to Realize Their Losses?［J］. Journal of Finance, 1998, 53(5):1775-1798.

［218］ Odean T. Volume, Volatility, Price, and Profit When all Traders are Above Average［J］. The Journalof Finance, 1998, 53(6):1887-1934.

［219］ Odean T. Do Investors Trade Too Much?［J］. Social Science Electronic Publishing, 1999, 89(5):1279-1298.

［220］ Parrino R, Weisbach M S. Measuring Investment Distortions Arising from Stockholder-Bondholder Conflicts［J］. Journal of Financial Economics, 1999,53(1): 3-42.

［221］ Peng D, Rao Y, Wang M. Do Top 10 Lists of Daily Stock Returns Attract Investor Attention? Evidence from a Natural Experiment［J］.International Review of Finance, 2016, 16(4): 565-593.

［222］ Plous, S. The Psychology of Judgment and Decision Making［M］. New York: Mcgraw-Hill Book Company,1993.

［223］ Smith V L, Porter D. Stock Market Bubbles in the Laboratory［M］. Bargaining and market behavior. Cambridge: Cambridge University Press, 2011:111-128.

[224] Rabin M. Incorporating Fairness into Game Theory and Economics [J]. American Economic Review, 1993, 83(5): 1281-1302.

[225] Rabin M. Psychology and Economics [J]. Journal of Economic Literature, 1998, 36(1): 11-46.

[226] Rabin M. Risk Aversion and Expected-utility Theory: A Calibration Theorem [J]. Handbook of The Fundamentals of Financial Decision Making, 2013, Part I: 241-252.

[227] Rajan R, Servaes H. Analyst Following of Initial Public Offerings [J]. Journal of Finance, 1997, 52(2):507-529.

[228] Ritter, Jay R. The Long-Run Performance of Initial Public Offerings [J]. Journal of Finance, 1991, 46: 3-28.

[229] Richard R. The Hubris Hypothesis of Corporate Takeovers [J]. The Journal of Business, 1986, 59(2):197-216.

[230] Rosa S R, Durand R B. The Role of Salience in Portfolio Formation [J]. Pacific-Basin Finance Journal, 2008,16(1): 78-94.

[231] Ross J, Staw B M. Organizational Escalation and Exit: Lessons From the Shoreham Nuclear Power Plant [J]. Academy of Management Journal, 1993, 36(4): 701-732.

[232] Rozeff M S, Kinney J W R. Capital Market Seasonality: The Case of Stock Returns [J]. Journal of Financial Economics, 1976, 3 (4): 379-402.

[233] Sagi J S. Anchored Preference Relations [J]. Journal of Economic Theory, 2006, 130(1): 283-295.

[234] Samuelson P A. Proof that Properly Anticipated Prices Fluctuate Randomly [J]. IMR: Industrial Management Review (pre-1986), 1965, 6(2): 41.

[235] Samuelson W and Zeckhauser R. Status Quo Bias in Decision Making [J]. Journal of Risk and Uncertainty, 1978, 1: 7-59.

[236] Scharfstein D S, Stein J C. Herd Behavior and Investment [J]. American Economic Review, 1990, 80(3):465-479.

[237] Schwarz N, Clore G L. Feelings and Phenomenal Experiences [J]. Social Psychology: Handbook of basic principles, 1996,2: 385-407.

[238] Schwert G W. Anomalies and Market Efficiency [J]. Handbook of the Economics of Finance, 2003, 1: 939-974.

[239] Seasholes M S, Wu G. Predictable Behavior, Profits, and Attention [J]. Journal of Empirical Finance, 2007, 14(5): 590-610.

[240] Shafir E, Diamond P, Tversky A. On Money Illusion [J]. Quarterly Journal of Economics, 1997, 92: 341-374.

[241] Sharot T, Delgado M R, Phelps E A. How Emotion Enhances the Feeling of Remembering [J]. Nature Neuroscience, 2004,7(12): 1376-1380.

[242] Shefrin H, Meir S. Explaining Investor Preference for Cash Dividends [J]. Journal of Financial Economics, 1984, 13(2): 253-282.

[243] Shefrin H, Statman M. The Disposition to Sell Winners Too Early and Ride Losers Too Long:

Theory and Evidence [J]. Journal of Finance, 1985, 40(3): 777-782.

[244] Shefrin H, Statman M. Behavioral Capital Asset Pricing Theory [J]. Journal of Financial and Quantitative Analysis, 1994, 29(3): 323-349.

[245] Shefrin H, Statman M. Behavioral Portfolio Theory [J]. Journal of Financial and Quantitative Analysis, 2000, 35(2): 127-151.

[246] Shefrin H, Statman M. The Disposition to Sell Winners Too Early and Ride Losers Too Long: Theory and Evidence [J]. The Journal of Finance, 1985, 40(3): 777-790.

[247] Shiller R J. Do Stock Prices Move Too Much to be justified by Subsequent Changes in Dividends [J]. American Economic Review, 1981, 71(3): 421-436.

[248] Shiller R J. The Use of Volatility Measures in Assessing Market Efficiency [J]. Journal of Finance, 1981, 36: 291-304.

[249] Shiller R J, Fischer S, Friedman B M. Stock prices and social dynamics [C]. Brookings papers on economic activity, 1984, 2: 457-510.

[250] Shiller R J. Market Volatility [M]. MA: MIT Press, 1989.

[251] Shiller R J. Speculative Prices and Popular Models [J]. Journal of Economic Perspectives, 1990, 42: 55-65.

[252] Shiller R J. Market Volatility and Investor Behavior [J]. American Economic Review, 1990, 80(2): 58-62.

[253] Shiller R J. Chapter 20 Human Behavior and The Efficiency of the Financial System [J]. Handbook of Macroeconomics, 1999, 1(99):1305-1340.

[254] Shiller R J. Irrational Exuberance [M]. New Jersey: Princeton University Press, 2005:311-312.

[255] Shleifer A. Do Demand Curves for Stocks Slope Down? [J]. Journal of Finance, 2012, 41(3):579-590.

[256] Shleifer A. Psychologists at the Gate: A Review of Daniel Kahneman's "Thinking, Fast and Slow" [J]. Journal of Economic Literature, 2012, 50(4):1080-1091.

[257] Shleifer A. Inefficient Markets: An Introduction to Behavioral Finance [M]. Oxford: Oxford University Press, 2000.

[258] Shleifer A, Vishny J. The Limits to Arbitrage [J]. Journal of Finance, 1997, 52: 35-55.

[259] Shleifer A, Summers L H. The Noise Trader Approach to Finance [J]. Journal of Econometrics, 1990, 4(2): 19-23.

[260] Siegel J J, The Shrinking Equity Premium [J]. The Journal of Portfolio Management, 1990, 26 (1): 10-17.

[261] Siegel J J, Thaler R H. Anomalies: The Equity Premium Puzzle[J]. American Economic Association, 1997, 11: 191-200.

[262] Simon H A. Designing organizations for an information-rich world in: Martin Greenberger, Computers, Communication, and the Public Interest, Baltimore [M]. MD: The Johns Hopkins Press, 1971: 40-41.

[263] Simon H A. Prospects for Cognitive Science. Conference Report, International Conference on Fifth Generation Computer Systems, Tokyo. Institute for New Generation Computer Technology, 21-35.

[264] Vernon L S, Gerry L. Suchanek, Arlington W. Williams. Bubbles, Crashes, and Endogenous Expectations in Experimental Spot Asset Markets [J]. Econometrica, 1988, 56(5):1119-1151.

[265] Sprenger T O, Sandner P G, Tumasjan A, et al. News or noise? Using Twitter to Identify and Understand Company-specific News Flow [J]. Journal of Business Finance & Accounting, 2014,41(7-8): 791-830.

[266] Sprenger T O, Sandner P G, Tumasjan A, et al. Tweets and trades: The information content of stock microblogs [J]. European Financial Management, 2014, 20(5): 926-957.

[267] Statman M. Behavioral Finance: Past Battles, Future Engagements [J]. Financial Analyst Journal, 1999, 55(6): 18-27.

[268] Statman M. Behavioral portfolios: Hope for Riches and Protection From Poverty [J]. Pension Design and Structure: New Lessons From Behavioral Finance, 2004: 67-80.

[269] Staw B M. Knee-deep in the Big Muddy: A Study of Escalating Commitment to a Chosen Course of Action [J].Organizational Behavior and Human Performance, 1976, 16(1): 27-44.

[270] Strotz R H. Myopia and Inconsistency in Dynamic Utility maximization [J].The Review of Economic Studies, 1955, 23(3): 165-180.

[271] Sugden R. Reference-Dependent Subjective Expected Utility [J]. Journal of Economic Theory, 2003, 111: 172-191.

[272] Summers L H. Does the Stock Market Rationally Reflect Fundamental Values [J]. The Journal of Finance, 1986, 41(3): 591-601.

[273] Summers B, Duxbury D. Unraveling the Disposition Effect: The Role of Prospect Theory and Emotions [J]. Social Science Electronic Publishing, 2007.

[274] Thaler R H, Benartzi S. Save more tomorrow™: Using behavioral economics to increase employee saving [J]. Journal of political Economy, 2004, 112(S1): S164-S187.

[275] Thaler R H. Toward a Positive theory of Consumer Choice [J]. Journal of Economic Behavior and Organization, 1980, 1: 39-60.

[276] Thaler R H. Maximization and Self-control [J].Behavioral and Brain Sciences, 1981, 4(3): 403-404.

[277] Thaler R H. Some Empirical Evidence on Dynamic Inconsistency [J]. Economics Letters, 1981, 8:201-207.

[278] Thaler R H. Mental Accounting and Consumer Choice [J]. Marketing Science, 1985,4(3): 199-214.

[279] Thaler R H. The January Effect [J]. Journal of Economic Perspectives, 1987, 1(1): 197-201.

[280] Thaler R H. Advances in Behavioral Finance [M]. New York: Russell Sage Foundation, 1993.

[281] Thaler R H. The end of Behavioral Finance [J]. Financial Analysts Journal, 1999, 55(6): 12-17.

[282] Thaler R H. Mental Accounting Matters [J]. Journal of Behavioral Decision Making, 1999, 12: 183-206.

[283] Thaler R H and Johnson. Gambling with The House Money and Trying to Breakeven: The Effect of Prior Outcomes on Risky Choice [J]. Management Science, 1990, 36: 643-660.

[284] Thaler R H. Toward a Positive Theory of Consumer Choice [J]. Journal of Economic Behavior & Organization, 1980, 1(1): 39-60.

[285] Thaler R H and Kahneman D. The Framing of Decisions and the Psychology of Choice [J]. Science, 1981, 211: 453-458.

[286] Thaler R H, Shefrin H M. An Economic Theory of Self-control [J]. Journal of Political Economy, 1981, 89(2): 392-406.

[287] Thaler R H, Tversky A, Kahneman D and Schwartz A. The Effect of Myopia and Loss Aversion on Risk Taking: An Experimental Test [J]. Quarterly Journal of Economics, 1997, 112(2): 647-661.

[288] Tversky A, Kahneman D. Advances in Prospect Theory: Cumulative Representation of Uncertainty [J]. Journal of Risk and Uncertainty, 1992, 5(4): 297-323.

[289] Tversky A, Kahneman D. Extensional Versus Intuitive Reasoning: The Conjunction Fallacy in Probability Judgment [J]. Psychological Review, 1983, 90(4): 293.

[290] Tversky A, Kahneman D. Judgment under Uncertainty: Heuristics and Biases [J]. Science, 1974, 185(4157): 1124-1131.

[291] Tversky A, Kahneman D. The Framing of Decisions and the Psychology of Choice [J]. Science, 1981:211(4481): 453-458.

[292] Tversky A, Kahneman D. Rational Choice and the Framing of Decisions [M]. Multiple Criteria Decision Making and Risk Analysis Using Microcomputers. Berlin: Springer, 1989:251-78.

[293] Tversky A, Kahneman D. Loss Aversion in Riskless Choice: A Reference-dependent Model [J]. The Quarterly Journal of Economics, 1991, 106(4): 1039-1061.

[294] Tversky A, Kahneman D. Advances in prospect theory: Cumulative Representation of Uncertainty [J]. Journal of Risk and Uncertainty, 1992, 5(4): 297-323.

[295] Uchitelle L. Some Economists Call Behavior A Key [N]. New York Times, Business, 2001-02-11/2017-12-01.

[296] Vijh A M. S&P 500 Trading Strategies and Stock Betas [J]. Review of Financial Studies, 1994, 7(1):215-251.

[297] Wakker P, Thaler R H, Tversky A. Probabilistic Insurance [J]. Journal of Risk and Uncertainty, 1997, 15(1): 7-28.

[298] Martin W and Camerer C F. The Disposition Effect in Securities Trading: An Experimental Analysis [J]. Journal of Economic Behavior and Organization, 1998, 33:167-184.

[299] Wolch I. Sequential Sales, Learning, and Cascades [J]. The Journal of Finance, 1992, 47(2):695-732.

[300] Wermers R. Mutual fund Herding and the Impact on Stock prices [J]. The Journal of Finance, 1999, 54(2): 581-622.

[301] Working H. A Theory of Anticipatory prices [J]. The American Economic Review, 1958, 48(2): 188-199.

[302] Wurgler J, Zhuravskaya E. Does Arbitrage Flatten Demand Curves for Stocks? [J]. The Journal of

Business, 2002, 75(4): 583-608.

［303］ Yaari M E. The Dual Theory of Choice under Risk［J］.Econometrica: Journal of the Econometric Society, 1987, 95-115.

［304］ Yang Z, Zhang Z K, Zhou T. Anchoring Bias in Online Voting［J］. Computer Science, 2012, 100(6): 68002.

［305］ Zacharakis A L, Shepherd D A. The Nature of Information and Overconfidence on Venture Capitalists' Decision Making［J］. Journal of Business Venturing, 2004, 16(4):311-332.

［306］ Zajonc R B. ATTITUDINAL EFFECTS OF MERE EXPOSURE［J］. Journal of Personality & Social Psychology Monograph Supplements Pt, 1968, 9(2): 1-27.

［307］ Zarowin P. Does the Stock Market Overreact to Corporate Earnings Information［J］. Journal of Finance, 1989, 44(5): 1385-1399.

中文部分

［1］ 史莱佛.并非有效的市场：行为金融学导论［M］.赵英军，译.北京：中国人民大学出版社，2003.

［2］ 马尔基尔.漫步华尔街［M］.张伟，译.北京：机械工业出版社，2008.

［3］ 陈国进，吴锋.代理投资、金融危机与金融制度结构［J］.金融研究，2002(8)：61-66.

［4］ 陈彦斌.行为资产定价理论［M］.北京：中国人民大学出版社，2006.

［5］ 陈彦斌，周业安.行为资产定价理论综述［J］.经济研究，2004(6)：117-127.

［6］ 陈彦斌，周业安.异质性财富偏好和资产定价［J］.经济学（季刊），2006(2)：361-378.

［7］ 崔巍.行为金融学［M］.北京：中国发展出版社，2008.

［8］ 崔巍.行为金融学案例［M］.北京：中国发展出版社，2013.

［9］ 戴军，股市效应的国际实证研究［J］.中国证券报，2001.

［10］ 卡尼曼.思考，快与慢［M］.胡晓姣，李爱尼，何梦莹，译.北京：中信出版社，2012.

［11］ 丁鹏.量化投资：策略与技术［M］.电子工业出版社，2012.

［12］ 东北证券研究所.行为金融，来自情绪面的择时的选股［R/OL］.http://pg.jrj.com.cn/acc/Res/CN_RES/INVEST/2016/8/3/4b0266dc-aeb4-41d3-9ee2-e9b1c81d4c2a.pdf, 2016-08-03/2012-12-01.

［13］ 董志勇.行为金融学［M］.北京：北京大学出版社，2009.

［14］ 高德伯格，尼采.行为金融［M］.赵英军，译.北京：中国人民大学出版社，2004.

［15］ 韩士专.噪声背景下的股市反馈机制研究［J］.华南师范大学，2004.

［16］ 何大安.选择行为的理性与非理性的融合［M］.上海：上海三联出版社，2006.

［17］ 舍夫林.行为公司金融：创造价值的决策［M］.郑晓蕾，译.北京：中国人民大学出版社，2007.

［18］ 黄纯纯.家庭金融行为研究的新近发展评述［J］.南方经济，2015(9): 98-111.

［19］ 黄希庭.心理学导论［M］.2版.北京：人民教育出版社，2007.

［20］ 季爱民.埃尔斯伯格悖论评析［J］.天津商学院学报，2007，27(1): 30-33.

［21］ 李国平.行为金融学［M］.北京：北京大学出版社，2006.

［22］ 李海军，徐富明，王伟，等.判断与决策中的情感启发式［J］.心理科学，2014(5)：1238-1244.

［23］李心丹.行为金融理论：研究体系及展望［J］.金融研究，2005(1)：175-190.

［24］李心丹.行为金融学：理论及中国的证据［M］.上海：三联书店出版社，2004.

［25］李延喜，付洁，李鹏峰，等.风险偏好实验研究综述［J］.科技与管理，2009(5): 34-37.

［26］刘力，张圣平，张峥，熊德华.信念、偏好与行为金融学［M］.北京：北京大学出版社，2007.

［27］刘仁和，吕嘉琪，张祺.公司规模与回报［J］.经济评论，2015(4): 122-133.

［28］龙吻.世界上最神奇的30个经典定律［M］.北京：朝华出版社，2009.

［29］陆剑清，行为金融学［M］.北京：立信会计出版社，2009.

［30］洛温斯坦.公司财务的理性与非理性［M］.张蓓，译.上海：上海远东出版社，1999.

［31］希勒，非理性繁荣［M］.李心丹，译.北京：中国人民大学出版社，2008.

［32］阿克洛夫.行为宏观经济学和宏观经济行为［J］.财经，2002(22): 116-116.

［33］阿克洛夫，希勒.动物精神［M］.黄志强，译.北京：中信出版社，2012.

［34］饶育蕾，彭叠峰，成大超.媒体注意力会引起股票的异常收益吗？—中国股票市场的经验证据［J］.系统工程理论与实践，2010(2): 287-297.

［35］舒建平，肖契志，王苏生.动量效应与反转效应的演化：基于深圳A股市场的实证［J］.管理评论，2012，24(1)，52-57.

［36］泰勒.社会心理学［M］.10版.谢晓非，译.北京：北京大学出版社，2006.

［37］福布斯.行为金融［M］.孔东尼，译.北京：机械工业出版社，2011.

［38］吴晓波.激荡三十年：中国企业1978—2008（下）［M］.北京：中信出版社，2008.

［39］奚恺元.别做正常的傻瓜［M］.北京：机械工业出版社，2006.

［40］尹昱乔，王庆石.市值效应和价值效应的再检验：基于长短期视角的实证分析［J］.东北财经大学学报，2016(3): 47-55.

［41］余明桂，夏新平，邹振松.管理者过度自信与企业激进负债行为［J］.管理世界，2006(8): 104-112.

［42］俞文钊，鲁直，唐为名.经济心理学［M］.大连：东北财经大学出版社，2001.

［43］张圣平.偏好，信念，信息与证券价格［M］.上海三联书店，2002.

［44］周健男.上市公司过度股权融资：经验证据与理论解释［J］.证券市场导报，2006，4: 66-71.